AF882887

Die selbständige Stiftung und der Testamentsvollstrecker

Bochumer Studien zum Stiftungswesen

Herausgegeben von Karlheinz Muscheler

Band 4

PETER LANG

Frankfurt am Main · Berlin · Bern · Bruxelles · New York · Oxford · Wien

Jonas Arnhold

Die selbständige Stiftung und der Testaments-vollstrecker

PETER LANG
Internationaler Verlag der Wissenschaften

Bibliografische Information der Deutschen Nationalbibliothek
Die Deutsche Nationalbibliothek verzeichnet diese Publikation in der Deutschen Nationalbibliografie; detaillierte bibliografische Daten sind im Internet über http://dnb.d-nb.de abrufbar.

Zugl.: Bochum, Univ., Diss., 2009

Gedruckt auf alterungsbeständigem,
säurefreiem Papier.

D 294
ISSN 1864-936X
ISBN 978-3-631-60480-9

© Peter Lang GmbH
Internationaler Verlag der Wissenschaften
Frankfurt am Main 2010
Alle Rechte vorbehalten.

Das Werk einschließlich aller seiner Teile ist urheberrechtlich geschützt. Jede Verwertung außerhalb der engen Grenzen des Urheberrechtsgesetzes ist ohne Zustimmung des Verlages unzulässig und strafbar. Das gilt insbesondere für Vervielfältigungen, Übersetzungen, Mikroverfilmungen und die Einspeicherung und Verarbeitung in elektronischen Systemen.

www.peterlang.de

Für Jihane

Vorwort

Die Juristische Fakultät der Ruhr-Universität Bochum hat diese Arbeit im Wintersemester 2009/2010 als Dissertation angenommen. Gesetzesänderungen, Rechtsprechung und Literatur konnten berücksichtigt werden, soweit sie bis Ende Januar 2010 veröffentlicht wurden.

Prof. Dr. Karlheinz Muscheler hat das Erstgutachten angefertigt und mit wertvollen Hinweisen versehen. Als Mitarbeiter an seinem Lehrstuhl habe ich viel von ihm lernen und stets freundliche Förderung erfahren dürfen. Prof. Dr. Christoph Krampe hat das ebenfalls hilfreiche Zweitgutachten erstellt.

Meine Freunde und Kollegen am Bochumer Lehrstuhl haben dort eine überaus angenehme Atmosphäre geschaffen, die dem Arbeiten förderlich war. Vor allem Matthias Gantenbrink, mit dem ich ein Büro teilen durfte, stand mir stets zur Seite.

Große Unterstützung und Nachsicht ist mir durch meine Familie, insbesondere durch meine Eltern und meine Schwester, zuteil geworden. Meine Tante Hilde Mangels hat das Geschriebene zudem mit enormer Sorgfalt durchgesehen. Gleiches gilt für meine Ehefrau Jihane, die darüber hinaus jeden Tag erhellt.

Für all diese wichtigen Beiträge danke ich herzlich.

Berlin, im Mai 2010

Jonas Arnhold

Inhaltsverzeichnis

A. Einführung

Die Fähigkeit eines Menschen, einen Willen zu bilden und seine Absichten selbst in die Tat umzusetzen, endet mit seinem Tode. Ein solches „Naturgesetz“[1] kann eine Rechtsordnung nicht aufheben. Sie vermag dem Einzelnen aber Möglichkeiten zu eröffnen, dass sein vor dem Ableben gebildeter Wille nach dem Tod verwirklicht werden kann. So steht es dem Erblasser insbesondere frei, die Nachfolge in sein Vermögen zu regeln, beispielsweise durch Erbeinsetzung. Das Gesetz selbst sorgt hier, indem es diesen Willen des Verstorbenen gelten lässt, für die postmortale Wirkung des Willens. Der Erblasser ist zur Verwirklichung seiner Vorstellungen für die Zeit nach seinem Ableben regelmäßig auf das Wirken anderer Personen angewiesen, wenn die Wünsche nicht allein die Vermögensnachfolge betreffen – der Erblasser mag etwa die Pflege des Familiengrabes oder die (standesgemäße) Hochzeit seiner Tochter erreichen wollen. Mittels erbrechtlicher Optionen kann er jedoch Personen dazu anregen, sich in der von ihm gewünschten Weise zu verhalten. So kann er dem durch Verfügung von Todes wegen Begünstigten etwa ein bestimmtes Verhalten zur Bedingung (§§ 2074 ff. BGB) oder zur Auflage (§§ 1940, 2192 ff. BGB) machen.

Geradezu als Prototyp der Instrumente, mit denen die Willensumsetzung nach dem Tode gefördert werden kann, kann die selbständige Stiftung bezeichnet werden. In Anlehnung an die Herrschaftsdefinition *Max Webers*[2] soll „Stiftung“ nach *Borgolte*[3] denn auch „die Chance heißen, für Befehle bestimmten Inhalts über den eigenen Tod hinaus bei angebbaren Gruppen von Menschen Gehorsam zu finden“. Mit der selbständigen Stiftung im Sinne des BGB wird eine juristische Person und damit ein selbständiger Vermögensträger geschaffen, dessen einziger Sinn und einzige Aufgabe es ist, den Zweck, den ihr der Stifter gegeben hat, auf Dauer zu verwirklichen. Der Stifter wendet der Stiftung ein Vermögen zu, das der Zweckerfüllung dient und ihr somit „gewidmet“ ist.[4] Der Zweck wird dabei grundsätzlich nur mit den Erträgen dieses Vermögens verwirklicht.[5] Bei einer unselbständigen Stiftung, die im BGB keine Regelung erfahren hat

---

1 *Scherner*, in: Itinera Fiduciae, 237, 264.

2 *Weber*, S. 28: „Herrschaft soll die Chance heißen, für Befehle bestimmten Inhalts bei angebbaren Gruppen von Menschen Gehorsam zu finden.“

3 *Borgolte*, in: Stiftungen und Stiftungswirklichkeiten, 39, 41.

4 Vgl. etwa Staudinger/*Rawert*, vor §§ 80 ff. Rn. 4; Bamberger/Roth/*G.C. Schwarz*/*Backert*, § 80 Rn. 3; Palandt/*Ellenberger*, vor § 80 Rn. 5; *A. Schlüter*/*Stolte*, Kap. 1 Rn. 27.

5 Erman/*Werner*, vor § 80 Rn. 2 f.; Staudinger/*Rawert*, vor §§ 80 ff. Rn. 17; *A. Schlüter*/*Stolte*, Kap. 1 Rn. 37; *Ebersbach*, S. 15; *Muscheler*, Die Stiftung 1 (2007), 59, 60. Vgl. die Definition in § 1 Abs. 1 des österreichischen Privatstiftungsgesetzes (PSG): „Die Privatstiftung im Sinn dieses Bundesgesetzes ist ein Rechtsträger, dem vom Stifter ein Vermögen gewidmet ist, um durch dessen Nutzung, Verwaltung und Verwertung der Erfüllung eines erlaubten, vom Stifter bestimmten Zwecks zu dienen […]“.

und nicht Gegenstand dieser Arbeit sein wird, wird das „gestiftete" Vermögen hingegen als Sondervermögen von einem selbständigen Träger treuhänderisch verwaltet.[6] Dieser Stiftungsträger kann neben dem Stiftungszweck auch eigene Zwecke verfolgen.[7] Die selbständige Stiftung kann – wie die unselbständige – sowohl durch eine Verfügung von Todes wegen (Testament, Erbvertrag; § 83 BGB) als auch unter Lebenden (§ 81 BGB) errichtet werden. Auch im letzteren Fall ist sie aber prinzipiell auf eine Wirkdauer jenseits des Stifterlebens gerichtet. Eine Beschränkung auf gemeinnützige Zwecke besteht dabei nicht; es gilt das Prinzip der gemeinwohlkonformen Allzweckstiftung.[8]

Verkörpert im Stiftungszweck wird der Wille des Stifters über seinen Tod hinaus „konserviert": Der zu verfolgende Zweck ist die Essenz des Stifterwillens und als solche zugleich dessen Erscheinungsform.[9] Indem auf die Verwirklichung des Zwecks hingearbeitet wird, wird auch die Fortwirkung des Stifterwillens betrieben. Der Stifterwille ist ständige Leitlinie der Stiftung, an dem sich die konkrete Willensbildung durch die Stiftungsorgane auszurichten hat.[10] Zweck und Stifterwille stehen bei der entstandenen Stiftung grundsätzlich unveränderlich fest und sind somit nach der Entstehung der Stiftung nicht für den Stifter, seine Erben oder Dritte disponibel.[11] Die Einhaltung des Stifterwillens wird dadurch gewährleistet, dass eine laufende staatliche Aufsicht, die in den Landesstiftungsgesetzen näher geregelt ist, über die tatsächliche Geschäftsführung der Stiftung besteht.[12] Insbesondere die prinzipielle Unveränderlichkeit des Stiftungszwecks und die Ausrichtung der Stiftung auf ein dauerhaftes Wirken führen dazu, dass man mithilfe der Stiftung der Idee einer „Verewigung des Willens" nahe kommen kann.[13]

Die Anordnung der Testamentsvollstreckung in einer Verfügung von Todes wegen kann dem Erblasser ebenfalls dazu verhelfen, dass sein Wille nach dem

---

6 Vgl. Bamberger/Roth/*G.C. Schwarz*/*Backert*, § 80 Rn. 22; *Herzog*, S. 14.

7 *Herzog*, S. 14; *Muscheler*, Die Stiftung 1 (2007), 59, 60 (dieser in Fn. 6 auch gegen die Annahme, dass begrifflich eine „unselbständige Stiftung" vorliegt, wenn der Stiftungsträger mit dem alleinigen Zweck gegründet wird, die Stiftung zu verwalten).

8 Bamberger/Roth/*G.C. Schwarz*/*Backert*, § 80 Rn. 5; MünchKomm-BGB/*Reuter*, vor § 80 Rn. 44; Werner/Saenger/*Nissel*, Rn. 211 f.

9 Seifart/*Hof*, § 7 Rn. 7; *Werner*, in: Stiftungen in Deutschland und Europa, 243, 247; *Ebersbach*, S. 16.

10 *Werner*, in: Stiftungen in Deutschland und Europa, 243, 247; Staudinger/*Rawert*, vor §§ 80 ff. Rn. 6.

11 Siehe nur Staudinger/*Rawert*, vor §§ 80 ff. Rn. 6; Soergel/*Neuhoff*, vor § 80 Rn. 13; *Beckmann*, S. 1.

12 Vgl. z.B. § 6 Abs. 2 StiftG NRW: „Aufgabe der Stiftungsaufsicht ist es zu überwachen und sicherzustellen, dass die Organe der Stiftung den in Stiftungsgeschäft und Stiftungssatzung zum Ausdruck kommenden Willen der Stifterin oder des Stifters und die stiftungsrechtlichen Bestimmungen beachten."

13 *Strachwitz*, in: Stiftungen in Theorie, Recht und Praxis, 123, 129.

eigenen Tod durchgesetzt wird. So ist gemäß § 2203 BGB Aufgabe des Testamentsvollstreckers in erster Linie, die testamentarisch getroffenen Verfügungen des Erblassers und damit dessen „letzten" Willen auszuführen.[14] Von der Testamentsvollstreckung unterscheidet sich die Stiftung wesentlich dadurch, dass sie grundsätzlich auf unbeschränkte Zeit angelegt ist. Die Testamentsvollstreckung endet regelmäßig mit der Erfüllung der Aufgaben oder, bei Anordnung der sog. „Dauervollstreckung" (§ 2209 BGB), nach Erreichen der zeitlichen Grenze des § 2210 BGB, d.h. in der Regel dreißig Jahre nach dem Erbfall. Dieser Unterschied und zugleich die Ähnlichkeit beider Rechtsinstitute werden darin deutlich, dass von der Stiftung auch als „ewiger Testamentsvollstreckung" die Rede ist.[15]

Ziel dieser Arbeit ist vor allem zu erkennen, ob und inwieweit die Errichtung einer Stiftung und die Anordnung der Testamentsvollstreckung miteinander kombiniert werden können, um die postmortale Verwirklichung des Stifterwillens zu optimieren.

Ein Einsatz des Testamentsvollstreckers ist insbesondere zu erwägen, um eine Stiftung von Todes wegen tatsächlich zur Entstehung gelangen zu lassen. Grundvoraussetzung für die durch die Stiftung erreichbare Willensverewigung ist, dass die Absicht des Erblassers, die Stiftung zu errichten, umgesetzt wird. Zur Stiftungsentstehung bedarf es nicht allein eines vom Stifter erklärten sog. Stiftungsgeschäfts, sondern darüber hinaus muss die zuständige Behörde die Stiftung als rechtsfähig anerkennen (§ 80 Abs. 1 BGB). Gerade die stiftungsrechtlichen Vorschriften enthalten mit § 83 Satz 1 die einzige Norm des BGB außerhalb des Fünften Buches, die sich mit einer Tätigkeit des Testamentsvollstreckers befasst. Die Regelung lässt erkennen, dass der Testamentsvollstrecker die Möglichkeit hat, bei der Behörde die Anerkennung der durch Verfügung von Todes wegen errichteten Stiftung zu „beantragen". Eine weitere Aufgabe des Testamentsvollstreckers kann aber auch darin bestehen, das Stiftungsgeschäft zu ergänzen. Das Stiftungsgeschäft ist die Willenserklärung des Stifters, mit der er die Stiftung entstehen lassen will. An das Stiftungsgeschäft sind bestimmte Anforderungen gestellt, damit die Stiftung durch die Behörde anerkannt wird. Es muss nicht nur den eindeutigen Willen des Stifters erkennen lassen, eine rechtsfähige Stiftung errichten zu wollen,[16] sondern auch die Erklärung, ein Vermögen zur Erfüllung eines von ihm vorgegebenen Zweckes zu widmen (§ 81 Abs. 1 Satz 2 BGB), sowie weitere in § 81 Abs. 1 Satz 3 BGB beschriebene wesentliche Regelungen enthalten. Zudem darf der Stiftungszweck nicht das Gemein-

---

[14] Trefflich ist deshalb die Bezeichnung als „Willensvollstrecker", die das Schweizerische Zivilgesetzbuch (ZGB) verwendet (Art. 517, 518 ZGB). Zum Willensvollstrecker *Muscheler*, Haftungsordnung, S. 72 ff.

[15] *O. Schmidt*, S. 99.

[16] Soergel/*Neuhoff*, § 80 Rn. 2; Erman/*Werner*, § 81 Rn. 5; *Steffek*, S. 62; *Schewe*, S. 87; *Ebersbach*, S. 44.

wohl gefährden und es muss die dauernde und nachhaltige Erfüllung des Stiftungszwecks gesichert erscheinen (§ 80 Abs. 2 BGB). Sieht die Behörde diese Voraussetzungen durch die Verfügung von Todes wegen noch nicht als erfüllt und die Stiftung deshalb als noch nicht anerkennungsfähig an, könnten diese Mängel durch den Testamentsvollstrecker, zu dem der Erblasser in der Regel eine als besonders vertrauenswürdig empfundene Person erwählen wird,[17] dem Willen des Stifters gemäß beseitigt werden, so dass keine Versagung der Anerkennung erfolgen müsste.[18] Dementsprechend enthalten die Musterformulare für die Stiftungserrichtung von Todes wegen eine der folgenden vergleichbare Verfügung: „Zum Testamentsvollstrecker ernenne ich [...], ersatzweise [...]. Dem Testamentsvollstrecker obliegt die Begleitung des Anerkennungsverfahrens. Er ist zur Änderung der Stiftungssatzung befugt, soweit dies zur Anerkennung der Stiftung (und zu deren Steuerbegünstigung) nach Auffassung der zuständigen Behörden erforderlich ist."[19] Der Testamentsvollstrecker könnte gewissermaßen den eigentlich zuständigen Stifter bei der Gestaltung des Stiftungsgeschäfts ersetzen. Aufgaben des Testamentsvollstreckers in Bezug auf eine Stiftung ergeben sich insoweit aber nicht nur bei einer Stiftung von Todes wegen, wenn also die Stiftung nach dem Tod des Stifters entstehen soll; eine Ergänzungsbefugnis des Testamentsvollstreckers könnte auch bei einer Stiftung unter Lebenden bestehen, wenn der Stifter verstirbt, bevor die Behörde eine Entscheidung über die Anerkennung der Stiftung getroffen hat.

Ist die durch Verfügung von Todes wegen errichtete Stiftung anerkannt worden und entstanden, scheint ein Aufgabenfeld für den Testamentsvollstrecker nicht mehr vorhanden zu sein. Die Stiftung verfügt über eigene Organe, die die Stiftung zum Handeln befähigen. Die konkrete Willensbildung der Stiftung im Einzelfall und damit die „Vollstreckung" des abstrakteren Stifterwillens erfolgen durch die Organe der Stiftung. Nicht zuletzt kommt ihnen auch die Aufgabe der Vermögensverwaltung für die Stiftung zu, ein nachvollziehbares Bedürfnis für die Anordnung einer dauernden Nachlassverwaltung durch den Testamentsvollstrecker (§ 2209 BGB) ist also zunächst nicht erkennbar. Wie der Testamentsvollstrecker haben auch die Stiftungsorgane den Willen des Erblassers umzusetzen, der Erblasser kann sich mit der Stiftung einen Vermögensnachfolger nach seinen Wünschen gestalten. Vielmehr liegt bei einer solchen Kombination von Stiftung und Testamentsvollstreckung die Schaffung von Kompetenzkonflikten nahe. Einige Stimmen im Schrifttum benennen jedoch besondere Aufgaben, die der Testamentsvollstrecker nach der Anerkennung ausführen könne. Diese Aufgaben finden sich weitgehend schon in einer Stiftungssatzung, die in einem Ur-

---

17 Groll/*Groll*, C IX Rn. 14; Bengel/Reimann/*Reimann*, 2. Kap. Rn. 124.

18 Z.B. *Schiffer*, Stiftung in der Beraterpraxis, § 5 Rn. 18; *A. Schlüter/Stolte*, Kap. 2 Rn. 118; *Pues/Scheerbarth*, S. 17; Schauhoff/*Schauhoff*, § 3 Rn. 34; Groll/*Schindhelm/Stein*, B XII Rn. 30 f.; *Förster*, S. 38; *Pauli*, Die Stiftung 1 (2007), 125, 162.

19 Formulierung bei *v. Holt/Koch*, S. 144.

teil des Reichsgerichts[20] beschrieben ist: „die Testamentsvollstrecker haben die Befolgung der Anordnungen des Stifters zu überwachen und nötigenfalls zu erzwingen [= Überwachung der Stiftung], außerdem die Stiftung bei Verträgen und Prozessen mit der Stadtgemeinde C. oder gegen Mitglieder des Magistrats aus Veranlassung der Stiftungsverwaltung zu vertreten [= Vertretung der Stiftung], bei Satzungsänderungen, bei der Aufnahme oder Entfernung von Pfleglingen und bei der Beschlußfassung über die Einrichtung, Hausordnung und Leitung der Anstalt mitzuwirken [= Mitwirkung bei grundlegenden Entscheidungen der Stiftung].“

Die hier nur angedeuteten Fragestellungen, die sich ergeben, wenn Stiftung und Testamentsvollstrecker zur möglichst effektiven Verwirklichung des Erblasserwillens eingesetzt werden, werden im Folgenden untersucht: Tätigkeiten zur Herbeiführung der Stiftungsanerkennung (D.) sowie bei erlangter Existenz der Stiftung (E.). Zunächst sollen allerdings das Stiftungsgeschäft von Todes wegen (B.) und allgemeinere Aufgaben des Testamentsvollstreckers im Rahmen der Abwicklung des Nachlasses betrachtet werden, die nicht allein bei der Errichtung einer Stiftung bestehen, die aber insbesondere hier von Bedeutung und Nutzen sein können (C.). Abschließend (F.) werden kurz die Auswirkungen des Rechtsdienstleistungsgesetzes auf die genannten Tätigkeiten besprochen.

---

20 RG, JW 1915, 1194.

B. Zum Stiftungsgeschäft von Todes wegen

Wird eine Stiftung gemäß § 83 Satz 1 BGB von Todes wegen errichtet, regelt der Erblasser nicht nur die Nachfolge in sein Vermögen, sondern erschafft (in Verbindung mit der behördlichen Anerkennung) gleichzeitig die begünstigte Person. Der Erblasser kann mit der Stiftung einen „Wunscherben"[21] kreieren. Fraglich ist aber, auf welche Weise dies durch das Stiftungsgeschäft gelingt, d.h., wie das Stiftungsgeschäft von Todes wegen rechtsdogmatisch einzuordnen ist. In der Begründung zum Redaktorvorentwurf zum Allgemeinen Teil des BGB werden die beiden diskutierten Konstruktionswege genannt[22]: Einem Teil der Lehre zufolge ist Inhalt des Stiftungsgeschäfts „die in dem Testamente ausgesprochene Erklärung, daß ein Vermögen mit der Bestimmung der Verwendung zu einem gewissen Zwecke ausgesetzt und dadurch eine juristische Person geschaffen werden solle". Diese Disposition bilde eine selbständige Art letztwilliger Verfügungen und stehe als solche „neben dem Rechtsgeschäfte der Erbeinsetzung und des Vermächtnisses." Nach dem zweiten Modell sei „die Stiftungserklärung des Erblassers als eine der juristischen Person gemachte Zuwendung von Todeswegen" zu verstehen, „die durch Erbeinsetzung oder Honorirung mit einem Vermächtniß erfolgen müsse." Während also nach der ersten Auffassung ein einaktiges Rechtsgeschäft vorliegt, das ein selbständiger Verfügungstyp neben Erbeinsetzung, Vermächtnis und Auflage ist, setzt das Stiftungsgeschäft sich nach der zweiten Auffassung aus einem vermögensrechtlichen Teil, der Vermögenszuwendung, und einem organisationsrechtlichen Teil, der Erschaffung der juristischen Person, zusammen. Die zweite BGB-Kommission ließ eine Entscheidung zwischen den Theorien letztlich offen, da „es richtiger sei, diese Frage lediglich der Wissenschaft zu überlassen".[23] Dabei ging man davon aus, dass beide Modelle zu denselben Ergebnissen bei der Rechtsanwendung gelangen würden.[24]

Das Stiftungsgeschäft ist jedenfalls eine einseitige und empfangsbedürftige Willenserklärung, die die Äußerung des Willens, eine Stiftung zu errichten, sowie die Angabe von Zweck, Vermögen und den in § 81 Abs. 1 Satz 3 BGB genannten Merkmalen enthalten muss. Folgt man der Lehre von der Zweiaktigkeit des Stiftungsgeschäfts[25], kann die nach § 81 Abs. 1 Satz 2 BGB erforderliche

---

21 *Turner*, ZEV 1995, 206.

22 *Schubert*, AT I, S. 699. Die unterschiedlichen Auffassungen werden entsprechend auch zum Stiftungsgeschäft unter Lebenden vertreten.

23 *Protokolle* I, S. 595 (= *Mugdan* I, S. 664).

24 *Protokolle* I, S. 595 (= *Mugdan* I, S. 664). Zur Entwicklung in den Beratungen *Muscheler*, Stiftungsrecht, S. 97 ff.

25 Vertreter dieser Auffassung, die auf *v. Gierke*, § 78 V 3 (S. 651 ff.) zurückgeht: MünchKomm-BGB/*Reuter*, § 83 Rn. 1; Bamberger/Roth/*G.C. Schwarz*/*Backert*, § 80 Rn. 37;

Vermögensausstattung der Stiftung dadurch erfolgen, dass diese als Erbin eingesetzt wird,[26] ihr ein Vermächtnis ausgesetzt wird oder – als in der Begründung zum Vorentwurf noch nicht aufgeführte Möglichkeit – sie durch eine Auflage begünstigt wird.[27] Üblicherweise wird bei Letzterer folgendermaßen unterschieden: Enthält die Verfügung von Todes wegen das vollständige Stiftungsgeschäft und gleichzeitig die Auflagenanordnung, dass der Erbe oder Vermächtnisnehmer bestimmte Vermögenswerte an die Stiftung zu leisten habe, liege eine Stiftung von Todes wegen mit dem Erblasser als Stifter vor. Um eine Errichtung unter Lebenden handele es sich dagegen, wenn dem Beschwerten aufgegeben wird, nicht bloß der Stiftung das Vermögen zuzuwenden, sondern ein Stiftungsgeschäft und damit eine Stiftung zu errichten. Stifter sei dann nicht der Erblasser, vielmehr der durch die Auflage Beschwerte.[28]

§ 84 BGB fingiert, dass die nach dem Tode des Stifters anerkannte Stiftung hinsichtlich der Zuwendung des Stifters schon vor dessen Tod entstanden ist. Aufgrund dieser Fiktion kann die Stiftung trotz § 1923 Abs. 1 BGB, der für erbfähig nur zur Zeit des Erbfalls „lebende" – d.h. bei juristischen Personen: „entstandene" – Personen erklärt, zur Erbin werden, ohne dass eine Nacherbschaft der Stiftung (vgl. §§ 2101, 2105 BGB) konstruiert werden muss.[29] Ist der Stiftung ein Vermächtnis ausgesetzt, fällt der Vermächtnisanspruch aufgrund der Fiktion nicht entsprechend § 2178 BGB erst mit Entstehung der Stiftung an, sondern bereits mit dem Erbfall.[30] Von Bedeutung ist der Zeitpunkt des Anfalls nicht zuletzt für § 2184 BGB.[31] Nach dieser Vorschrift hat der Vermächtnisnehmer gegen den Beschwerten einen Anspruch insbesondere auf Herausgabe der seit dem Anfall gezogenen Früchte.

Bei einer vermögensausstattenden Auflage wird der Stiftung von Todes wegen ein Vermögen nicht unmittelbar zugewendet wie durch die Erbschaft oder

---

Staudinger/*Rawert*, § 80 Rn. 10; Soergel/*Neuhoff*, § 80 Rn. 3; *Ebersbach*, S. 44 f.; *Schewe*, ZSt 2004, 270, 272 f.

26 Dabei ist prinzipiell nicht nur die Allein-, sondern auch Mit-, Vor-, Nach- oder Ersatzerbschaft möglich. Ausführlich dazu *Schewe*, S. 200 ff.; MünchKomm-BGB/*Reuter*, § 83 Rn. 6 ff.

27 OLG Zweibrücken, NJW-RR 2000, 815, 817; Palandt/*Ellenberger*, § 83 Rn. 1; Bamberger/Roth/*G.C. Schwarz*/*Backert*, § 83 Rn. 3; *Ebersbach*, S. 52.

28 Staudinger/*Rawert*, § 83 Rn. 7; Soergel/*Neuhoff*, § 83 Rn. 4 ff.; Bamberger/Roth/*G.C. Schwarz*/*Backert*, § 83 Rn. 6; Planck/*Knoke*, § 83 Anm. 4; *Ebersbach*, S. 54; *Jakob*, S. 276 f.; *v. Tuhr*, § 41 Fn. 23 (S. 598). A.A. (Stifter sei stets der Auflagenbeschwerte) *Stintzing*, AcP 88 (1898), 392, 453 f.; *Steffek*, S. 41; *A. Schlüter*/*Stolte*, Kap. 2 Rn. 114.

29 Der Gesetzgeber wollte ausdrücklich die Vor- und Nacherbschaft wegen ihrer Kompliziertheit und der relativ kurzen Zeitspanne zwischen Erbfall und Anerkennung vermeiden (*Motive* I, S. 123 f. = *Mugdan* I, S. 420).

30 MünchKomm-BGB/*Schlichting*, § 2178 Rn. 4; *Schewe*, S. 223; *Muscheler*, Stiftungsrecht, S. 157.

31 *Flume*, S. 147; *Schewe*, S. 223; *Muscheler*, Stiftungsrecht, S. 157.

den Vermächtnisanspruch. Der Auflagenbegünstigte hat anders als der Vermächtnisnehmer (§ 2174 BGB) gerade keinen Anspruch gegen den Beschwerten (§ 1940 BGB). Es besteht aber eine entsprechende Pflicht desselben zur Erfüllung der Auflage; zudem sind Vollziehungsberechtigte vorhanden, die die Vollziehung verlangen können (vgl. § 2194 BGB). Wie beim Vermächtnis nicht die Erfüllung, sondern das Bestehen des Vermächtnisanspruchs genügend für die Anerkennung ist, erscheint bei der Dotierung mittels Auflage nicht erst durch deren Vollzug die Zweckerfüllung gesichert, sondern schon durch die aufgrund der Auflage vermittelte Rechtsposition. Dies genügt in der Regel (bei entsprechender Höhe der Dotierung), damit eine Vermögenswidmung angenommen werden kann, bei der die Behörde die Zweckverwirklichung als hinreichend gesichert erachtet (§ 80 Abs. 2 BGB). Anzunehmen ist dies jedenfalls dann, wenn der Erblasser Testamentsvollstreckung angeordnet hat und der Testamentsvollstrecker zur Vollziehung der Auflage verpflichtet ist.[32] Im Übrigen mag sich die Anerkennungsbehörde bei den anderen Berechtigten oder dem Beschwerten eine entsprechende Zusage oder Absichtserklärung einholen. Auch für die Auflage wird die Anwendbarkeit des § 2184 BGB vertreten.[33] Da „Zuwendung" an die Stiftung im Sinne des § 84 BGB die Begünstigung durch die Auflage ist, bewirkt § 84 BGB die Fiktion des Eintritts dieser Begünstigung mit dem Erbfall. Entsprechend § 2184 BGB sind der Stiftung also auch die durch den Auflagenbeschwerten aus dem zu überlassenden Vermögen seit dem Erbfall gezogenen Früchte zu gewähren.

Nach der Einaktigkeitstheorie[34] ist eine Vermögensausstattung im Wege der Erbeinsetzung oder der Vermächtnisaussetzung weder möglich noch nötig, handelt es sich doch um einen eigenständigen Verfügungstyp. Eine dennoch erfolgte Erbeinsetzung oder eine Vermächtnisaussetzung zugunsten der Stiftung schade gleichwohl nicht. Ohnehin seien die Regeln über das Vermächtnis, sollen der zu errichtenden Stiftung einzelne Vermögensstücke zukommen, oder über die Erbeinsetzung, soll das gesamte Vermögen oder ein quotaler Teil von ihm an die Stiftung fallen, analog anzuwenden.[35] Aufgrund der analogen Anwendung der Vorschriften ist die Rückwirkung nach § 84 BGB auch für diesen Ansatz nö-

32 Siehe sogleich.

33 Staudinger/*Otte*, § 2192 Rn. 23; Bamberger/Roth/*Müller-Christmann*, § 2192 Rn. 8. Aufgrund der schwächeren Rechtsposition des Begünstigten ist dies durchaus zweifelhaft.

34 *Windscheid*/*Kipp*, § 549, 2 (S. 254 f.); *J. Kohler*, § 184 II (S. 422 f.); *Bekker*, § 69 Beil. II (S. 282). In jüngerer Zeit vertreten von *Muscheler*, Stiftungsrecht, S. 102 f., 168 ff.

35 Vgl. § 8 Abs. 2 des im Rahmen der ersten BGB-Kommission ausgearbeiteten Redaktorvorentwurfs zum Erbrecht (*Schubert*, Erbrecht I, S. 2): „Die Einsetzung einer erst zu errichtenden oder zu genehmigenden Stiftung oder Vereinigung ist als die Verfügung des Erblassers aufzufassen, daß das derselben zugedachte Vermögen in selbständiger Weise fortbestehen, und zu dem letztwillig bestimmten Zwecke verwendet werden soll."

tig.[36] *Muscheler* ist der Auffassung, die Änderung des § 81 Abs. 1 Satz 2 BGB durch die Stiftungsrechtsreform des Jahres 2002[37] bedeute eine „bemerkenswerte Unterstützung" für die von ihm vertretene Einaktigkeitslehre.[38] Nach dieser Vorschrift muss das Stiftungsgeschäft nunmehr „die verbindliche Erklärung des Stifters enthalten, ein Vermögen zur Erfüllung eines von ihm vorgegebenen Zweckes zu widmen". Der Reformgesetzgeber wollte jedoch offenbar mit dieser Formulierung keine Stellung nehmen, zumal der Streit zum Zeitpunkt der Reform eindeutig zugunsten der Zweiaktigkeitslehre entschieden war. So könnte man im Gegenteil eher annehmen, dass der Reformgesetzgeber von der Zweiaktigkeit ausging und dadurch, dass er sich nicht ausdrücklich für die Einaktigkeit aussprach, die Gegenauffassung zur gültigen gemacht hat. Im Übrigen ist der Wortlaut auch mit der letztgenannten Theorie zu vereinbaren. Das Vermögen wird der Stiftung zur Erfüllung ihres Zweckes zugewendet, mithin der Zweckverwirklichung „gewidmet". Nicht zu überzeugen vermag auch das weitere Argument *Muschelers* für die Einaktigkeit, dass diese Theorie vor dem In-Kraft-Treten des BGB die herrschende gewesen sei und daher das BGB sie ausdrücklich hätte ausschließen müssen, wenn man sie hätte ablehnen wollen.[39] Die Mehrheit in der Zweiten Kommission wollte gerade keine Ablehnung einer der beiden Auffassungen, sondern die Frage offenlassen.

Gegen die Einaktigkeitslehre spricht, dass – was freilich auch der BGB-Gesetzgeber erkannt hat – sie eine Analogiebildung erforderlich macht, die herrschende Meinung aber das Gesetz direkt anzuwenden vermag.[40] Durch die Zweiaktigkeit kann auf die Annahme einer entsprechenden im Erbrecht nicht geregelten letztwilligen Verfügung („Stiftungserrichtung") neben Erbeinsetzung und Vermächtnis und die dementsprechende Notwendigkeit der analogen Anwendung erbrechtlicher Vorschriften verzichtet werden.[41] Die Zweiaktigkeit fügt sich damit besser in das Gesamtgepräge des BGB-Erbrechts ein, zumal eine entsprechende Anwendbarkeit gesetzlich nicht angeordnet wird. Zudem passt die Einaktigkeitslehre auch begrifflich schwer zu den erbrechtlichen Vorschriften. Zwar liegt danach keine Erbeinsetzung vor, die Stiftung soll aber an der „Erben"gemeinschaft beteiligt sein (§ 2043 Abs. 2 BGB). Da für die Zweiaktigkeit auch ihre größere Anschaulichkeit spricht, ist mit der herrschenden Meinung von der gedanklichen Zweiteilung des Stiftungsgeschäfts in einen organisations- und einen vermögensrechtlichen Teil auszugehen. Hinsichtlich ihrer praktischen Auswirkungen sind die Unterschiede der Ansätze aber tatsächlich

---

36 *Muscheler*, Stiftungsrecht, S. 103, 170.

37 Gesetz zur Modernisierung des Stiftungsrechts vom 15.7.2002, BGBl I, S. 2634 (in Kraft seit dem 1.9.2002).

38 *Muscheler*, Stiftungsrecht, S. 103 f.

39 *Muscheler*, Stiftungsrecht, S. 102.

40 MünchKomm-BGB/*Reuter*, § 83 Rn. 1.

41 MünchKomm-BGB/*Reuter*, § 83 Rn. 1.

gering. Ein (pragmatischer) Grund, warum von der allgemeinen erbrechtlichen Dogmatik abgewichen werden sollte, ist jedenfalls nicht ersichtlich.

Versteht man die Stiftungserrichtung als einheitliches Rechtsgeschäft, bereitet die grundsätzliche Anwendbarkeit der erbrechtlichen Vorschriften keine Schwierigkeit. Da es sich in toto um eine erbrechtliche Verfügung von Todes wegen (sui generis) handelt, sind die entsprechenden Vorschriften, z.B. die Form betreffend, direkt anwendbar. Anderes gilt freilich dann, wenn die Normen gerade eine bestimmte Art der Vermögenszuwendung (etwa die Erbeinsetzung) betreffen. Insoweit kommt nur eine analoge Anwendung in Betracht (z.B. § 2087 ff. BGB für die Erbeinsetzung).

Die Annahme der Zweiaktigkeit bedeutet jedoch ebenfalls nicht, dass nur für den erbrechtlichen Teil die Regeln für die Verfügung von Todes wegen gelten. Die Errichtung einer Stiftung und die Bestimmung ihrer Merkmale sind zwar keine Verfügungen genuin erbrechtlichen Charakters – sie könnten auch Gegenstand eines Rechtsgeschäfts unter Lebenden sein (Stiftungsgeschäft unter Lebenden)[42], betreffen insbesondere nicht die Vermögensnachfolge als solche, sondern die Person des Empfängers, genauer: ihre Kreation. Die Schaffung des Vermögensempfängers ist auch sonst nicht Gegenstand des Erbrechts, es handelt sich um eine Problematik des Personen-, nicht des Vermögensrechts. Trotz der Zweiaktigkeit besteht jedoch ein enger Zusammenhang zwischen beiden Teilen. Ohne die Errichtung der Stiftung käme eine Zuwendung gerade nicht zustande, da Inhalt der letztwilligen Verfügung, etwa einer Erbeinsetzung, nicht nur die Bestimmung, was zugewendet wird, sondern auch und vor allem an wen zugewendet wird, ist.[43] Die grundsätzliche Anwendbarkeit der erbrechtlichen Vorschriften wird denn auch nicht angezweifelt. Der etwas ungewöhnliche Wortlaut von § 83 Satz 1 BGB („Besteht das Stiftungsgeschäft in einer Verfügung von Todes wegen […]" – statt etwa: „Die Stiftung kann durch Verfügung von Todes wegen errichtet werden.") soll nicht etwa ausdrücken, dass allein die Form der Verfügung von Todes wegen für das Stiftungsgeschäft Geltung beansprucht, nicht aber die sonstigen erbrechtlichen Regeln. Der Gesetzgeber wollte vielmehr deutlich machen, dass die Errichtung einer besonderen Urkunde mit besonderer Form durch den Erben, den Testamentsvollstrecker oder einen gegebenenfalls zu bestellenden Nachlasspfleger neben dem Stiftungsgeschäft des Erblassers nicht erforderlich ist.[44] Das Stiftungsgeschäft soll gerade abschließend in der Verfügung von Todes wegen des Stifters enthalten sein.

Wenn der Gesetzgeber zulässt, dass die Stiftung mittels und in einer Verfügung von Todes wegen errichtet werden kann, will er auch im Übrigen die prinzipielle Anwendbarkeit der insoweit geltenden Regeln, zumal er keine abwei-

---

42 *Sprecher/von Salis*, in: Handbuch internationales Stiftungsrecht, 1323, 1364 (Rn. 223).

43 MünchKomm-BGB/*Reuter*, § 83 Rn. 2; *Schewe*, ZSt 2004, 270, 272.

44 Vgl. *Motive* I, S. 121 (= *Mugdan* I, S. 419).

chenden Regelungen vorgesehen hat. Es gelten damit neben den §§ 80 ff. BGB grundsätzlich die allgemeinen Bestimmungen des Erbrechts.[45] Dazu zählen etwa die Vorschriften zur Form (§§ 2231 ff. BGB), zur Testierfähigkeit (§ 2229 BGB), zum Widerruf (§§ 2253 ff. BGB) und zur Höchstpersönlichkeit (§§ 2064 f. BGB).

Die Besonderheit, dass neben der Zuwendung zugleich eine Stiftung kreiert wird und das Stiftungsgeschäft zudem als Lebensgesetz für die Stiftung und ihre Organe dient, lässt sich nach beiden Auffassungen beim Umgang mit dem Stiftungsgeschäft angemessen berücksichtigen. Nach beiden Auffassungen ist eine Aufteilung des Stiftungsgeschäfts in verschiedene sachliche Regelungen, in einzelne Elemente möglich, die nicht stets in gleicher Weise behandelt werden müssen. Der Zweck einer erbrechtlichen Norm mag etwa die Anwendung derselben für bestimmte Bestandteile des Stiftungsgeschäfts nicht gebieten oder ihr entgegenstehen. So könnte beispielsweise die Höchstpersönlichkeit nach § 2065 BGB nicht für alle Elemente erforderlich sein, etwa für die Bestimmung des Namens.

„Einaktig" bedeutet ferner nicht, dass das Stiftungsgeschäft vollständig in einer Erklärung, einer Urkunde enthalten sein muss. Es kann z.B. zunächst bestimmt werden, dass eine Stiftung errichtet werden soll, und erst in einer weiteren Erklärung werden nähere Angaben gemacht.[46]

---

45 Bamberger/Roth/*G.C. Schwarz*/*Backert*, § 80 Rn. 39, § 83 Rn. 2; MünchKomm-BGB/*Reuter*, § 83 Rn. 2; Staudinger/*Rawert*, § 83 Rn. 2; *A. Schlüter*/*Stolte*, Kap. 2 Rn. 97; Seifart/*Hof*, § 6 Rn. 67.

46 *Riemer*, Art. 80 Rn. 19.

C. Allgemeinere Aufgaben des Testamentsvollstreckers

I. Vollziehung der Vermögensausstattung

Im Rahmen seiner gemäß § 2203 BGB bestehenden Aufgabe, die Verfügungen des Erblassers zur Ausführung zu bringen, hat ein Testamentsvollstrecker insbesondere Vermächtnisse oder Auflagen zu vollziehen.[47] Die vermachten Bestandteile des Nachlasses können durch den Testamentsvollstrecker ausgekehrt werden. Gemäß § 2205 Satz 1 BGB ist er zur Verwaltung des Nachlasses berechtigt und verpflichtet. Insbesondere kann er Verfügungen über die Nachlassgegenstände treffen (§ 2205 Satz 2 BGB). Sieht ein Stiftungsgeschäft von Todes wegen die Ausstattung der Stiftung per Vermächtnis vor, könnte diese nach erfolgter Anerkennung die Vermögensausstattung auch dann erreichen, wenn keine Testamentsvollstreckung angeordnet ist, indem sie ihren Anspruch gegen die Erben oder den sonst mit dem Vermächtnis Beschwerten gemäß § 2174 BGB geltend macht. Anders als beim Vermächtnis wird dem Begünstigten bei der Auflage hingegen kein Anspruch auf die angeordnete Leistung vermittelt (§ 1940 BGB), den die Stiftung nach ihrer Entstehung selbst geltend machen könnte. Den in § 2194 Satz 1 BGB genannten Vollziehungsberechtigten steht es frei, ob sie ihren Anspruch auf Vollziehung der Auflage geltend machen und damit für die Vermögensausstattung der Stiftung sorgen. Der Erblasser kann neben den in § 2194 BGB Genannten auch Dritten mittels Verfügung von Todes wegen einen klagbaren Anspruch auf Vollziehung der Auflage einräumen[48] – für Begünstigte gilt dies angesichts des in § 1940 BGB ausgedrückten Leitbildes der Auflage jedoch nicht.[49] Nach § 2194 Satz 2 BGB kann daneben die zuständige Behörde[50] bei öffentlichem Interesse an der Vollziehung ebendiese beanspruchen. Die Entstehung einer Stiftung ist jedoch nicht generell im öffentlichen Interesse.[51] Ein solches kann bei § 2194 Satz 2 BGB nur angenommen werden, wenn die Vollziehung der Auflage einem Zweck dient, den zu fördern Aufgabe

---

47 MünchKomm-BGB/*W. Zimmermann*, § 2203 Rn. 9; Staudinger/*Reimann*, § 2203 Rn. 4; Scherer/*Lorz*, § 19 Rn. 14. Der Erbe erwirbt den Nachlass hingegen im Wege des Vonselbsterwerbs (vgl. § 1922 Abs. 1 BGB).

48 MünchKomm-BGB/*Schlichting*, § 2194 Rn. 5; Staudinger/*Otte*, § 2194 Rn. 6; Soergel/*Dieckmann*, § 2194 Rn. 6; *Kipp*/*Coing*, § 64 III 5 (S. 363); *Vorwerk*, ZEV 1998, 297. Kritisch AnwK-BGB/*J. Mayer*, § 2194 Rn. 8.

49 Soergel/*Dieckmann*, § 2194 Rn. 7; Palandt/*Edenhofer*, § 2194 Rn. 2; *O. Schmidt*, S. 90 f.; *Vorwerk*, ZEV 1998, 257 f. A.A. OLG Karlsruhe, NJW-RR 2004, 1307 f.; Staudinger/*Otte*, § 2194 Rn. 6, 9; MünchKomm-BGB/*Schlichting*, § 2194 Rn. 3.

50 Welche Behörde zuständig ist, ergibt sich aus den landesrechtlichen Ausführungsgesetzen zum BGB, vgl. die Übersicht bei Staudinger/*Otte*, § 2194 Rn. 11. Die Identität mit der Stiftungsbehörde ist dabei keineswegs zwingend, vgl. Art. 131 HessAGBGB (Innenministerium) und § 11 Abs. 1 HessStiftG (Regierungspräsidium).

51 So aber Soergel/*Neuhoff*, § 83 Rn. 5; *O. Schmidt*, S. 88.

des Staates oder einer sonstigen juristischen Person des öffentlichen Rechts ist.[52] Dies ist insbesondere der Fall, wenn die Stiftung einen steuerbegünstigten Zweck im Sinne der §§ 51 ff. AO verfolgt.[53] Die zuständige Behörde trifft ihre Entscheidung über die Geltendmachung des Anspruchs dann nach pflichtgemäßem Ermessen.[54] Jedenfalls bei einer Stiftung, die nicht die Allgemeinheit fördert, sondern beispielsweise überwiegend die Familie des Stifters unterstützen soll (sog. Familienstiftung[55]), besteht diese Befugnis mangels öffentlichen Interesses an der bloßen Existenz einer Stiftung nicht.

Der Testamentsvollstrecker ist zwar nicht in § 2194 BGB als Berechtigter aufgeführt, die Regelung ist jedoch nicht abschließend: Die Befugnis des Testamentsvollstreckers folgt aus § 2203 BGB.[56] Da der Testamentsvollstrecker aus dieser Vorschrift zum Tätigwerden sogar verpflichtet ist, empfiehlt sich sein Einsatz nicht zuletzt, um die Erfüllung der Auflage sicherzustellen. Soll die Zuwendung aus dem Nachlass erfolgen, kann der Testamentsvollstrecker nicht die Auflagenerfüllung durch den Beschwerten verlangen, sondern muss die Auflage selbst vollziehen.[57] Der Testamentsvollstrecker ist nach § 2205 Satz 2 BGB zu Verfügungen über Nachlassgegenstände imstande. Zwar verhindert § 2205 Satz 3 BGB, dass der Testamentsvollstrecker unentgeltlich über Nachlassgegenstände verfügt. Der Erblasser kann den Testamentsvollstrecker nicht von der Begrenzung des § 2205 Satz 3 BGB befreien, eine entsprechende Anordnung nach § 2216 Abs. 2 Satz 1 BGB wäre daher gegenstandslos.[58] Für die Auskehr des Vermögens an die auflagenbegünstigte Stiftung greift diese Verfügungsbeschränkung jedoch nicht, es liegt keine unentgeltliche Verfügung vor. Anders als bei der Vermächtniserfüllung erlischt zwar kein Anspruch des Begünstigten gegen den Nachlassinhaber. Der Auflagenbeschwerte wird aber durch die Erfüllung von seiner Pflicht befreit, zu der nur kein korrespondierendes Recht des Begünstigten existiert. Diese Befreiung bedeutet gewissermaßen ein Entgelt. Jedenfalls greift hier der Zweck des § 2205 Satz 3 BGB nicht, den Erben (oder Vermächtnisnehmer) beeinträchtigende Rechtsgeschäfte zu verhindern – der

---

52 Bamberger/Roth/*Müller-Christmann*, § 2194 Rn. 4; Staudinger/*Otte*, § 2194 Rn. 10.

53 *Schewe*, S. 235 f.

54 MünchKomm-BGB/*Schlichting*, § 2194 Rn. 8; Staudinger/*Otte*, § 2194 Rn. 13; *Firsching/Graf*, Rn. 1.326a (unter c).

55 Zum Begriff „Familienstiftung" ausführlich *Muscheler*, Stiftungsrecht, S. 317 ff.

56 MünchKomm-BGB/*Schlichting*, § 2194 Rn. 4; Erman/*M. Schmidt*, § 2194 Rn. 1; Scherer/*Stahl*, § 14 Rn. 7. Die Vollziehungsberechtigung der anderen Personen ist dadurch nicht entsprechend § 2212 BGB ausgeschlossen (MünchKomm-BGB/*Schlichting*, § 2194 Rn. 4; Bamberger/Roth/*Müller-Christmann*, § 2194 Rn. 3. A.A. LG Braunschweig, MDR 1955, 169).

57 MünchKomm-BGB/*Schlichting*, § 2194 Rn. 4; Soergel/*Dieckmann*, § 2194 Rn. 4; Staudinger/*Otte*, § 2194 Rn. 5; *Sturm*, S. 45; *v. Lübtow*, S. 393.

58 Staudinger/*Reimann*, § 2205 Rn. 41; MünchKomm-BGB/*W. Zimmermann*, § 2205 Rn. 70.

Auflagenbeschwerte ist ohnehin zur Auflagenerfüllung verpflichtet, die Zuwendung in seinem (wohlverstandenen) Interesse. Würde die Vorschrift gelten, wäre eine Erfüllung der Auflage während der Testamentsvollstreckung nicht möglich, was nicht Sinn der Norm sein kann; der Testamentsvollstrecker soll die Verfügungen des Erblassers gerade zur Ausführung bringen. Dem Auflagenbeschwerten kommt während der Testamentsvollstreckung die Befugnis zur Verfügung über die der Testamentsvollstreckung unterliegenden Nachlassgegenstände gemäß § 2211 BGB nicht zu, ihm könnte vielmehr erst mittels Ermächtigung durch den Testamentsvollstrecker gemäß § 185 Abs. 2 BGB eine wirksame Verfügung an den Auflagenbegünstigten gelingen.[59]

Wenn der Testamentsvollstrecker dennoch die Vollziehung durch den mit der Auflage Beschwerten verlangte, fehlte ihm jegliches schutzwürdiges Eigeninteresse an dieser Forderung, als Sinn dieser Rechtsausübung läge vielmehr die Benachteiligung des Beschwerten nahe. Daher ist die Geltendmachung des Vollziehungsanspruchs nach § 226 BGB (Schikaneverbot) unzulässig, oder ihr steht gemäß § 242 BGB der Einwand des Rechtsmissbrauchs entgegen.[60] Aus §§ 2203, 2208 Abs. 2 BGB kann überdies ein Vorrang der eigenständigen Ausführung gegenüber der Beanspruchung der Vollziehung gefolgert werden.[61] Einen „bloßen" Vollziehungsanspruch hat der Testamentsvollstrecker hingegen, wenn der Erblasser eine „beaufsichtigende Testamentsvollstreckung" nach § 2208 Abs. 2 BGB angeordnet hat. Der Testamentsvollstrecker ist in diesem Fall nicht zur Verwaltung des Vermögens und somit auch nicht zur Vornahme von Verfügungen befugt.[62]

Die Fiktion der Stiftungsexistenz gemäß § 84 BGB gilt nur hinsichtlich der Zuwendung des Stifters (Erbschaft, Vermächtnisanspruch, Auflagenbegünstigung), nicht aber für den Vollzug von Vermächtnis oder Auflage. Der Testamentsvollstrecker ist also erst nach der Anerkennung imstande und verpflichtet, das der Stiftung zugedachte Vermögen zu übertragen.

II. Handeln anstelle der noch nicht vorhandenen Stiftung

Da das Bestehen der Stiftung vor der Anerkennung durch § 84 BGB lediglich fingiert wird, kann die Stiftung zunächst kein handlungsfähiger Inhaber des Nachlasses sein. Bis eine Entscheidung über die Anerkennung gefallen ist, kann aber einige Zeit vergehen und währenddessen die Sicherung und Verwaltung des

---

59 Erman/*M. Schmidt*, § 2211 Rn. 1; Staudinger/*Reimann*, § 2211 Rn. 3; *Lange/Kuchinke*, § 1 V 4 (S. 687).

60 Zur einschlägigen Fallgruppe „Fehlen eines schutzwürdigen Eigeninteresses" vgl. nur Bamberger/Roth/*Grüneberg/Sutschet*, § 242 Rn. 80 ff., insbesondere Rn. 81; MünchKomm-BGB/*G.H. Roth*, § 242 Rn. 385 ff.

61 Scherer/*Stahl*, § 14 Rn. 7; Staudinger/*Otte*, § 2194 Rn. 5.

62 Bamberger/Roth/*J. Mayer*, § 2208 Rn. 16; Erman/*M. Schmidt*, § 2208 Rn. 5; *Ulmer*, JuS 1986, 856, 859.

Nachlasses erforderlich sein, um einerseits dem Erben den Nachlass insbesondere seinem Werte nach zu erhalten und andererseits auch den Bedürfnissen etwaiger Nachlassgläubiger gerecht zu werden. So kann es zur Vermeidung von Schäden für den Nachlass angezeigt sein, dass Forderungen erfüllt, Ansprüche geltend gemacht, steuerliche Angelegenheiten erledigt (Kommunikation mit Steuerbehörden), Dauerschuldverhältnisse des Erblassers gekündigt oder Vollmachten widerrufen sowie die Vermögensverhältnisse geklärt werden.[63] Um Abhilfe zu schaffen, kann das Nachlassgericht bei einem im Einzelfall bestehenden besonderen Bedürfnis zur Nachlasssicherung gemäß § 1960 Abs. 1 BGB einen Nachlasspfleger bestellen, handelt es sich bei der Stiftung doch um einen unbekannten Erben im Sinne des § 1960 Abs. 1 Satz 2 BGB.[64] Die anstehenden dringenden und unaufschiebbaren Aufgaben können auf diese Weise erfüllt werden. Ist die Stiftung nur Miterbin oder Vermächtnisnehmerin, entfällt regelmäßig das Bedürfnis für eine Nachlasspflegschaft, können die (Mit-)Erben doch die Verwaltung übernehmen.[65] Dies gilt erst recht, wenn ein Testamentsvollstrecker bestimmt worden ist.[66] Der Testamentsvollstrecker ist gemäß § 2205 Satz 1 BGB insbesondere zur Verwaltung des Nachlasses befugt und verpflichtet. Er kann und muss die genannten notwendigen Verwaltungshandlungen erledigen. Gemäß § 34 Abs. 3, 1 AO hat der Testamentsvollstrecker u.a. die steuerlichen Pflichten des Erblassers zu erfüllen, bei deren Verletzung haftet der Testamentsvollstrecker nach § 69 AO.[67] Soll die noch nicht entstandene Stiftung von Dritten mit einer Schenkung bedacht werden, kann der Testamentsvollstrecker die Schenkung jedoch nicht annehmen, da er nicht Vertreter des Erben ist, sondern die Stellung eines Treuhänders hat und Inhaber eines privaten Amtes ist. Er übt kraft eigenen Rechts die Verwaltungs- und Verfügungsbefugnisse über den

---

63 *Pues*/*Scheerbarth*, S. 15.

64 Staudinger/*Marotzke*, § 1960 Rn. 8; MünchKomm-BGB/*Leipold*, § 1960 Rn. 16; Bamberger/Roth/*Siegmann*/*Höger*, § 1960 Rn. 4; *Flume*, S. 147; *Muscheler*, Stiftungsrecht, S. 154; *Schiffer*, DStR 2004, 1031, 1032. Vgl. auch die Ausführungen in den *Motiven* I, S. 124 (= *Mugdan* I, S. 420). Nach a.A. ist hingegen auch in diesen Fällen ein Pfleger analog § 1912 BGB zu bestellen (MünchKomm-BGB/*Reuter*, §§ 80, 81 Rn. 66).

65 OLG Düsseldorf, FamRZ 2001, 1564, 1566; KG, FamRZ 2000, 445, 446; Staudinger/*Marotzke*, § 1960 Rn. 14; MünchKomm-BGB/*Leipold*, § 1960 Rn. 18; Palandt/*Edenhofer*, § 1960 Rn. 5. A.A. Soergel/*Stein*, § 1960 Rn. 10.

66 KG, OLGZ 1973, 106; LG Stuttgart, ZEV 2009, 396 m. zust. Anm. *Storz*; MünchKomm-BGB/*Leipold*, § 1960 Rn. 19; *Schiffer*, DStR 2004, 1031, 1032. Die Bestellung eines Nachlasspflegers könnte ausnahmsweise etwa bei Anhaltspunkten für die Unzuverlässigkeit des Testamentsvollstreckers in Betracht kommen (MünchKomm-BGB/*Leipold*, § 1960 Rn. 19; Staudinger/*Reimann*, vor §§ 2197-2228 Rn. 34).

67 Zudem treffen ihn Anzeigepflichten (§ 153 AO) und die Pflicht zur Abgabe der Erbschaftsteuererklärung (§ 31 Abs. 5 ErbStG).

Nachlass aus.[68] Ein Schenkungsangebot, das sich noch an den Erblasser gerichtet hat und somit den Nachlass betrifft, vermag der Testamentsvollstrecker hingegen anzunehmen.

Durch die Einsetzung eines Testamentsvollstreckers kann die Vakanzperiode nicht zuletzt deshalb besser im Sinne des Erblassers ausgefüllt werden als durch einen Nachlasspfleger, weil der Erblasser eine Person bestimmen kann, der er besonders vertraut, die ihn zudem sehr gut kennt und von der somit zu erwarten ist, dass sie entsprechend seinem Willen handeln wird. Anders als bei der Nachlasspflegschaft bedarf es nicht der Genehmigung durch das Nachlassgericht (§ 1962 BGB) bei den in §§ 1821 f. BGB genannten Geschäften, der Testamentsvollstrecker steht nicht unter gerichtlicher Aufsicht. Insoweit besteht also ein sinnvoller Tätigkeitsbereich für den Testamentsvollstrecker. Dem Stifter wird zu Recht geraten, es nicht zu einer Pflegerbestellung kommen zu lassen.[69]

Die Testamentsvollstreckungsanordnung ist auch dann zweckmäßig, wenn die Stiftung als Nacherbin eingesetzt wurde.[70] Der Erblasser kann gemäß § 2222 BGB eine Nacherbentestamentsvollstreckung für die Zeit der Vorerbschaft anordnen, die mit dem Eintritt des Nacherbfalls endet. Allein der Testamentsvollstrecker ist dann dazu befugt, die Kontroll-, Sicherungs- und Mitwirkungsrechte des Nacherben (§§ 2116 bis 2119, 2121 bis 2123, 2127, 2128 BGB, § 773 ZPO) zu wahren, er übt ferner dessen Pflichten (§§ 2120, 2123 BGB) aus, verwaltet aber nicht das der Vorerbschaft unterfallende Vermögen – rechtlich beschränkt ist allein der Nacherbe, nicht der Vorerbe.[71] Durch die Testamentsvollstreckung

[68] H.M.: BGHZ 25, 275, 279; NJW 1983, 40; Palandt/*Edenhofer*, vor § 2197 Rn. 2; Bamberger/Roth/*J. Mayer*, § 2197 Rn. 5; Bengel/Reimann/*Bengel*, 1. Kap Rn. 11. Zum Meinungsstreit ausführlich *Lange/Kuchinke*, § 31 III 2 (S. 669 ff.) m.w.N. Die Wirkungen des Testamentsvollstreckerhandelns treffen freilich letzten Endes auch den Erben als solchen (RGZ 144, 399, 401; Bamberger/Roth/*J. Mayer*, § 2197 Rn. 7; Palandt/*Edenhofer*, vor § 2197 Rn. 2). Zum Teil wird vertreten, der Stiftung im Errichtungsstadium sei (analog) §§ 1912, 1913 BGB ein Pfleger zu bestellen, der etwa Schenkungen annehmen könne (Seifart/*Hof*, § 6 Fn. 489). A.A. Staudinger/*Rawert*, § 80 Rn. 43. Möglich erscheint es jedenfalls, dass im Namen der (zukünftigen) Stiftung ohne Vertretungsmacht gehandelt wird (etwa durch zukünftige Organmitglieder oder den Testamentsvollstrecker als Privatperson) und der Vorstand der Stiftung nach Entstehung der Stiftung entscheidet, ob er die bis dahin schwebend unwirksamen Rechtsgeschäfte gemäß § 177 Abs. 1 BGB genehmigt oder nicht (Staudinger/*Rawert* § 80 Rn. 43; MünchKomm-BGB/*Reuter*, §§ 80, 81 Rn. 66). Eine Vor-Stiftung als selbständige Teilnehmerin am Rechtsverkehr während des Errichtungsstadiums wird von der wohl noch h.M. abgelehnt (vgl. etwa MünchKomm-BGB/*Reuter*, §§ 80, 81 Rn. 62 f.; Staudinger/*Rawert*, § 80 Rn. 42 f.; *Rittner*, S. 39 ff.; *Kronke*, S. 47 f.; *Burgard*, S. 87 ff. A.A. Palandt/*Ellenberger* § 80 Rn. 2; *Schewe*, S. 263 f.; *Wachter*, ZEV 2003, 445, 446; *Schwinge*, BB 1978, 527, 528).

[69] *Schiffer*, DStR 2004, 1031, 1032; *Förster*, S. 38; ähnlich *Pues/Scheerbarth*, S. 17 (bei Alleinerbschaft der Stiftung „fast unabdingbar“).

[70] Nieder/*Nieder*, § 10 Rn. 101; Groll/*Groll*, C IX Rn. 56.

[71] Groll/*Groll*, C IX Rn. 55, 57; Staudinger/*Reimann*, § 2222 Rn. 4.

soll – im Interesse des etwa noch nicht existenten und somit nicht handlungsfähigen Nacherben – eine wirksame Kontrolle des Vorerben erreicht werden.[72] Anders als ein nach § 1913 Satz 2 BGB bestellter Pfleger[73] für den Nacherben unterliegt der Testamentsvollstrecker wiederum nicht der Aufsicht durch das Vormundschaftsgericht und bedarf zu der Erklärung einer Zustimmung, die nach §§ 2113 bis 2115 BGB bei der Verfügung des Vorerben über Nachlassgegenstände erforderlich werden könnte, nicht einer gerichtlichen Genehmigung.[74] Mit der Nacherbenvollstreckung kombiniert werden kann die Testamentsvollstreckung zu Lasten des Vorerben. Die Personalunion des Testamentsvollstreckers für den Vorerben und des Nacherbenvollstreckers ist grundsätzlich möglich.[75]

III. Auseinandersetzung des Nachlasses

Nach § 2204 BGB ist es vorbehaltlich einer anderweitigen Verfügung des Erblassers Aufgabe des Testamentsvollstreckers, die Auseinandersetzung des Nachlasses durchzuführen. Werden mehrere Personen in die Erbenstellung berufen, bilden sie eine Erbengemeinschaft. Der Nachlass wird „gemeinschaftliches Vermögen der Erben" (§ 2032 Abs. 1 BGB), d.h., Rechtsträger des Nachlasses sind die Miterben, jedoch nicht jeder einzelne als Inhaber eines ideellen Bruchteils an den Nachlassgegenständen, sondern alle gemeinsam in ihrer gesamthänderischen Verbundenheit. Es handelt sich um ein dinglich gebundenes Sondervermögen, das vom Eigenvermögen der einzelnen Miterben zu unterscheiden ist.[76] Die Nachlassgegenstände unterliegen grundsätzlich der gemeinsamen Verwaltung und Verfügung durch die Miterben (vgl. §§ 2033 Abs. 2, 2040 Abs. 1 BGB). Die Aufhebung der unter den Miterben bestehenden Gemeinschaft zur gesamten Hand erfolgt durch die Auseinandersetzung, die jeder Miterbe jederzeit verlangen kann (§ 2042 Abs. 1 BGB). Die Auseinandersetzung umfasst die Abwicklung aller Rechtsbeziehungen der Gesamthand im Innen- und Außenver-

---

[72] Staudinger/*Reimann*, § 2222 Rn. 4; MünchKomm-BGB/*W. Zimmermann*, § 2222 Rn. 2. Vgl. RGZ 77, 177, 178.

[73] Erst mit dem Eintritt des Nacherbfalls ist § 1960 BGB die einschlägige Norm (MünchKomm-BGB/*Leipold*, § 1960 Rn. 32).

[74] Staudinger/*Reimann*, § 2222 Rn. 6; MünchKomm-BGB/*W. Zimmermann*, § 2222 Rn. 2; Nieder/*Nieder*, § 10 Rn. 101.

[75] BGHZ 127, 360, 363; Staudinger/*Reimann*, § 2222 Rn. 18; Groll/*Groll*, C IX Rn. 57; MünchKomm-BGB/*W. Zimmermann*, § 2222 Rn. 4. Als möglicher Zweck einer solchen Kombination wird angegeben, dass auf diese Weise die Interessenkonflikte zwischen Vorerben und Nacherben in der Person des Testamentsvollstreckers ausgeglichen werden könnten, dadurch der Familienfrieden gewahrt werde und das Familienvermögen möglichst erhalten bleibe (BGHZ 127, 360, 362 f.).

[76] MünchKomm-BGB/*Heldrich*, § 2032 Rn. 7 f.; Staudinger/*Werner*, § 2032 Rn. 5 f.; *W. Schlüter*, Rn. 642 f.; *Lange/Kuchinke*, § 42 I 4 b (S. 1083); *Leipold*, Rn. 721a; *Brox/Walker*, Rn. 469.

hältnis, insbesondere die Verteilung des nach Begleichung der Verbindlichkeiten verbleibenden Nachlasses an die Miterben (sog. Teilung des Nachlasses).[77]

Wird die Stiftung neben anderen Personen zur Erbin eingesetzt, wird auch sie mit ihrer Anerkennung Mitglied der Erbengemeinschaft. Fraglich ist allerdings, wann die Auseinandersetzung durchzuführen ist. § 2043 Abs. 2 BGB bestimmt, dass die Auseinandersetzung bis zur Anerkennung der als Miterbin berufenen Stiftung ausgeschlossen ist. *Reuter*[78] und *Steffek*[79] wollen diese Vorschrift „durchbrechen". Die Auseinandersetzung sei vor der Anerkennung der Stiftung vorzunehmen.[80] Man gelange in einen Teufelskreis, verfahre man streng nach dem Gesetzeswortlaut. Die Anerkennungsbehörde vermöge die Stiftung gerade deshalb nicht anzuerkennen, weil deren Vermögensausstattung mangels Auseinandersetzung des Nachlasses noch nicht feststehe.[81] Sei aber die Auseinandersetzung bis zur Anerkennung aufgeschoben, könne die Stiftung dann niemals entstehen. Dass ein Miterbe aber schon nicht existent werde, sei kein Zweck, den § 2043 Abs. 2 BGB verfolge.[82] Entgegen dieser Vorschrift müsse deshalb die Auseinandersetzung noch vor der Anerkennung zugelassen werden, so dass diese anschließend – bei Vorliegen der Anerkennungsvoraussetzungen – überhaupt möglich sei. Folgt man dieser Lösung, ist die Auseinandersetzung eine Aufgabe des Testamentsvollstreckers im Vorfeld der Anerkennung. Eine Ausnahme ist nach dieser Auffassung für den Fall vorgesehen, dass aufgrund der Zuweisung durch den Erblasser mittels Teilungsanordnungen (§ 2048 BGB) bereits feststeht, welche konkreten Nachlassgegenstände der Stiftung als (potentieller) Erbin zufallen sollen.[83] Ohne eine solche konkrete Vermögensausstattung könne eine Anerkennung nicht erfolgen, da die Stiftung möglicherweise Nachlassgegenstände erhalte, mit denen die Erfüllung des Stiftungszwecks nicht möglich sei.[84]

Gemäß § 80 Abs. 2 BGB ist Voraussetzung für die Stiftungsanerkennung, dass die dauernde und nachhaltige Erfüllung des Stiftungszwecks gesichert erscheint. Bei der Anerkennung hat die zuständige Behörde also eine Prognose über die zukünftige Entwicklung zu treffen.[85] Regelmäßig muss der Stiftung ein Vermögen zustehen, das ausreichend Erträge hervorbringen kann, mittels derer

---

77 MünchKomm-BGB/*Heldrich*, § 2042 Rn. 1; *W. Schlüter*, Rn. 688; *Brox/Walker*, Rn. 512.

78 MünchKomm-BGB/*Reuter*, § 83 Rn. 6.

79 *Steffek*, S. 38 f. Wohl auch Seifart/*Hof*, § 6 Rn. 80.

80 Die noch nicht anerkannte Stiftung werde durch einen analog §§ 1912, 1913 BGB zu bestellenden Pfleger vertreten (*Steffek*, S. 40).

81 So auch *A. Schlüter/Stolte*, Kap. 2 Rn. 110; Seifart/*Hof*, § 6 Rn. 80.

82 *Steffek*, S. 39.

83 MünchKomm-BGB/*Reuter*, § 83 Rn. 6; *Steffek*, S. 38. Eine Teilungsanordnung empfehlen auch Seifart/*Hof*, § 6 Rn. 80 und *A. Schlüter/Stolte*, Kap. 2 Rn. 110.

84 *Steffek*, S. 38, der als Beispiel „Silberbesteck und Möbel" (im Werte von 200.000 DM) nennt.

85 Palandt/*Ellenberger*, § 80 Rn. 5 a.E.; AnwK-BGB/*Schiffer*, § 80 Rn. 43; *Nissel*, Rn. 99.

die Zweckerfüllung gelingen kann. Die gesetzlichen Auseinandersetzungsregeln sehen eine Teilung des nach Begleichen der Verbindlichkeiten verbleibenden Nachlassvermögens „in Natur“ nur dann vor, wenn sich der Vermögensgegenstand ohne (unverhältnismäßigen) Wertverlust in gleichartige Teile zerlegen lässt und eine Realteilung im Verhältnis der Erbteile erfolgen kann (§§ 2042 Abs. 2, 752 Satz 1 BGB). Dies wird beispielsweise bei Geld, Wertpapieren, einem unbebauten Grundstück und vertretbaren Sachen bejaht,[86] nicht aber bei einem Unternehmen[87], einem bebauten Grundstück[88] sowie regelmäßig bei anderen nicht vertretbaren Sachen.[89] Die nicht teilbaren Gegenstände werden verkauft, der Erlös sodann an die Erben ausgekehrt (§ 753 BGB). Zu beachten bleibt, dass diese gesetzlichen Regelungen ohnehin nur dann zur Anwendung kommen, wenn die Erben keine anderweitige Einigung erzielt haben und der Erblasser keine abweichenden Anordnungen getroffen hat.[90] Er kann etwa Dritten, nicht zuletzt dem Testamentsvollstrecker, die Auseinandersetzung nach billigem Ermessen übertragen (§ 2048 Satz 2 BGB). Die Einsetzung der Stiftung wird, wenn Testamentsvollstreckung angeordnet ist, wohl bereits als dahingehende Anordnung bezüglich des Verfahrens der Auseinandersetzung zu verstehen sein, dass der Stiftung nur ertragversprechende Nachlassgegenstände zugeteilt werden sollen oder direkt der Verkauf der Nachlassgegenstände erfolgen soll, so dass eine spätere Anlage des gewonnenen Vermögens durch die Stiftung ohne weiteres möglich ist. Die erforderliche Andeutung dieses Erblasserwillens besteht bereits in dem erkennbaren Willen zur Errichtung einer Stiftung von Todes wegen.

Sollte es dennoch dazu kommen, dass der Stiftung etwa „Silberbesteck und Möbel“ oder andere Nachlassgegenstände zugeteilt werden, mit denen unmittelbar keine Erträge erwirtschaftet werden können, bedeutet dies jedenfalls nicht, dass die Stiftung zwingend nicht anerkennungsfähig ist. Der in den Landesstiftungsgesetzen vorgesehene Grundsatz der Vermögenserhaltung[91] steht nicht ent-

---

86 Palandt/*Sprau*, § 752 Rn. 3; Bamberger/Roth/*Gehrlein*, § 752 Rn. 3; *Kipp/Coing*, § 117 II 1 (S. 634). Vgl. zu einem unbebauten Grundstück aber OLG Hamm, NJW-RR 1992, 665.

87 MünchKomm-BGB/*K. Schmidt*, § 752 Rn. 29; Palandt/*Sprau*, § 752 Rn. 3.

88 Palandt/*Sprau*, § 752 Rn. 3; Bamberger/Roth/*Gehrlein*, § 752 Rn. 4.

89 Bamberger/Roth/*Gehrlein*, § 752 Rn. 4.

90 Bamberger/Roth/*Lohmann*, § 2042 Rn. 2; Erman/*W. Schlüter*, § 2042 Rn. 3; Palandt/*Sprau*, § 752 Rn. 1; *Kipp/Coing*, § 117 III, IV (S. 635 f.). Der Testamentsvollstrecker ist bei der Auseinandersetzung gemäß § 2204 Abs. 1 BGB nur an die Anordnungen des Erblassers und die gesetzlichen Regelungen, nicht an die Vereinbarungen der Erben gebunden (Erman/*W. Schlüter*, § 2042 Rn. 3).

91 Vgl. etwa § 6 Abs. 1 Satz 1 NStiftG: „Das Stiftungsvermögen ist in seinem Bestand ungeschmälert zu erhalten.“ Keine derartigen Regelungen enthalten lediglich die Stiftungsgesetze Brandenburgs und Mecklenburg-Vorpommerns. Die Stiftungsgesetze sehen im Einzelnen unterschiedlich ausgestaltete Einschränkungen des Vermögenserhaltungsgrundsat-

gegen, da dieser die Erhaltung des Stiftungsvermögens seinem Werte nach, nicht aber die Beibehaltung des konkret-gegenständlichen Vermögens postuliert.[92] Eine gegenteilige Auffassung widerspräche dem Zweck des gesetzlichen Bestandsschutzes, der die Ertragskraft des Stiftungsvermögens und damit die langfristige Verwirklichung des Stiftungszwecks gewährleisten soll.[93] Ein genereller Wille des Stifters, dass die Stiftung an die ursprüngliche Ausstattung gebunden ist, kann zudem nicht unterstellt werden,[94] insbesondere ist im in Rede stehenden Fall eine konkrete Vermögenswidmung an die Stiftung (per Teilungsanordnung) gerade nicht vorhanden. Im Gegenteil spricht der Wille des Erblassers, eine Stiftung zu errichten und damit deren Lebensfähigkeit zu bewirken, dafür, dass er der Vermögensumgestaltung positiv gegenübersteht.[95] Voraussetzung für die Zulassung einer Vermögensumschichtung ist, dass ein „äquivalenter Rücklauf an Surrogaten gesichert ist“[96], d.h., die Ertragskraft des Stiftungsvermögens muss zumindest erhalten bleiben.[97] Besteht also zunächst ein Vermögen aus nicht ertragbringenden Gegenständen, ist die Umschichtung des Vermögens dergestalt, dass Erträge erwirtschaftet werden können, möglich und sogar erforderlich. Der erste Schritt auf dem Weg zur Erfüllung des Stiftungszwecks ist somit die Veräußerung der zugewandten Nachlassgegenstände. Entscheidend für die Beantwortung der Frage nach der Lebensfähigkeit der Stiftung ist deshalb letztlich der Wert des Vermögens, nicht die konkrete Vermögenszusammensetzung.

Die Schwierigkeit besteht in Fällen, in denen das Vermögen sich aus „Sachmitteln“ zusammensetzt, freilich darin, dass die Behörde den Wert des zugewandten Vermögens und dessen Potential, Erträge zu erbringen, ermitteln muss. Einen Grund dafür, dass keine Anerkennung erfolgen kann, stellt diese vorzunehmende Bewertung nicht dar. Die Quote, mit dem der Miterbe am Nachlass

---

zes vor. Teilweise wird lediglich gefordert, dass in dem Stiftungsgeschäft etwas von dem Grundsatz Abweichendes bestimmt ist (z.B. § 4 Abs. 2 Satz 1 StiftG NRW, § 3 Satz 2 StiftG Bln). *Muscheler* (in: FS Werner, 129, 139) zufolge zählt auch das BayStG, das seinem Wortlaut nach auf Ausnahmen vom Vermögenserhaltungsgebot verzichtet, zu solchen Regelungen, die dem Stifter Einschränkungen ohne inhaltliche Grenzen erlauben.

92 *Schewe*, S. 206; *G.C. Schwarz*, ZSt 2004, 64, 68 f.; *Kilian*, ZSt 2007, 174 f. Zum Teil werden Vermögensumschichtungen ausdrücklich zugelassen, wenn sie „nach den Regeln ordentlicher Wirtschaftsführung“ erfolgen (§ 4 Abs. 2 Satz 2 StiftG NRW; § 7 Abs. 2 Satz 1 a.E. StiftG RhPf, § 4 Abs. 2 Satz 1 a.E. HambStiftG).

93 *Schiffer*, NJW 2004, 2497, 2500; *G.C. Schwarz*, ZSt 2004, 64, 69.

94 Dazu *G.C. Schwarz*, ZSt 2004, 64, 68 f.

95 Eine gegenständliche Bindung besteht dann, wenn der Stifter als Zweck der Stiftung gerade die Erhaltung oder die Verwaltung eines Nachlassgegenstandes angegeben hat oder er bestimmt hat, gewisse Gegenstände dürften nicht veräußert werden.

96 *G.C. Schwarz*, ZSt 2004, 64, 68.

97 MünchKomm-BGB/*Reuter*, § 85 Rn. 13; Seifart/*Hof*, § 9 Rn. 61; *Kronke*, S. 94; *Schiffer*, NJW 2004, 2497, 2500.

beteiligt ist, steht fest. Ist der Wert des Nachlassvermögens bestimmt, ist damit auch der Wert des zu erbenden Vermögens klar. Ist er noch unbestimmt, ist die Situation bei einer Erbengemeinschaft keine andere als beim Alleinerben.[98] Die Ermittlung des Nachlasswertes ist jedenfalls auch ohne Auseinandersetzung möglich, so dass kein Bedarf für eine Einschränkung des § 2043 Abs. 2 BGB besteht. Ist Testamentsvollstreckung angeordnet, besteht für den Testamentsvollstrecker die Pflicht gegenüber den Erben, ein Nachlassverzeichnis zu erstellen (§ 2215 BGB), wodurch die Wertermittlung erleichtert wird. Auch dann, wenn der Erblasser Teilungsanordnungen vornimmt, ergibt sich übrigens kein Unterschied in dieser Hinsicht: Zwar stehen die konkreten Nachlassgegenstände, die die Stiftung erhalten soll, fest, mangels wertverschiebender Wirkung der Anordnungen entsteht aber eine Ausgleichspflicht der Stiftung als Erbin, falls die Anordnungen einen höheren Wert des Zugewandten ergeben als ihr nach der Erbeinsetzung (zu einem bestimmten Bruchteil) zusteht.[99]

Eine „Durchbrechung" des § 2043 Abs. 2 BGB ist nicht nötig, der beschriebene Teufelskreis, der die Entstehung der Stiftung verhindere, existiert nicht. § 2043 Abs. 2 BGB erfüllt zudem richtigerweise nicht nur den Zweck zu verhindern, dass dem erst später endgültig feststehenden Erben durch die vorherige Auseinandersetzung sein Nachlassanteil entzogen wird oder ihm sonstige Nachteile entstehen[100], dient also nicht nur dem Schutz des noch nicht existierenden Erben. Auch im Interesse der Miterben und zum Schutz der Nachlassgläubiger sollen die Schaffung ungewisser Rechtsverhältnisse sowie die Rückabwicklung der Auseinandersetzung aufgrund der damit verbundenen Schwierigkeiten vermieden werden.[101] Zu beachten ist daneben, dass der Gesetzgeber des Reformgesetzes zum Stiftungszivilrecht § 2043 Abs. 2 BGB sprachlich an den veränderten § 80 BGB angepasst hat („Anerkennung" statt „Genehmigung")[102] und dadurch die Geltung der Regelung unterstrichen hat.[103]

Der Testamentsvollstrecker trägt also durch die Auseinandersetzung nicht zur Stiftungserrichtung bei, sondern besorgt dadurch die erste konkretgegenständliche Vermögensausstattung der schon existenten Stiftung. Der Testamentsvollstrecker muss die Anerkennung abwarten. Die Auseinandersetzung selbst erfolgt nach den allgemeinen Regeln, d.h. entsprechend den Anordnungen des Erblassers, in Ermangelung solcher nach den §§ 2042 ff. BGB. Hat der Erb-

---

98 Ähnlich *Schewe*, S. 202 f.

99 Vgl. BGHZ 82, 274, 279; Erman/*W. Schlüter*, § 2048 Rn. 4; MünchKomm-BGB/*Heldrich*, § 2048 Rn. 16; Nieder/*R. Kössinger*, § 15 Rn. 222 f.; *O. Schmidt*, S. 71. Keine Teilungsanordnung, sondern ein Vorausvermächtnis liegt hingegen vor, wenn die wertmäßige Begünstigung eines Erben nach dem Erblasserwillen nicht ausgeglichen werden soll.

100 Staudinger/*Werner*, § 2043 Rn. 2; *Steffek*, S. 39.

101 *Binder*, S. 243; *Schewe*, S. 203.

102 Vgl. BGBl I 2002, S. 2635.

103 *Schewe*, S. 204.

lasser der Stiftung einen Zweck gegeben, dessen Erfüllung auf bestimmte Nachlassgegenstände angewiesen ist, liegt darin eine konkludente Teilungsanordnung (§ 2048 Satz 2 BGB). Nach der Anerkennung und der Auseinandersetzung endet die Testamentsvollstreckung regelmäßig.

D. Herbeiführung der Stiftungsentstehung

Die Handlungen, die nach dem Tod des Erblassers erforderlich sind, um die Stiftung zur Entstehung gelangen zu lassen, können nicht durch ihn selbst vorgenommen werden. Vergleicht man mit dem Reichsgericht[104] die noch nicht entstandene, aber durch Verfügung von Todes wegen errichtete Stiftung mit dem zum Erben eingesetzten noch nicht geborenen Kind (nasciturus), stellt das Stiftungsgeschäft sich als die Zeugung der Leibesfrucht dar, erscheint die Entgegennahme der Erklärung durch die Behörde als Empfängnis und entspricht die behördliche Anerkennung der Geburt. Die „Geburt" erfolgt zwingend nach dem Tod des Erblassers. Dem Testamentsvollstrecker als Vertrauensperson kann nach dem Erbfall möglicherweise die Rolle eines „Geburtshelfers" im weitesten Sinne zugewiesen werden, der die Handlungen unternimmt, die noch nötig sind, damit die Stiftung als „Wunscherbin" des Erblassers entsteht.

Den stiftungsrechtlichen Vorschriften des BGB (§§ 80 bis 88) ist über diese Rolle wenig zu entnehmen. Zur Ergänzung des Stiftungsgeschäfts durch den Testamentsvollstrecker finden sich keine Aussagen. § 83 Satz 1 a.E. BGB erwähnt die Testamentsvollstreckung, indem die Vorschrift bestimmt, dass das Nachlassgericht der Anerkennungsbehörde das Stiftungsgeschäft von Todes wegen mitteilen muss, wenn nicht Erbe oder Testamentsvollstrecker die Anerkennung beantragt haben.

I. Initiierung des Anerkennungsverfahrens

Jedenfalls macht die genannte Vorschrift deutlich, dass der Testamentsvollstrecker die Möglichkeit hat, durch seine Tätigkeit das Anerkennungsverfahren zu initiieren. Beinahe einhellig geht man davon aus, es bestehe eine Pflicht des Testamentsvollstreckers, dies zu tun.[105] Fraglich ist, wann ein „Beantragen" im Sinne des § 83 Satz 1 BGB vorliegt, in welcher Weise der Testamentsvollstrecker also tätig zu werden hat.

1. Art des erforderlichen Handelns

Vor der Stiftungsrechtsreform im Jahre 2002 war die Tätigkeit des Testamentsvollstreckers in § 83 BGB noch mit „Nachsuchen" der Genehmigung statt des heutigen „Beantragens" der Anerkennung beschrieben, vom Nachlassgericht wurde die „Einholung" der Genehmigung statt der „Mitteilung" des Stiftungsgeschäfts verlangt. „Beantragen" ist grundsätzlich gleichbedeutend mit „Antrag stellen". In einem Verwaltungsverfahren, als welches auch das Anerkennungsverfahren einzuordnen ist, kommen dem Antrag zwei Funktionen zu: Einerseits ist der Antrag Verfahrenshandlung, nämlich die an die entscheidungsbefugte

---

[104] RGZ 170, 22, 23.

[105] So z.B. Palandt/*Ellenberger*, § 83 Rn. 1; Bamberger/Roth/*G.C. Schwarz*/*Backert*, § 83 Rn. 8; Erman/*Werner*, § 83 Rn. 6; AnwK-BGB/*Schiffer*, § 83 Rn. 9.

Behörde gerichtete öffentlich-rechtliche Willenserklärung des Bürgers, dass das Verwaltungsverfahren beginnen könne, andererseits kann der Antrag materiellrechtliche Inhalte im Sinne einer Einwilligung oder Zustimmung enthalten, die Rechtmäßigkeitsvoraussetzungen eines mitwirkungsbedürftigen Verwaltungsaktes sind.[106] Kein Antrag in diesem Sinne, vielmehr eine Anzeige oder eine Mitteilung liegt vor, wenn die Behörde auf einen Sachverhalt lediglich hingewiesen wird.[107] Ein Antrag im formellen, verwaltungsverfahrensrechtlichen Sinne zeichnet sich also dadurch aus, dass er nicht eine reine Wissensmitteilung, sondern eine Willenserklärung ist.[108] Muss die zuständige Behörde von Amts wegen und nicht allein auf einen Antrag hin tätig werden, genügt zur Verfahrenseröffnung die Erlangung der Kenntnis, dass die für ihr Tätigwerden erforderlichen Umstände vorliegen – diese Kenntnis kann der Behörde auch durch die Mitteilung unbeteiligter Personen vermittelt werden. Ist jedoch ein Antrag erforderlich und teilt ein Antragsberechtigter der zuständigen Stelle das relevante Wissen mit, wird dieses Verhalten in der Regel jedenfalls als Antrag aufzufassen sein, es sei denn, der Wille, keinen Antrag zu stellen, wird ausdrücklich erklärt – durch die Mitteilung macht der Berechtigte schließlich im Regelfall deutlich, dass er die behördliche Zustimmung erreichen möchte. Dennoch ist die reine Wissensmitteilung denkbar.

Nahezu einhellig vertrat man bis zur Stiftungsrechtsreform die Auffassung, bei der Stiftungserrichtung von Todes wegen sei anders als bei der Errichtung unter Lebenden für die Genehmigung des Stiftungsgeschäfts keine Antragstellung eines Beteiligten erforderlich.[109] Es wurde als ausreichend erachtet, dass die Genehmigungsbehörde vom Stiftungsgeschäft auf irgendeine Weise Kenntnis erlange und dann das Verfahren von Amts wegen eröffne. Das „Nachsuchen" durch den Testamentsvollstrecker oder den Erben konnte sich also ebenso wie die „Einholung" des Nachlassgerichts auf die bloße Anzeige des Stiftungsgeschäfts beschränken, durch die das Genehmigungsverfahren eingeleitet wurde.

---

106 OVG Koblenz, NVwZ 1986, 576, 578; Knack/*Ritgen*, § 22 Rn. 10; *Gusy*, BayVBl 1985, 484, 486. Streitig ist, ob diese Funktionen in einer einheitlichen Willenserklärung mit Doppelfunktion zum Ausdruck kommen (Kopp/*Ramsauer*, § 22 Rn. 24; Knack/*Ritgen*, § 22 Rn. 10) oder ob es sich um getrennte Willenserklärungen handelt (Stelkens/Bonk/Sachs/*Schmitz*, § 22 Rn. 18 f.). Nach der letztgenannten Auffassung ist aber in der verfahrensrechtlichen Erklärung regelmäßig schlüssig die materiell-rechtliche Willenserklärung enthalten (Stelkens/Bonk/Sachs/*Schmitz*, § 22 Rn. 20), so dass dem Ergebnis nach kein Unterschied besteht.

107 Stelkens/Bonk/Sachs/*Schmitz*, § 22 Rn. 21; Hk-VerwR/*K.-A. Schwarz*, § 22 VwVfG Rn. 23.

108 Hk-VerwR/*K.-A. Schwarz*, § 22 VwVfG Rn. 23; Knack/*Ritgen*, § 22 Rn. 10.

109 Vgl. nur BayVGH, StiftRspr III, 178, 185; Planck/*Knoke*, § 83 Anm. 5; *Oertmann*, § 83 Anm. 2b; *Hölder*, § 83 Anm. 1c; MünchKomm-BGB/*Reuter*, § 83 Rn. 17; Staudinger/*Rawert*, § 83 Rn. 13 f.; Bamberger/Roth/*G.C. Schwarz/Backert*, § 83 Rn. 8; *Ebersbach*, S. 58. A.A. wohl Soergel/*Neuhoff*, § 83 Rn. 7.

Es genügte ebenso, dass ein Nachlasspfleger[110] oder ein beliebiger Dritter der Behörde die Kenntnis verschaffte.[111]

Der Rechtsausschuss des Bundestages hat in der im späteren Gesetz übernommenen Beschlussempfehlung einerseits die Mitteilungspflicht des Nachlassgerichts mit dem Hinweis auf die soeben beschriebene damalige Rechtslage ausdrücklich als solche benannt.[112] Andererseits hat er aber ausdrücklich festgehalten, dass der Erbe oder der Testamentsvollstrecker nicht die Anerkennung „nachsucht", sondern diese „beantragt."[113] Erfolgten beide Änderungen in unmittelbarem Zusammenhang, liegt der Schluss nicht fern, für die Verfahrenseröffnung durch Testamentsvollstrecker bzw. Erbe wolle der Gesetzgeber damit gerade keinen bloßen Hinweis genügen lassen, sondern das Erfordernis eines Antrags im formellen Sinne aufstellen.[114] Trifft dies zu, ist anzunehmen, dass § 83 Satz 1 BGB die möglichen Initiatoren des Verfahrens samt der jeweils erforderlichen Verhaltensweisen abschließend beschreiben sollte, also insbesondere keine amtswegige Verfahrenseinleitung mehr stattfindet und am Verfahren unbeteiligte Dritte das Anerkennungsverfahren nicht mehr initiieren können. Voraussetzung für die Verfahrenseröffnung und die Anerkennung wäre also, dass entweder Erbe oder Testamentsvollstrecker die Anerkennung beantragt hätten oder das Nachlassgericht das Stiftungsgeschäft mitgeteilt hätte.[115]

Ein solches Verständnis der Norm macht wenig Sinn: Es ist nicht ersichtlich, weshalb eine bloße Mitteilung des Testamentsvollstreckers, des Erben oder Dritter trotz Kenntniserlangung der Behörde nicht genügen soll, um die Anerkennungsbehörde tätig werden zu lassen, wohl aber die Kenntnis der Behörde mittels der Anzeige durch das Gericht. Entsprechend der materiell-rechtlichen Funktion eines Antrags im Sinne des Verwaltungsrechts ist Zweck des für die Stiftungserrichtung unter Lebenden als Verfahrensvoraussetzung anerkannten Antragserfordernisses vor allem, dass dem Stifter nicht durch eine ohne seine Mitwirkung erteilte Anerkennung gegen seinen Willen sein Recht zum Widerruf genommen werden kann, er also Herr über die Entstehung der Stiftung bleibt.[116] Bei der Stiftungserrichtung von Todes wegen besteht zwar das allgemeine Widerrufsrecht des Erblassers hinsichtlich letztwilliger Verfügungen (§§ 2253 ff.

---

[110] BayVGH, StiftRspr III, 178, 180.

[111] Siehe die in Fn. 109 Genannten.

[112] BT-Drucks. 14/8894, S. 11.

[113] BT-Drucks. 14/8894, S. 11.

[114] So *Schewe*, S. 270.

[115] *Schewe*, S. 270.

[116] MünchKomm-BGB/*Reuter*, §§ 80, 81 Rn. 47; Staudinger/*Rawert*, § 80 Rn. 34; *Ebersbach*, S. 57 f.; *Blydt-Hansen*, S. 60. Streitig sind die Folgen einer Anerkennung ohne wirksamen Antrag: bloße Rechtswidrigkeit der Anerkennung (MünchKomm-BGB/*Reuter*, §§ 80, 81 Rn. 47) oder Unwirksamkeit derselben (Staudinger/*Rawert*, § 80 Rn. 34; Werner/Saenger/*Werner*, Rn. 372).

BGB). Das Erfordernis eines Antrags kann dennoch nicht die genannte Funktion erfüllen. Der im Stiftungsgeschäft ausgedrückte Wille des Stifters ist gerade darauf gerichtet, nach seinem Tod Wirkung zu entfalten. Vor dem Tod soll keine Anerkennung erfolgen. Hat er in einer letztwilligen Verfügung die Errichtung einer Stiftung bestimmt, ist dies mit dem Tod der feststehende, unveränderbare Wille des Stifters. Das Stiftungsgeschäft von Todes wegen ist damit begriffsnotwendig der „letzte Wille" des Stifters. Dementsprechend fehlt ein Widerrufsrecht der Erben nach dem Tod des Stifters, § 81 Abs. 2 BGB gilt allein für die Stiftung unter Lebenden.[117] Es bedarf keiner weiteren bekräftigenden Erklärung neben dem Stiftungsgeschäft, dass dies immer noch der Wille des Stifters ist. Das Erfordernis eines formellen Antrags würde vielmehr dem Sinn einer Verfügung von Todes wegen, Anordnungen verbindlich mit Wirkungen nach seinem Tode zu treffen, widersprechen.[118]

Schewe verweist jedoch auf den „eindeutigen Gesetzeswortlaut" und nimmt an, dass § 83 Satz 1 BGB hinsichtlich der Initiierung des Anerkennungsverfahrens abschließend sei und durch Testamentsvollstrecker oder Erbe ein formeller Antrag erforderlich sei.[119] Dadurch werde Testamentsvollstrecker und Erbe die Macht eröffnet, Einfluss auf die Rechtsnachfolge auszuüben.[120] *Schewe* benennt zwei Konstellationen, in denen eine solche Macht bestehe. Erstens: Das Nachlassgericht verzichtet auf die Mitteilung, weil es unrichtigerweise davon ausgeht, der Testamentsvollstrecker oder der Erbe hätte schon die Anerkennung beantragt; in Wirklichkeit haben diese aber nur reine Wissensmitteilungen vorgenommen. Zweitens: Das Nachlassgericht ist sogar über einen angeblichen Antrag durch den Testamentsvollstrecker oder Erben getäuscht worden.[121] Es wird deutlich, dass die Fälle, in denen tatsächlich keine Eröffnung des Anerkennungsverfahrens aufgrund einer bloßen Wissensmitteilung stattfindet, selten auf-

---

117 Planck/*Knoke*, § 83 Anm. 5; Staudinger/*Rawert*, § 83 Rn. 13; MünchKomm-BGB/*Reuter*, § 83 Rn. 15. Vgl. auch *Oertmann*, § 83 Anm. 2a.

118 Ähnlich RGRK/*Steffen*, § 83 Rn. 2.

119 *Schewe*, S. 271.

120 *Schewe* (S. 271) erkennt darin eine Unvereinbarkeit mit § 2065 Abs. 2 BGB. Wirksamkeit entfalte die Vorschrift dennoch nach dem Grundsatz „lex posterior derogat legi priori", da sie aufgrund der Modernisierung des Stiftungsprivatrechts (2002) eine gegenüber § 2065 BGB jüngere Regelung ist. Der Anwendung dieses Grundsatzes bedürfte es freilich auch bei Zugrundelegung der These *Schewes* nicht. Während § 2065 Abs. 2 BGB dem Erblasser verbietet, Dritten die Entscheidung über eine letztwillige Verfügung zu überlassen (hinsichtlich deren Wirksamkeit sowie Zuwendungsgegenstand und -empfänger), würde bei § 83 Satz 1 BGB die Macht Dritter über die letztwillige Verfügung durch den Gesetzgeber eröffnet. Die Regelungen stünden dann unter Umständen in gewissem Wertungswiderspruch, wären aber nicht unvereinbar, § 2065 Abs. 2 BGB würde nicht durch eine andere Regelung inhaltlich modifiziert.

121 *Schewe*, S. 271.

treten werden und im letzteren Falle sogar Arglist bei dem Testamentsvollstrecker und dem Erben erfordern.[122]

Die These, dass nunmehr ein formeller Antrag des Testamentsvollstreckers erforderlich sei, verdient nähere Betrachtung. Der Gesetzgeber hat die merkwürdige Situation geschaffen, dass er hinsichtlich der Mitteilungspflicht des Nachlassgerichts zunächst auf die geltende Rechtslage verweist, im nächsten Satz der Begründung aber für den Testamentsvollstrecker und den Erben eine dieser Rechtslage widersprechende Neuformulierung wählt. Eine inhaltliche Änderung war dabei nicht beabsichtigt. Verweist die Gesetzesbegründung hinsichtlich der Tätigkeit des Nachlassgerichts noch auf das geltende Recht, wäre bei einer beabsichtigten *inhaltlichen* Veränderung bezüglich des Tuns von Erbe bzw. Testamentsvollstrecker zu erwarten gewesen, dass diese benannt und begründet würde. Die Änderung in „beantragt" wird jedoch lediglich damit gerechtfertigt, dass eine genauere Bezeichnung der Tätigkeit erreicht werden soll.[123] Der Gesetzgeber wollte also mit der Änderung lediglich eine sprachliche Verbesserung erreichen. Die Notwendigkeit dieser Änderung erscheint übrigens zweifelhaft,[124] da die Bedeutung von „Nachsuchen" neben der des Nachforschens gerade „etwas beantragen, erbitten, um etwas ersuchen" ist.[125] Bei der Änderung wird der Aspekt der Modernisierung und Anpassung an verwaltungsrechtliche Begriffe und den Sprachgebrauch jüngerer Gesetzgebungswerke im Vordergrund gestanden haben. Darüber hinaus hat der Bayerische Verwaltungsgerichtshof in seinem in der Gesetzesbegründung zur Mitteilungspflicht angeführten Urteil gerade herausgestellt, dass die bloße Mitteilung an die Stiftungsbehörde, auch etwa durch einen Nachlasspfleger oder einen anderen Dritten, ausreichend sei.[126] Dies wird aber in der Gesetzesbegründung nicht erörtert. Jedenfalls wird aufgrund des Verweises auf die Rechtslage und das Urteil deutlich, dass nicht beabsichtigt war, das Anerkennungsverfahren nicht mehr von Amts wegen, also bei jeglicher Kenntnisnahme zu eröffnen. Dafür spricht auch der Umstand, dass im Gesetzentwurf der Bundesregierung die Änderung in „beantragt" zwar schon enthalten war, in der Begründung darauf aber nicht eingegangen wurde.[127] Die Unwesentlichkeit der Änderung im Auge des Gesetzgebers mangels inhaltlicher Auswirkungen ist darin besonders gut zu erkennen.

Die Entstehungsgeschichte von § 83 Satz 1 BGB veranschaulicht, dass die Norm gerade die Funktion hat, die Verpflichtung des Nachlassgerichts zu schaf-

---

[122] Die Gefahr, dass dem Nachlassgericht eine erfolgte Antragstellung vorgespiegelt wird, bestand übrigens auch nach alter Rechtslage.

[123] BT-Drucks. 14/8894, S. 11 (Beschlussempfehlung des Rechtsausschusses).

[124] Der Entwurf der Fraktionen SPD und Bündnis 90/Die Grünen enthielt den Vorschlag dementsprechend noch nicht (vgl. BT-Drucks. 14/8277, S. 3).

[125] *Deutsches Rechtswörterbuch*, Artikel „nachsuchen", II. (Sp. 1268 f.).

[126] BayVGH, StiftRspr III, 178, 185.

[127] BT-Drucks. 14/8765, S. 5, 11.

fen, damit die Stiftung auch dann zur Entstehung gelangt, wenn Testamentsvollstrecker und Erben nicht tätig werden. Die Entstehung der Stiftung soll nicht in der Hand von Erbe oder Testamentsvollstrecker liegen. Vorschläge zu der Vorschrift in den Beratungen der Zweiten Kommission verzichteten dementsprechend auf die Erwähnung des Testamentsvollstreckers und des Erben („Die Genehmigung ist erforderlichen Falles von dem Nachlaßgerichte zu beantragen"[128]) oder hielten eine solche nicht für zwingend („Die Genehmigung ist erforderlichen Falles (oder: Die Genehmigung ist, wenn die Beantragung derselben von dem Erben oder Testamentsvollstrecker verzögert wird), durch das Nachlaßgericht einzuholen"[129]). Der Gesetzgeber wollte nicht festlegen, was der Testamentsvollstrecker zur Errichtung der Stiftung von Todes wegen zu tun hat, sondern durch § 83 Satz 1 BGB dafür sorgen, dass die zuständige Behörde vom Stiftungsgeschäft Kenntnis erhält und so das Anerkennungsverfahren durchgeführt werden kann.[130]

Dass der Gesetzgeber nunmehr bei der „genaueren Bezeichnung" wohl irrtümlicherweise nur den Normalfall des Handelns von Testamentsvollstrecker und Erbe – den Antrag, verstanden als die Äußerung des Willens, dass ein Anerkennungsverfahren eröffnet werde – erfasst hat, ist unschädlich, da der eigentliche Regelungsgehalt der Vorschrift, die Festschreibung der nachlassgerichtlichen Mitteilungspflicht bei einer Eröffnung des Anerkennungsverfahrens von Amts wegen, sich nicht geändert hat und nicht ändern sollte.[131] Die bloße Anzeige des Stiftungsgeschäfts durch den Testamentsvollstrecker oder den Erben reicht ebenso wie die Mitteilung durch einen Dritten für die Einleitung des Anerkennungsverfahrens – das Ziel der Kenntniserlangung der Behörde wird erreicht. § 83 Satz 1 BGB enthält keine abschließende Regelung zu den Modalitäten der Verfahrenseinleitung. Auch das frühere „Nachsuchen" bedeutete im Kern nicht wesentlich anderes als „Beantragen" – dennoch nahm man zu Recht eine Eröffnung von Amts wegen an. Die Wortlautänderung bewirkt nach alledem keine inhaltliche Änderung.

---

128 *Gebhard*, Antrag Nr. 2, 39 (*Jakobs/Schubert*, AT I, S. 400; dort auch der ähnliche Antrag *Börners*).

129 *Jakobs/Schubert*, AT I, S. 406 (E I-VorlZust § 58a II).

130 Vgl. RGRK/*Steffen*, § 83 Rn. 2; Staudinger/*Rawert*, § 83 Rn. 13 f.; MünchKomm-BGB/*Reuter*, § 83 Rn. 17; Planck/*Knoke*, § 83 Anm. 5; Seifart/*Hof*, § 6 Rn. 263; *Blydt-Hansen*, S. 60. Die Kenntnis des Nachlassgerichts entsteht nach § 2259 BGB und, soweit das Stiftungsgeschäft von Todes wegen zu notariellem Protokoll erklärt worden ist, dadurch, dass die Notare kraft gleich lautender Verfügungen der Justiz- und Innenminister der Länder über die Benachrichtigung in Nachlasssachen das für den letzten Wohnsitz des Erblassers zuständige Amtsgericht informieren müssen (Staudinger/*Rawert*, § 83 Rn. 13).

131 Der Antrag *Börners* (s.u. bei Fn. 134) forderte im Übrigen einen „Antrag" auch seitens des Gerichts, unterschied also nicht zwischen Antrag und Anzeige.

2. Pflicht des Testamentsvollstreckers

Aus dem Wortlaut des § 83 Satz 1 BGB lässt sich eine Verpflichtung des Testamentsvollstreckers zur Antragstellung nicht entnehmen.[132] Nur vereinzelt wird jedoch vertreten, der Testamentsvollstrecker sei zur „Antragstellung" zwar berechtigt, nicht aber verpflichtet.[133] Anders als im aktuellen Gesetzestext enthielt zwar der Vorschlag des Delegierten *Börner* im Rahmen der Beratungen der Vorkommission des Reichsjustizamtes noch eine Formulierung, in der durchaus eine Verpflichtung erwähnt oder zumindest angedeutet wurde: „Der Antrag auf Ertheilung der Genehmigung ist von dem Testamentsvollstrecker, Erben oder Miterben und in Ermangelung solcher oder bei Verzögerung von dem Nachlassgerichte zu stellen."[134] Dass über Aufnahme und Wegfall dieser Formulierung keine Diskussion stattfand, untermauert aber, dass diesem Umstand für § 83 BGB letztlich keine Bedeutung beigemessen wurde. Wie bereits erwähnt, ging es bei der Regelung darum, die „Notkompetenz" des Nachlassgerichts zu bestimmen, nicht aber um die Festlegung der rechtlichen Stellung des Testamentsvollstreckers in Bezug auf einen Antrag. Antragsberechtigung und -verpflichtung wurden vielmehr vorausgesetzt. Eine Verpflichtung des Testamentsvollstreckers zur Antragstellung ergibt sich somit nicht schon aus § 83 BGB, sondern muss aus der Aufgabenzuweisung durch den Erblasser folgen.

Eine ausdrückliche Anordnung des Erblassers an den Testamentsvollstrecker, die Entstehung der Stiftung herbeizuführen und damit insbesondere auch den „Antrag" zu stellen, ist entbehrlich[135], wenn sich allein aus der Anordnung der Testamentsvollstreckung und dem Stiftungsgeschäft von Todes wegen die Aufgabe ergibt, die Stiftungsentstehung zu ermöglichen. Der Testamentsvollstrecker hat grundsätzlich vor allem die Aufgabe, die Verfügungen des Erblassers zur Ausführung zu bringen (§ 2203 BGB). Er hat also den Nachlass gemäß dem Willen des Erblassers abzuwickeln. Es ist seine Pflicht, durch die Abwicklung den Endzustand herbeizuführen, den der Erblasser hinsichtlich seines Nachlassvermögens herstellen wollte.[136]

Damit das Stiftungsgeschäft von Todes wegen Wirkungen entfaltet und somit der Wille zur Stiftungsentstehung wie auch zur Erbeinsetzung oder sonstigen Zuwendung vollzogen wird, muss die Anerkennung der Stiftung als rechtsfähig ergehen. Der Testamentsvollstrecker hat also alles Notwendige und in seiner Macht Stehende zu tun, damit die Stiftung anerkannt wird. Die Notwendigkeit

---

[132] *Oertmann*, § 83 Anm. 2b.

[133] *Oertmann*, § 83 Anm. 2b; *Harrer*, ZBlFG 19 (1919), 361, 369 f. Eine nicht nachvollziehbare Begründung für eine Pflicht zur Antragstellung liefert Soergel/*Neuhoff*, § 83 Rn. 7 (keine „Rechtsstellung in Bezug auf die Anerkennung oder deren Versagung").

[134] *Jakobs/Schubert*, AT I, S. 394 (Antrag Nr. 8, 14).

[135] Vom Erfordernis einer ausdrücklichen Anordnung gehen wohl *Pues/Scheerbarth* (S. 16) aus.

[136] MünchKomm-BGB/*W. Zimmermann*, § 2203 Rn. 5; Staudinger/*Reimann*, § 2203 Rn. 3.

einer Antragstellung könnte deshalb in Frage gestellt werden, weil die Anerkennung auch ohne ein entsprechendes Vorgehen des Testamentsvollstreckers erfolgen kann. Die Kompetenz des Nachlassgerichts besteht aber nur subsidiär, das Gesetz geht von der Vorrangigkeit des Testamentsvollstreckerhandelns aus. Schon deswegen kann diese nachlassgerichtliche Zuständigkeit nicht bei der Beurteilung, ob das Handeln durch den Testamentsvollstrecker erforderlich ist, berücksichtigt werden. Aus § 2203 BGB ergibt sich somit auch die Verpflichtung des Testamentsvollstreckers, das Stiftungsgeschäft bei der zuständigen Aufsichtsbehörde zumindest anzuzeigen.[137] Wird der Testamentsvollstrecker nicht derart tätig, begeht er eine Pflichtverletzung. Zwar würde diese allein keinen „wichtigen Grund" zur Entlassung im Sinne des § 2227 BGB bedeuten. Eine deswegen verspätet erfolgte Anerkennung könnte aber Auswirkungen hinsichtlich des Vermögens der Stiftung haben, für die der Testamentsvollstrecker gegebenenfalls haften müsste (§ 2219 BGB).

II. Unzureichende Gestaltung des Stiftungsgeschäfts

Ist das Anerkennungsverfahren in die Wege geleitet worden, treten unter Umständen Schwierigkeiten aufgrund der Ausgestaltung des Stiftungsgeschäfts auf. So genügt das Stiftungsgeschäft möglicherweise nicht den durch das BGB gestellten Anforderungen und ist deshalb nicht anerkennungsfähig. Stiftungsgeschäfte, die diesen Voraussetzungen entsprechen, jedoch nicht zweckmäßig ausgestaltet sind, berechtigen die Anerkennungsbehörde hingegen nicht zur Versagung der Anerkennung.[138] Sie können aber einem erfolgreichen Wirken der anerkannten Stiftung entgegenstehen. Insbesondere bei Stiftungen mit großem Vermögen sind über die Mindestvoraussetzungen der §§ 80, 81 BGB hinausgehende Regelungen zweckmäßig, beispielsweise die Einrichtung eines Aufsichtsorgans zur Kontrolle des Vorstandes.[139] Wer eine Stiftung errichtet, wird außerdem bestrebt sein, dass das gewidmete Vermögen und insbesondere seine Erträge weitgehend ungeschmälert zur Zweckverwirklichung eingesetzt werden können. Deshalb besteht ein besonderes Interesse daran, dass die Stiftung von der Finanzverwaltung als gemeinnützig anerkannt und somit steuerlich privilegiert wird: Eine gemeinnützige Körperschaft, d.h. auch eine gemeinnützige Stiftung, ist befreit von der Erbschaft- und Schenkungsteuer (§ 13 Abs. 1 Nr. 16b EStG), von der Körperschaftsteuer (§ 5 Abs. 1 Nr. 9 KStG) sowie von der Gewerbe-

---

137 So auch Planck/*Flad*, § 2203 Anm. 1; RGRK/*Steffen*, § 83 Rn. 2; *Kretzschmar*, ZBlFG 9 (1909), 587, 600. Ein Muster für die Antragstellung findet sich bei Brambring/Mutter/*Mutter*, H. III. (S. 660).

138 *Nissel*, Rn. 127; Schauhoff/*Schauhoff*, § 3 Rn. 19; *Hüttemann*, ZHR 167 (2003), 35, 53.

139 *A. Schlüter/Stolte*, Kap. 2 Rn. 19. Weitere ergänzende Bestimmungen etwa bei *Nissel* (Rn. 136) oder in den zahlreichen Mustersatzungen (z.B. bei Werner/Saenger, Anlage 4, S. 911 ff.).

steuer (§ 3 Nr. 6 GewStG).[140] Nach den insoweit maßgeblichen §§ 51 ff. AO muss das Stiftungsgeschäft zur Erlangung des Gemeinnützigkeitsstatus bestimmte Voraussetzungen erfüllen.

Beim Stiftungsgeschäft unter Lebenden, das den faktischen Regelfall der Stiftungserrichtung bildet[141], wird ein Entwurf des Stiftungsgeschäfts in der Regel noch vor der eigentlichen Antragstellung und damit der Eröffnung des Verwaltungsverfahrens im Sinne des VwVfG durch die Anerkennungsbehörde auf seine Anerkennungsfähigkeit untersucht.[142] Die Anerkennungsbehörde ist regelmäßig bemüht, Empfehlungen und Hinweise auch zu der ihrer Auffassung nach zweckmäßigen Gestaltung des Stiftungsgeschäfts zu geben. Bei der beabsichtigten Errichtung einer gemeinnützigen Stiftung gilt dies hinsichtlich der gemeinnützigen Ausgestaltung des Stiftungsgeschäfts auch für die zuständige Finanzbehörde.[143] Dabei handelt es sich freilich um informelle Verwaltungsverfahren, die keine Rechtswirkungen oder etwa Vertrauensschutz erzeugen.[144] Verbunden mit diesem „Vorverfahren" ist jedenfalls eine Zeitersparnis bei dem eigentlichen Anerkennungsverfahren und – insbesondere bei Abweichungen von Mustersatzungen, denen die Behörden oft skeptisch gegenüberstehen[145] – mehr Sicherheit für den Stifter, das sein Stiftungsprojekt gelingt.[146] Diese Option muss jedoch durch den Stifter tatsächlich in Anspruch genommen werden.[147] Daran wird es aber bei der Stiftung von Todes wegen oftmals fehlen, sei es, weil er das Testa-

---

140 Dies gilt nicht für einen etwaigen wirtschaftlichen Geschäftsbetrieb der Stiftung, vgl. § 5 Abs. 1 Nr. 9 Satz 2 KStG, § 3 Nr. 6 Satz 2 GewStG. Zur Umsatzsteuerpflicht kurz *Ley*, Die Stiftung 2 (2008), 135, 137 f.

141 *Nissel*, Rn. 149. Laut der *Bund-Länder-Arbeitsgruppe Stiftungsrecht* (Abschlussbericht, S. 13), die in den Jahren 2000 und 2001 im Auftrage des Bundesministeriums für Justiz den Reformbedarf im Stiftungsprivatrecht untersuchte, waren in den Jahren 1990 bis 1999 unter den Stiftungsneugründungen nur ca. 12 % solche von Todes wegen. *J. Kohler*, ArchBürgR 3 (1890), 228, 233 ging noch von einem „besonders regen und der Unterstützung werthen Trieb" für letztwillige Stiftungen aus; siehe auch *Crome*, S. 266 („gewöhnlichste Fall, daß der Stifter sich der erforderlichen Mittel meist erst nach seinem Tod entäußert").

142 Vgl. *Hoffmann*, Die Stiftung 1 (2007), 53 f.; *Otto*, S. 23.

143 *Hoffmann*, Die Stiftung 1 (2007), 53, 54; *Otto*, S. 23, 179; *Sombrowski*, Die Stiftung 2 (2008), 151, 152 f.

144 *Otto*, S. 179.

145 Vgl. Werner/Saenger/*Werner*, Rn. 293 ff.; *Werner*, ZSt 2006, 126 f.; *Janitzki*, Die Stiftung 1 (2007), 39, 44 f.

146 *Otto*, S. 179. Der Stifter kann eine Zusicherung im Sinne des § 38 VwVfG, dass der Verwaltungsakt der Stiftungsanerkennung ergehen wird, beantragen (Staudinger/*Rawert*, § 83 Rn. 15; Schauhoff/*Schauhoff*, § 3 Rn. 36; Werner/Saenger/*Werner*, Rn. 373). Die Anerkennungsbehörde ist zur Erteilung jedoch nicht verpflichtet (Stelkens/Bonk/Sachs/*U. Stelkens*, § 38 Rn. 110).

147 Entsprechende Empfehlungen finden sich bei *Wachter*, B Rn. 27; Reimann/Bengel/J. Mayer/*Limmer*, A Rn. 309.

ment als etwas „Geheimzuhaltendes“ ansieht, sei es aufgrund der Unkenntnis seiner Möglichkeiten und der vorhandenen Risiken bei der Anerkennung. Zudem verkennt der Stifter die Notwendigkeit eines solchen Vorgehens möglicherweise auch deshalb, weil er den eigenen Tod noch hinreichend weit entfernt wähnt.

Anders als bei der Stiftungserrichtung unter Lebenden kann der Stifter das Stiftungsgeschäft von Todes wegen nicht im eigentlichen Anerkennungsverfahren ändern, da dieses erst nach dem Erbfall beginnt. So kann der Stifter die bislang getroffenen Regelungen nicht gemäß den dazu erteilten etwaigen Ratschlägen der Anerkennungsbehörde zur Herbeiführung der Anerkennungsfähigkeit umgestalten. Ebenso wenig kann er die Zweckmäßigkeit des Stiftungsgeschäfts oder die steuerrechtliche Gemeinnützigkeit der Stiftung herstellen. Auch auf eine (wesentliche) Änderung der Verhältnisse, insbesondere der Rechtslage durch die Modifikation von Gesetzen, Rechtsprechung oder Verwaltungspraxis, die die Anerkennungsfähigkeit gefährden können[148], kann der Stifter nicht reagieren.[149]

Es kommt erschwerend hinzu, dass der Stifter nach seinem Tode nicht mehr zur Feststellung des im Stiftungsgeschäft geäußerten Willens und damit insbesondere zur Aufklärung unklarer Formulierungen herangezogen werden kann.[150] Die Anerkennungsbehörde misst den Erklärungen des Stifters dann unter Umständen eine Bedeutung bei, die nicht dem eigentlich Gewollten entspricht. Im Rahmen der Feststellung der Gemeinnützigkeit gehen Unklarheiten zu Lasten der Stiftung.[151] Beim Stiftungsgeschäft unter Lebenden kann der Stifter die Unklarheiten beseitigen, indem er hinsichtlich seines Willens, den er im Stiftungsgeschäft auszudrücken versucht hat, befragt wird.[152] Der Stifter könnte vor der Anerkennung zudem das Gemeinte im Stiftungsgeschäft klarstellen, die Willenserklärung also verändern. Schon in dem Bericht der XII. Kommission des Reichstags vom 12.6.1896 findet sich der Hinweis, dass die zuständige Behörde im Genehmigungsverfahren notfalls auf eine klare und unzweideutige Abfassung des Stiftungsgeschäfts drängen könne.[153] Empfohlen wird daher meist die Errichtung einer Stiftung unter Lebenden; diese soll – insbesondere um den eigenen Lebensstandard abzusichern – zunächst mit einem vergleichsweise geringen Vermögen ausgestattet werden. Später soll dieses Vermögen dann durch eine Zustiftung von Todes wegen aufgestockt werden.[154]

---

148 *Langenfeld*, ZEV 2002, 481, 482.

149 Vgl. *O. Schmidt*, S. 13, 19.

150 *Pues/Scheerbarth*, S. 16; Werner/Saenger/*Werner*, Rn. 340; *Werner*, in: Stiftungen in Deutschland und Europa, 243, 251.

151 BFH/NV 1992, 695, 696; *Osterkorn*, DStR 2002, 16, 17.

152 *Werner*, in: Stiftungen in Deutschland und Europa, 243, 251.

153 *Mugdan* I, S. 962.

154 *Schiffer*, Stiftung in der Beraterpraxis, § 5 Rn. 27; *Wachter*, B Rn. 26; Werner/Saenger/*Werner*, Rn. 340; *Langenfeld*, ZEV 2002, 481. Dadurch besteht zudem für den Stifter

Der Erblasser kann die geschilderten Nachteile der Stiftungserrichtung von Todes wegen möglicherweise vermeiden, indem er die Testamentsvollstreckung anordnet. Denkbar ist etwa, dass der Testamentsvollstrecker das Stiftungsgeschäft nach dem Erbfall dergestalt verändert oder ergänzt, dass eine Anerkennung der Stiftung als rechtsfähig und gemeinnützig möglich ist. Der Stifter wird nicht selten die Entscheidung über Einzelfragen sogar von vornherein einem sachkundigeren Dritten, z.B. dem Testamentsvollstrecker, überlassen wollen. Ferner könnte diesem die Interpretationshoheit über das Stiftungsgeschäft zugewiesen werden. Dadurch könnte beispielsweise eine Auslegung durch die Behörde verhindert werden, bei der der wahre Wille des Stifters nicht zur Geltung kommt und deshalb unter Umständen eine Versagung der Anerkennung erfolgt. Zunächst sollen aber die Anforderungen an das Stiftungsgeschäft dargelegt werden, damit die durch den Testamentsvollstrecker unter Umständen zu behebenden Mängel und somit seine möglichen Aufgaben deutlich werden.

1. Anforderungen an das Stiftungsgeschäft

a) Anerkennung der Stiftung als rechtsfähig

Voraussetzung für die Anerkennung der Stiftung durch die zuständige Behörde ist nach § 80 Abs. 2 BGB, dass der Stifter das Stiftungsgeschäft gemäß den Erfordernissen des § 81 Abs. 1 BGB vorgenommen hat, die dauernde und nachhaltige Erfüllung des Stiftungszwecks gesichert erscheint sowie der Stiftungszweck nicht das Gemeinwohl gefährdet. § 81 Abs. 1 Satz 1 BGB, der die Schriftform (§ 126 BGB) für das Stiftungsgeschäft vorsieht, wird bei der Stiftung von Todes wegen durch die §§ 2231 ff., 2276 BGB verdrängt, da diese Vorschriften die bei Verfügungen von Todes wegen einzuhaltende Form festlegen und das Stiftungsgeschäft ausweislich des § 83 Satz 1 BGB gerade in einer solchen Verfügung besteht. § 81 Abs. 1 Satz 2 BGB fordert als Bestandteil des Stiftungsgeschäfts die verbindliche Erklärung, dass der Stifter ein Vermögen zur Erfüllung eines von ihm vorgegebenen Zwecks widme. § 81 Abs. 1 Satz 3 BGB bestimmt, dass die Stiftung „durch" das Stiftungsgeschäft eine Satzung erhalten muss. Die Satzung hat als Mindestinhalt Regelungen über den Namen, den Sitz, den Zweck, das Vermögen und die Bildung des Vorstands der Stiftung zu beinhalten.

aa) Erfordernis einer „Satzung"

Das ausdrückliche Erfordernis einer „Satzung" ist ebenso wie der Katalog an Anerkennungsvoraussetzungen durch die Reform des Stiftungsrechts im Jahre 2002 in das BGB eingeführt worden. Vorher war es in den Landesstiftungsgesetzen enthalten und wurde zudem dem Verweis des § 86 BGB a.F. auf § 26

die Möglichkeit, das Stiftungswirken in den Gründungsjahren als Mitglied eines Stiftungsorgans wesentlich mitzugestalten und zu prägen (*Schiffer*, Stiftung in der Beraterpraxis, § 5 Rn. 27).

Abs. 2 BGB, der die Existenz einer Satzung voraussetzte, entnommen.[155] Das Stiftungsrecht des BGB sieht nunmehr vor, dass die Satzung ein Bestandteil des Stiftungsgeschäfts ist.[156] Dies folgt erstens aus § 81 Abs. 1 Satz 3 BGB – die Stiftung erhält eine Satzung „durch" das Stiftungsgeschäft –, zweitens aus § 83 Satz 2 BGB, wonach das Stiftungsgeschäft den für die Satzung geltenden Anforderungen des § 81 Abs. 1 Satz 3 BGB zu genügen hat.[157] Drittens spricht für das genannte Verhältnis die Regelung des § 85 BGB, wonach die Verfassung der Stiftung neben Bundes- und Landesgesetzen durch das Stiftungsgeschäft bestimmt wird, die Satzung aber nicht gesondert als für die Stiftungsverfassung maßgeblich aufgeführt ist. Viertens hatte es im vom Bundestag mit den Modifizierungen des Rechtsausschusses realisierten Entwurf der Fraktionen von SPD und Bündnis 90/Die Grünen noch geheißen: „Das Stiftungsgeschäft muss eine Satzung bestimmen, die Regelungen über [...] enthält."[158] Eine inhaltliche Modifikation sollte durch die sprachliche Änderung seitens des Rechtsausschusses nicht erreicht werden. Es ging vielmehr darum, „das Anliegen klarer dar[zu]stellen"[159]. Somit besteht das Stiftungsgeschäft dem Gesetz zufolge einerseits aus dem sog. „Stiftungsakt"[160] gemäß § 81 Abs. 1 Satz 2 BGB und andererseits aus der Satzung nach § 81 Abs. 1 Satz 3 BGB. Wozu bedarf es aber des Begriffes „Satzung" und was ist damit gemeint?

Unter einer Satzung versteht man allgemein die Regelungen, die als Grundordnung einer juristischen Person deren Aufgaben- und Organisationsplan darstellen.[161] Um eine solche Verfassung zu erlangen, hätte es freilich nicht der Einführung des Begriffs „Satzung" bedurft, die Beschreibung des Mindestinhalts des Stiftungsgeschäfts hätte genügt. In § 59 AO wird dementsprechend das „Stiftungsgeschäft" neben „Satzungen" (von Körperschaften) genannt, wird also als gleichbedeutend mit diesen angesehen. Beide haben die für die juristische Person maßgeblichen Regelungen zum Inhalt. Der BGB-Gesetzgeber hat den Begriff „Satzung" in § 85 BGB bewusst vermieden, um den Unterschied zwischen dem Entstehungsgrund von Vereins- und Stiftungsverfassung (Willensentschluss der Mitglieder im Gegensatz zur Erklärung des Stifters) deutlich zu machen.[162] Ein unveröffentlichter Entwurf der Fraktionen von SPD und Bündnis

155 *Schewe*, S. 122.

156 *Schewe*, S. 123; *A. Schlüter/Stolte*, 2. Kap. Rn. 33; Seifart/*Hof*, § 6 Rn. 116. A.A. offenbar *Sontheimer*, S. 40.

157 *Schewe*, S. 123.

158 BT-Drucks. 14/8277, S. 3.

159 BT-Drucks. 14/8894, S. 11 (Beschlussempfehlung des Rechtsausschusses).

160 BT-Drucks. 14/8277, S. 7 (Fraktionsentwurf SPD/Grüne); BT-Drucks. 14/8765 (Regierungsentwurf), S. 9.

161 RGRK/*Steffen*, § 80 Rn. 3; Staudinger/*Rawert*, § 85 Rn. 2; Seifart/*Hof*, § 6 Rn. 117; Schauhoff/*Schauhoff*, § 3 Rn. 19.

162 HKK/*Pennitz*, §§ 80-89 Rn. 28 Fn. 147; *Oertmann*, § 85 Anm. 1; *Rawert*, in: FS Priester, 647, 655.

90/Die Grünen enthielt folgende Formulierung: „Die Verfassung einer Stiftung (Stiftungssatzung) wird, soweit sie nicht auf Bundesgesetz beruht, durch das Stiftungsgeschäft bestimmt. Das Stiftungsgeschäft muß Regelungen enthalten über [...]".[163] Man hielt es hier nicht für notwendig, das Stiftungsgeschäft wie im jetzigen § 81 Abs. 1 BGB zu unterteilen, sondern benannte lediglich die jedenfalls erforderlichen Regelungen.[164]

Es finden sich oft Stiftungen, bei denen folgende Gestaltung vorzufinden ist: Eine mit Stiftungsgeschäft betitelte Urkunde ist vorhanden, die neben dem Stiftungsakt den Hinweis enthält, dass der Inhalt der beigefügten „Satzungs"urkunde, worin sich eine geordnete Darstellung aller Normen der Stiftung findet, Bestandteil des Stiftungsgeschäfts ist.[165] Es stellt sich die Frage, ob diese Gestaltung auch Anerkennungsvoraussetzung ist, ob also eine gesonderte Urkunde nötig ist, die als Normensammlung die geforderten Angaben enthält.[166] Auf ein derartiges Verständnis könnte immerhin der Wortlaut des § 83 Satz 2 BGB deuten, der die Kompetenz der Anerkennungsbehörde konstituiert, der Stiftung „eine Satzung zu geben". In der Begründung der Vorschrift im Fraktionsentwurf von SPD und Bündnis 90/Die Grünen ist zudem die Rede von der „Beifügung" der Stiftungssatzung.[167]

Gegen das Erfordernis einer separierten Urkunde (und auch einer nach Paragraphen geordneten Darstellung) sprechen mindestens drei Gründe. Erstens wird ein solches Erfordernis nicht deutlich aufgestellt, zumal der Wortlaut auch in den vorherigen Entwürfen dies nicht erschließen ließ. Eine Klarstellung – wenigstens in der Gesetzesbegründung – wäre auch deshalb zu erwarten gewesen, weil – zweitens – bereits das Reichsgericht die Auffassung vertrat, die Satzung sei kein „Schriftstück, das eine unter diesem Wort zusammengefaßte Anzahl von Paragraphen enthält".[168] Drittens lässt sich anführen, dass der Gesetzgeber ausweislich der Gesetzesbegründung dem Stifter die Stiftungserrichtung nicht über das unbedingt Erforderliche hinaus erschweren wollte, wozu aber eine solche Anforderung nicht passen würde.[169]

---

163 § 82 Abs. 2 BGB-E, abgedruckt bei *Schewe*, S. 290.

164 Zu diesen zählte man freilich auch etwa den Vermögensanfall, so dass der Katalog acht Ziffern beinhaltete.

165 Vgl. z.B. das Muster des Stiftungsreferats im Innenministerium NRW, abrufbar unter www.im.nrw.de/bue/doks/muster.pdf (Stand: 31.3.2010). Auch *Nissel* (Rn. 118 a.E.) geht von einer solchen Vorgehensweise aus.

166 Bejahend *Schewe*, ZSt 2004, 301, 304 f.

167 BT-Drucks. 14/8277, S. 8.

168 RGZ 158, 185, 188.

169 BT-Drucks. 14/8277, S. 7 (Fraktionsentwurf SPD/Grüne); BT-Drucks. 14/8765, S. 10 (Regierungsentwurf).

Die Einführung des Begriffes „Satzung" war also zumindest überflüssig.[170] Gleichwohl wird die Abfassung einer solchen „Satzungsurkunde" zu empfehlen sein, da dadurch Aufsicht, Organen und Dritten die Satzung als Zusammenfassung der Stiftungsverfassung, gewissermaßen als Normensammlung, zur Verfügung steht.[171]

bb) Notwendiger Inhalt der Satzung

Zum notwendigen Inhalt der Satzung zählen die Regelungen über den Namen und den Sitz der Stiftung. Beide Begriffe bedürfen keiner näheren Erläuterung. Bei fehlender Bestimmung des Sitzes durch den Stifter gilt als Sitz der Stiftung gemäß § 83 Satz 3 BGB der Ort, an dem die Verwaltung geführt wird, oder, wenn dieser Ort nicht feststeht, gemäß § 83 Satz 4 BGB der letzte inländische Wohnsitz des Stifters. Durch das Gesetz selbst ist bestimmt, dass die Stiftung einen Vorstand haben muss (§§ 86 Satz 1, 26 Abs. 1 Satz 1 BGB). Mit den erforderlichen Regelungen über die Bildung des Vorstandes sind solche über die Zahl der Vorstandsmitglieder, das Bestellungs- und Abberufungsverfahrens sowie die Amtsdauer gemeint.[172] Nicht selten sind gerade diese Bestimmungen nicht vollständig getroffen.[173]

Fraglich ist, welche Angaben als Regelungen über den Zweck und das Vermögen der Stiftung erforderlich sind. Für die zum Teil vertretene Ansicht, diese Regelungen müssten über die „bloße" Zweck- und Vermögensbestimmung hinausgehen, wird angeführt, dass ansonsten sowohl nach § 81 Abs. 1 Satz 2 BGB als auch gemäß § 81 Abs. 1 Satz 3 BGB die Nennung von Zweck und Vermögen erforderlich wäre. So wird der Inhalt des § 81 Abs. 1 Satz 3 Nr. 3, 4 BGB etwa dahingehend verstanden, dass „notwendige Einzelfragen" zu ergänzen seien.[174] *Muscheler* dagegen sieht als erforderlich nur *eine* weitere, ergänzende Regelung über den Zweck an, sei es die Bestimmung von Maßnahmen zur Zweckverwirklichung, seien es Regelungen über die spätere Änderung des Zwecks und der

---

170 Der Auffassung *Muschelers* (Stiftungsrecht, S. 135 Fn. 15), aufgrund der jetzigen Fassung dürfte es zulässig sein, im „schriftlichen" (d.h. unterschriebenen, vgl. § 126 BGB) Stiftungsgeschäft auf eine beigefügte, nicht eigens vom Stifter unterschriebene Satzung zu verweisen, ist nicht zu folgen. Für diese Auffassung finden sich keine genügenden Anhaltspunkte. Sie steht nicht im Einklang mit der Eigenschaft der Satzung als Bestandteil des Stiftungsgeschäfts.

171 So auch *Schewe*, S. 124.

172 BT-Drucks. 14/8277, S. 8 (Fraktionsentwurf SPD/Grüne); BT-Drucks. 14/8765, S. 11 (Regierungsentwurf); Bamberger/Roth/*G.C. Schwarz/Backert*, § 81 Rn. 12; Schauhoff/*Schauhoff*, § 3 Rn. 19.

173 Einer statistischen Erhebung der *Bund-Länder-Arbeitsgruppe Stiftungsrecht* (Abschlussbericht, S. 17) zufolge bestand seitens der Behörde bei 55 % der Stiftungsanträge Gesprächsbedarf hinsichtlich der Organisation.

174 *Nissel*, Rn. 118, der im Bundesjustizministerium als Referatsleiter zuständig für die Reform war.

dazu befugten Stiftungsorgane.[175] Für das Vermögen fordert er dementsprechend, dass eine Regelung zu ergänzen sei über die Verwendung, insbesondere die Anlage des Grundstockvermögens, die Annahme von Zustiftungen (oder anderen Zuwendungen) oder die Verwendung der Erträge.[176] *Hüttemann* meint, dass nach § 81 Abs. 1 Satz 3 Nr. 3 BGB die Art der Zweckverwirklichung notwendiger Bestandteil der Stiftungssatzung sei.[177]

Der Plural „Regelungen über" jedenfalls ist kein Hinweis darauf, dass jeweils mehr als eine Regelung zu den in § 81 Abs. 1 Satz 3 BGB genannten Merkmalen festzulegen ist, sondern ergibt sich schon aus der Vielzahl der Elemente des Stiftungsgeschäfts (Nr. 1 bis 5). Hinsichtlich Name und Sitz sind sinnvolle weitergehende Regelungen auch schwerlich denkbar.[178] Die Vorschrift enthält keine eindeutige Formulierung wie § 57 Abs. 1 BGB, nach dem die Vereinssatzung vor allem „den Zweck, den Namen und den Sitz" enthalten muss. In §§ 1, 3 GmbHG findet sich hingegen eine ausdrückliche Unterscheidung zwischen Zweck und Gegenstand, wobei mit Letzterem die Art der Zweckverwirklichung beschrieben ist.[179] Auch die Abgabenordnung unterscheidet zwischen Zweck und Art der Zweckverwirklichung (§ 60 Abs. 1 Satz 1 AO). Die Begründung zum Stiftungsmodernisierungsgesetz enthält unklare Angaben. Ratschlägen aus der Literatur entsprechend heißt es im Entwurf der Bundesregierung zu diesem Gesetz etwa: „Um den ursprünglichen Stifterwillen unberührt zu lassen, sollen der Stiftungszweck und die Maßnahmen zu seiner Verwirklichung so bestimmt wie möglich formuliert sein, ohne aber im Hinblick auf die Dauerhaftigkeit zu eng zu sein."[180] Weiter ist zu lesen: „Die nach Nummer 3 erforderlichen Bestimmungen über den Zweck der Stiftung ergänzen die grundsätzliche Zweckbestimmung im eigentlichen Stiftungsakt. Der Satzungsbestimmung über den Zweck kommt besondere Bedeutung zu, da der Stiftungszweck als wichtigster Bestandteil von Stiftungsgeschäft und Satzung im Hinblick auf die auf Dauer angelegte Stiftung besonders sorgfältig formuliert sein muss."[181] Auch hier ist also kein eindeutiges Bekenntnis zu bestimmten notwendigen, zusätzlichen Regelungen zum Stiftungszweck, insbesondere der Art der Verwirklichung erkennbar, letztlich wird nur die Bedeutung des Zwecks hervorgehoben. Die Aussagen in den Gesetzesmaterialien erscheinen vielmehr wie eine Empfehlung

---

175 *Muscheler*, Stiftungsrecht, S. 80.

176 *Muscheler*, Stiftungsrecht, S. 80.

177 *Hüttemann*, ZHR 167 (2003), 35, 52; Dem folgend Hoffmann-Becking/Rawert/*Rawert*, I.26 Anm. 5 (S. 53).

178 *Muscheler*, Stiftungsrecht, S. 80.

179 *Happ*, S. 11; Baumbach/A. Hueck/*G. Hueck/Fastrich*, § 3 Rn. 7, § 1 Rn. 5; Roth/Altmeppen/*Roth*, § 1 Rn. 4. Vgl. auch die Unterscheidung *Rawerts* (Genehmigungsfähigkeit, S. 13 f.) zwischen Stiftungszweck und -gegenstand.

180 BT-Drucks. 14/8765, S. 10 (Regierungsentwurf).

181 BT-Drucks. 14/8765, S. 10 (Regierungsentwurf).

(„Festlegungen des Stifters zur Bildung des Vorstandes betreffen *insbesondere* die Anzahl der Mitglieder des Vorstandes sowie ihre Bestellung bzw. Abberufung“[182]; „konkrete Vorgaben an den Vorstand oder andere vom Stifter vorgesehene Stiftungsorgane *dienlich*“[183]; „*wichtig*, dass der Stifter festlegt, wie die Stiftung die zur Durchführung ihrer Zwecke erforderlichen restlichen Mittel erlangt“[184]; „Der Stiftungszweck und die Maßnahmen zu seiner Verwirklichung *sollen* so bestimmt wie möglich formuliert sein, ohne aber im Hinblick auf die Dauerhaftigkeit zu eng zu sein“ [185]). Dass in § 81 Abs. 1 Satz 3 BGB ein verbindlicher Katalog aufgestellt wird, fand offenbar nicht genügende Beachtung. Dazu passt auch, dass § 81 Abs. 1 Satz 3 BGB der Regelung des § 58 BGB ähnelt und der Gesetzgeber sich bei der Gestaltung des § 81 Abs. 1 Satz 3 BGB möglicherweise an dieser Vorschrift zur Vereinssatzung orientiert hat, die aber gerade keinen Katalog materiell-rechtlich zwingend erforderlicher Bestimmungen enthält, sondern einen Sollinhalt beschreibt und eine Ordnungsvorschrift für das registerrechtliche Verfahren ist.[186]

Somit muss vielmehr der allgemeine Gedanke, der hinter den Anforderungen des § 81 Abs. 1 Satz 3 BGB steht, herangezogen werden. Durch die Aufstellung des Anforderungskatalogs in § 81 Abs. 1 Satz 3 BGB soll lediglich sichergestellt werden, dass „eine zur Verfolgung eines bestimmten Zwecks geschaffene und mit einem dafür gewidmeten Vermögen ausgestattete Organisation“ entsteht, „die auf Dauer angelegt und durch die Einsetzung von Organen befähigt ist, im Rechtsverkehr selbständig aufzutreten und insbesondere Rechte zu erwerben und Verpflichtungen einzugehen“.[187] Alle Bestimmungen, die nicht für den Bestand als juristische Person unverzichtbar seien, müssten der privatautonomen Entscheidung des Stifters überlassen bleiben.[188] Das Gesetz soll demzufolge dem Stifter so wenig Schranken wie möglich setzen. Die Forderung nach der zwingenden Nennung von Zweckverwirklichungsmaßnahmen lässt sich damit aber nicht vereinbaren, da der Zweck im Einzelfall möglicherweise schon so

---

182 BT-Drucks. 14/8277, S. 8 (Fraktionsentwurf SPD/Grüne); BT-Drucks. 14/8765, S. 11 (Regierungsentwurf).

183 BT-Drucks. 14/8277, S. 8 (Fraktionsentwurf SPD/Grüne); BT-Drucks. 14/8765, S. 10 (Regierungsentwurf).

184 BT-Drucks. 14/8277, S. 8 (Fraktionsentwurf SPD/Grüne); BT-Drucks. 14/8765, S. 10 (Regierungsentwurf).

185 BT-Drucks. 14/8277, S. 7 (Fraktionsentwurf SPD/Grüne); BT-Drucks. 14/8765, S. 10 (Regierungsentwurf).

186 MünchKomm-BGB/*Reuter*, § 58 Rn. 1; Bamberger/Roth/*G.C. Schwarz*/*Schöpflin*, § 58 Rn. 1. Ihre Verletzung berechtigt zur Zurückweisung des Eintragungsantrags (§ 60 BGB), führt aber nicht zur Ungültigkeit einer gleichwohl vollzogenen Eintragung.

187 BT-Drucks. 14/8277, S. 7 (Fraktionsentwurf SPD/Grüne); BT-Drucks. 14/8765, S. 10 (Regierungsentwurf).

188 BT-Drucks. 14/8277, S. 7 (Fraktionsentwurf SPD/Grüne); BT-Drucks. 14/8765, S. 10 (Regierungsentwurf).

bestimmt angegeben ist, dass mit einer weiteren Konkretisierung durch die Beschreibung der Zweckverwirklichungsart über das unverzichtbare Maß an Bestimmtheit hinausgegangen würde.[189] Demnach sind ergänzende Bestimmungen neben der Zweck- und insbesondere auch der Vermögensangabe gerade nicht unverzichtbar. Das Regelungsziel würde im Übrigen konterkariert, wenn man es dem Stifter überlassen würde, (irgend)eine zusätzliche Regelung über Vermögen oder Zweck nach seinem Belieben zu treffen. § 81 Abs. 1 Satz 3 BGB wird deshalb von einigen zu Recht so verstanden, dass keine über die Nennung des Stiftungszwecks und des -vermögens hinausgehenden Bestimmungen erforderlich sind[190]; alle weiteren Angaben sind fakultativ.

cc) Bestimmtheit des Stiftungszwecks

Grundsätzlich steht es dem Stifter frei, welchen Zweck er für die Stiftung wählt.[191] Der Stifter muss allerdings die Voraussetzungen des § 80 Abs. 2 BGB beachten. Zudem darf er nach herrschender Meinung keine sog. „Stiftung für den Stifter" und keine „Selbstzweckstiftung", bei der das Vermögen nur seiner eigenen Perpetuierung gewidmet ist, errichten, da diese „begrifflich ausgeschlossen" sind.[192] Überwiegend ist man darüber hinaus der Auffassung, es sei Anerkennungsvoraussetzung, dass die Zweckbestimmung einen gewissen Bestimmtheitsgrad erreicht. Eine weit gefasste Zweckangabe wie „zur Förderung des Allgemeinwohls", „gemeinnützige Zwecke" oder „soziale und gute Zwecke" wird als zu allgemein und nicht zulässig erachtet.[193] Die Konkretisierung eines solchen Zwecks könnte bei der Stiftung von Todes wegen möglicherweise Aufgabe des Testamentsvollstreckers sein.

(1) Herleitung und Reichweite

Für die Zulässigkeit einer weiten Zweckbestimmung streitet die grundsätzliche Freiheit des Stifters, die Stiftung nach seinem Belieben auszugestalten. Es werden durchaus auch atypische Gestaltungen eines Stiftungsgeschäfts als zulässig erachtet. Die Gestaltungsfreiheit ist aber dadurch beschränkt, dass für die gewählte Rechtsform bestimmte grundlegende Strukturprinzipien eingehalten werden müssen, die nach den – freilich nicht stets ausdrücklich niedergelegten – Vorstellungen des Gesetzgebers für die jeweilige Rechtsform unverzichtbar

---

[189] Ähnlich *Happ*, S. 57.

[190] Erman/*Werner*, § 81 Rn. 14; wohl auch *A. Schlüter/Stolte*, 2. Kap. Rn. 37.

[191] Seifart/*Hof*, § 7 Rn. 8, 55; Staudinger/*Rawert*, § 80 Rn. 15; Erman/*Werner*, § 81 Rn. 14.

[192] Vgl. etwa *Rawert*, Genehmigungsfähigkeit, S. 15; *Pues/Scheerbarth*, S. 34 f.; *Hüttemann*, ZHR 167 (2003), 35, 58.

[193] BGHZ 68, 142, 148; MünchKomm-BGB/*Reuter*, §§ 80, 81 Rn. 27; Staudinger/*Rawert*, § 80 Rn. 14; MünchVertrHdb/*Hof*, S. 1181; *Ebersbach*, S. 81; *Burgard*, NPLY 2005, 95, 111; *Kaper*, S. 84; *Happ*, S. 55; *Kuchinke*, in: FS Neumayer, 389, 398. A.A. wohl nur *Steffek*, S. 79 f.; *Werner*, ZSt 2006, 10.

sind.[194] Im Gesellschaftsrecht anerkannte ungeschriebene Strukturprinzipien sind etwa der Grundsatz der Verbandssouveränität (allein die Gesellschafter sind zur Entscheidung über die Rechtsgrundlagen der Gesellschaft, insbesondere den Gesellschaftsvertrag, befugt)[195] und – lediglich für Personengesellschaften – das Prinzip der Selbstorganschaft (die organschaftliche Geschäftsführungs- und Vertretungsbefugnis ist zwingend den persönlich haftenden Gesellschaftern vorbehalten)[196].

Die Stiftung zeichnet sich durch die Maßgeblichkeit des Stifterwillens und die sog. Stiftungsautonomie aus. Die Stiftung hat keine Mitglieder oder Gesellschafter und bildet demnach keinen eigenen Willen, wie dies bei Körperschaften gerade durch die Mitglieder bzw. Gesellschafter geschieht.[197] Entscheidend ist der Wille des Stifters, den er im Stiftungsgeschäft geäußert hat. Der Stiftung wird durch den Stifter ihr Lebensgesetz, d.h. die Regeln ihrer Existenz und ihres Wirkens, „eingepflanzt".[198] Die Stiftung unterliegt nach ihrer Entstehung auch nicht der freien Abänderbarkeit durch den Stifter. Die Stiftung ist ein „in sich abgeschlossenes, selbsttragendes Rechtsgebilde"[199], ihre Autonomie im Sinne der Eigengesetzlichkeit besteht darin, dass sie aus sich selbst heraus, aufgrund des eigenen Lebensgesetzes, besteht und nur auf den ursprünglichen Stifterwillen ausgerichtet ist. Die Stiftung ist als mitgliederlose juristische Person gerade durch eine dauerhafte, grundsätzlich unveränderbare Vermögens-Zweck-Beziehung gekennzeichnet.[200] Sie ist nach der Anerkennung der Verfügung ihrer Organe und Destinatäre ebenso wie der des Stifters oder anderer Personen entzogen. Mit *Muscheler* kann man sagen: „Stiftungsautonomie ist gefrorene Stif-

---

194 Baumbach/A. Hueck/*Zöllner*, § 45 Rn. 7; Ebenroth/Boujong/Joost/Strohn/*Märtens*, § 109 Rn. 14; Staub/*Ulmer*, vor § 105 Rn. 18, § 109 Rn. 22; *Happ*, S. 35; *Rawert*, in: FS Priester, 647, 652; *Wiedemann*, in: Gestaltungsfreiheit im Gesellschaftsrecht, 5, 24 f.; *Schulte*, in: FS Westermann, 525 f.

195 RGZ 137, 305, 308 f.; BGHZ 43, 261, 264; Baumbach/A. Hueck/*Zöllner*, § 45 Rn. 7; Ebenroth/Boujong/Joost/Strohn/*Märtens*, § 109 Rn. 16; Hachenburg/*Ulmer*, § 53 Rn. 84; Lutter/Hommelhoff/*Bayer*, § 53 Rn. 7; Staub/*Ulmer*, § 109 Rn. 31 ff.; *Happ*, S. 36, 43; *Schulte*, in: FS Westermann, 525 f.; *Wiedemann*, in: FS Schilling, 105, 111; *Teubner*, ZGR 1986, 565, 567 f. Zu den Grenzen des Grundsatzes im Vereinsrecht *Steinbeck-Menke*, NPLY 2002, 179, 193 ff.

196 BGHZ 26, 330, 333; 33, 105, 108; 41, 367, 369; 146, 341, 360; Baumbach/Hopt/Merkt/*Hopt*, § 125 Rn. 5; Ebenroth/Boujong/Joost/Strohn/*Märtens*, § 109 Rn. 15; MünchKomm-BGB/*Ulmer*, § 709 Rn. 5; MünchKomm-HGB/*Rawert*, § 114 Rn. 24; Soergel/*Hadding*, § 709 Rn. 22; Gummert/*Gummert*/*Karrer*, § 7 Rn. 7; *Wiedemann*, Gesellschaftsrecht, § 6 IV 1 (S. 343); *Eisenhardt*, Rn. 80; *Wiedemann*, in: FS Schilling, 105, 109. Kritisch etwa *Grunewald*, 1.A. Rn. 41.

197 Vgl. insbesondere *Flume*, S. 97, 131; *Riemer*, Systematischer Teil, Rn. 16.

198 *Riemer*, Systematischer Teil, Rn. 17.

199 *Strickrodt*, S. 160.

200 MünchKomm-BGB/*Reuter*, § 85 Rn. 1; *Happ*, S. 44, 104; *Riemer*, Systematischer Teil, Rn. 69.

terautonomie."[201] Dementsprechend haben auch die Stiftungsorgane grundsätzlich nicht die Befugnis zur Änderung des Stiftungsgeschäfts, sie haben lediglich der Ausführung des Stifterwillens zu dienen – auch dann, wenn konkrete Entscheidungen im Rahmen der Geschäftsführung getroffen werden, handelt es sich um die Konkretisierung oder Ausführung des Stifterwillens.[202] Anschaulich wird formuliert, dass die Stiftung „Diener, nicht Herren"[203] wolle. Grundprinzip dieser Rechtsform ist also, dass die Existenz und das Wirken der Stiftung allein auf dem im Stiftungsgeschäft niedergelegten Willen des Stifters beruhen.[204]

Das Verständnis der Maßgeblichkeit des unveränderten Stifterwillens und damit einer feststehenden Vermögens-Zweck-Beziehung im Unterschied zur Willensbildung bei der Körperschaft wurde seit dem 19. Jahrhundert deutlich herausgearbeitet und hat daher nicht zuletzt den BGB-Gesetzgeber geprägt.[205] Es findet zudem Ausdruck etwa in § 81 Abs. 1 Satz 2 BGB: Die zuständige Anerkennungsbehörde kann im Errichtungsstadium die Prognose hinsichtlich der Lebensfähigkeit der Stiftung (§ 80 Abs. 2 BGB) nur auf der Grundlage eines feststehenden und nicht wechselnden Stiftungszwecks und Stifterwillens treffen.[206] Auch die laufende Stiftungsaufsicht, deren Existenz insbesondere in § 87 BGB vorausgesetzt wird[207], über die Stiftung und ihre Organe verlöre ihren Sinn, wäre nicht der Wille des Stifters alleiniger Maßstab des Stiftungswirkens[208] – die Aufgabe der staatlichen Aufsicht besteht gerade darin, mangels Kontrolle durch Mitglieder oder Gesellschafter und damit wegen ihrer „strukturbedingten Schutzlosigkeit"[209] die Verwirklichung des Stifterwillens zu garantieren.[210]

Der Stiftung kommt ein Selbstbestimmungsrecht, d.h. ein Recht, ihre eigenen Verhältnisse zu ordnen und die Bestimmungen des Stiftungsgeschäfts abzuändern, damit grundsätzlich nicht zu. Die Stiftungsautonomie unterscheidet sich deutlich von der Verbandsautonomie, zu deren wesentlichen Bestandteilen nicht zuletzt auch die Satzungsautonomie zählt, also die Befugnis der Mitgliederversammlung einer Körperschaft, die Satzung im Rahmen der Gesetze selbst zu

---

201 *Muscheler*, Stiftungsrecht, S. 267.

202 *Riemer*, Systematischer Teil, Rn. 19; *Beckmann*, S. 144.

203 *Duden*, JZ 1968, 1, 5.

204 Vgl. MünchKomm-BGB/*Reuter*, vor § 21 Rn. 20; Staudinger/*Rawert*, § 85 Rn. 8; *Ebersbach*, S. 21.

205 *Happ*, S. 36 ff. Vgl. auch HKK/*Pennitz*, §§ 80-89 Rn. 20, 29, insbesondere zur Bedeutung der Arbeiten *Heises*, *Mühlenbruchs* und *Savignys*.

206 *Reuter*, AcP 207 (2007), 1, 13 f.; *Rawert*, in: FS Priester, 647, 653 f.

207 *Suerbaum*, Die Stiftung 2 (2008), 89, 100.

208 *Rawert*, in: FS Priester, 647, 654 f., 657; *ders.*, in: Stiftungen in der Wissensgesellschaft, 293, 300; *Reuter*, AcP 207 (2007), 1, 14.

209 Werner/Saenger/*Backert*, Rn. 1261.

210 Werner/Saenger/*Backert*, Rn. 1258 ff.; *Suerbaum*, Die Stiftung 2 (2008), 89, 98.

gestalten.[211] Damit sind Satzungsänderungen bei der Stiftung – abgesehen von den behördlich gemäß § 87 BGB vorgenommenen[212]– jedoch nicht vollständig ausgeschlossen. Legt der Stifter im Stiftungsgeschäft fest, dass jemand die Befugnis zur Änderung desselben haben soll, ist die Änderungsmöglichkeit dadurch Bestandteil des Stiftungsgeschäfts geworden. Diese Einräumung eines Änderungsrechts über die Stiftung findet ihre Grenze u.a. darin, dass durch die Kompetenzzuweisung keine „Stiftung mit Mitgliedern" entstehen kann, denen die Stiftung „gehört". Die Grenze zur Körperschaft darf durch ein entsprechendes Verfügungsrecht über die Stiftung also nicht übertreten werden, die Maßgeblichkeit des Stifterwillens muss bestehen bleiben. Deshalb wird die durch das Stiftungsgeschäft vermittelte Befugnis, Satzungsänderungen, insbesondere hinsichtlich des Stiftungszwecks, vornehmen zu lassen, den Stiftungsorganen nur unter Einschränkungen gewährt. Vorgeschlagen wird u.a. – entsprechend den Regelungen zum Wegfall der Geschäftsgrundlage – eine wesentliche Änderung der Verhältnisse zur Voraussetzung zu machen.[213] In jedem Falle unzulässig ist eine Änderung, die sachlich auf die Neugründung der Stiftung durch ihre Organe hinauslaufen würde.[214] Bei den Änderungen ist der erklärte oder mutmaßliche Stifterwille zu beachten.[215] Nach den Landesstiftungsgesetzen ist die behördliche Genehmigung von Satzungsänderungen durch Organbeschlüsse erforderlich, um die Vereinbarkeit mit dem Stifterwillen zu gewährleisten.[216] Auch wenn den Stiftungsorganen also ausnahmsweise die Vornahme von Satzungsänderungen erlaubt ist, verstößt dies nicht gegen das genannte Strukturprinzip – es handelt sich noch immer um die Umsetzung des Stifterwillens.[217]

Bei der Stiftung mit einer weiten Zweckbestimmung wie „zur Förderung des Allgemeinwohls" kann die Tätigkeit der Stiftungsorgane dagegen nicht mehr als Vollzug des Stifterwillens angesehen werden. Die Organe führen vielmehr ihren eigenen Willen aus. Sie unterliegen faktisch keiner Bindung (durch den Zweck), ihnen ist nichts vorgegeben. Die Organe können handeln, wie sie wollen. Damit ist der Stifterwille nicht mehr alleinige Quelle der Willensbildung der Stiftung. Das Prinzip der Maßgeblichkeit des Stifterwillens ist faktisch außer Kraft ge-

---

211 *Flume*, S. 193 f.; *Beuthien/Gätsch*, ZHR 156 (1992), 459, 473.

212 Vgl. dazu Staudinger/*Rawert*, § 87 Rn. 3 ff.; MünchKomm-BGB/*Reuter*, § 87 Rn. 2 ff.

213 BGH, StiftRspr III, 1; BGHZ 99, 344, 348 f.; Staudinger/*Rawert*, § 87 Rn. 21; *Happ*, S. 110 ff.; *Ebersbach*, S. 91; *Beckmann*, S. 153; *Pues/Scheerbarth*, S. 39 f.; Seifart/*Hof*, § 6 Rn. 197, § 7 Rn. 121.

214 BVerwG, NJW 1991, 713; OVG Bremen, StiftRspr IV, 127, 130 f.; Staudinger/*Rawert*, § 87 Rn. 21; Seifart/*Hof*, § 6 Rn. 213; *Pues/Scheerbarth*, S. 38.

215 BGH, StiftRspr III, 1; BGHZ 99, 344, 348; BVerwG, NJW 1991, 713; Palandt/*Ellenberger*, § 85 Rn. 3; AnwK-BGB/*Schiffer*, § 85 Rn. 5, 7; Seifart/*Hof*, § 7 Rn. 118, 124; *Ebersbach*, S. 91.

216 Vgl. etwa § 5 Abs. 1 Satz 3 StiftG Bln; § 6 Satz 1 StiftG BW; § 7 Abs. 3 Satz 3 NStiftG; § 5 Abs. 2 Satz 2 StiftG NRW.

217 *Happ*, S. 105.

setzt.[218] Es liegt kein wesentlicher Unterschied zur Formulierung „Die Stiftung soll irgendeinen Zweck verfolgen" vor.

Auf ein Mindestmaß an Bestimmtheit deutet immerhin auch die Aussage in den *Motiven* der Ersten Kommission zu dem ersten Entwurf eines BGB (E I) hin, dass „der Zweck und das Wesen der Stiftung mit hinreichender Deutlichkeit gekennzeichnet sein müssen", dies jedoch keiner gesetzlichen Hervorhebung bedürfe.[219] Die oben genannten[220] Äußerungen zum Satzungsinhalt in der Begründung des Reformgesetzes lassen ebenfalls eine dahingehende Tendenz erkennen. Auch die Zweckbestimmung „Förderung gemeinnütziger Zwecke" ist dementsprechend nicht hinreichend; sie liefert keinen klaren Handlungsmaßstab. Der Stifter will sich damit nicht zwingend an den steuerrechtlichen Terminus anlehnen. Jedenfalls fallen unter diesen aber sehr unterschiedliche denkbare Unterzwecke: die Förderung des Sports (§ 52 Abs. 2 Satz 1 Nr. 21 AO) ebenso wie die Förderung der Rettung aus Lebensgefahr (Nr. 11) und die Förderung der Gleichberechtigung von Frauen und Männern (Nr. 18).

Für die nähere Abgrenzung, ob eine hinreichend deutliche Zweckbestimmung getroffen wurde, ist zu beachten, dass den Organen stets ein Spielraum verbleibt, da der Stifterwille nicht für jeden konkret zu entscheidenden Einzelfall und jede Situation gebildet wird und zudem statisch ist. Es muss ein Ausgleich zwischen dem Gebot eines bestimmten Stifterwillens und der Freiheit des Stifters, seine Stiftung nach seinen Vorstellungen gestalten zu können, erfolgen. Die Forderung nach einer eher engen Zweckbestimmung, die den Organen wenig Ermessensspielraum eröffnet, würde mangels Flexibilität die Lebensfähigkeit der Stiftung auf Dauer gefährden und wäre unverhältnismäßig.[221] Deshalb und aufgrund der Stifterfreiheit sollten nicht zu strenge Anforderungen gestellt werden. Es muss die Orientierung am Stiftungszweck und damit am Stifterwillen möglich sein. Der Stifter muss die Richtung der Stiftungstätigkeit vorgeben, die die Organe und die Stiftung einzuschlagen haben, den Organen muss eine Entscheidungsdirektive gegeben sein. Zumindest sollten der Lebensbereich, in dem die Stiftung wirken soll, oder die Adressaten der Stiftungstätigkeiten angegeben werden.

So dürfte die „Förderung des Tierschutzes" als Zweckangabe in jedem Falle ausreichen, ohne dass angegeben wird, in welchen Bereichen die Stiftung tätig werden soll (Verhinderung von Tierversuchen, von Käfighaltung, von Tiermiss-

---

[218] So auch *Kaper*, S. 68 f.; *Happ*, S. 40; *Beckmann*, S. 108; *Riehmer*, S. 33; *Rittner*, S. 235; MünchKomm-BGB/*Reuter*, §§ 80, 81 Rn. 27; Staudinger/*Rawert*, § 80 Rn. 14; *Pues/Scheerbarth*, S. 33; Bamberger/Roth/*G.C. Schwarz/Backert*, § 81 Rn. 9; *G.C. Schwarz*, DStR 2002, 1718, 1722.

[219] *Motive* I, S. 119 (= *Mugdan* I, S. 418).

[220] S. 39 f.

[221] *Kaper*, S. 70.

handlungen etc.; Eingrenzung der zu schützenden Tierarten).[222] Gleiches gilt für „etwas für Kinder tun".[223] Auch die Zwecke „Förderung der Wissenschaft" oder der „Förderung der Bildung" sind wohl noch genügend, obwohl sie relativ weit sind – die Richtung der Stiftungstätigkeit ist durch den Stifter vorgegeben. So erhält die Stiftung eine Prägung durch den Zweck. Eine größere, wenn auch nicht nötige Bestimmtheit kann dem Zweck etwa durch die Benennung des örtlichen Wirkungskreises der Stiftung oder andere sachliche Kriterien verliehen werden.[224]

(2) Vereinbarkeit mit § 2065 Abs. 2 BGB

Der Hinweis, § 2065 Abs. 2 BGB stehe einer weiten Zwecksetzung bei einer Stiftung von Todes wegen entgegen, ist jedenfalls insoweit abzulehnen, als damit gemeint ist, dass die Befugnis der Stiftungsorgane zur Verteilung der Erträge an die Destinatäre nicht hinreichend eingegrenzt ist und die Organe somit letztlich die Zuwendungsempfänger, nämlich die Destinatäre, bestimmten. § 2065 Abs. 2 BGB untersagt dem Erblasser, bei einer Verfügung von Todes wegen die Bestimmung des Zuwendungsempfängers (wie auch des Zuwendungsgegenstandes) einem Dritten zu überlassen. Zu Recht weist *Steffek*[225] darauf hin, dass ein Verstoß gegen § 2065 Abs. 2 BGB nicht in Rede stehe, wenn eine zur Erbfolge berufene natürliche Person das ererbte Vermögen an andere Personen auskehrt. Nicht anders ist aber die Situation bei der Stiftung mit weiter Zweckbestimmung. Hier wie dort steht der Erbe bereits fest, die Destinatäre sind nicht unmittelbare Zuwendungsempfänger des Nachlasses.[226]

Man könnte aber erwägen, dass die Organe dadurch, dass sie den weiten Zweck durch ihre Tätigkeit gewissermaßen konkretisieren, eine Bestimmung des Zwecks und damit eines der wesentlichen Merkmale der Stiftung selbst vornehmen und so anstelle des Erblassers letztlich den Zuwendungsempfänger „Stiftung" bestimmen.[227] Die Stiftungsorgane, die erst mit der Anerkennung der Stiftung entstehen, können jedoch die Bestimmung und Errichtung der Stiftung als Zuwendungsempfängerin offenkundig nicht vornehmen. Die Person des Zuwendungsempfängers steht mit der Anerkennung fest. Nach dem Stiftungsrecht muss der Zweck nur in gewisser Weise eingegrenzt sein. Es ist davon auszugehen, dass das Erbrecht keine strengeren Voraussetzungen aufstellt. § 2065 BGB kann und will lediglich vorgeben, dass der Erblasser selbst die Verfügung trifft, und nicht bestimmen, was der rechtlich notwendige Inhalt einer Verfügung ist. Die Weite des Stiftungszwecks gibt somit allein das Stiftungsrecht vor. Zudem

---

222 A.A. *Pues*, S. 73.
223 Beispiel von *Meyn/Al-Dilaimi*, FAErbR 2006, 57, 58.
224 Vgl. *Kaper*, S. 86; Schauhoff/*Schauhoff*, § 3 Rn. 60.
225 *Steffek*, S. 82 f.
226 *Steffek*, S. 82.
227 In diese Richtung *Happ*, S. 49.

gibt es keinen Hinweis auf eine beabsichtigte unterschiedliche Behandlung des Stiftungsgeschäfts unter Lebenden und des Stiftungsgeschäfts von Todes wegen, so dass beide Arten bezüglich der Weite des Stiftungszwecks gleichen Anforderungen genügen müssen.[228]

(3) Anwendung des § 2073 BGB?

Bei einer testamentarischen Bezeichnung des Bedachten, die auf mehrere Personen zutrifft, gelten gemäß § 2073 BGB diese Personen als zu gleichen Teilen bedacht. Soll eine Stiftung Erbin oder Vermächtnisnehmerin werden, für die der Erblasser einen zu weiten Zweck bestimmt hat, könnte § 2073 BGB auf diese Konstellation entsprechend übertragen bedeuten, dass als bedacht statt einer Stiftung mit weiter Zweckbestimmung mehrere Stiftungen mit verschiedenen, den erforderlichen Mindestinhalt erfüllenden Zwecken gelten würden. Anders als in dem von § 2073 BGB geregelten Fall besteht in der vorliegenden Konstellation aber schon keine Mehrdeutigkeit hinsichtlich der Erbenbestimmung. Die weite Zwecksetzung ist zwar unzulässig, aber die Stiftung mit diesem Zweck ist eindeutig als Zuwendungsempfänger gewollt, nicht eine Stiftung mit einem der zu bildenden „Unterzwecke". Da der Kreis der Unterzwecke nicht eingrenzbar ist, die Unterzwecke beliebig zu variieren sind, liegt auch der für § 2073 BGB erforderliche[229] fest umgrenzte Kreis von Optionen nicht vor.

b) Anerkennung der Stiftung als gemeinnützig

Anders als für die Anerkennung nach § 80 BGB ist für die steuerrechtliche Anerkennung der Gemeinnützigkeit kein besonderes Verfahren vorgesehen. Die Entscheidung, ob und inwieweit eine Körperschaft steuerbegünstigt ist, ergeht von Amts wegen durch die Finanzverwaltung als Teil des Besteuerungsverfahrens.[230] Möglich ist auch, dass nach der Anerkennung der Stiftung als rechtsfähig auf deren Antrag hin zunächst eine vorläufige Bescheinigung über die Gemeinnützigkeit ausgestellt wird.[231] Für die Anerkennung der Gemeinnützigkeit ist nach § 59 AO Voraussetzung, dass sich aus dem Stiftungsgeschäft ergibt, welchen Zweck die Stiftung verfolgt, und dass dieser Zweck den Anforderungen der §§ 52 bis 55 AO entspricht sowie ausschließlich (§ 56 AO) und unmittelbar (§ 57 AO) verfolgt wird (sog. formelle Satzungsmäßigkeit). Zudem muss die

---

228 Ähnlich MünchKomm-BGB/*Reuter*, § 83 Rn. 5.

229 MünchKomm-BGB/*Leipold*, § 2073 Rn. 2; Palandt/*Edenhofer*, § 2073 Rn. 1; Soergel/*Loritz*, § 2073 Rn. 3.

230 Tipke/Kruse/*Tipke*, vor § 51 Rn. 6; Hübschmann/Hepp/Spitaler/*Leisner-Egensperger*, vor §§ 51-68 Rn. 55; *Otto*, S. 179.

231 Tipke/Kruse/*Tipke*, vor § 51 Rn. 6; Hübschmann/Hepp/Spitaler/*Leisner-Egensperger*, vor §§ 51-68 Rn. 50; Pahlke/Koenig/*Koenig*, § 52 Rn. 27; § 59 Rn. 9. Aufgrund dieser Bescheinigung besteht insbesondere die Befugnis zur Ausstellung von Zuwendungsbestätigungen.

tatsächliche Geschäftsführung den insoweit maßgeblichen Bestimmungen des Stiftungsgeschäfts entsprechen (§ 59 a.E. AO). § 60 Abs. 1 Satz 1 AO verschärft die formellen Anforderungen sogar dahingehend, dass der Zweck und die Art seiner Verwirklichung so genau bestimmt sein müssen, dass allein aufgrund des Stiftungsgeschäfts untersucht werden kann, ob die insoweit gestellten Voraussetzungen für Steuervergünstigungen gegeben sind. Dieses Erfordernis ergibt sich nicht zuletzt aus dem Umstand, dass zur steuerlichen Begünstigung nicht allein die Verfolgung von Zwecken im Sinne der §§ 52 bis 54 AO genügt, sondern auch Selbstlosigkeit (§ 55 AO), Unmittelbarkeit und Ausschließlichkeit der Zweckverfolgung vorliegen müssen. Insbesondere um die Unmittelbarkeit erkennen zu können, bedarf die Finanzverwaltung Angaben zur Zweckverwirklichung.[232] So fällt der Zweck „Förderung der Kunst" zwar unter § 52 AO. Soll die Förderung aber allein dadurch erreicht werden, dass der Lebensunterhalt von Künstlern finanziert wird, fehlt die Unmittelbarkeit.[233] Als Angabe zur Art der Zweckverwirklichung hinreichend sind durch „Der Zweck wird insbesondere verwirklicht durch [...]" eingeleitete beispielhafte Nennungen.[234] Als Faustregeln kann man annehmen: Je allgemeiner und unbestimmter die Zwecke bezeichnet werden, desto höher sind die Anforderungen an die Genauigkeit der Angaben über die Art und Weise ihrer Verwirklichung.[235] Je weniger bekannt und begrifflich fest umrissen das Konzept ist, das dem verfolgten Zweck zugrunde liegt, desto weitgehender müssen der Satzungszweck und die Art seiner Verwirklichung konkretisiert werden.[236] Auch für die §§ 59, 60 AO genügt jedenfalls nicht die Angabe, „gemeinnützige Zwecke" verwirklichen zu wollen.[237] Die als Anlage 1 der AO angefügte Mustersatzung listet als denkbaren Zweck z.B. die „Förderung von Wissenschaft und Forschung" auf, als Maßnahmen zu dessen Umsetzung etwa die „Durchführung wissenschaftlicher Veranstaltungen und Forschungsvorhaben".

Der durch das Jahressteuergesetz (JStG) 2009[238] eingefügte § 60 Abs. 1 Satz 2 AO bestimmt, dass die Satzung die in der genannten Mustersatzung bezeichneten Festlegungen enthalten muss. Damit muss die Satzung – entgegen der bishe-

---

232 Vgl. Schauhoff/*Schauhoff*, § 5 Rn. 99; *Sombrowski*, Die Stiftung 2 (2008), 151, 155.

233 Beispiel von *Pues/Scheerbarth*, S. 142.

234 Schauhoff/*Schauhoff*, § 5 Rn. 99; *Osterkorn*, DStR 2002, 16, 18.

235 FG Rhld.-Pf., EFG 1994, 594; FG Düsseldorf, EFG 1990, 2; Schauhoff/*Schauhoff*, § 5 Rn. 99; *Hüttemann*, Gemeinnützigkeits- und Spendenrecht, § 4 Rn. 134; *Osterkorn*, DStR 2002, 16, 17.

236 BFH, BFH/NV 1992, 695, 696; FG Nürnberg, DStRE 2000, 1324, 1325; Schauhoff/*Schauhoff*, § 5 Rn. 99; *Hüttemann*, Gemeinnützigkeits- und Spendenrecht, § 4 Rn. 135; *Osterkorn*, DStR 2002, 16, 17.

237 Klein/*Gersch*, § 60 Rn. 1; Schauhoff/*Schauhoff*, § 5 Rn. 96, 99; *Sombrowski*, Die Stiftung 2 (2008), 151, 154; *Osterkorn*, DStR 2002, 16, 17.

238 Gesetz vom 19.12.2008, BGBl I, S. 2827 (Art. 10 Nr. 5). Dazu *D. Fischer*, jurisPR-SteuerR 1/2009 Anm. 5.

rigen Rechtsprechung des BFH[239] – nunmehr vor allem die ausdrückliche Angabe enthalten, dass die Stiftung „ausschließlich und unmittelbar“ gemeinnützige Zwecke verfolge. Es genügt nicht, dass aus den Bestimmungen der Satzung auf die Ausschließlichkeit und die Unmittelbarkeit zu schließen ist.

Die formelle Satzungsmäßigkeit einer Körperschaft erfordert insbesondere auch die Erfüllung des Grundsatzes der Vermögensbindung als Ausprägung und Voraussetzung der Selbstlosigkeit (§ 55 Abs. 1 Nr. 4 i.V.m. § 55 Abs. 3 AO). Nach § 61 AO muss das Stiftungsgeschäft den Zweck, für den das Vermögen bei Auflösung der Stiftung oder bei Wegfall ihres bisherigen Zwecks verwendet werden soll, so genau angeben, dass aufgrund der Satzung geprüft werden kann, ob dieser spätere Verwendungszweck steuerbegünstigt ist.[240] Die Vermögensbindung soll verhindern, dass das Vermögen, das sich aufgrund der Steuervergünstigungen gebildet hat, später für nicht begünstigte Zwecke verwendet wird.[241]

Nach Rechtsprechung und herrschender Lehre beginnt die Körperschaftsteuerpflicht nicht erst mit der Anerkennung der Stiftung als rechtsfähig, sondern bereits mit dem Todesfall, da die rückwirkende Zuordnung des Vermögens in § 84 BGB insoweit auch im Steuerrecht zu berücksichtigen sei.[242] Etwaige bereits erzielte Erträge aus dem Vermögen sind deshalb grundsätzlich zu versteuern. Besteht die Steuerpflicht schon ab dem Erbfall, stellt sich die Frage, ob auch die Befreiung (§ 5 Abs. 1 Nr. 9 KStG) rückwirkend ab diesem Zeitpunkt gilt, wenn die Stiftung bei der Anerkennung den steuerrechtlichen Anforderungen entspricht. Der BFH verneint insoweit eine entsprechende Anwendung des § 84 BGB und dementsprechend eine Rückwirkung, da es einer eigenständigen steuerrechtlichen Anordnung der Rückwirkung bedürfe,[243] die für die Steuerpflicht

---

[239] BFH, BStBl II 2005, 721.

[240] Die insoweit bestehenden Erwartungen der Finanzverwaltung stellt *Sombrowski*, Die Stiftung 2 (2008), 151, 162 f., dar. Die frühere Ausnahme zu diesem Grundsatz hinsichtlich staatlich beaufsichtigter Stiftungen ist durch das JStG 2007 entfallen (BGBl I 2006, S. 2878, 2879). Zur Begründung wird auf die Erkenntnis verwiesen, dass die Stiftungsaufsichtsbehörden im Falle der Auflösung der Stiftung oder des Zweckwegfalls die Verwendung des Vermögens unter steuerlichen Gesichtspunkten nicht überprüften, die Vermögensbindung also durch die staatliche Aufsicht nicht mehr gewährleistet sei (BT-Drucks. 16/2712, S. 78 f.). Der frühere Streit, ob eine gegen den Grundsatz der Vermögensbindung verstoßende Anfallregelung geändert werden müsse (Schauhoff/*Schauhoff*, § 5 Rn. 102) oder unschädlich sei (BFH, ZEV 2004, 85, 86; *Wachter*, ZErb 2004, 98, 102), ist damit hinfällig.

[241] Siehe nur Tipke/Kruse/*Tipke*, § 55 Rn. 13; Schauhoff/*Schauhoff*, § 5 Rn. 102.

[242] BFH, ZEV 2004, 85 f.; Seifart/*Pöllath/Richter*, § 41 Rn. 13; *Wachter*, ZErb 2004, 98, 99 f.; im Ergebnis auch *Orth*, ZEV 1997, 327, 328. Kritisch zu dieser Begründung *H. Fischer*, ZEV 2004, 86 f.; MünchKomm-BGB/*Reuter*, § 84 Rn. 2: Es bestehe schon zivilrechtlich keine Fiktion für die Existenz der Stiftung als solche.

[243] BFH, ZEV 2004, 85, 86.

freilich nicht verlangt wird. Der BFH bejaht jedoch die grundsätzliche Möglichkeit, das Gemeinnützigkeitsrecht auf die im Werden befindliche Stiftung anzuwenden. Um gleichzeitig von der Körperschaftsteuerpflicht befreit zu sein, muss also schon mit dem Erbfall die formelle Satzungsmäßigkeit bestehen. Dazu genügt es dem hessischen Finanzgericht zufolge nicht, dass der Erblasser den Testamentsvollstrecker bindend mit der Ergänzung des Stiftungsgeschäfts beauftragt hat. Eine andere Auffassung finde im Gesetz keine Grundlage, sei doch im Gegenteil die formelle Satzungsmäßigkeit gerade während des gesamten Veranlagungszeitraums erforderlich (§ 60 Abs. 2 AO).[244]

Einige Stimmen in der Literatur widersprechen richtigerweise dem BFH. Eine Rückwirkung ist auch hinsichtlich der Befreiung anzunehmen; ein anderes Ergebnis wäre mit den Grundgedanken der Gemeinnützigkeit nicht vereinbar.[245] Die Anforderungen des Gemeinnützigkeitsrechts an das Stiftungsgeschäft und die tatsächliche Geschäftsführung der Stiftung bestehen nicht als Selbstzweck, sondern um sicherzustellen, dass die finanziellen Mittel der Stiftung tatsächlich zu steuerbegünstigten Zwecken verwendet werden. Solange die Stiftung aber nicht tätig wird, ist kein Grund dafür ersichtlich, für die Steuerbefreiung und die Frage der formellen Satzungsmäßigkeit auf den Zeitpunkt des Erbfalls und nicht auf den der Anerkennung, ab dem die Stiftung erst zu wirken vermag, abzustellen. Besonders deutlich wird dies bei der Regelung des Vermögensanfalls: Einer diesbezüglichen Satzungsbestimmung kann vor der Anerkennung noch keine Bedeutung zukommen. Wenn schon die Körperschaftsteuerpflicht auf den Erbfall zurückbezogen wird, muss dies konsequenterweise auch für die Befreiung von dieser Steuer gelten. Dass das Stiftungsgeschäft beim Erbfall noch nicht für die Gemeinnützigkeitszuerkennung ausreichend formuliert ist und der Testamentsvollstrecker insoweit mit der Vornahme von Ergänzungen beauftragt ist, gereicht der Stiftung also nach der hier vertretenen Auffassung nicht zum Nachteil. Aufgrund der entgegenstehenden Auffassung des BFH sollte der Testamentsvollstrecker Ergänzungen des Stiftungsgeschäfts jedoch möglichst schnell vornehmen und die Voraussetzungen für eine Steuerbefreiung der noch nicht anerkannten Stiftung erreichen.[246]

2. Ergänzung des Stiftungsgeschäfts

Eine ausdrückliche gesetzliche Regelung zur Ergänzung des Stiftungsgeschäfts von Todes wegen durch einen vom Erblasser ermächtigten Dritten, insbesondere den Testamentsvollstrecker, fehlt. Im Folgenden wird untersucht, ob und in welchem Umfang die Übertragung dieser Befugnis und Aufgabe zulässig ist, insbe-

---

244 HessFG, EFG 2004, 1251.

245 *Wachter*, ZErb 2004, 98, 101. Im Ergebnis auch *Hüttemann*, Gemeinnützigkeits- und Spendenrecht, § 4 Rn. 128.

246 *Wachter*, ZErb 2004, 98, 101.

sondere, ob es sich bei der Erklärung des Stiftungsgeschäfts nicht um eine höchstpersönliche Angelegenheit des Erblassers handelt.

Unter den Begriff „Ergänzung" fällt jedenfalls das Hinzufügen von Regelungen unter Beibehaltung der bereits vorhandenen, also die Vervollständigung des Stiftungsgeschäfts. In dem Austauschen oder bloßen Entfernen von vorhandenen Inhalten des Stiftungsgeschäfts mag man hingegen vorrangig eine „Änderung" erblicken.

Soweit die Anerkennungsbehörde nach § 83 Satz 2 BGB eine unvollständige Satzung „ergänzen" kann, ist sie freilich nicht allein zum Hinzufügen von Bestimmungen befugt. Die Ratio der Vorschrift besteht darin, dass eine Stiftung möglichst zur Entstehung gelangen soll, auch wenn das Stiftungsgeschäft unvollkommen ist. Unvollständig im Sinne des § 83 Satz 2 BGB ist eine Satzung nach dem Regierungsentwurf[247] dann, „wenn sie den Anforderungen des § 81 Abs. 1 Satz 3 nicht in vollem Umfang genügt". Dann muss die Behörde aber auch bei schon vorhandenen Bestimmungen, die nicht den rechtlichen Anforderungen entsprechen, durch „Änderungen" die Anerkennung ermöglichen dürfen.[248] In Anlehnung an die Formulierung in § 83 Satz 2 BGB soll deshalb im Folgenden „Ergänzung" als Oberbegriff verwendet werden, der sowohl die „Vervollständigung" als auch die „Änderung" des Stiftungsgeschäfts im vorgenannten Sinne erfasst.

a) Rechtsnatur der Ergänzung

Die Ergänzung des Stiftungsgeschäfts, wie sie der Testamentsvollstrecker nach dem Willen des Erblassers vornehmen soll, ist von der ergänzenden Auslegung des Rechtsgeschäfts zu unterscheiden.[249] Es ergeben sich jedenfalls Differenzen in Voraussetzungen und Wirkung. Die ergänzende Auslegung des Stiftungsgeschäfts ist grundsätzlich vorrangig gegenüber seiner Veränderung. Der Begriff umschreibt die Ermittlung des mutmaßlichen Willens des Erklärenden, den dieser gehabt hätte, wenn er bestimmte Umstände, insbesondere eine von seinen Vorstellungen abweichende Entwicklung, bedacht hätte.[250] Die Ergänzung ist hingegen eine eigenständige Willenserklärung des Ergänzenden, es soll nicht lediglich der Inhalt der Willenserklärung des Erblassers ermittelt werden. Die Ergänzung hat sich zwar unter Umständen ebenfalls am mutmaßlichen Erblasserwillen zu orientieren.[251] Die ergänzende Auslegung erfährt aber bei formbe-

---

[247] BT-Drucks. 14/8765, S. 11.

[248] *Sontheimer*, S. 47, 53, 61.

[249] Vgl. *Schewe*, S. 128 f.

[250] Zur Auslegung des Stiftungsgeschäfts näher S. 97 ff.

[251] § 83 Satz 2 a.E. BGB fordert für die behördliche Ergänzungsbefugnis, dass der Wille des Stifters berücksichtigt werden soll. Dazu MünchKomm-BGB/*Reuter*, § 83 Rn. 18, §§ 80, 81 Rn. 35, der eine Pflicht zur Umsetzung und Beachtung des Stifterwillens annimmt, es sei denn, dieser sei ungesetzlich oder beeinträchtige die Lebensfähigkeit der Stiftung.

dürftigen Willenserklärungen eine Einschränkung dahingehend, dass der mutmaßliche Wille nur insoweit beachtet wird, als er zumindest eine Andeutung in der formwirksamen Verfügung von Todes wegen gefunden hat.[252] Zudem geht es bei der Ergänzung nicht zwingend um die Ausfüllung einer vom Erblasser unbewusst offengelassenen Lücke des Stiftungsgeschäfts. Eine Ergänzung kann vielmehr gerade der ausdrückliche Wunsch des Stifters gewesen sein, da er sich nicht in der Lage bzw. den Dritten in stärkerem Maße befähigt sah, das Stiftungsgeschäft zu vervollständigen. Ergänzende Auslegung kann ferner durch jeden erfolgen, der das Stiftungsgeschäft auszulegen hat, weil er dessen Inhalt zu erfassen sucht; die Befugnis zur Ergänzung ist nur bestimmten Personen zugewiesen, eine besondere Ermächtigung durch den Stifter ist erforderlich. Es handelt sich um eine Erweiterung der Rechtsmacht dieser Personen. Fraglich ist, wie sich diese Erweiterung rechtstechnisch gestaltet. Der für Ergänzungen von letztwilligen Verfügungen besonders relevante § 2065 BGB wird oftmals auf die Kurzformel gebracht, dass eine „Vertretung im Willen" bei einer Verfügung von Todes wegen nicht zulässig sei.[253] Agiert ein Dritter als Vertreter im Sinne des § 164 BGB, wenn er eine Verfügung von Todes wegen und insbesondere das Stiftungsgeschäft ergänzt?

Dafür lässt sich anführen, dass der Ergänzungsberechtigte anstelle des eigentlich zuständigen Erblassers die Vervollständigung bzw. endgültige Fassung von dessen Verfügung übernimmt. Die Wirkung der Ergänzung tritt hinsichtlich der Nachfolge in das Vermögen des Erblassers ein, betrifft also dessen Rechtskreis. Der verstorbene Verfügende kann aber nach dem Erbfall nicht mehr vertreten werden. Der zur Ergänzung Befugte könnte Rechtswirkungen nur für den Erben herbeiführen. Er nimmt die Ergänzungen freilich nicht im Namen des gerade noch zu bestimmenden Erben vor. Entscheidend ist jedenfalls, dass die Stellvertretung als Rechtsfigur nicht ausreicht, um die Veränderung der Verfügung von Todes wegen und damit der Regelung der Vermögensnachfolge herbeizuführen. Den Erben steht nicht die Rechtsmacht zu, die Verfügung zu ändern oder gar zu widerrufen. Diese Rechtsmacht kann allein der Erblasser dem Ergänzungsbefugten verschaffen. Mit der Ermächtigung zur Vornahme von Ergänzungen gestattet der Erblasser es dem Dritten, die Verfügung in ihrer durch den Erblasser bestimmten, beim Erbfall bestehenden Gestalt zu verändern. Er schafft wie bei der Leistungsbestimmung nach § 317 BGB ein Gestaltungsrecht des Ergänzungsbefugten und „unterwirft" sich damit dem Willen eines Dritten.[254] Mit der Ausübung eines Gestaltungsrechts kann der Berechtigte durch einseitige Erklärung

[252] Siehe bei Fn. 430.

[253] BGHZ 15, 199, 200; Bamberger/Roth/*Litzenburger*, § 2065 Rn. 11; MünchKomm-BGB/*Leipold*, § 2065 Rn. 10.

[254] Vgl. *Joussen*, AcP 203 (2003), 429, 437; *Bötticher*, Gestaltungsrecht, S. 16 ff.; *Wittmann*, S. 19 ff.

eine Veränderung der Rechtslage herbeiführen.[255] Er tritt nicht als Stellvertreter auf.

Beim Stiftungsgeschäft unter Lebenden belegt der Umstand, dass der Stifter über ein Widerrufsrecht verfügt (§ 81 Abs. 2 BGB), dass er die Verfügungs- und Gestaltungsmacht über das Stiftungsgeschäft hat. Auch bei der Ergänzung des Stiftungsgeschäfts bedient sich der Stifter seiner (alleinigen) Verfügungsmacht über das Stiftungsgeschäft, bei der Ergänzung lässt er es aber im Unterschied zum Widerruf in anderer Gestalt bestehen. § 81 Abs. 2 Satz 1 BGB drückt aus, dass eine Bindung des Stifters an das ursprünglich formulierte Stiftungsgeschäft nur dann besteht, wenn die Anerkennung bereits erfolgt ist. Bis zu diesem Zeitpunkt muss der Stifter auch Ergänzungen vornehmen können.[256] Anders als beim Stiftungsgeschäft unter Lebenden besteht bei einer Stiftungserrichtung von Todes wegen ein Widerrufsrecht nur nach den allgemeinen erbrechtlichen Vorschriften (§§ 2253 ff. BGB), nach dem Tod des Erblassers ist also kein Widerruf mehr möglich. Man könnte versucht sein, daraus den Schluss zu ziehen, dass das Stiftungsgeschäft auch aufgrund einer Ermächtigung des Erblassers nicht geändert und damit teilweise widerrufen werden kann. Der Erblasser bedarf jedoch mangels Existenz nach seinem Tode keines Widerrufsrechts. Der Gedanke, dass ein „stiftungsrechtliches“ Widerrufsrecht deswegen fehlt, weil der Wille, eine Stiftung in der testamentarisch festgelegten Weise entstehen lassen zu wollen, gerade „letztwillig“ und damit endgültig erklärt wurde,[257] steht der Einräumung eines Gestaltungsrechts durch den Erblasser für den Testamentsvollstrecker nicht entgegen: Die Ermächtigung zur Gestaltung zählt zum letzten Willen des Erblassers und wird Inhalt der Verfügung von Todes wegen. Aufgrund seiner Testierfreiheit steht es dem Erblasser grundsätzlich frei, ein solches Gestaltungsrecht zu vermitteln und die Entscheidung über den Verfügungsinhalt einem Dritten zu überlassen. Freilich sind dabei die zwingenden gesetzlichen Grenzen, insbesondere § 2065 BGB, einzuhalten.

b) Ermächtigung des Testamentsvollstreckers

Teilweise wird eine ausdrückliche Anordnung des Erblassers verlangt, dass der Testamentsvollstrecker das Stiftungsgeschäft nötigenfalls zu ergänzen habe.[258] Nach anderer Auffassung ist dies jedenfalls insoweit nicht erforderlich, als es um die Herstellung eines zur Anerkennung genügenden Stiftungsgeschäfts geht.[259] Letztgenannter Ansicht ist zuzustimmen. Im Rahmen der sog. Abwick-

---

[255] *Larenz/Wolf*, § 15 Rn. 65 (S. 266); *Enneccerus/Nipperdey*, § 78 I 3 (S. 441); *Seckel*, S. 12; *Steinbeck*, Übertragbarkeit, S. 20; *Joussen*, AcP 203 (2003), 429, 441 f.

[256] Dazu noch unten S. 136 f.

[257] S.o. S. 28.

[258] So Staudinger/*Rawert*, § 83 Rn. 10; *Pues/Scheerbarth*, S. 16; *O. Schmidt*, S. 98; Münch-VertrHdb/*Hof*, S. 1254; Brambring/Mutter/*Mutter*, H. I. 3. Anm. 5 (S. 587).

[259] *Schewe*, S. 243.

lungsvollstreckung ist der Testamentsvollstrecker gemäß § 2203 BGB verpflichtet, Verfügungen des Erblassers zur Ausführung zu bringen. Da der Erblasser die Entstehung einer Stiftung von Todes wegen verfügt hat, hat der Testamentsvollstrecker nach § 2203 BGB diese Entstehung zu befördern und zu vollenden. Soweit das Stiftungsgeschäft nicht den Anforderungen der §§ 80 f. BGB, insbesondere des § 81 Abs. 1 Satz 3 BGB, genügt, hat er das Stiftungsgeschäft diesen Erfordernissen entsprechend zu ergänzen – unter der Voraussetzung, dass diese Tätigkeit zulässig ist. Etwas anderes gilt nur dann, wenn der Erblasser testamentarisch einen anderen Willen geäußert hat.

Ein Unterschied zwischen der Vervollständigung und der Änderung des Stiftungsgeschäfts besteht insoweit nicht. Zwar kommt bei einer Änderung der in der einzelnen, geänderten Bestimmung des Stiftungsgeschäfts geäußerte Wille des Erblassers nicht zur Geltung. Nach dem Willen des Erblassers ist jedoch zugunsten der Entstehung der Stiftung auf die einzelne änderungsbedürftige Bestimmung zu verzichten. Der Wille, dass die Stiftung überhaupt entsteht, hat grundsätzlich Vorrang vor dem Willen, der sich in einer einzelnen Bestimmung des Stiftungsgeschäfts ausgedrückt hat. Auch bei nicht ausdrücklicher Berufung erhält der Testamentsvollstrecker vom Erblasser Gestaltungsmacht: Die Beauftragung des Testamentsvollstreckers (Anordnung der Testamentsvollstreckung) beinhaltet die Verfügung, dass dem Testamentsvollstrecker die für die Ausführung der Aufgabe notwendige Befugnis übertragen wird.

Soll der Testamentsvollstrecker hingegen Ergänzungen vornehmen, die nach den §§ 80 ff. BGB nicht geboten sind, bedarf es einer konkretisierten Aufgabenzuweisung.[260] Der Testamentsvollstrecker mag beispielsweise dazu ermächtigt und beauftragt werden, die Organisationsstruktur der Stiftung über die Anforderungen des § 81 Abs. 1 Satz 3 Nr. 5 BGB hinaus zu regeln. Ein wichtiger Aspekt für den Stifter bei der Errichtung einer Stiftung ist zudem, dass die Stiftung nicht nur den Willen des Stifters verewigen hilft, sondern auch steuerlich privilegiert wird. Genügt das Stiftungsgeschäft den Anforderungen der AO nicht, hat der Testamentsvollstrecker jedenfalls dann tätig zu werden, wenn ihm testamentarisch ausdrücklich aufgetragen wurde, für die steuerliche Begünstigung bzw. den Gemeinnützigkeitsstatus der Stiftung zu sorgen. Entsprechendes wird man annehmen dürfen, wenn der Stifter eine „gemeinnützige Stiftung" (mit einer entsprechenden Zwecksetzung) errichten will und gleichzeitig Testamentsvollstreckung anordnet. Der letzte Wille, der hier zur Ausführung zu bringen ist, ist in diesem Falle nicht nur des Inhalts, dass die beabsichtigte Stiftung zur Entstehung gelangt, sondern auch, dass diese als gemeinnützige entsteht. Nach § 2203 BGB hat der Testamentsvollstrecker dazu dann entsprechende Ergänzungen vorzunehmen.

---

260 *Schewe*, S. 246.

Möglicherweise tritt aber die Situation ein, dass neben der Anordnung der Testamentsvollstreckung die Stiftung von Todes wegen mit ihren Zwecken beschrieben ist und diese Zwecke nach den §§ 52 bis 54 AO als gemeinnützig, mildtätig oder kirchlich einzuordnen sind, das Stiftungsgeschäft dennoch nicht formell satzungsmäßig ist (z.B. mangels Angabe der Art der Zweckverwirklichung oder der Verwendung nach Auflösung der Stiftung). Wird vom Erblasser dann für die Stiftung nicht ausdrücklich gefordert, sie müsse die steuerrechtliche Privilegierung erreichen, lässt sich aber ein mutmaßlicher Wille zur Vornahme von Ergänzungen annehmen. Hätte der Erblasser die Erfordernisse der steuerrechtlichen Anerkennung der Gemeinnützigkeit gekannt, hätte er gewollt, dass die Stiftung diesen Anforderungen entspricht – damit verbundene wesentliche Nachteile sind schließlich nicht erkennbar.[261] Die Stiftung könnte ihren Zweck vielmehr effektiver erfüllen. Als erforderliche Andeutung wird man wohl schon die Bestimmung eines Zwecks im Sinne der §§ 52 bis 54 AO ausreichen lassen. Noch stärkere Anhaltspunkte sind vorhanden, wenn die erblasserseitige Formulierung des Zwecks oder von anderen Bestandteilen des Stiftungsgeschäfts mit Formulierungen in der Mustersatzung für gemeinnützige Stiftungen (Anlage 1 zur AO) oder den einschlägigen Vorschriften der AO übereinstimmt oder ihnen sehr ähnlich ist. Dann erscheint es nahe liegend, dass der Stifter diese Formulierung im Hinblick auf eine beabsichtigte steuerliche Begünstigung gewählt hat. In jedem Fall sollte zur Klarstellung die Ermächtigung des Testamentsvollstreckers im Testament ausdrücklich erfolgen.[262]

Zu weit geht es jedenfalls, wenn man die Anordnung der Testamentsvollstreckung im Wege der ergänzenden Auslegung allein aus der (rechtlichen) Notwendigkeit der Ergänzung folgert, also aus dem Umstand, dass das Stiftungsgeschäft nicht den Anforderungen des § 81 Abs. 1 Satz 3 BGB entspricht.[263] Die – zumal meist unbewusste – unzureichende Gestaltung des Stiftungsgeschäfts ist keine genügende Andeutung eines etwaigen Willens, dass Testamentsvollstreckung stattfinden soll. Zudem wäre die gesetzliche Anordnung der behördlichen Ergänzungsbefugnis, die gegenüber der des Testamentsvollstreckers gerade nachrangig ist,[264] überflüssig.

Fraglich ist, ob der Testamentsvollstrecker – bei Fehlen einer ausdrücklichen Ermächtigung – auch dann zu Ergänzungen befugt und verpflichtet ist, wenn diese nicht erforderlich zur Anerkennung als rechtsfähig oder gemeinnützig sind, die jeweils zuständigen Behörden aber entsprechende Forderungen stellen, von deren Erfüllung sie eine positive Entscheidung abhängig machen. Fehlt es an einer ausdrücklichen Berufung des Testamentsvollstreckers zu Ergänzungen des Stiftungsgeschäfts und handelt es sich um rechtlich nicht erforderliche Än-

---

[261] Ähnlich *Steffek*, S. 108.

[262] Siehe den Formulierungsvorschlag auf S. 4.

[263] So im Ergebnis auch *Steffek*, S. 88.

[264] S.u. S. 58.

derungswünsche, könnte man erwägen, dass eine Kompetenz des Testamentsvollstreckers insoweit nicht gegeben ist. Der Testamentsvollstrecker hat nach § 2203 BGB nur das zur Entstehung der Stiftung Notwendige zu tun. Ein völliges Missachten der faktischen Lage ist jedoch nicht sinnvoll. Vielmehr müssen Zweckmäßigkeitserwägungen in die Beurteilung einfließen. Dem (mutmaßlichen) Erblasserwillen würde eine solche Beharrlichkeit bezüglich des ursprünglichen Stiftungsgeschäfts und dessen Wortlaut nicht entsprechen, wenn durch die dadurch entstehenden Streitigkeiten die Stiftungsentstehung bzw. die Zuerkennung der Gemeinnützigkeit verzögert würde, ohne dass Punkte von erheblicher Bedeutung betroffen sind. Insbesondere bei bloßen Begrifflichkeiten hinsichtlich eher nebensächlicher Bestandteile des Stiftungsgeschäfts wird der Testamentsvollstrecker schnell „nachgeben" dürfen.[265] Sind auch wesentlichere Änderungen gewünscht, wird dem mutmaßlichen Stifterwillen mehr an der Verteidigung „seines" Stiftungsgeschäfts gelegen sein als bei bloßen Formulierungsänderungen. Es mag sich dabei zumindest ein mutmaßlicher Stifterwille dahingehend ergeben, dass mit der übergeordneten Behörde in Kontakt getreten wird. Ob darüber hinaus weitere Maßnahmen ergriffen werden sollen, ist stets eine Frage des Einzelfalls. Zu erwägen ist dabei auch, welche Wahrscheinlichkeit besteht, dass die Behörden bzw. Gerichte auf die Auffassung, eine Ergänzung sei nicht geboten, umschwenken werden, welches Risiko also mit der Verteidigung der fraglichen Regelungen eingegangen wird. Ein „Anrennen" gegen die ständige Rechtsprechung eines obersten Gerichts erscheint z.B. wenig sinnvoll.

Umgekehrt wird der Testamentsvollstrecker auch bei ausdrücklicher Berufung zur Vornahme von Ergänzungen für den Fall des entsprechenden Behördenverlangens nicht stets nachgeben müssen und dürfen, sondern ihm kommt ein gewisser Ermessensspielraum entsprechend dem mutmaßlichen Erblasserwillen zu. Dem Testamentsvollstrecker stehen mehrere Optionen offen, um das vorgegebene Ziel, die Verfügung zur Ausführung zu bringen, zu erreichen. Er muss eine zweckmäßige Entscheidung treffen. Bei einem Hinweis durch die Behörde obliegt dem Testamentsvollstrecker also – auch bei ausdrücklicher Berufung für diesen Fall – grundsätzlich noch die Prüfung, ob die Forderung berechtigt ist und inwiefern eine Auseinandersetzung mit den Behörden sinnvoll, gewinnbringend und letztlich verhältnismäßig ist. Zu beachten ist freilich stets, ob das Gesetz Grenzen für Ergänzungen setzt. Der Testamentsvollstrecker ist nicht verpflichtet und befugt, rechtlich Unzulässiges auszuführen.

c) Ausschluss Dritter durch die behördliche Ergänzungsbefugnis (§ 83 Satz 2 BGB)?

Die Abhilfe bei rechtlichen Mängeln des Stiftungsgeschäfts ist ausdrücklich nur in § 83 Satz 2 BGB geregelt und wird darin der für die Anerkennung der Stif-

---

265 Dazu auch Beispiele bei *Werner*, ZSt 2006, 126.

tung zuständigen Behörde überantwortet. Diese ist zur Ergänzung einer unvollständigen Satzung befugt. Man könnte § 83 Satz 2 BGB als im Rahmen ihres Regelungsbereichs abschließende Regelung auffassen, so dass außer der Behörde niemand, insbesondere nicht ein Testamentsvollstrecker, zur Ergänzung des Stiftungsgeschäfts und damit zur Ausführung der Anordnungen des Erblassers befugt ist, wenn das Stiftungsgeschäft den Anforderungen des § 81 Abs. 1 Satz 3 BGB nicht genügt. § 83 Satz 2 ist durch das Gesetz zur Modernisierung des Stiftungsrechts vom 15.7.2002 in das BGB eingefügt worden. Deshalb könnte diese Regelung als jüngere Norm dem Erbrecht und damit den Regeln über die Testamentsvollstreckung, insbesondere der Aufgabe, die Verfügungen des Erblassers zur Ausführung zu bringen, vorgehen (lex posterior derogat legi priori). Die Befugnis des Testamentsvollstreckers wäre dann auf Fälle beschränkt, in denen die Anforderungen des § 81 Abs. 1 Satz 3 BGB zwar erfüllt sind, der Testamentsvollstrecker nach der Anordnung des Erblassers dennoch Ergänzungen vornehmen soll, beispielsweise wenn die formelle Satzungsmäßigkeit nicht erreicht ist. Denkbar erscheint es, sogar über den Anwendungsbereich des § 83 Satz 2 BGB hinausgehend allgemein eine abschließende Regelung hinsichtlich Ergänzungen des Stiftungsgeschäfts vor der Anerkennung anzunehmen.

Die lex-posterior-Regel ist Ausdruck des regelmäßigen Willens des Gesetzgebers in Fällen einer solchen „Gesetzeskonkurrenz".[266] Die jüngere Norm soll die ältere Norm verdrängen. Der Regelungswille des Gesetzgebers bleibt also entscheidend. Dass dieser aber der Behörde eine exklusive Befugnis zugedacht hat, ist nicht ersichtlich: Die Befugnisse des Testamentsvollstreckers mit Hinblick auf das Stiftungsgeschäft sind gerade nicht ausdrücklich geregelt, sondern ergeben sich aus den §§ 2203 ff. BGB bzw. aus der entsprechenden Ermächtigung des Erblassers. Eine Kompetenzzuweisung an den Testamentsvollstrecker in den §§ 80 ff. BGB ist daher nicht erforderlich. Zudem übernimmt die eingefügte Regelung des § 83 Satz 2 BGB schon vorher vorhandene ähnliche Regelungen einer behördlichen Ergänzungskompetenz in den Landesstiftungsgesetzen.[267] Allgemeine Auffassung war schon damals, dass die Ergänzungsbefugnis etwaiger ermächtigter Dritter dadurch nicht ausgeschlossen war.[268] Der Reformgesetzgeber hat eine alleinige Ergänzungskompetenz der Behörde nicht ausdrücklich konstatiert und ist damit von der fortgesetzten Zulässigkeit einer Befugnis auch bei bestehender behördlicher Kompetenz ausgegangen.

---

[266] *Larenz*, S. 266 f.

[267] Vgl. jetzt noch § 10 Abs. 3 Satz 2 StiftG SA. Für das Bestehen einer behördlichen Ergänzungsbefugnis auch ohne eine entsprechende gesetzliche Regelung sprachen sich etwa *Ebersbach*, S. 46 („im Interesse einer ordnungsgemäßen Realisierung des Stiftungsprojekts") und *Kuhlenbeck*, § 9 II 1d (S. 251) aus. Ähnlich OVG Lüneburg, OVGE 22, 484, 486.

[268] Vgl. Staudinger/*Rawert*, § 83 Rn. 10; Seifart[2]/*Hof*, § 7 Rn. 102; *Ebersbach*, S. 46.

Darüber hinaus spricht gegen eine abschließende Regelung, dass § 83 Satz 2 BGB durch die „Rettung" des Stiftungsgeschäfts den mutmaßlichen Willen des Stifters verwirklichen soll.[269] Es ist ein hypothetischer Wille des Erblassers anzunehmen, die Verfügung aufrechterhalten zu wollen, wäre ihm bekannt gewesen, dass der geäußerte Wille aufgrund der Unvollständigkeit nicht zur Erreichung des erstrebten Ziels, der Stiftungsentstehung, führen kann. Die Unwirksamkeit würde dem Willen des Erblassers jedenfalls noch weniger als eine Ergänzung gerecht werden – ist nur dies ein gangbarer Weg, die Stiftung entstehen zu lassen, wird sich der Stifter mit der behördlichen Tätigkeit abfinden. Ein ähnlicher Gedanke der Rettung des Erblasserwillens findet sich im Gesetz z.B. in den §§ 2073 und 2084 BGB. Versteht man aber den mutmaßlichen Willen als eigentlichen Beweggrund für die Regelung, worauf auch die von § 83 Satz 2 BGB geforderte Berücksichtigung des Stifterwillens bei der konkreten Ausgestaltung der Ergänzung hindeutet, kann die behördliche Befugnis die vom Erblasser angeordnete Testamentsvollstreckung nicht verdrängen. Vielmehr muss sie zurückstehen, da der wirkliche Wille vorgeht. Der Vorrang der rechtsgeschäftlich erteilten vor der behördlichen Ergänzungsbefugnis aufgrund des erläuterten Grundgedankens des § 83 Satz 2 BGB lässt sich aber auch mit dem Wortlaut der Vorschrift erklären. „Unvollständig" im Sinne des § 83 Satz 2 BGB können nur solche Stiftungsgeschäfte sein, die nicht selbst Anordnungen zur Herbeiführung der Vollständigkeit enthalten.[270] Demnach steht § 83 Satz 2 BGB der Zulässigkeit von Ergänzungen durch den Testamentsvollstrecker nicht entgegen.[271]

Im Übrigen bedeutet auch § 83 Satz 1 BGB keine abschließende Regelung hinsichtlich der Tätigkeiten des Testamentsvollstreckers bei der Stiftungsentstehung. § 83 Satz 1 BGB enthält schon keine Aufgabenzuweisung an den Testamentsvollstrecker[272], kann also mangels entsprechenden Regelungsgehalts nicht die Befugnisse des Testamentsvollstreckers einschränken.

d) Generelle Höchstpersönlichkeit eines Stiftungsgeschäfts?

Die §§ 2064 f. BGB bestimmen die Höchstpersönlichkeit einer Verfügung von Todes wegen. Einer Anwendung dieser erbrechtlichen Vorschriften auf das Stiftungsgeschäft von Todes wegen bedarf es dann nicht, wenn das Stiftungsrecht ohnehin die Höchstpersönlichkeit vorgibt, ein Stiftungsgeschäft also sowohl von

---

269 *Werner*, in: Stiftungen in Deutschland und Europa, 243, 252; *Kuhlenbeck*, § 9 II 1 d (S. 251); *Lent*, DJZ 1912, 431, 432.

270 *Schewe*, S. 131.

271 So im Ergebnis auch MünchVertrHdb/*Hof*, S. 1245, Seifart/*Hof*, § 6 Rn. 113 („Auffangkompetenz der Stiftungsbehörde"). In der Schweiz stellt sich die Rechtslage nach *Künzle* (successio 1 [2007], 47) anders dar: Die Aufsichtsbehörde (Eidgenössische Stiftungsaufsicht) betraue den Willensvollstrecker mit der Erstellung der „Statuten und Reglemente". Außerdem liege die letzte Entscheidung stets bei der Aufsichtsbehörde.

272 S.o. S. 31.

Todes wegen als auch unter Lebenden allein durch den Stifter selbst vorgenommen werden kann.

Nach heute ganz herrschender Auffassung kann das Stiftungsgeschäft unter Lebenden jedoch auch durch einen gewillkürten Vertreter erklärt werden.[273] Dementsprechend müsste auch die Ermächtigung Dritter zur Gestaltung des Stiftungsgeschäfts grundsätzlich möglich sein. Die Vertretbarkeit ist aber gerade zu Beginn des 20. Jahrhunderts bestritten worden.[274] Eine vertiefte Diskussion der Frage findet sich indes nicht. Meist wird die Höchstpersönlichkeit allein mit dem Hinweis abgelehnt, sie finde im Gesetz keine Grundlage.[275] Eine Vorschrift, die ausdrücklich die Vertretbarkeit ausschließt, enthalten die §§ 80 bis 88 BGB tatsächlich nicht. § 81 Abs. 1 Satz 2 BGB fordert seit 2002 vom Stifter die Vermögenswidmung zu einem „von ihm vorgegebenen“ Zweck. Die Gesetzesbegründung enthält keine Erläuterung dieser Begrifflichkeit. Diese Formulierung sollte aber offenbar nicht Ausdruck einer Höchstpersönlichkeit der Zweckbestimmung sein,[276] zumal die vollständige Vertretbarkeit gerade dem Meinungsstand in Schrifttum und Rechtsprechung entsprach. Es ist zudem möglich, von einem „von ihm vorgegebenen Zweck“ auch dann zu sprechen, wenn nicht der Stifter selbst, sondern ein vom ihm ermächtigter Dritter tätig wird, also wenn die Zweckbestimmung auf seine Ermächtigung zurückgeht und damit letztlich auf seinem Willen beruht.[277] Auch § 85 BGB („Die Verfassung einer Stiftung wird [...] durch das Stiftungsgeschäft bestimmt“) schließt eine Vertretung bei der Errichtung des Stiftungsgeschäfts nicht aus; so können auch die Erklärungen des Vertreters oder Ergänzungen, mit denen der Stifter den Testamentsvollstrecker oder einen anderen beauftragt hat, zum Stiftungsgeschäft zählen. Die Materialien zur Entstehung des BGB geben ebenso keinen Hinweis auf die Höchstpersönlichkeit. Dennoch greift die Argumentation einer fehlenden gesetzlichen

---

[273] BayObLG, NJW-RR 1991, 523, 524; Staudinger/*Rawert*, § 80 Rn. 4; MünchKomm-BGB/*Reuter*, §§ 80, 81 Rn. 6; RGRK/*Steffen*, § 80 Rn. 1; Palandt/*Ellenberger*, § 81 Rn. 2; Soergel/*Neuhoff*, § 81 Rn. 2; *Strickrodt*, S. 42. Die Errichtung des Stiftungsgeschäft durch den gesetzlichen Vertreter eines Minderjährigen ist unzulässig wegen der entsprechenden Anwendbarkeit der §§ 1641, 1804 BGB, vgl. Staudinger/Rawert, § 80 Rn. 2; Soergel/*Neuhoff*, § 81 Rn. 2; *Ebersbach*, S. 49. Kritisch dazu *Strickrodt*, S. 42 Fn. 3.

[274] *J. Kohler*, § 183 I (S. 419); *Reichel*, S. 24 ff.; *Dernburg*, Bürgerliches Recht, § 92 Fn. 14 (S. 313); RGRK[11]/*Denecke*, § 81 Anm. 1.

[275] So z.B. Planck/*Knoke*, § 81 Anm. 1 (a.E.); *Enneccerus/Nipperdey*, § 117 Fn. 13 (S. 719).

[276] So auch *Muscheler*, Stiftungsrecht, S. 132.

[277] Anders *Weidmann* (S. 145 f.), die in § 81 Abs. 1 Satz 2 BGB das Gebot für den Stifter erkennt, den Stiftungszweck selbst zu bestimmen, und dann § 2065 BGB als allgemeineres Gesetz zurücktreten lässt. Für die Ansicht *Muschelers* (Stiftungsrecht, S. 132), der die Wendung als Hinweis darauf ansieht, dass die Zweckbestimmung nicht durch die Behörde nach §§ 83 Satz 2, 81 Abs. 1 Satz 4 BGB ergänzbar ist, finden sich ebenfalls keine näheren Anhaltspunkte.

Regelung zu kurz. § 115 des ersten Entwurfs zum BGB lautete: „Ein Rechtsgeschäft kann, sofern nicht das Gesetz oder die Natur des Rechtsgeschäftes entgegensteht, auch durch einen Vertreter und gegenüber einem Vertreter vorgenommen werden."[278] Neben den ausdrücklich geregelten Ausnahmen vom Grundsatz der Vertretbarkeit (z.B. §§ 1311 Satz 1, 1516 Abs. 2 Satz 1, 1600a, 1750 Abs. 3 Satz 1, 1752 Abs. 2 Satz 1, 2347 Abs. 2 Satz 1, 1. Hs. BGB) sollte es also noch ungeschriebene geben. Die Zweite Kommission verzichtete auf diese Vorschrift, allerdings mit der Begründung, dass der Grundsatz der Vertretbarkeit sich schon aus den nachfolgenden Regelungen (den jetzigen §§ 164 ff. BGB) ergebe, er „längst vollendeter Abschluss einer früheren Rechtsentwicklung", allgemein anerkannt und die Festschreibung deshalb überflüssig sei.[279] Auch heute wird vertreten, dass solche Rechtsgeschäfte höchstpersönlicher Art sein können, bei denen die Vertretbarkeit nicht ausdrücklich gesetzlich ausgeschlossen ist.[280] Der bloße Verweis auf das Gesetz genügt deshalb nicht. Wann ergibt sich aber aus der „Natur" eines Rechtsgeschäfts die Höchstpersönlichkeit desselben?

Wie der Umstand, dass geschriebene Ausnahmen in vielen Fällen vorgesehen sind, der Gesetzgeber also grundsätzlich Wert auf die ausdrückliche Festschreibung der Höchstpersönlichkeit legt, sprechen auch die *Motive* der Ersten Kommission zu dem ersten Entwurf für den Allgemeinen Teil eines BGB für hohe Anforderungen an die Annahme einer Höchstpersönlichkeit der Natur nach. Vorgestellte Anwendungsfälle des erwähnten § 115 E I waren Rechtsgeschäfte, in denen die „Unzulässigkeit der Vertretung so offen ersichtlich ist, daß eine besondere Hervorhebung nicht für erforderlich erachtet worden ist".[281] Die „Natur der Sache" muss sich aus den Wertungen des BGB ergeben, die den geschriebenen Ausnahmen von der Vertretbarkeit zugrunde liegen. Danach darf es augenscheinlich nicht hinnehmbar erscheinen, dass ein Dritter denjenigen, den die Wirkungen der Erklärungen treffen, im Willen vertritt, und es muss deshalb die Beschränkung der Privatautonomie zwingend geboten sein. Als Maßstab sind etwa die Eheschließung (§ 1311 BGB) und die Einwilligung in die Adoption (§ 1750 BGB) heranzuziehen, bei denen nach den Maßstäben des deutschen

278 *Mugdan* I, S. LXXXVIII.

279 *Protokolle* I, S. 135 (= *Mugdan* I, S. 735).

280 Staudinger/*Schilken*, vor § 164 Rn. 41; MünchKomm-BGB/*Schramm*, vor § 164 Rn. 74; RGRK/*Steffen*, vor § 164 Rn. 23; *Reichel*, S. 15. Soergel/*Leptien* (vor § 164 Rn. 84) sieht diese Ausnahme als entbehrlich an, ebenso wohl die Zweite Kommission (vgl. *Protokolle* I, S. 135 = *Mugdan* I, S. 735). In den Kommentierungen zum Vertretungsrecht werden als Anwendungsfälle im geltenden Recht das Eingehen des Verlöbnisses (Staudinger/*Schilken*, vor § 164 Rn. 41) und die Zustimmungserklärung des Ehegatten nach §§ 1365, 1369 BGB (Staudinger/*Schilken*, vor § 164 Rn. 41; MünchKomm-BGB/*Schramm*, vor § 164 Rn. 74) genannt. Vgl. dazu *Reichel*, S. 49 ff.

281 *Motive* I, S. 224 (= *Mugdan* I, S. 476).

Rechts die Höchstpersönlichkeit ohne Zweifel anzunehmen ist.[282] So wird die höchstpersönliche Natur des Rechtsgeschäfts dann bejaht, wenn das Rechtsgeschäft seinem Wesen nach besonderer Ausdruck der Persönlichkeit des Erklärenden ist und deshalb seine eigene Entscheidung verlangt.[283] Niemand anderes soll die Entscheidung treffen können, weil die Auswirkungen den Kern der Persönlichkeit betreffen.

Unabhängig davon, ob man diese Einschränkung des Vertretbarkeitsgrundsatzes anerkennen möchte oder nicht, sind die Besonderheiten der Stiftungserrichtung jedenfalls nicht derart beschaffen, dass die Vornahme des Stiftungsgeschäfts der Natur der Sache nach höchstpersönlich zu sein hat. Als solche Besonderheiten könnte man ansehen, dass mit der Stiftung eine juristische Person errichtet wird, die allein den Willen des Stifters verwirklichen soll und nicht vom Willen ihrer Mitglieder bestimmt wird. Der Wille des Stifters lebt auf diese Weise dauerhaft – über den Tod des Stifters hinaus – fort.[284] Durch das Wirken der Stiftung mag auch ein bestimmter Eindruck über den Stifter in der Öffentlichkeit geschaffen werden. Indem er der Stiftung seinen Namen gibt, schafft der Stifter zwar eine nach außen erkennbare Verbindung der Stiftung zu seiner Person, dies ist aber nicht stets und zwingend der Fall, ist zudem ebenso bei der Errichtung einer GmbH oder eines Handelsgeschäfts möglich.[285]

Diese Besonderheiten zeigen jedenfalls, dass die Entscheidung über den Inhalt des Stiftungsgeschäfts (speziell der Zweckbestimmung) eine gewisse Reichweite und Bedeutung hat und die Delegation daher gut überlegt sein sollte. Der Stifter sollte sich der Risiken des Stiftungsgeschäfts bewusst werden. Dazu bestehen aber beim Stiftungsgeschäft – insbesondere unter Lebenden – etwa Formvorschriften, ein Widerrufsrecht und auch das behördliche Anerkennungsverfahren. Die erforderlichen erheblichen Auswirkungen für den Persönlichkeitskern des Stifters, seine persönliche Lebensführung und -gestaltung, sind hingegen nicht erkennbar, anders als dies bei Entscheidungen über die Eheschließung oder die Annahme an Kindes statt offensichtlich der Fall ist. Der Stifter kann in seiner Persönlichkeit unverändert so weiterleben wie ohne die Stiftungserrichtung. Die Stiftungserrichtung wirkt nicht auf den Stifter selbst

---

282 Andere Rechtsordnungen lassen sogar für die Eheschließung, die nach dem Empfinden des deutschen Juristen wohl das Paradebeispiel für die Höchstpersönlichkeit ist, die Erklärungsabgabe durch einen Dritten oder sogar die Vertretung im Willen zu.

283 RGRK/*Steffen*, vor § 164 Rn. 23.

284 So auch RGRK/*Steffen*, § 80 Rn. 1.

285 Dass typischerweise ein besonderes Interesse des Stifters an der Entstehung und dem Bestand der Stiftung besteht, ihm die Stiftung „am Herzen liegt“ (*Burgard*, S. 76 f.; *Reichel*, S. 23), genügt nicht: Bei anderen Geschäften kann dies ebenso der Fall sein, z.B. bei einem Kaufvertrag über das Geburtshaus.

und seine Persönlichkeit zurück.[286] Es ist daher nicht geboten, dass nur der Erblasser selbst das Stiftungsgeschäft vornehmen kann. Die damit einhergehende Einschränkung der Privatautonomie wäre nicht gerechtfertigt. Somit bleibt es dabei: Das Stiftungsgeschäft ist seiner Natur nach kein höchstpersönliches Rechtsgeschäft. Für die Stiftungserrichtung von Todes wegen sind als erbrechtliche Vorschriften aber grundsätzlich die §§ 2064, 2065 BGB zu beachten.[287]

e) Vereinbarkeit mit §§ 2064, 2274 BGB

§ 2064 BGB beschreibt die sog. formelle Höchstpersönlichkeit der Testamentserrichtung. Der Erblasser muss das Testament selbst errichten. Entsprechend fordert § 2274 BGB, dass der Erblasser den Erbvertrag persönlich abschließt. Der Erblasser kann den Errichtungsakt nicht durch einen Stellvertreter vornehmen lassen. Es handelt sich bei der Ergänzung des Stiftungsgeschäfts von Todes wegen nicht um die Errichtung einer Verfügung von Todes wegen, vielmehr wird die vom Erblasser errichtete Verfügung durch die Ergänzung gestaltet, in ihrem Inhalt bestimmt. Stellvertretung liegt gerade nicht vor.[288] Der insoweit betroffene Grundsatz der Vollständigkeit der Verfügung soll aber durch § 2065 BGB gewährleistet werden.

f) Vereinbarkeit mit § 2065 Abs. 2 BGB

§ 2065 BGB regelt die sog. materielle Höchstpersönlichkeit einer Verfügung von Todes wegen. § 2065 Abs. 1 BGB untersagt es dem Erblasser, die Entscheidung über die Gültigkeit einer Verfügung einem Dritten zu überlassen. Nach § 2065 Abs. 2 BGB kann der Erblasser die Bestimmung der Person, die eine Zuwendung erhalten soll (1. Fall), und die Bestimmung des Gegenstands der Zuwendung (2. Fall) nicht einen anderen vornehmen lassen. Eine „Zuwendung“ im Sinne der Vorschrift kann nicht nur durch Erbeinsetzung, sondern auch durch die Aussetzung eines Vermächtnisses erfolgen. Für eine Auflagenanordnung, die zur Begünstigung Dritter führt, gilt § 2065 BGB über § 2192 BGB entsprechend. Da für Vermächtnis und Auflage Ausnahmen von § 2065 Abs. 2 BGB vorgesehen sind, soll zunächst nur die Erbeinsetzung der Stiftung von Todes wegen betrachtet werden.

Eine Ergänzung der Verfügung des Erblassers hinsichtlich des Umfangs der Nachlassbeteiligung der zur Erbin eingesetzten Stiftung von Todes wegen durch

[286] Die bloße Willensfortwirkung mag der Stifter auch durch eine Schenkung unter Auflage in ähnlicher Weise erreichen können, ohne dass insoweit Höchstpersönlichkeit gefordert wird.

[287] S.o. S. 11.

[288] S.o. S. 52.

den Testamentsvollstrecker ist ein Verstoß gegen § 2065 Abs. 2, 2. Fall BGB.[289] Regelungen über die Anlage oder die Verwendung des Vermögens sind insoweit freilich nicht erfasst. Aus § 2065 Abs. 2, 1. Fall BGB ergibt sich jedenfalls, dass der Erblasser einem anderen nicht die Entscheidung überlassen darf, ob zur Erfüllung eines durch den Erblasser bestimmten Zwecks (z.B. Tierschutz) die Errichtung einer selbständigen oder unselbständigen Stiftung erfolgen soll. Dabei ist im einen Fall Zuwendungsempfänger die zu errichtende juristische Person (selbständige Stiftung), im anderen Fall der zu bestimmende Träger der unselbständigen Stiftung, dem die Verfolgung des Stiftungszwecks zur Auflage gemacht wird.[290] Es muss also grundsätzlich jedenfalls der Wille, eine selbständige Stiftung zu errichten und mittels Erbeinsetzung mit einem Vermögen auszustatten, vorhanden sein. Die herrschende Meinung leitet aus dem Verbot des § 2065 Abs. 2, 1. Fall BGB darüber hinaus ab, dass allein der Erblasser den Stiftungszweck festzulegen vermag. Andere Regelungen, vor allem zu Name, Sitz und Vorstandsbildung könnten hingegen durch einen anderen, etwa den Testamentsvollstrecker, getroffen werden.[291]

aa) Wortlaut

Die „Person, die eine Zuwendung erhalten soll", ist die Stiftung von Todes wegen, deren Errichtung verfügt wurde. Unter der „Bestimmung" eines Zuwendungsempfängers könnte man die Festlegung verstehen, dass die durch Verfügung von Todes wegen des Erblassers errichtete Stiftung Erbin sein soll und damit keine andere natürliche oder juristische Person. Damit stünde die Auslegung im Einklang mit § 2198 BGB, in dem die „Bestimmung" eindeutig die bloße Auswahl einer Person meint. Im „Normalfall" bedeutet die Bestimmung des Zuwendungsempfängers, dass der Erblasser sich positiv für eine Person als Erben entscheidet und sich damit zugleich gegen alle anderen Personen ausspricht. Versteht man also unter „Bestimmen" die Auswahl einer Person, muss der Erblasser allein den Willen, eine Stiftung von Todes wegen zu gründen und als Erbin einzusetzen, ausdrücken. Der Erblasser muss dann lediglich festlegen,

---

289 So auch *Schewe*, S. 245, 139; MünchVertrHdb/*Hof*, S. 1254; *Kuchinke*, in: FS Neumayer, 389, 400 f.; *Lorz/Weinand*, FAErbR 2006, 63. Im Ergebnis auch Schauhoff/*Schauhoff*, § 3 Rn. 34; Brambring/Mutter/*Mutter*, H. I. 3. Anm. 5 (S. 587).

290 Dazu *Muscheler*, Die Stiftung 1 (2007), 59, 61 f.; *Wochner*, MittRhNotK 1994, 89, 105. Unrichtig ist eine Entscheidung des Reichsgerichts aus dem Jahre 1913 (Das Recht 1913, Nr. 2309; zustimmend *Weißler*, S. 220), in der das Gericht es als zulässig erachtete, dass dem Testamentsvollstrecker Ermessen eingeräumt ist, ob als durch die letztwillige Verfügung Bedachter eine Familienstiftung oder ein Familienfideikommiß errichtet werden sollte. Mangels Möglichkeit der Errichtung von Familienfideikommissen ist eine solche Konstellation ohnehin nicht mehr denkbar.

291 *Schewe*, S. 244 ff.; *Kuchinke*, in: FS Neumayer, 389, 399; MünchKomm-BGB/*Reuter*, § 83 Rn. 11; Seifart/*Hof*, § 6 Rn. 106 f.; MünchVertrHdb/*Hof*, S. 1254; Schauhoff/*Schauhoff*, § 3 Rn. 34; Nieder/*R. Kössinger*, § 15 Rn. 291.

an wen die Zuwendung (d.h. die Erbeinsetzung) erfolgen soll, nämlich „seine Stiftung“, ohne dass deren Merkmale näher beschrieben werden müssten. Die Gestaltung des Stiftungsgeschäfts könnte im Einzelnen also auch hinsichtlich des Stiftungszwecks einem anderen überlassen werden.[292]

Nach dem möglichen Wortsinn könnte man jedoch auch die Gestaltung des Stiftungsgeschäfts und damit die Konkretisierung der Stiftung als „Bestimmung“ der Stiftung ansehen. Die Identität der Stiftung würde festgelegt, sie erhält die sie kennzeichnenden, ihr eigentümlichen Züge. Im angesprochenen Normalfall der „Bestimmung“ einer existierenden Person wird eine Person ausgewählt, die in ihrer Identität feststeht, freilich ohne dass der Erblasser diese festlegen oder beeinflussen muss oder kann.[293]

Würde man auf eine solche Ausstattung mit identitätsprägenden Merkmalen abstellen, könnte dies aber jedenfalls nicht dazu führen, dass mit der herrschenden Meinung allein Zweck und Vermögen der persönlichen Bestimmung durch den Erblasser vorbehalten bleiben.[294] Die Identität einer juristischen Person im Allgemeinen und einer Stiftung im Besonderen wird nicht zuletzt auch durch ihren Sitz oder ihre Organisation bestimmt.[295] Deutlich wird dies auch dadurch, dass alle fünf Merkmale des § 81 Abs. 1 Satz 3 BGB in der Gesetzesbegründung als unverzichtbar bezeichnet wurden.[296] Die Eigentümlichkeit einer Stiftung bestimmt sich darüber hinaus sogar aufgrund sämtlicher Regelungen des Stiftungsgeschäfts. Auch diese machen die Eigenart einer Stiftung aus. Bei einem Verständnis der Bestimmung als „Identitätsbestimmung“ müsste der Erblasser die Formulierung des Stiftungsgeschäfts also vollständig selbst übernehmen.

Dem Wortlaut des § 2065 Abs. 2 BGB nach sind beide aufgeführten Interpretationen zur Ergänzbarkeit des Stiftungsgeschäfts von Todes wegen möglich, er rechtfertigt jedoch jedenfalls für sich betrachtet nicht das Ergebnis der herrschenden Meinung. Im Rahmen der Beratungen zur Fassung des jetzigen § 2065 BGB und zur gesetzlichen Niederlegung des Grundsatzes der materiellen Höchstpersönlichkeit sind keine Überlegungen speziell zur Stiftung von Todes wegen angestellt worden. Die Vorschrift geht vom Regelfall der bloßen Auswahl eines Erben aus. Die Besonderheit der Erschaffung einer juristischen Person fand keine Berücksichtigung. Möglicherweise bestehen aber gesetzgeberische Wertungen, die Rückschlüsse auf die Höchstpersönlichkeit der Stiftungserrichtung von Todes wegen zulassen.

---

292 Ähnlich argumentierend, gleichwohl eine Zweckbestimmung fordernd *Werner*, ZSt 2006, 10, 11.

293 Auch bei einem nasciturus oder noch nicht einmal gezeugten Personen gehört es jedenfalls nicht zum Einflussbereich des Erblassers, diese Eigentümlichkeit zu prägen.

294 So auch MünchKomm-BGB/*Reuter*, § 83 Rn. 11.

295 MünchKomm-BGB/*Reuter*, § 83 Rn. 11; *John*, S. 73, 130.

296 S.o. S. 40.

bb) Stiftung von Todes wegen als Ausnahme von § 2065 Abs. 2 BGB?

Die Möglichkeit zur Stiftungserrichtung an sich wird teilweise schon als eine Ausnahme von § 2065 Abs. 2 BGB aufgefasst, führe sie doch entgegen dieser Vorschrift dazu, dass unbestimmte, nicht-indivualisierte Personen begünstigt würden.[297]

Diese Begünstigung erfolgt aber nicht unmittelbar durch die Einsetzung der Stiftung als Erbin, sondern erst durch die Tätigkeit der Stiftung, die dafür zunächst Erbin werden muss. Auch wenn eine bestehende gemeinnützige juristische Person, etwa eine GmbH, eingesetzt wird, ist dies eine bestimmte, von anderen abzugrenzende Person, es werden nicht unmittelbar unbestimmte Personen eingesetzt. Entscheidend ist nicht der endgültigen Verbleib des Vermögens, sondern die Zuordnung zur Zeit des Erbfalls. Es können im Übrigen auch mehrere konkret benannte oder nur eine einzige Person als Stiftungsdestinatäre angegeben werden, die Begünstigung Nicht-Individualisierter ist nicht zwingend. Dafür, dass eine Ausnahme vom Prinzip der Höchstpersönlichkeit gemacht werden sollte, fehlt zudem jeglicher Hinweis bei der Behandlung der Stiftung in den Gesetzgebungsmaterialien. Die Vorschriften über die Verfügungen von Todes wegen sind nach Einaktigkeits- und Zweiaktigkeitslehre grundsätzlich gerade auch auf die Stiftung von Todes wegen anwendbar.

cc) Einschränkung der Höchstpersönlichkeit wegen der Verfolgung gemeinnütziger Zwecke?

Die Anwendung des § 2065 Abs. 2 BGB könnte dann ausgeschlossen sein, wenn die Stiftung gemeinnützige Zwecke verwirklichen soll. Auf diese Weise könnte die Privilegierung solcher Stiftungsgründungen erreicht werden. Erforderlich wäre bei dieser Argumentation freilich die höchstpersönliche Vorgabe eines gemeinnützigen Stiftungszwecks. Ein Blick in die Geschichte spricht für eine solche Begünstigung: Im Codex Iustinianus (um 530 n. Chr.) finden sich Regelungen, die das Erfordernis der Bestimmtheit testamentarischer Verfügungen („certas voluntas“) für Verfügungen „ad pias causas“ abmilderten. So wurden Vermächtnisse zugunsten der Armen oder eines Heiligen für zulässig erklärt, die Nennung einer bestimmten Person als Empfänger war nicht erforderlich.[298] Diese „piae causae“ („fromme Zwecke“, d.h. kirchlich-religiöse oder soziale Angelegenheiten[299]) werden als Vorläufer der heutigen Stiftungen angesehen;[300]

[297] Vgl. BGE 81 II, 22, 28 f. (E. 6); *v. Hippel*, S. 454 f. Wenn man eine Ausnahme bejaht, muss man wohl jedenfalls fordern, dass dann wenigstens der Zweck und damit eine nicht-individualisierte Gruppe von potentiellen Empfängern angegeben werden müssen.

[298] Vgl. etwa C. 1, 2, 13; 1, 3, 24. Dazu Seifart[2]/*Coing* § 5 Rn. 5, 15, 18; HKK/*Pennitz*, §§ 80-89 Rn. 8; *v. Campenhausen*, in: Handbuch Stiftungen, 19, 23 f.

[299] Seifart[2]/*Coing* § 5 Rn. 5 f.; *v. Campenhausen*, in: Handbuch Stiftungen, 19, 23.

[300] Vgl. nur Seifart[2]/*Coing*, § 5 Rn. 4; HKK/*Pennitz*, §§ 80-89 Rn. 7, 9.

schon hier war das wesentliche Merkmal der dauerhaften Widmung von Gütern zur Verwirklichung eines bestimmten Zwecks vorhanden.

Im geltenden Recht deutet § 2072 BGB auf eine Privilegierung von Verfügungen mit gemeinnützigen Zwecken hin, indem die Erbeinsetzung „der Armen" im Zweifel als Zuwendung an die öffentliche Armenkasse der Gemeinde, in deren Bezirk der Erblasser seinen letzten Wohnsitz gehabt hat, zu verstehen ist unter der Auflage, das Zugewendete an Arme zu verteilen. Grundgedanke dieser Vorschrift soll nach teilweise vertretener Auffassung sein, dass Verfügungen, mit denen der Erblasser wohltätige Zwecke verfolgt, möglichst zu rechtlicher und tatsächlicher Wirkung verholfen werden soll.[301] Die Anwendbarkeit der Norm wurde auch in vergleichbaren Konstellationen angenommen, etwa wenn „Bedürftige", „sozial Schwache"[302], „die Behinderten"[303] oder „die Kriegsbeschädigten"[304] bedacht wurden.

§ 2072 BGB enthält jedoch lediglich eine Auslegungs-[305] oder Umdeutungsregel[306]. So beruht die Vorschrift auf dem mutmaßlichen Willen des entsprechend verfügenden Erblassers, dass nicht jede arme Person einzeln am Nachlass beteiligt wird, sondern Bedürftige effektiv unterstützt werden sollen,[307] und dass ein Erblasser bei gemeinnützigen oder mildtätigen Zuwendungen vor allem die Unterstützungswürdigen in seiner Gemeinde begünstigen wollte.[308] Den allgemeinen Gedanken der Privilegierung „gemeinnütziger" Zwecke kann man somit dieser Vorschrift nicht entnehmen. Dies verbietet sich zudem deswegen, weil man im Gesetzgebungsverfahren gerade davon absah, eine dem jetzigen § 2072 BGB entsprechende Regelung für den Fall aufzustellen, dass der Erblasser zugunsten eines gemeinnützigen Zwecks verfügt, ohne eine noch so unbestimmt bezeichnete Person oder einen Personenkreis als Zuwendungsempfänger anzugeben.[309]

---

301 LG Bonn, Rpfleger 1989, 63, 64; Staudinger/*Otte*, § 2072 Rn. 6; Erman/*M. Schmidt*, § 2072 Rn. 1.

302 Palandt/*Edenhofer*, § 2072 Rn. 2.

303 OLG Hamm, MDR 1984, 940.

304 KG, OLGZ 1993, 6.

305 KG, OLGZ 1993, 6, 7; Erman/*M. Schmidt*, § 2072 Rn. 1; MünchKomm-BGB/*Leipold*, § 2072 Rn. 1. Vgl. *Jakobs/Schubert*, Erbrecht I, S. 860 f.; *Motive* V, S. 39 (= *Mugdan* V, S. 21).

306 Soergel/*Loritz*, § 2072 Rn. 1; RGRK/*Johannsen*, § 2072; Palandt/*Edenhofer*, § 2072 Rn. 1; *v. Lübtow*, S. 290.

307 MünchKomm-BGB/*Leipold*, § 2072 Rn. 1.

308 OLG Oldenburg, NJW-RR 1993, 581.

309 So auch MünchKomm-BGB/*Leipold*, § 2072 Rn. 9. § 33 Satz 1 des Vorentwurfs zum Erbrecht lautete: „Was schlechthin den Armen, der Kirche, der Gemeinde oder einem Zwecke zugewendet ist, welcher zu den Aufgaben bereits bestehender Körperschaften oder Stiftungen gehört, ist im Zweifel als der Armenkasse, Kirche, Gemeinde oder sonstigen Körperschaft oder Stiftung desjenigen Ortes oder Sprengels zugedacht anzusehen, in

Aus den steuerrechtlichen Privilegierungen lässt sich ebenso wenig auf ein allgemeines Prinzip, das auch im Zivilrecht Geltung erlangen könnte, schließen. Die Steuervergünstigungen rechtfertigen sich vor allem daraus, dass die gemeinnützigen Körperschaften ihre Mittel für Zwecke verwenden, für die ansonsten der Staat oder die Kommunen Steuermittel einsetzen müssten.[310] Die Ersparnis von eigenen staatlichen Aufwendungen steht hingegen in keiner Beziehung zur Höchstpersönlichkeit des Stiftungsgeschäfts.

Vor allem hat der Gesetzgeber durch die behördliche Ergänzungsbefugnis gemäß §§ 83 Satz 2, 81 Abs. 1 Satz 4 BGB bereits eine Möglichkeit vorgesehen, wie nicht den gesetzlichen Anforderungen genügende Stiftungsgeschäfte dennoch Wirksamkeit entfalten können. Die Verwirklichung eines Stiftungsprojektes wird bereits auf diese Weise – ohne Beschränkung auf gemeinnützige Stiftungen – gefördert. Eine Absicht des Gesetzgebers, über diese Bestimmungen hinaus gemeinnützige Stiftungen etwa hinsichtlich der Höchstpersönlichkeit zu privilegieren, ist nicht ersichtlich. Vielmehr fiel im Rahmen der Überlegungen zur Reform des Erbrechts[311], die vor allem auch das Pflichtteilsrecht betrifft, eine bewusste Entscheidung gegen den Vorschlag von *Hüttemann* und *Rawert*[312], den Pflichtteil zu kürzen, wenn Zuwendungen zu gemeinnützigen Zwecken getätigt werden.[313]

dd) Folgerungen aus der behördlichen Ergänzungsbefugnis

Möglicherweise lassen sich aus der behördlichen Befugnis zur Vornahme von Ergänzungen des Stiftungsgeschäfts (§ 83 Satz 2 BGB) auch für die Kompetenzen des Testamentsvollstreckers Schlüsse ziehen. Die Anerkennungsbehörde darf nach allgemeiner Meinung den Zweck der Stiftung – wie auch die Vermö-

welchem der Erblasser seinen letzten Wohnsitz hatte." Es wurden Bedenken insbesondere gegen die Zweckmäßigkeit, „innere Richtigkeit" und das Bedürfnis einer solchen Regelung vorgebracht (*Jakobs/Schubert*, Erbrecht I, S. 860 f.; *Motive* V, S. 40 [= *Mugdan* V, S. 21]). Vgl. den Vorschlag *Struckmanns* bei *Jakobs/Schubert*, Erbrecht I, S. 862.

310 Tipke/Kruse/*Tipke*, vor § 51 AO Rn. 4; Hübschmann/Hepp/Spitaler/*Leisner-Egensperger*, vor §§ 51-68 Rn. 36; Pahlke/Koenig/*Koenig*, § 51 Rn. 2; *Hüttemann*, Gemeinnützigkeits- und Spendenrecht, § 1 Rn. 80 ff.

311 Vgl. das „Gesetz zur Änderung des Erb- und Verjährungsrechts" vom 24.9.2009, BGBl I, S. 3142 ff.

312 *Hüttemann/Rawert*, ZEV 2007, 107, 110 ff. Siehe auch die Privilegierung von Schenkungen zu gemeinnützigen Zwecken in § 785 Abs. 3 Satz 1, 2. Fall des österreichischen ABGB.

313 Vgl. die Rede der Ministerin *Zypries* auf dem 2. Deutschen Erbrechtstag am 16.3.2007 in Berlin, abrufbar unter www.bmj.bund.de/Geschichte/Brigitte_Zypries_zc.html (Stand: 31.3.2010). Dazu auch *Röthel*, ZEV 2008, 112, 113.

gensausstattung – nicht ergänzen,[314] obwohl § 83 Satz 2 BGB dem Wortlaut nach für alle in § 81 Abs. 1 Satz 3 BGB genannten Bestandteile des Stiftungsgeschäfts, also auch für die Regelungen zu Zweck und Vermögen, Geltung beansprucht.[315] Schon vor der Reform 2002 nahm man solche Beschränkungen für die noch landesgesetzlich geregelte Ergänzungskompetenz an, obwohl dies dort meist ebenfalls nicht gesetzlich vorgesehen war.[316] § 87 Abs. 1, 1. Fall BGB ermöglicht der Behörde nach erfolgter Anerkennung zwar, den Zweck der Stiftung zu ändern, wenn die Zweckerfüllung „unmöglich geworden ist". Diese Kompetenz steht ihr über den Wortlaut hinaus auch dann zu, wenn eine anfängliche, d.h. schon bei der Anerkennung bestehende, Unmöglichkeit vorliegt.[317] Es kann daraus jedoch nicht gefolgert werden, dass die Behörde eine Zweckänderung auch schon im Anerkennungsverfahren zur Herbeiführung der Anerkennung vornehmen könnte. Im von § 87 Abs. 1 BGB erfassten Fall ist die Stiftung bereits entstanden, die Zweckänderung ist ein milderes Mittel gegenüber der Aufhebung der Stiftung. Die Existenz der im Rechtsverkehr bereits aufgetretenen Stiftung soll gerettet werden, der entstandenen Rechtsperson gegenüber muss dabei die Verhältnismäßigkeit der Mittel gewahrt werden. Eine Zweckänderung zur Herstellung der Existenz ist wesentlich verschieden von der Änderung mit dem Ziel der Existenzerhaltung, die zugrunde gelegten Überlegungen nicht übertragbar. § 87 Abs. 1 BGB kann insoweit nicht analog angewendet werden. Hat der Erblasser keine oder keine ausreichende Zweckbestimmung vorgenommen, führt also auch die Auslegung seiner Verfügung nicht zu einer Zwecksetzung, kann die Behörde nicht tätig werden. Gelten die Gründe für die beschriebene Einschränkung der Ergänzungskompetenz auch für den Testamentsvollstrecker?

Argumentiert wird bei der behördlichen Befugnis zum einen damit, dass sich die fehlende Ergänzbarkeit schon aus der Gesetzessystematik selbst ergebe: Voraussetzung ist nach § 83 Satz 2 BGB, dass das Stiftungsgeschäft den Anforderungen des § 81 Abs. 1 Satz 3 BGB nicht entspricht – ein darüber hinausgehender Verweis auf § 81 Abs. 1 Satz 2 BGB, der Zweck und Vermögen als konstitutive Merkmale benennt, existiert gerade nicht.[318] Gegen diese Begründung

---

[314] MünchKomm-BGB/*Reuter*, § 83 Rn. 18, §§ 80, 81 Rn. 35; Bamberger/Roth/*G.C. Schwarz*/*Backert*, § 83 Rn. 9; Palandt/*Ellenberger*, § 83 Rn. 2; *Schewe*, S. 137 ff.; *Hüttemann*, ZHR 167 (2003), 35, 54.

[315] Deutlicher als die deutsche Regelung ist § 44 des koreanischen BGB, in dem eine gerichtliche Ergänzungsbefugnis nur für „den Namen, den Sitz oder die Bestimmungen über die Berufung und Abberufung des Vorstandes" gewährt wird (Übersetzung bei *Ko*, S. 156).

[316] Seifart²/*Hof*, § 7 Rn. 265.

[317] MünchKomm-BGB/*Reuter*, § 87 Rn. 6; Staudinger/*Rawert*, § 87 Rn. 5.

[318] MünchKomm-BGB/*Reuter*, § 83 Rn. 18. *Schewe* (S. 84 ff.) ist der Auffassung, dass § 81 Abs. 1 Satz 2 BGB für das Stiftungsgeschäft von Todes wegen keine Geltung erlange. § 80 Abs. 2 BGB fordert jedoch sowohl für das Stiftungsgeschäft von Todes wegen als

könnte bereits angeführt werden, dass auch Zweck- und Vermögensbestimmung zu den Anforderungen des § 81 Abs. 1 Satz 3 BGB zählen und vielmehr die Vorstellungen des Gesetzgebers hinsichtlich des Ergänzungsumfangs nur aus der Gesetzesbegründung deutlich werden: Es soll „gewährleistet werden, dass trotz eines Stiftungsgeschäftes, das eindeutig den Stifterwillen im Hinblick auf den vorgesehenen Stiftungszweck und die dafür verbindliche Vermögenszusage enthält, nicht wegen unvollkommener Satzung das Entstehen einer rechtsfähigen Stiftung versagt werden müsste".[319] Eine solche Argumentation mit der Gesetzessystematik kann jedenfalls hinsichtlich der Ergänzungskompetenz des Testamentsvollstreckers nicht gelingen, weil eine gesetzliche Regelung insoweit gerade nicht vorhanden ist. Überzeugend ist auch nicht das Argument *Reuters*, es sei ohne Zweckbestimmung „gar kein Stiftungsgeschäft vorhanden, das durch die Stiftungsbehörde ergänzt werden könnte".[320] Die Begründung trifft schon für die behördliche Befugnis nicht zu. Zum Stiftungsgeschäft gehört schließlich auch der Wille, überhaupt eine Stiftung errichten zu wollen. Der Inhalt würde dann durchaus „ergänzt".

Als Grund für die Einschränkung der behördlichen Ergänzungsbefugnis ist anzunehmen, dass der Gesetzgeber die Entscheidungen über Zweck und Vermögen als zu wichtig ansah, als dass sie von staatlicher Seite ergänzt oder vorgenommen werden könnten. Der Gesetzgeber mag einen zu großen Eingriff in die durch Art. 2 GG geschützte Privatautonomie (Stifterfreiheit) erblickt haben,[321] wenn Zweck und Vermögen durch die Anerkennungsbehörde festgelegt werden könnten. Dies sind jedenfalls die Bestandteile, die Richtung und Umfang der Stiftungstätigkeit vorgeben, das spätere Wirken der Stiftung wesentlich prägen. Die Behörde würde ohne Ermächtigung des Stifters in private Vermögensverhältnisse eingreifen. Auch ließe sich mit dem Prinzip der Maßgeblichkeit des Stifterwillens schwer vereinbaren, dass nicht der Stifter den durch die Stiftung zu verwirklichenden Zweck vorgibt.[322] Der Gesetzgeber ging dementsprechend nicht davon aus, dass er diese wesentlichen Merkmale anstelle des Stifters vornehmen kann, und wollte dies auch nicht. Auf die Ergänzung des Stiftungsgeschäfts durch Dritte kann dieser Gedanke nicht übertragen werden. Es liegt kein staatlicher Eingriff vor, vielmehr würde die Privatautonomie des Erblassers gerade dadurch wahrgenommen, dass der Erblasser seinem Testamentsvollstrecker die Ergänzung überträgt, die Bestimmung durch diesen beruht also auf dem Willen des Erblassers.

---

auch unter Lebenden die Einhaltung der Voraussetzungen des § 81 Abs. 1 BGB. Lediglich § 81 Abs. 1 Satz 1 BGB wird verdrängt (s.o. S. 35).

[319] BT-Drucks. 14/8894, S. 11 (Beschlussempfehlung des Rechtsausschusses; zu § 81 Abs. 1 Satz 4 BGB).

[320] MünchKomm-BGB/*Reuter*, §§ 80, 81 Rn. 25.

[321] In diese Richtung Seifart/*Hof*, § 7 Rn. 48.

[322] Vgl. BayVGH, StiftRspr II, 2, 14.

Umgekehrt könnte man erwägen, dass durch die gesetzliche Regelung der Ergänzungsbefugnis eine etwaige Höchstpersönlichkeit des Stiftungsgeschäfts für Name, Sitz und Organisation nicht (mehr) bestehe, die Höchstpersönlichkeit also durch § 83 Satz 2 BGB eingeschränkt worden ist.[323] Dadurch, dass das Gesetz die Stiftungsbehörde sogar ohne Auftrag des Stifters dazu berufe, der Stiftung eine Satzung zu geben, weist es laut *Reuter* auf die Grenzen der Höchstpersönlichkeit des Stiftungsgeschäfts von Todes wegen hin, die es dem Stifter ermöglichen, einen Dritten mit dieser Aufgabe zu betrauen.[324] Damit ist gemeint: Wenn die Behörde insoweit tätig werden kann, dann erst recht der Testamentsvollstrecker, der sogar vom Erblasser dazu bestimmt worden ist. Mit § 83 Satz 2 BGB verfolgt der Gesetzgeber aber das Ziel, dic Verfügung des Erblassers, eine Stiftung zu errichten, zur Geltung zu bringen, auch wenn sie den gesetzlichen Anforderungen an sich nicht genügt („heilbarer Rechtsmangel"). Es wird also die Kompetenz für den „Notfall" der rechtlichen Unzulänglichkeit des Stiftungsgeschäfts geschaffen. Damit ist aber keineswegs gesagt, dass auch der Erblasser in diesem Umfang die Formulierung des Stiftungsgeschäfts auf einen anderen übertragen kann. Es handelt sich schließlich um einen staatlichen Eingriff, der mit der Drittbestimmung nicht vergleichbar ist. Der Gesetzgeber ist bei der Schaffung der behördlichen Befugnis anders als der Erblasser bei einer Verfügung von Todes wegen nicht an § 2065 BGB gebunden.

Selbst wenn der Gesetzgeber den behördlichen Kompetenzumfang derart gestalten wollte, wie er sich die Weite der Höchstpersönlichkeit des Stiftungsgeschäfts von Todes wegen vorstellte, bedeutete dies nicht, dass damit eine gesetzliche Festschreibung der Grenzen der Höchstpersönlichkeit stattgefunden hätte und somit die Ergänzbarkeit (durch Dritte) in gewissen Grenzen zugelassen wäre. Der Gesetzgeber beabsichtigte nicht, § 2065 BGB zu modifizieren, wollte lediglich die Notkompetenz für die Behörde schaffen, die Befugnisse des Erblassers (zur Drittermächtigung) sollten nicht berührt werden. Die gesetzliche Regelung der Höchstpersönlichkeit war nicht Gegenstand der Erwägungen.

Dafür spricht nicht zuletzt auch, dass bei der behördlichen Befugnis nicht differenziert wird, ob das Vermögen durch Erbeinsetzung, Vermächtnis oder Auflage zugewendet wird. Die §§ 2065, 2151, 2156, 2193 BGB sehen hingegen Abstufungen der Höchstpersönlichkeit vor, die nicht berücksichtigt wurden. Ferner gilt die eingeschränkte Ergänzungsbefugnis auch für das Stiftungsgeschäft unter Lebenden, bei dem gerade keine Höchstpersönlichkeit, auch nicht bezüglich Zweck und Vermögen, angenommen wird und nicht eingeführt werden sollte.

Im Ergebnis liefert der behördliche Kompetenzumfang keine Argumente hinsichtlich der Höchstpersönlichkeit des Stiftungsgeschäfts von Todes wegen. Deutlich wird lediglich, dass der Gesetzgeber Zweck und Vermögen als nicht

323 So MünchKomm-BGB/*Reuter*, § 83 Rn. 11.
324 MünchKomm-BGB/*Reuter*, § 83 Rn. 11.

durch die Behörde ergänzbar betrachtet, weil er ihnen eine hervorgehobene Bedeutung beimisst. Zur Ermittlung des Umfangs der Höchstpersönlichkeit beim Stiftungsgeschäft von Todes wegen müssen vor allem die Wertungen des § 2065 BGB entscheidend sein.

ee) Reichweite des Prinzips der materiellen Höchstpersönlichkeit

Hachenburg vertrat die Auffassung, es liege dann kein Verstoß gegen § 2065 BGB vor, wenn einem Dritten die Bestimmung des Zeitpunkts, von dem an die Nacherbfolge eintreten soll, überlassen werde.[325] Eine solche ergänzende Bestimmung des Anfallstages werde in § 2065 Abs. 2 BGB gerade nicht genannt. Gegen diese Lösung spricht freilich, dass § 2065 Abs. 2 BGB durchaus schon seinem Wortlaut nach betroffen ist. Dem Vorerben stehen die Erträge während der Vorerbschaftsdauer zu, die Entscheidung über die Dauer bedeutet also auch eine Entscheidung über den Gegenstand der Zuwendung; zudem kann der Zeitpunkt des Eintritts der Nacherbfolge auch für die Frage, wer Nacherbe wird, entscheidend sein (vgl. § 2104 BGB).[326] § 2065 Abs. 2 BGB lässt aber – insoweit ist *Hachenburg* Recht zu geben – seinem Wortlaut nach tatsächlich Raum für die Ergänzung von Verfügungen von Todes wegen durch Dritte: Die Vorschrift schließt die Konkretisierung oder Ergänzung einer Verfügung von Todes wegen nur hinsichtlich des Zuwendungsempfängers und des Zuwendungsgegenstandes ausdrücklich aus. Die Bestimmung, wie lange die Testamentsvollstreckung andauern soll oder wer Testamentsvollstrecker sein soll, ist davon etwa nicht erfasst. Ein Verstoß gegen § 2065 Abs. 1 BGB liegt insofern nicht vor. Dem Dritten wird nicht die Entscheidung darüber überlassen, ob das vom Erblasser Verfügte wirksam bleibt oder nicht. Die Verfügung des Erblassers hat bereits zum Inhalt, dass der Dritte die Verfügung und somit die Regelung der Vermögensnachfolge konkretisieren wird.[327] Die Frage der Ergänzbarkeit des Inhalts ist zudem speziell in § 2065 Abs. 2 BGB geregelt. Dennoch wird angenommen, § 2198 BGB (Ernennung des Testamentsvollstreckers durch einen Dritten) sei eine Ausnahme zu § 2065 BGB[328] und die Bestimmung der Dauer bzw. der Fortdauer der Testamentsvollstreckung sei nicht übertragbar.[329] Dieser Beurteilung zufolge ist die Unzulässigkeit der Drittbestimmung hinsichtlich des Inhalts

---

325 *Hachenburg*, DNotZ 1906, 321, 332 f. mit der Einschränkung, dass eine gewisse Zeitspanne vergehen müsse, da der Dritte ansonsten unmittelbar mit dem Eintritt des Erbfalls den Anfall der Nacherbschaft bestimmen könnte, und damit die Vorerbschaft wegfiele. Darin erblickt *Hachenburg* einen Verstoß gegen § 2065 Abs. 1 BGB (S. 332).

326 Planck/*Flad*, § 2106 Anm. 5. Hinsichtlich des Zuwendungsgegenstandes zustimmend BGHZ 15, 199, 200 und Staudinger/*Avenarius*, § 2106 Rn. 5.

327 Im Ergebnis wohl auch *Hachenburg*, DNotZ 1906, 321, 333.

328 Bamberger/Roth/*J. Mayer*, § 2198 Rn. 1; Soergel/*Damrau*, § 2198 Rn. 1; Erman/*M. Schmidt*, § 2198 Rn. 1; *Sens*, S. 59.

329 Soergel/*Loritz*, § 2065 Rn. 3.

einer Verfügung von Todes wegen nicht auf den Empfänger und den Gegenstand der Zuwendung beschränkt.

Der Gesetzgeber sieht dementsprechend in § 2065 BGB ein allgemeines Prinzip ausgedrückt. § 2065 BGB soll den Grundsatz verwirklichen, dass bei letztwilligen Verfügungen eine Vertretung weder im Willen noch in der Erklärung zulässig ist.[330] Der Erblasser könne „daher auch nicht bestimmen, daß ein Anderer an seiner Stelle eine Verfügung treffe". Ergänzungen sind grundsätzlich nicht statthaft: „Sollte vorgeschrieben werden, der Erblasser dürfe anordnen, daß ein Dritter eine von ihm getroffene Verfügung (nach einzelnen Richtungen hin) näher bestimme, so würde damit ein Unterschied gesetzt zwischen dem Disponiren an sich und dem Ergänzen des Disponirten, und diese Entscheidung ist bereits [...] abgelehnt."[331] Weiter wurde angeführt, dass in der Überlassung der Auswahl an einen Dritten immer eine Art der Übertragung des Testierens liege.[332]

Wenn es sich aber bei der fehlenden Ergänzbarkeit um ein allgemeines Prinzip handelt, warum – so mag man einwenden – wird dieses Prinzip im Gesetz nicht auch als solches ausgesprochen, sondern nur hinsichtlich des Gegenstands und des Empfängers der Zuwendung? § 2065 BGB lautet nicht etwa: „Der Erblasser hat die Verfügung von Todes wegen vollständig selbst zu treffen" oder „Der Erblasser kann die Bestimmung über Inhalt und Gültigkeit der Verfügung nicht einem anderen überlassen". Vielmehr bezeichnete man es in der Ersten Kommission als fraglich, wie weit das oben genannte Prinzip der fehlenden Ergänzbarkeit trage; eine prinzipielle Entscheidung hielt man für „kaum ausführbar".[333] Es wird darin deutlich, dass keine ausnahmslose Geltung des Verbots der Drittbestimmung über den Inhalt einer letztwilligen Verfügung beabsichtigt war. Die Freiheit des Erblassers sollte nicht mehr als nötig eingeschränkt werden, indem jede Einzelheit durch ihn selbst zu bestimmen ist. Beispiele, inwieweit bei der inhaltlichen Drittbestimmung keine Höchstpersönlichkeit besteht, nannte die Erste Kommission in diesem Zusammenhang freilich nicht. Solche finden sich aber – abgesehen von den Lockerungen bezüglich Vermächtnis und Auflage – in den §§ 2048 Satz 2 und 2198 BGB für die Teilungsanordnungen bzw. die Bestimmung des Testamentsvollstreckers. Der Gesetzgeber begnügte sich damit, etwaige Zweifel hinsichtlich der Ergänzbarkeit „in einigen Hauptpunkten" auszuräumen,[334] so dass das Ergänzungsverbot für die Bestimmung des Zuwendungsempfängers und des -gegenstands eine besondere gesetzliche Regelung erfahren hat. Die besondere Erwähnung des Verbots, den Zuwen-

[330] *Motive* V, S. 34 (= *Mugdan* V, S. 18).
[331] *Motive* V, S. 34 (= *Mugdan* V, S. 18).
[332] *Motive* V, S. 35 (= *Mugdan* V, S. 19).
[333] *Motive* V, S. 34 (= *Mugdan* V, S. 18).
[334] *Motive* V, S. 34 (= *Mugdan* V, S. 18). Vgl. auch *Protokolle* V, S. 18 (= *Mugdan* V, S. 522): „Das Prinzip lasse sich aus den Einzelvorschriften leicht erkennen [....]."

dungsempfängers zu bestimmen, wird mit der „Wichtigkeit des Falles“[335] erklärt. Und: „Die Bestimmung des Gegenstandes ist nicht minder wichtig, als die der Person des Bedachten.“[336] Daraus ergibt sich, dass eine Verfügung von Todes wegen nicht ergänzbar ist, soweit wesentliche Punkte betroffen sind, von denen das Gesetz die wichtigsten ausdrücklich geregelt hat, bei denen die Übertragung der Festlegung zudem praktisch häufig ist. Der BGH[337] hat dies in ähnlicher Weise ausgesprochen: „§ 2065 BGB nötigt ihn [den Erblasser], sich selbst über den Inhalt aller wesentlichen Teile seines letzten Willens schlüssig zu werden. Es ist ihm nicht gestattet, seinen letzten Willen in der Weise unvollständig zu äußern, daß es einem Dritten überlassen bleibt, ihn nach seinem Belieben oder Ermessen in wesentlichen Teilen zu ergänzen. Zu den wesentlichen Teilen des letzten Willens gehören die Bestimmungen über den Gegenstand und über die Person des Bedachten.“

Als wesentliches und wichtigstes Element des Stiftungsgeschäfts (neben dem Stiftungserrichtungswillen) wird allgemein der Zweck genannt, der die Stiftung und insbesondere ihr Wirken maßgeblich prägt.[338] Die Entscheidungen zur Stiftungsorganisation, ob ein Kontrollorgan bestehen wird, wie der Vorstand gebildet wird und aus wie vielen Mitgliedern er sich zusammensetzt, sind als „wesentlich“ für die Tätigkeit der Stiftung, insbesondere ihre Entscheidungsfindung, einzustufen. Wohl als unwesentlich in dieser Hinsicht sind die Regelungen zur Anzahl der Vorstandssitzungen einzuordnen.[339] Die Anfallberechtigung bei Auflösung der Stiftung, also die Bestimmung, was in diesem Fall mit dem Stiftungsvermögen geschehen soll, erscheint als wichtig, zumal das Vermögen bei Fehlen einer solchen Regelung an den Fiskus fällt (§ 88 Satz 2 BGB). Der Name der Stiftung ist letztlich im Rechtsverkehr unverzichtbar. Die Angabe des Stiftungssitzes entscheidet, welche Behörde in welchem Bundesland für die Anerkennung und Aufsicht der Stiftung zuständig ist, was aufgrund der unterschiedlichen Landesgesetze und abweichender praktischer Handhabe bedeutsam sein kann.

Diese Aussagen zeigen, dass die geforderte Wesentlichkeit stets eines Bezugspunktes bedarf, um nicht eine Eigenschaft ohne Aussagekraft zu bleiben. Der Name ist etwa in anderer Hinsicht (Rechtsverkehr) wesentlich als die Stiftungsorganisation (Funktionsfähigkeit der Stiftung). Die Wesentlichkeit lässt sich demnach nicht abstrakt ermitteln, sondern ist jeweils nur aus einer bestimm-

---

335 *Motive* V, S. 34 (= *Mugdan* V, S. 18). Dabei soll es sich um „eine zutreffende Anwendung des Hauptgrundsatzes“ handeln.

336 *Motive* V, S. 41 (= *Mugdan* V, S. 22).

337 BGHZ 15, 199, 200.

338 Vgl. nur *Steffek*, S. 25; *Scholz/Langer*, S. 17; *Zeiter*, Rn. 528; *Schewe*, S. 244.

339 Vgl. *Muscheler*, Stiftungsrecht, S. 287, der jedoch eine nach der Anerkennung erfolgende Satzungsänderung die Zahl der Vorstandsmitglieder betreffend als unwesentliche Organisationsänderung einstuft. Kritisch zu dieser Abgrenzung *Beckmann*, S. 152 f.

ten Perspektive bestimmbar. Fraglich ist, welcher Blickwinkel für die Ermittlung der Höchstpersönlichkeit des Stiftungsgeschäfts maßgeblich ist. Zur Beantwortung ist die vom Gesetzgeber mit § 2065 BGB verfolgte Intention heranzuziehen.

ff) Grund für die materielle Höchstpersönlichkeit

Im Rechtsverkehr unter Lebenden steht es jedem frei, eine Verfügung durch einen Dritten vornehmen zu lassen. Dass das Gebot materieller Höchstpersönlichkeit auch bei der Verfügung von Todes wegen nicht zwingend ist, unterstreicht etwa § 2086 des sächsischen BGB aus dem Jahre 1865: „Der Erblasser kann die Person des Bedachten oder den Gegenstand seiner Verfügung von dem Willen eines oder mehrerer bestimmter Dritter abhängig machen." Aus welchem Grund im BGB anderes gelten soll und das Gesetz eine eigene Entscheidung des Erblassers erfordert, ist umstritten.[340]

Anlass für die Zweckbetrachtung ist meist die Streitfrage, ob und inwieweit nicht doch die Drittbestimmung zuzulassen sei, wenn es darum geht, aus einem bestimmten Personenkreis aufgrund angegebener Auswahlkriterien den Erben auszuwählen. Vertreter einer solchen ausnahmsweise zulässigen Drittbestimmung argumentieren nicht zuletzt mit dem Zweck der Vorschrift, der eine Einschränkung zulasse oder sogar gebiete, wobei freilich unterschiedliche Zwecke erkannt werden.

Dieses Unterfangen, den Anwendungsbereich von § 2065 Abs. 2 BGB zu reduzieren, erscheint zweifelhaft, wenn man Wortlaut, Gesetzgeberwillen und Systematik betrachtet. Gegenstand der Beratungen zum heutigen § 2065 BGB war nicht zuletzt, ob der Grundsatz der Höchstpersönlichkeit auch insoweit Anwendung zu finden habe, als der Erblasser dem Dritten auftrage, aus einem (kleinen) Kreis möglicher Begünstigter den Erben auszuwählen. Die Zulässigkeit der Drittbestimmung wurde insoweit jedoch verneint.[341] Beim Vermächtnis (§ 2151 BGB) und der Zweckauflage (§ 2193 BGB) wurde die Drittbestimmung des Zuwendungsempfängers hingegen in gewissem Umfang zugelassen – wenn auch mit einer zweifelhaften Begründung, dem Vorhandensein eines insoweit bestehenden praktischen Bedürfnisses.[342] Gerade der Umstand, dass für die Erbeinsetzung keine Ausnahmen vorhanden sind, spricht für die strenge Anwendung der Vorschrift und bedeutet keineswegs eine Relativierung des § 2065 Abs. 2 BGB – der Gesetzgeber hat Ausnahmen nur dort geregelt, wo er sie für angemessen und nötig hielt. Im Übrigen ist aber angesichts des insoweit eindeu-

---

340 *R. Zimmermann* (S. 62) ist jedenfalls der Auffassung, dass § 2065 Abs. 2 BGB „eines überzeugenden Normzwecks ermangelt und sich in historischer und vergleichender Perspektive als aus dem Rahmen fallend erweist".

341 Vgl. *Motive* V, S. 34 f. (= *Mugdan* V, S. 18); *Protokolle* V, S. 18 (= *Mugdan* V, S. 522).

342 *Protokolle* V, S. 29 (= *Mugdan* V, S. 528).

tigen Willens des Gesetzgebers ein Abweichen von der gesetzlichen Regelung nicht angezeigt.[343]

Beim Stiftungsgeschäft von Todes wegen handelt es sich um einen vom „Normalfall" ersichtlich abweichenden Fall, da mit dem Stiftungsgeschäft der Zuwendungsempfänger nicht bloß benannt oder ausgewählt wird, sondern überhaupt erst geschaffen und mit seiner Identität ausgestattet wird. Der Zweck des § 2065 BGB soll hier argumentativ nicht zur Reduzierung des Anwendungsbereichs gegen den eigentlichen Gesetzgeberwillen und den Wortlaut der Vorschrift verwendet werden, sondern um den gebotenen Umfang der Höchstpersönlichkeit bei einem seitens des Gesetzgebers nicht näher bedachten Fall zu ermitteln. Aus dem Zweck soll abgeleitet werden, ob und inwieweit der Grundsatz materieller Höchstpersönlichkeit auf die Merkmale des Stiftungsgeschäfts anzuwenden ist, obwohl der Gesetzgeber den Fall nicht besonders geregelt hat.

Für die materielle Höchstpersönlichkeit bei der Erbeinsetzung führte schon der Redaktor des Vorentwurfs zum BGB-Erbrecht, *von Schmitt*, ausdrücklich die Vermeidung „formeller Schwierigkeiten" an. Die zugelassene Drittbestimmung über die Erbeinsetzung habe zur Folge, dass bis zu dieser Entscheidung die Person des Erben noch nicht feststehe. Daran missfiel, dass niemand vom wahren Erben Erbschaftsgegenstände erwerben könne und die Nachlassgläubiger keine Klarheit besäßen, wer für die Nachlassverbindlichkeiten hafte.[344] Bei der Drittbestimmung des Vermächtnisnehmers und der Auflagebegünstigten ist der Erbe hingegen schon durch den Erblasser bestimmt, die dingliche Zuordnung des Erblassers somit mit dem Erbfall geklärt. Gerade die Stiftung von Todes wegen zeigt, dass eine unklare sachenrechtliche Lage bei der Erbeinsetzung durchaus zeitweise hinnehmbar ist. Der befürchtete Schwebezustand tritt bei der Stiftung ohnehin – unabhängig von einer Ergänzung – ein, da erst die nach dem Erbfall mögliche Anerkennung die Stiftung entstehen lässt. Nur aufgrund der Fiktion der Entstehung vor dem Erbfall (§ 84 BGB) ist die Erbeinsetzung der Stiftung möglich. Ein weiterer gesetzlich akzeptierter Unsicherheitszustand über die Person des Erben besteht etwa auch bis zur Annahme der Erbschaft aufgrund der Möglichkeit der Ausschlagung.[345]

Die Erwägung der „formellen Schwierigkeiten" soll vor allem einen Unterschied zwischen dem Vermächtnis, bei dem die Drittauswahl erlaubt wird, und der Erbeinsetzung deutlich machen und erklären. Das Prinzip der materiellen Höchstpersönlichkeit als Ganzes, nach dem der Erblasser seinen eigenen Willen bilden soll und das allgemein gilt, nicht nur die Erbeinsetzung oder Vermögenszuwendung betrifft, vermag diese Erwägung nicht zu begründen.[346] So gilt

---

343 *Keim*, S. 82.

344 *Schubert*, Erbrecht I, S. 240. So auch Bamberger/Roth/*Litzenburger*, § 2065 Rn. 1; *Windel*, S. 237; *Wagner*, S. 100.

345 *R. Zimmermann*, S. 40; *Goebel*, S. 296.

346 Ähnlich *Wagner*, S. 32.

§ 2065 Abs. 2 BGB insbesondere auch für die Nacherbeneinsetzung, bei der sich die genannten „formellen Schwierigkeiten" ersichtlich nicht stellen, ist doch der Vorerbe zunächst Inhaber des Nachlasses.[347]

In den *Protokollen* der Zweiten Kommission findet sich ferner der Gedanke, dass der Gefahr der „Erbschleicherei" Vorschub geleistet würde, könnte ein Dritter über den Bestand der letztwilligen Verfügung bestimmen.[348] Der Bestimmungsberechtigte sei den Beeinflussungsversuchen in Betracht kommender Personen ausgesetzt. Dagegen spricht, dass eine vergleichbare Gefahr etwa bei der Miterbenauseinandersetzung besteht, wenn der Testamentsvollstrecker diese gemäß § 2048 Satz 2 BGB nach billigem Ermessen durchführen soll, oder auch und besonders beim Vermächtnis nach § 2151 BGB bei der Auswahl aus einem bereits vorgegebenen Personenkreis.[349] Auch diese Begründung bietet zudem keine Erklärung für das allgemeine Prinzip der materiellen Höchstpersönlichkeit.

Die Erste Kommission erwog ferner, dass der Drittbestimmungsberechtigte sich selbst zum Erben einsetzen und damit missbräuchlich handeln könne, da dies schwerlich der Absicht des Erblassers entspreche.[350] Bei bereits erfolgter Festlegung auf eine Stiftung als Erbin kann ein solcher „Missbrauch" nur insoweit auftreten, als der Bestimmungsberechtigte zum Stiftungszweck gerade die Begünstigung seiner selbst macht. Da die Stiftung typischerweise die Begünstigung mehrerer Personen, oft einer homogenen Gruppe leistet, wird es nahe liegen, eine solche Begünstigung des Bestimmungsberechtigten als mit dem (durch die Zuwendung an „seine" Stiftung von Todes wegen) hinreichend angedeuteten Erblasserwillen nicht vereinbar anzusehen und die Befugnis insoweit zu begrenzen. Im Übrigen spricht gegen eine derartige Zwecksetzung des § 2065 BGB, dass es sich gerade nicht um einen Missbrauch der Befugnisse handelt, wenn der Erblasser eine Selbstbegünstigung des Dritten nicht ausdrücklich oder konkludent testamentarisch verhindert hat.[351]

Großfeld führt als Grund der materiellen Höchstpersönlichkeit an, dass durch diese ein unverzichtbarer Kern der Privatautonomie geschützt werde.[352] Er ver-

[347] Die generelle Annahme einer Nacherbschaft des als Erben durch einen Dritten zu Bestimmenden hat der Gesetzgeber abgelehnt, da dies nicht dem Erblasserwillen entspreche (*Protokolle* V, S. 30 [= *Mugdan* V, S. 528]. A.A. z.B. *Goebel*, S. 245; *R. Zimmermann*, S. 38 f.; *Großfeld*, JZ 1968, 113, 115). Bei einer aufschiebenden Bedingung, als welche man die Drittbestimmung ansehen könnte, wird eine Nacherbeneinsetzung des aufschiebend bedingten Erben freilich angeordnet (§ 2105 BGB).

[348] *Protokolle* V, S. 19 (= *Mugdan* V, S. 522).

[349] R. Zimmermann, S. 39.

[350] *Motive* V, S. 34 (= *Mugdan* V, S. 18); *Schubert*, Erbrecht I, S. 239.

[351] *Goebel*, S. 306; *R. Zimmermann*, S. 37. Ferner ist auch bei § 2151 BGB die Möglichkeit der Selbstbegünstigung nicht ausgeschlossen.

[352] *Großfeld*, JZ 1968, 113, 117 f. Zustimmend *Lange/Kuchinke*, § 27 I 3 (S. 543). Gegen einen weiteren Ansatz *Großfelds* (JZ 1968, 113, 119), nach dem das Verbot der Erbenbe-

gleicht die Situation des § 2065 Abs. 2 BGB mit der Erteilung einer unwiderruflichen Generalvollmacht, die anerkanntermaßen nicht zulässig ist.[353] Hier wie dort enge der Prinzipal sein Selbstbestimmungsrecht zu sehr ein und verzichte gewissermaßen auf die eigene Privatautonomie. Der Vergleich trägt jedoch nicht. Die Unzulässigkeit einer unwiderruflichen Generalvollmacht ergibt sich daraus, dass der Prinzipal nicht die Möglichkeit verlieren soll, selbständig nach seinen Vorstellungen zu entscheiden, und sich somit nicht selbst „entmündigen" soll. Die Drittbestimmungsbefugnis bei der Verfügung von Todes wegen entspricht dem Willen des Erblassers zu seinen Lebzeiten (das Testament ist schließlich jederzeit widerruflich), nach dem Tod besitzt er aber keinen Willen mehr. Dann fehlt es auch an einem schutzwürdigen Interesse – es besteht kein Konflikt mit der Privatautonomie, da keine Gestaltungsbefugnis des Erblassers über die eigenen Angelegenheiten mehr vorhanden ist, die er ausüben könnte.[354]

Für die Zweite Kommission war auch folgende Erwägung maßgeblich: „Es wäre eine Ueberspannung der Testirfreiheit, wollte man dem Erblasser die Befugniß geben, das Schicksal seines Vermögens nach seinem Tode nicht von seinem, sondern von eines Anderen Willen abhängig zu machen; das Erbrecht beruhe auf der Familie und dieser müsse das Vermögen möglichst erhalten bleiben, die Testirfreiheit sei aber nur zugelassen, um den individuellen Verhältnissen des Einzelfalles Rechnung tragen zu können."[355] Das Prinzip der materiellen Höchstpersönlichkeit diene also vor allem dem Schutz des Familienerbrechts. Der Erblasser dürfe von der gesetzlichen Erbfolge abweichende Entscheidungen treffen. Die Befugnis zu solchen Abweichungen solle dem Erblasser aber nur zustehen, wenn er selbst einen eigenen festen Entschluss über Geltung und Inhalt seiner Anordnungen gefasst habe.[356]

Die Testierfreiheit im BGB wird jedoch schon im Redaktorvorentwurf auf die Willensherrschaft des Individuums, das Selbstbestimmungsrecht des Einzelnen zurückgeführt. Unter Lebenden könne man über das Vermögen frei verfügen, der Wirkung nach sogar über den Tod hinaus, dies sei auch durch eine Verfügung von Todes wegen zu erreichen.[357] Es geht dann aber bei der Testierfreiheit nicht allein darum, die für den Einzelfall gerechte Verteilung des Vermögens auf die Familienmitglieder zu erreichen, zumal der Kreis der einsetzbaren Erben nicht gesetzlich auf die Familienmitglieder beschränkt ist. Die Testierfreiheit

---

stimmung durch Dritte dazu diene, die Konzentration (familiären) Vermögens zu verhindern, vgl. *Sens*, S. 83 ff.; *Wagner*, S. 37 ff.; *Goebel*, S. 304 f.

353 Staudinger/*Schilken*, § 168 Rn. 9; Soergel/*Leptien*, § 168 Rn. 25; AnwK-BGB/*Ackermann*, § 168 Rn. 9.

354 *Sens*, S. 70; *Goebel*, S. 304; *R. Zimmermann*, S. 27.

355 *Protokolle* V, S. 18 (= *Mugdan* V, S. 522).

356 Ähnlich etwa Staudinger/*Otte*, § 2065 Rn. 1; *Windel*, S. 236 f.; *Großfeld*, JZ 1968, 113, 118.

357 *Schubert*, Erbrecht I, S. 168.

reicht darüber hinaus. Für die gesetzlichen Erben bestehen keine rechtlich geschützten Positionen, sondern bloße Erwerbsaussichten. Zu bedenken ist ferner, dass der engste Kreis der Angehörigen bereits durch das Pflichtteilsrecht abgesichert ist, es des Schutzes der Familie und der Unterhaltssicherung daher nicht bedarf.[358]

Im Übrigen ist auch zweifelhaft, ob das Verbot der Drittbestimmung zum Schutz des Familienerbrechts – dessen Schutzwürdigkeit vorausgesetzt – geeignet wäre. Die Ermächtigung eines Dritten zur Erbenbestimmung kann dazu führen, dass die Erbschaft nicht im Kreis der Familie verbleibt, es kann aber auch das Gegenteil eintreten. Hat der Erblasser den Kreis der Erben auf die Familienmitglieder eingegrenzt, bedarf es eines weiteren Schutzes der Familie nicht. Hat er keine Eingrenzung vorgenommen, zeigt er dadurch eine gewisse Gleichgültigkeit gegenüber der Familie, angesichts derer nicht zu erwarten ist, dass der Dritte eine weniger familienfreundliche Bestimmung als der Erblasser treffen würde, wenn dieser selbst entscheiden müsste.[359]

Meines Erachtens kann man das Erfordernis der materiellen Höchstpersönlichkeit mit dem Gedanken der Absicherung der formellen Höchstpersönlichkeit und damit mit dem auch § 2064 BGB zugrunde liegenden Gedanken rechtfertigen. So wurde in der Ersten Kommission angegeben, dass § 2065 BGB dazu diene, sowohl die Vertretung im *Willen* als auch in der *Erklärung* zu verhindern, was letztlich nur durch das Zusammenwirken der §§ 2064 und 2065 BGB gelingt.[360] Die geforderte Abfassung des Testaments durch den Erblasser selbst begegnet nicht zuletzt der Besonderheit, dass das Testament rechtlich erst relevant wird, wenn der Erblasser nicht mehr lebt, und soll bewirken, dass der Erblasser nicht leichtfertig etwas verfügt, das ihm im Augenblick gleichgültig sein mag und das er später zu widerrufen vergisst (oder das zu widerrufen er nicht mehr in der Lage ist). Die Erfordernisse einer bestimmten Form sowie der höchstpersönlichen Abfassung sollen dem Erblasser die erhebliche Bedeutung, die seine Entscheidung hat, bewusst werden lassen.[361] Das Testament ist jedenfalls in erster Linie deshalb bedeutungsvoll, weil es den Übergang des (gesamten) Vermögens nach dem Tode betrifft. Das Erbrecht ist das Recht der Vermögensnachfolge. Verfügungen von Todes wegen sind Entscheidungen über das Vermögen, die den Erklärenden jedoch in ihren Auswirkungen nicht mehr betreffen.[362] Mittelbar betroffen durch diese Entscheidung sind nicht zuletzt die

[358] Ähnlich *Goebel*, S. 299 f.

[359] *R. Zimmermann*, S. 26.

[360] *Motive* V, S. 34 (= *Mugdan* V, S. 18).

[361] Vgl. *R. Zimmermann*, S. 31 und *Motive* I, S. 179 (= *Mugdan* I, S. 451): „Die Nothwendigkeit der Beobachtung einer Form ruft bei den Beteiligten eine geschäftsmäßige Stimmung hervor, weckt das jur. Bewußtsein, fordert zur besonnenen Ueberlegung heraus und gewährleistet die Ernstlichkeit der gefaßten Entschließung."

[362] *R. Zimmermann*, S. 30 f.

gesetzlichen Erben. Die materielle wie die formelle Höchstpersönlichkeit sollen jedoch nicht gerade deren Schutz bewirken, sondern der Gesetzgeber möchte den Erblasser mittels der materiellen Höchstpersönlichkeit dazu veranlassen, sich mehr Gedanken zu machen als dies bei der bloßen Übertragung der Entscheidung auf einen Dritten der Fall wäre. Der Erblasser soll möglichst eine durchdachte und verantwortungsvolle Entscheidung treffen.[363]

Das Recht respektiert zwar durchaus verantwortungslose Entscheidungen, es erfolgt insbesondere keine Gerechtigkeits- oder Billigkeitskontrolle des von Todes wegen Verfügten. Tatsächlich ist es dem Erblasser vollkommen unbenommen, als Alleinerben jede beliebige Person einzusetzen. Der Erblasser mag etwa mit geschlossenen Augen eine Seite im Telefonbuch aufschlagen und durch das Zeigen auf einen Eintrag eine Person „auswählen". Es ist kein Nachweis besonderer Überlegung oder gar verantwortungsvollen Handelns erforderlich. Allerdings kann man bei der Erbeinsetzung sinnvollerweise auch nicht mehr verlangen als gerade die Auswahl einer Person. Ob eine wohl überlegte Entscheidung vorliegt, ist nicht überprüfbar. Dass der Erblasser die gewollte Verantwortung im Einzelfall nicht wahrnimmt, ist hinzunehmen. Der Gesetzgeber kann nur in begrenztem Umfang darauf hinwirken, dass der Erblasser tatsächlich so agiert, wie er nach der Vorstellung des Gesetzgebers handeln soll. Durch die Selbstentscheidung des Erblassers wird wie auch durch den Formzwang nicht zwingend bewirkt, dass die Bedeutung einer Erklärung tatsächlich erkannt wird, es wird jedoch aus der Sicht des Gesetzgebers die Wahrscheinlichkeit erhöht, dass eine überlegte Entscheidung getroffen wird und der Erblasser tatsächlich die Bedeutung erkennt und ihr entsprechend handelt. Das Gesetz drängt den Erblasser daher dazu, die Entscheidung nicht auf einen anderen zu übertragen und sich so die Konsequenzen bewusst zu machen.[364] Da keine Kontrolle der Verantwortlichkeit stattfindet, ist es auch für die Frage der materiellen Höchstpersönlichkeit unerheblich, dass der Erblasser im Einzelfall gerade durch die Übertragung der Entscheidung auf einen Dritten eine überlegte und verantwortungsvolle Entscheidung getroffen haben mag.

Die Bedeutung der Verfügung, deren sich der Erblasser (auch) mittels der Höchstpersönlichkeit gewahr werden soll, besteht darin, dass entschieden wird, wie das Schicksal des Erblasservermögens sich gestaltet, wer in welcher Weise mit wie viel Vermögen bedacht wird. Der Erblasser sollte insbesondere eine klare und durchdachte Entscheidung treffen, wer als Erbe in seine Rechte und Pflichten eintritt.[365] Wenn wesentliche Entscheidungen durch den Erblasser

---

363 Ähnlich Staudinger/*Otte*, § 2065 Rn. 1.

364 Vgl. *Flad*, ZAkDR 1938, 431 f.

365 Dass ein Zweck auch auf das anders behandelte Vermächtnis zutreffen mag, spricht nicht dagegen, dass der Gesetzgeber gerade diesen Zweck mit § 2065 Abs. 2 BGB zu verfolgen sucht, hat der Gesetzgeber doch bewusst einen Unterschied zwischen Erbeinsetzung und Vermächtnis im praktischen Bedürfnis ausgemacht, das gegenüber dem jeweils angeführ-

selbst zu treffen sind, müssen dies also solche Entscheidungen sein, die für das Schicksal des Vermögens, die Vermögensnachfolge, wichtig sind, nicht etwa für die Sicherheit des Rechtsverkehrs oder die Funktionsfähigkeit der Stiftung.

Es besteht damit ein Grund für das allgemeine Prinzip der materiellen Höchstpersönlichkeit und nicht allein hinsichtlich des Gebots einer höchstpersönlichen Bestimmung des Zuwendungsempfängers bei der Erbeinsetzung, insbesondere im Unterschied zu Vermächtnis und Auflage. So zählt etwa auch die Entscheidung, für welche Dauer die Testamentsvollstreckung stattfindet, wesentlich zur Frage des Vermögensschicksals, das aber der Erblasser weitgehend selbst bestimmen soll. Auch hier ist also durch den Erblasser höchstpersönlich zu klären, was mit dem Vermögen passiert, nämlich die Vermögensverwaltung durch den Träger eines privaten Amtes für eine gewisse Dauer; den (gesetzlichen oder gewillkürten) Erben ist der Zugriff auf den Nachlass währenddessen verwehrt. Deshalb muss der Erblasser die Dauer bei der Dauervollstreckung[366] selbst festlegen. Die Entscheidung, wer die Aufgabe der Testamentsvollstreckung wahrnehmen soll, sieht der Gesetzgeber, wie § 2198 BGB deutlich macht, nicht als wesentlich an. Der Erblasser kann nach § 2198 BGB einen Dritten zur Bestimmung des Testamentsvollstreckers ermächtigen. Er kommt dem Postulat einer verantwortungsvollen Entscheidung hinreichend nach, ist doch die Entscheidung über die Person, die bei der Ausübung ihres Amtes an die damit verbundenen Beschränkungen und Pflichten gebunden ist, für das Vermögensschicksal eher von untergeordneter Bedeutung.

gg) Wesentlichkeit der einzelnen Elemente des Stiftungsgeschäfts

Im Vergleich mit und in Analogie zu § 2198 BGB könnte man zunächst, da sowohl Stiftung als auch Testamentsvollstrecker letztlich den Willen des Erblassers „vollstrecken“, in der Formulierung des Stiftungsgeschäfts – und damit der Errichtung der Stiftung – die Bestimmung der vollstreckenden Person erblicken. Dann müsste der Erblasser nicht einmal den Zweck selbst bestimmen, sondern allein die Stiftungserrichtung verfügen. Die Stiftung unterscheidet sich aber gerade dadurch wesentlich von dem Testamentsvollstrecker, dass sie Zuwendungsempfängerin ist. Die Bestimmung des Zwecks bedeutet schließlich insbesondere die Festlegung des zu vollstreckenden Willens – dies kann der Dritte auch nach § 2198 BGB nicht, der Dispens vom Grundsatz der materiellen Höchstpersönlichkeit ist auf die Person des Vollstreckers begrenzt. Welche Verfügungen der Erblasser zu vollstrecken hat, muss der Erblasser selbst bestimmen.

---

ten Zweck nach Auffassung des Gesetzgebers überwiegt. Diese zweifelhafte Prämisse hindert nicht die grundsätzliche Geltung dieses Zwecks.

366 Die Abwicklungsvollstreckung ist zeitlich stets auf die Spanne der Abwicklung beschränkt.

Mit der Person des Vollstreckers im Sinne des § 2198 BGB vergleichbar sind vielmehr die Organe der Stiftung.[367] Diese sind nicht Zuwendungsempfänger. Aufgabe der Organe ist es, den Willen und die Vorgaben des Stifters und Erblassers umzusetzen.[368] Bei ihrem Handeln sind sie an die Vorgaben des Stifters gebunden, alle zu treffenden Maßnahmen erfolgen zur Zweckverwirklichung. Auch bei der Ausfüllung des ihnen dabei zukommenden Spielraums müssen sie letztlich den Willen des Stifters beachten und realisieren. Entsprechend der Regelung des § 2198 BGB prägen die Regelungen zur Organisationsverfassung aufgrund der Bindung an den Stifterwillen und der bloß vollstreckenden Tätigkeit das Vermögensschicksal nicht derart stark, dass eine Erklärung, durch wen die Aufgabe erfüllt wird, geboten erscheint. Wichtig ist, dass die Stiftung überhaupt über zumindest ein ausführendes Organ verfügt, damit die Stiftung handlungsfähig ist und der Stifterwille tatsächlich umgesetzt werden kann.[369] Deshalb bestimmen §§ 86 Satz 1, 26 Abs. 1 Satz 1 BGB, dass die Stiftung einen Vorstand haben muss.

„Wesentlich" ist vor allem der zu verfolgende Stifterwille, der maßgeblich durch den Stiftungszweck ausgedrückt wird. Von den Elementen des Stiftungsgeschäfts ist die Zwecksetzung dasjenige, das das „Vermögensschicksal" am nachdrücklichsten betrifft und beeinflusst. Dadurch wird festgelegt, wie das zugewandte Vermögen nach dem Tode des Stifters verwandt wird. Wenn in anderen Fällen als der Stiftungserrichtung eine Person bestimmt wird, die in die Rechte und Pflichten des Erblassers eintreten soll, ist damit zwar nicht die konkrete Verwendung des Vermögens (im Sinne des Erblassers) reglementiert, doch steht mit der Zuweisung des Vermögens an die bestimmte Person immerhin fest, dass diese Person es gerade zu ihrer freien Verfügung erhalten soll. Die Stiftung von Todes wegen unterscheidet sich von der „normalen" Erbeinsetzung gerade dadurch, dass den Erben das Vermögen nicht zu einem privaten Zweck, zur freien Verfügung, überlassen wird, sondern eine (bindende) Zwecksetzung zwingend ist.[370] Die Entscheidung für die Stiftung als zu errichtende Erbin bedeutet die Entscheidung, das Vermögen einem bestimmten Zweck zu widmen. Der Erblasser übernimmt insoweit mit der Stiftungserrichtung von Todes wegen eine zusätzliche Verantwortung, er erschafft schließlich die Zuwendungsempfängerin. Wird die Stiftung von Todes wegen zugelassen, muss der Stifter also die Zwecksetzung im Unterschied zu der „normalen" Erbeinsetzung angeben. Ohne die Zwecksetzung ist die Stiftung eine Hülle ohne Inhalt. Erst mit der Zweckbestimmung erhält die Stiftung ihre „Persönlichkeit". Müsste der Stifter nicht den Zweck bestimmen, würde das Vermögensschicksal letztlich nicht derart bestimmt angegeben, dass eine durchdachte Entscheidung des Erblassers gefördert

---

367 *Zeiter*, Rn. 442.

368 Vgl. etwa *Rittner*, S. 235.

369 *Steffek*, S. 87, 89.

370 *Windel*, S. 202 f.

würde. Es bestünde vielmehr die Möglichkeit, dass der Erblasser das Prinzip der Höchstpersönlichkeit der Erbeneinsetzung umgehen könnte, müsste er keinerlei Vorgaben für den Stiftungszweck machen. Die mittelbar Begünstigten und das Vermögensschicksal könnte ein anderer festlegen. Die Zwecke der Höchstpersönlichkeit liefen leer, wenn der Erblasser letztlich einem Dritten überlassen könnte, zu welchem Zweck und zu wessen Gunsten das Vermögen verwandt werden wird.

Der Zweck kann auch nicht durch den Erblasser allgemein formuliert werden („zum Wohle der Allgemeinheit") und dann durch den Testamentsvollstrecker derart ergänzt werden, dass dem Bestimmtheitsgrundsatz[371] genügt wird. Es macht einen beträchtlichen Unterschied für das Schicksal des Vermögens, ob es allgemein dem Wohle der Allgemeinheit oder der „Armenfürsorge (in Frankfurt)" gewidmet ist. Durch entsprechende Ergänzungen würde statt des Erblassers vielmehr der Testamentsvollstrecker die Bestimmung eines wesentlichen Aspekts des Vermögensschicksals vornehmen. Gleiches gilt für Konkretisierungen einer hinreichend bestimmten Zweckbestimmung. Insoweit darf einem Dritten kein Spielraum zustehen, wie dies auch hinsichtlich einer Bestimmung des Zuwendungsempfängers gemäß § 2065 Abs. 2 BGB der Fall ist.

Für die Zuerkennung der Gemeinnützigkeit bedarf es im Rahmen der formellen Satzungsmäßigkeit im Stiftungsgeschäft Angaben nicht nur zum Zweck, sondern auch zur Art der Zweckverwirklichung (§ 60 Abs. 1 Satz 1 AO). Solche Bestimmungen über die Art und Weise der Zweckverwirklichung[372] werden als der Drittbestimmung zugänglich erachtet. Der Übergang zwischen Zweckbestimmung und der Festlegung, wie der Zweck erfüllt werden soll, ist freilich fließend. Bestimmt ein Stifter als Zweck beispielsweise „die angemessene Unterhaltung und Pflege der Familiengrabstätte"[373] oder „die angemessene finanzielle Versorgung der Abkömmlinge des Stifters", ist in der Zweckbestimmung zugleich die Angabe enthalten, auf welche Art und Weise der Zweck durch die Organe erfüllt werden soll.[374] Auch im Übrigen konkretisiert die Angabe der Zweckverwirklichung gewissermaßen den Zweck selbst. Eine Veränderung oder Erweiterung der Maßnahmen durch den Testamentsvollstrecker scheidet dann grundsätzlich aus, da der Wille des Stifters und damit das Vermögensschicksal auch durch die Zweckverwirklichung mitbestimmt würden.

Dem Testamentsvollstrecker steht aber die Möglichkeit offen, durch die beispielhafte Aufzählung von Maßnahmen den Organen nähere Handlungsmaßgaben zu reichen, eingeleitet durch Ergänzungen wie „Der Zweck wird insbesondere verwirklicht durch (die Vergabe von Stipendien an [...], die Verleihung von

---

371 S.o. S. 41.

372 *Schewe*, S. 138, 244 f.

373 Beispiel aus einer Mustersatzung bei *v. Holt/Koch*, S. 92.

374 Ähnlich *Happ*, S. 12.

Preisen für [...], die finanzielle Unterstützung von [...])“[375]. Dadurch werden die Maßnahmen dem Wortlaut und Sinn nach nicht abschließend aufgezählt, eine Konkretisierung darf insoweit nicht erreicht werden. Dem widerspricht es freilich, wenn die Aufzählung von (möglichen) Zweckverwirklichungsmaßnahmen von der Aufsichts- und Steuerbehörde als Beschränkung auf diese Aktivitäten aufgefasst wird.[376] Daher erscheint jedenfalls eine Klarstellung wie die folgende zweckmäßig: „Die in Abs. [...] genannten Beispiele zur Zweckverwirklichung sind nicht abschließend. Die Stiftung kann vielmehr alle Maßnahmen ergreifen, die geeignet sind, die Stiftungszwecke nachhaltig zu verwirklichen.“[377]

Das Vermögensschicksal wird hingegen nicht wesentlich durch Name und Sitz der Stiftung mitbestimmt – zumal bezüglich des Sitzes ohnehin gesetzliche Auffangregeln vorgesehen sind (§ 83 Satz 3, 4 BGB).[378] Für die Rechtsnachfolge in das Vermögen ist es nicht erheblich, ob der Erblasser den Namen der Stiftung angegeben hat. Dessen Bedeutung für den Rechtsverkehr ist ohne Relevanz für die Frage der Höchstpersönlichkeit. Hinsichtlich des Stiftungssitzes gilt Vergleichbares. Die möglicherweise je nach Ort oder Bundesland abweichend geführte Aufsicht hat auch gewissen Einfluss auf die Stiftung und ihr Vermögen[379], die eigentliche Ausrichtung, der auszuführende Stifterwille, bleibt jedoch unberührt.

Bestimmt der Stifter im Stiftungsgeschäft einen Anfallberechtigten für den Fall des Erlöschens der Stiftung (§ 88 BGB), legt er damit gleichsam fest, wer die Stiftung „beerbt“. Ein Nachvermächtnis oder eine Nacherbeneinsetzung durch den Stifter zugunsten des Anfallberechtigten liegt jedoch nicht vor, auch wenn die Stiftung ihrerseits vom Stifter zur Vermächtnisnehmerin bzw. Erbin gemacht worden ist. Dies zeigt sich nicht zuletzt daran, dass die Anfallberechtigung sich nicht auf das der Stiftung per Verfügung von Todes wegen zugewandte Vermögen beschränkt, sondern sich auf das gesamte Vermögen der Stiftung bezieht, das etwa auch aus Rücklagen oder Zustiftungen bestehen kann. Es liegt also in der Bestimmung des Anfallberechtigten keine Verfügung über den Nachlass des Erblassers vor, sondern die Regelung der Nachfolge in das Stiftungsvermögen.[380] Da damit keine Entscheidung über die Vermögensnachfolge nach dem Erblasser vorliegt, ist insoweit keine Höchstpersönlichkeit zu fordern.

Ein Anlass, aufgrund eines praktischen Bedürfnisses die Höchstpersönlichkeit bei der Stiftung von Todes wegen wie bei Vermächtnis (§ 2151 BGB) und Auflage (§ 2193 BGB) im Verhältnis zur „normalen“ Erbeinsetzung aufzulockern, besteht nicht. Der Gesetzgeber war der Ansicht, dass es in wirtschaftlicher Hin-

---

375 *V. Holt/Koch*, S. 91.
376 Zu einer solchen Praxis *Meyn/Al-Dilaimi*, FAErbR 2006, 57, 58.
377 *Meyn/Al-Dilaimi*, FAErbR 2006, 57, 60.
378 Dazu *Schewe*, S. 135 ff.
379 Vgl. *v. Oertzen*, Stiftung & Sponsoring 1/1999, Beil., S. 2.
380 *Muscheler*, Stiftungsrecht, S. 199.

sicht keinen wesentlichen Unterschied zwischen Erbeinsetzung und Vermächtnis gebe.[381] Nach herrschender Meinung ist sogar ein „Gesamtvermächtnis", also ein Vermächtnis, das das gesamte Vermögen des Erblassers erfasst, möglich.[382] Dass man bezüglich der Höchstpersönlichkeit bei Vermächtnis und Auflage großzügiger war als bei der Erbeinsetzung, wurde in den Beratungen vor allem mit der „Rücksicht auf die Bedürfnisse des praktischen Lebens"[383] erklärt. Für die Erbeinsetzung erkannte man eine solche Notwendigkeit hingegen nicht.[384] Gegen eine Ausweitung der Argumentation mit diesem angeblich bestehenden Bedürfnis auf das Stiftungsgeschäft spricht nicht zuletzt, dass der Gesetzgeber bei der Erbeinsetzung ein solches Argument gerade abgelehnt hat, was demnach auch für die zur Erbin eingesetzte Stiftung von Todes wegen zu beachten ist.

Eine Differenz hinsichtlich des praktischen Bedürfnisses ist bei Erbeinsetzung und Vermächtnis im Übrigen nicht ersichtlich – insbesondere dann, wenn man wie der Gesetzgeber die wirtschaftliche Äquivalenz bejaht und somit beiden Zuwendungsarten für das Vermögensschicksal eine vergleichbare Bedeutung zukommt. Man drehte sich jedenfalls im Kreis, wenn man mit der Zweiten Kommission[385] hinsichtlich des fehlenden praktischen Bedürfnisses bei der Erbeinsetzung allein darauf rekurrieren würde, dass der Erblasser auf Vermächtnis und Auflage zurückgreifen könnte, bei denen die Höchstpersönlichkeit eingeschränkt ist.[386] Überdies ist ein echtes Bedürfnis zur Zulassung der Drittbestimmung in allen Fällen der Zuwendung (auch bei Vermächtnis und Auflage) nicht anzuerkennen. Hält der Erblasser sich für die Beurteilung eines für die Erbfolge nach Auffassung des Erblassers entscheidenden Umstandes nicht für kompetent – was bezüglich der oftmals angeführten Eignung zur Unternehmensfortführung zweifelhaft sein dürfte, handelt es sich doch beim Erblasser gerade um den Inhaber des zu vererbenden Unternehmens – , mag er sich Fachrat einholen und dann eine Entscheidung treffen. Ist eine spätere Entwicklung zur Zeit der Testamentserrichtung noch nicht vorhersehbar, sind etwa die in Frage kommenden Personen noch nicht alt genug, besteht für den Erblasser bis zum Zeitpunkt seines Todes grundsätzlich die Möglichkeit, seine Verfügung von Todes wegen den eventuell geänderten Verhältnissen anzupassen. So kann der Erblasser noch

---

381 *Protokolle* V , S. 29 (= *Mugdan* V, S. 528).

382 Dies gilt sogar in den Fällen, in denen der Erblasser nur deshalb die Form des Universalvermächtnisses wählt, um dem Verbot des § 2065 Abs. 2 BGB zu entgehen (MünchKomm-BGB/*Schlichting*, § 2151 Rn. 8; Staudinger/*Otte*, § 2151 Rn. 2; *Klunzinger*, BB 1970, 1197, 1200; *N. Mayer*, ZEV 1995, 247, 248; *Helms*, ZEV 2007, 1, 2).

383 *Protokolle* V, S. 29 (= *Mugdan* V, S. 528; zum Vermächtnis); *Protokolle* V, S. 32 (= *Mugdan* V, S. 640; zur Auflage).

384 *Protokolle* V, S. 30 (= *Mugdan* V, S. 528).

385 *Protokolle* V, S. 30 (= *Mugdan* V, S. 528).

386 So auch *Sens*, S. 61.

nach der Errichtung des bisherigen Testaments aufgetretene Entwicklungen berücksichtigen. Nur bei einer beabsichtigten Nacherbeneinsetzung kann der Fall auftreten, dass der Erblasser dies in seiner Person nicht mehr zu leisten imstande ist. Die Zweite Kommission hat aber ausgeführt, dass der Erblasser Umstände, die er nicht habe voraussehen können, nicht berücksichtigen könne und es nicht angehe, dass er zu ihrer Berücksichtigung sich des Willens eines anderen bediene.[387] Dies gilt insbesondere auch für das Stiftungsgeschäft von Todes wegen. Der stiftende Erblasser kann durchaus schon im Vorhinein mit der zuständigen Behörde die Aussichten eines von ihm selbst verfassten Stiftungsgeschäfts auf die stiftungsrechtliche Anerkennung und steuerrechtliche Privilegierung eruieren oder sich juristischen Fachrat einholen. Der Erblasser bestimmt die „Eignung" der Wunscherbin Stiftung selbst. Der Erblasser kann den Testamentsvollstrecker (und andere) also zulässigerweise ermächtigen, alle Elemente des Stiftungsgeschäfts außer dem Zweck und dem Vermögen zu bestimmen.

hh) Widerspruch zur Rechtslage nach der Anerkennung?

Die Stiftungsorgane können nach herrschender Meinung durch den Stifter ermächtigt werden, nach der Anerkennung den Stiftungszweck zu verändern. Es mag widersprüchlich erscheinen, wenn man Änderungen durch die Stiftungsorgane bei entsprechender Ermächtigung im Stiftungsgeschäft zulässt – freilich auch unter bestimmten Voraussetzungen und in beschränktem Umfang –, zugleich Ergänzungen oder Änderungen des Zwecks zur Herbeiführung der Anerkennung aber die Zulässigkeit versagt. Wenn die Organe die Auflösung durch Änderungen verhindern können, muss es dann nicht auch möglich sein, dass der Testamentsvollstrecker vor der Anerkennung dafür sorgt, dass die Stiftung zur Entstehung gelangen kann? Die hinsichtlich der Änderungen nach der Anerkennung aufgeführten Bedenken und zu Einschränkungen führenden Aspekte der Stiftungsautonomie und der Vermeidung einer körperschaftlichen Struktur durch die Entscheidungsbefugnisse der Organe gelten bei der Änderung vor der Anerkennung jedenfalls nicht – was eher für eine noch weitergehende Befugnis vor der Anerkennung spricht.

Das die Stiftung beherrschende Prinzip der Maßgeblichkeit des Stifterwillens wird dadurch gewahrt, dass die Organe Änderungen nicht nach ihrem Belieben durchführen können. Vielmehr muss es sich auch bei den Änderungen letztlich um die Ausführung des Stifterwillens handeln. Nach herrschender Meinung ist nicht nur das zuständige Organ zu benennen, sondern sind auch bestimmte Voraussetzungen für die Änderung zu erfüllen. Meist wird eine wesentliche Änderung der Verhältnisse, d.h. der Sach- und Rechtslage, verlangt.[388]

---

[387] *Protokolle* V, S. 19 (= *Mugdan* V, S. 522).
[388] S.o. S. 44.

Die Abänderbarkeit rechtfertigt sich nicht zuletzt durch praktische Erwägungen. Ein „praktisches Bedürfnis“ darf hier (nach dem Ableben des Stifters) – zumal unter der Voraussetzung der Änderung der wesentlichen Verhältnisse – angenommen werden; der stiftende Erblasser kann die Stiftung nicht „bis in die Ewigkeit“ durch das ursprüngliche Stiftungsgeschäft bestimmen, ohne dass die Stiftung sich entsprechend den geänderten Verhältnissen weiterentwickelt. Der Stifter sollte nicht auf die Befugnisse der Aufsicht (§ 87 BGB) verwiesen werden, eine körperschaftliche Struktur und das Abstehen von dem Grundprinzip der Maßgeblichkeit des Stifterwillens sind angesichts enger Voraussetzungen dabei nicht zu befürchten; es bleibt bei der Maßgeblichkeit des Stifterwillens, der auch bei den Änderungen zu beachten ist. Als „lebendes Gebilde“ steht ihr ein Existenzrecht zu, es besteht ein Interesse daran, dass die zunächst entstandene Stiftung fortbesteht und flexibel sowie angemessen mit besonderen, geänderten Verhältnissen umzugehen vermag.

Die Möglichkeit einer nachträglichen Änderung steht der grundsätzlichen Höchstpersönlichkeit bei der Errichtung des Stiftungsgeschäfts von Todes wegen nicht entgegen. *Reuter* bemerkt zu Recht, dass ein Erblasser ohne Verstoß gegen § 2065 Abs. 2 BGB eine GmbH zur Erbin berufen kann, obwohl Zweck und Gesellschafterkreis und damit die GmbH sich schon am nächsten Tag vollständig verändert haben können.[389] Die Eigenschaften des Zuwendungsempfängers können sich im Laufe der Zeit wandeln. Dem der materiellen Höchstpersönlichkeit zugrunde liegenden Gedanken widerspricht dies nicht. Der Erblasser soll bei der Testamentserrichtung eine bestimmte Person auswählen und somit in diesem Moment eine verantwortliche Entscheidung über die Vermögensnachfolge treffen.[390] Der Stifter kann die materielle Höchstpersönlichkeit hinsichtlich des Zwecks nicht dadurch zu umgehen suchen, dass er das zuständige Stiftungsorgan zu weitgehenden Änderungen nach dessen Belieben ermächtigt. Vielmehr ist die Möglichkeit der Satzungsänderung nur in engen Grenzen gegeben und ist berechtigt gerade aufgrund der Existenz der Stiftung.[391] Durch die Festlegung enger Voraussetzungen für eine etwaige zugelassene spätere Änderung wird der Erblasser seiner Verantwortung gerecht, das Vermögensschicksal kann sich nicht in eine von ihm nicht vorgegebene Richtung entwickeln. § 2065 BGB läuft nicht ins Leere, der Erblasser träfe letztlich doch eine selbst zu verantwortende Entscheidung über das Vermögensschicksal.

---

[389] MünchKomm-BGB/*Reuter*, § 85 Rn. 3.

[390] Ähnlich *Röthel*, in: GS Walz, 617, 629.

[391] Wollte man die Anforderungen an die Satzungsänderungsbefugnis der Organe nicht aus dem Aspekt der Stiftungsautonomie herleiten und daher keine entsprechenden Voraussetzungen stellen, müsste man die Änderungsbefugnis dennoch einschränken, um § 2065 BGB nicht leer laufen zu lassen. Dies gilt entgegen *Muscheler* (Stiftungsrecht, S. 285 f.) jedoch allein bei der Stiftung von Todes wegen. Für die Stiftung unter Lebenden wird gerade keine höchstpersönliche Erklärung verlangt.

g) Vereinbarkeit mit § 2065 Abs. 1 BGB

Gemäß § 2065 Abs. 1 BGB kann der Erblasser Dritten nicht die Entscheidung überlassen, ob eine Verfügung von Todes wegen des Erblassers gelten soll oder nicht. Eine solche Entscheidungsmacht liegt auch dann vor, wenn eine Verfügung von Todes wegen nicht vollständig abgelehnt oder akzeptiert werden muss, sondern es dem Dritten freisteht, ob er Inhaltsveränderungen vornimmt[392] – in diesem Falle wird über die fortbestehende Gültigkeit der Verfügung in ihrer vom Erblasser gegebenen Gestalt entschieden.

Wie gesehen, kann der Erblasser die Bestimmung des Stiftungsgeschäfts von Todes wegen zu einem gewissen Teil Dritten überlassen. Der Erblasser muss aber auch insoweit entscheiden, ob sein Wille gelten soll oder der eines Dritten. Stellte der Erblasser es beispielsweise dem Testamentsvollstrecker frei, dass dieser die Regelungen zur Organisation oder zum Vermögensanfall bei Erlöschen der Stiftung (§ 88 BGB) ändert, wäre dies nicht mit § 2065 Abs. 1 BGB vereinbar. Selbst in den Fällen, in denen eine Drittbestimmung zugelassen ist – insbesondere auch in den gesetzlich bestimmten, etwa § 2151 BGB –, muss der Erblasser zumindest die eigene Entscheidung treffen, ob die Drittbestimmung erfolgen soll. Die Regelung, dass der Erblasser eine eigene Entscheidung über die Gültigkeit seiner Verfügung zu treffen hat, erfährt denn auch keine Einschränkung hinsichtlich „unwesentlicher" Bestandteile der Verfügung, gilt vielmehr als Ganzes, für alle Regelungen zur Vermögensnachfolge. Erwägungen des Gesetzgebers hinsichtlich Einschränkungen wurden lediglich für die bloße Ergänzung nach § 2065 Abs. 2 BGB angestellt.[393] Von § 2065 Abs. 1 BGB wird keinerlei Dispens erteilt; der Wille, dass das Stiftungsgeschäft in anderer (als vom Erblasser bestimmter) Gestalt bestehen soll, muss fest gebildet sein.

Der Testamentsvollstrecker hat keine Macht, über die Gültigkeit der Verfügung von Todes wegen zu entscheiden, wenn der Erblasser bewusst das Stiftungsgeschäft nicht vollständig ausgestaltet hat und den Testamentsvollstrecker mit der Ergänzung offengelassener Punkte, etwa hinsichtlich der Stiftungsorganisation („Der Testamentsvollstrecker hat die Regelungen zur Bildung des Vorstandes zu vervollständigen"), beauftragt. Der Erblasser selbst hat sich vielmehr entschlossen, dass der Testamentsvollstrecker durch Ergänzungen den Inhalt der Verfügung gestaltet. Anders wäre die Rechtslage zu beurteilen, wenn die Vervollständigung in das Belieben oder Ermessen des Testamentsvollstreckers gestellt würde. Gleiches gilt insoweit für Änderungen des Stiftungsgeschäfts: Änderungen sind nur dann zulässig, wenn die Entscheidung über die Gültigkeit der bestehenden Verfügung nicht im Belieben oder Ermessen des Testamentsvollstreckers steht. Kein Verstoß liegt aber vor, wenn die Änderungen und damit die

---

392 RGZ 79, 32, 33; Soergel/*Loritz*, § 2065 Rn. 8; MünchKomm-BGB/*Leipold*, § 2065 Rn. 14; *Lange*/*Kuchinke*, § 27 Fn. 20 (S. 545).

393 S.o. S. 72.

Geltung der Verfügung nicht vom Willen eines Dritten abhängig gemacht werden. Der Testamentsvollstrecker ist auch ohne ausdrückliche Aufgabenzuteilung gemäß § 2203 BGB zur Vervollständigung oder Änderung des Stiftungsgeschäfts berufen, sofern dies notwendig ist, um die Anerkennung einer (gemeinnützigen) Stiftung als rechtsfähig zu erreichen.[394] Der Testamentsvollstrecker trifft hier also gerade keine eigene Entscheidung, ob er Ergänzungen durchführen darf und das Stiftungsgeschäft in seiner aktuellen Gestalt gelten lassen will oder nicht. Der Erblasser hat dem Testamentsvollstrecker nicht freie Hand bei der Ausübung dieser Befugnis gelassen, eine Veränderung der Verfügung soll nur dann eintreten, falls dies zur Anerkennung als rechtsfähig oder gemeinnützig erforderlich ist. Wird der Testamentsvollstrecker vom Erblasser ausdrücklich zur Vornahme von Ergänzungen oder Änderungen berufen, bedarf es in entsprechender Weise auch der ausdrücklichen Beschränktheit der Befugnis auf die genannten Fälle oder der Angabe ähnlicher Bedingungen.

h) Vermächtnisaussetzung und Auflage

Wird die Stiftung von Todes wegen als Vermächtnisnehmerin eingesetzt oder soll ihre Vermögensausstattung durch eine Auflage sichergestellt werden, soll nach teilweise vertretener Auffassung ein weniger strenger Maßstab hinsichtlich der Drittbestimmung des Zwecks oder des Vermögens vorherrschen als bei der Erbeinsetzung.[395] Zwar gelten auch für die Vermögenszuwendung durch Vermächtnis und Auflage grundsätzlich § 2065 Abs. 2 BGB und das Prinzip der materiellen Höchstpersönlichkeit – für das Vermächtnis als Zuwendung durch den Erblasser ist die Vorschrift unmittelbar anwendbar, für die Auflage über § 2192 BGB –, die §§ 2151, 2153, 2154, 2156 und 2193 BGB sehen aber Modifikationen des Grundsatzes vor, die die Drittbestimmung in beschränktem Umfang zulassen. Wesentlich für das Stiftungsgeschäft von Todes wegen sind insbesondere die §§ 2151, 2156 und 2193 BGB.

aa) § 2151 BGB

Da es sich bei § 2151 BGB im Vergleich zu § 2065 Abs. 2 BGB um eine Erleichterung hinsichtlich des Erfordernisses der Höchstpersönlichkeit handelt, kann die auch bei der Erbeinsetzung zulässige Bestimmung von Elementen des Stiftungsgeschäfts wie insbesondere Organisation, Name, Sitz beim Vermächtnis ohne weiteres dem Testamentsvollstrecker überlassen werden. § 2151 Abs. 1 BGB erlaubt dem Erblasser, dem Beschwerten oder einem Dritten die Auswahl zu überlassen, für wen aus einem vom Erblasser bestimmten Personenkreis ein Vermächtnis anfallen soll. Ihrem Wortlaut nach passt die Vorschrift nicht auf den Fall der Ergänzung des Stiftungsgeschäfts. Es geht nicht um die Auswahl

---

394 S.o. S. 53 f.

395 *Schewe*, S. 225 ff.; *Kuchinke*, in: FS Neumayer, 389, 401 (§§ 2156, 2192 BGB); Nieder/*R. Kössinger*, § 15 Rn. 291 (§§ 2156, 2192 BGB).

einer Person aus einem Kreis von mehreren Personen, sondern um die Erschaffung der zu begünstigenden Stiftung, um die vollständige Ausgestaltung des Stiftungsgeschäfts. Eine unmittelbare Anwendung des § 2151 BGB könnte aber in Betracht kommen, wenn der Erblasser sich nicht hat entscheiden können, ob er eine Stiftung von Todes wegen – deren Zweck und Stiftungsgeschäft er grundsätzlich bestimmt haben mag – errichtet und ihr ein Vermächtnis aussetzt oder eine andere, möglicherweise noch aus einem bestimmten Personenkreis auszuwählende, bestehende Person mit einem Vermächtnis bedenken will. Sowohl bei einem Verständnis des Stiftungsgeschäfts von Todes wegen als besondere Verfügungsart von Todes wegen als auch bei einer Unterteilung in organisationsrechtlichen und vermögensrechtlichen Teil liegt es nahe, einen Verstoß gegen § 2065 Abs. 1 BGB zu erkennen mit der Begründung, dass die Entscheidung, ob eine Stiftung errichtet wird, unzulässigerweise einem Dritten überlassen wird. Entweder fehlt die Bestimmung der Verfügungsart oder aber die organisationsrechtliche Verfügung der Errichtung einer Stiftung. Damit stünde dem Testamentsvollstrecker entgegen § 2065 Abs. 1 BGB die Entscheidung über die Gültigkeit einer Verfügung – die der Stiftungserrichtung – zu.

Durch § 2151 BGB ist dies nicht zugelassen. Dem bestimmungsberechtigten Dritten würde im Ergebnis mehr Gestaltungsmacht überlassen, als es § 2151 BGB mit der bloßen Auswahl einer Person vorsieht. Die Verfügung der Stiftungserrichtung ist eine besondere Entscheidung, die über die Auswahl einer Person und die Nichtauswahl anderer Personen hinausgeht – im Rahmen der Vermögensnachfolge soll eine neue (Zweck-)Person entstehen, die den Willen des Erblassers vollstreckt und fortsetzt. Die Entscheidung, dass „sein" Wille (durch die Stiftung als Vermächtnisnehmerin) vollstreckt wird, muss der Erblasser aber selbst treffen. Sie berührt die Vermögensnachfolge in besonderer Weise, so dass nach dem Zweck der Höchstpersönlichkeit insoweit eine eigene Entscheidung des Erblassers geboten ist. Dafür spricht auch ein erneuter Vergleich mit § 2198 BGB. Die Anordnung, dass Testamentsvollstreckung stattfindet, soll gerade durch den Erblasser erfolgen. Die Entscheidung über die Stiftungserrichtung als andere Form der Willensvollstreckung kann ihm dementsprechend trotz § 2151 BGB nicht abgenommen werden.[396]

§ 2151 BGB könnte aber dann entsprechend anzuwenden sein, wenn der Erblasser selbst die Stiftung von Todes wegen zur Vermächtnisnehmerin bestimmt und somit ihre Existenz definitiv bewirken möchte. Die Vorschrift verlangt beim Vermächtnis nicht die vollständige Bestimmung des Zuwendungsempfängers durch den Erblasser selbst, sondern ermöglicht es, bei entsprechender Vorauswahl einem anderen die Letztentscheidung zu überlassen. Das Vermögens-

[396] Die Entscheidung, ob eine bereits existente Stiftung oder eine andere Person durch ein Vermächtnis begünstigt werden soll, kann selbstverständlich einem Dritten übertragen werden.

schicksal muss also beim Vermächtnis nicht in derselben Vollständigkeit wie bei der Erbeinsetzung durch den Erblasser selbst festgelegt werden. Dieser Gedanke, den § 2151 BGB umsetzt, muss auch beim Stiftungsgeschäft von Todes wegen, das den Vermächtnisnehmer gestaltet, Beachtung finden, da eine vergleichbare Interessenlage vorliegt. So könnte man der Vorschrift folgende Lockerungen der grundsätzlichen Höchstpersönlichkeit entnehmen: Zum einen könnte es genügen, dass der Erblasser mehrere (jeweils hinreichend bestimmte) Stiftungszwecke dem Dritten zur Auswahl stellt (z.B. „Förderung entweder pensionierter Briefträger oder pensionierter Lokomotivführer"),[397] zum anderen reichen hier möglicherweise schon die Bestimmung eines weiten (nicht notwendigerweise unzureichend bestimmten) Zweckes und die Aufgabenerteilung an den Bestimmungsberechtigten, einen „Unterzweck" zum Stiftungszweck zu machen, aus. So könnte etwa verfügt werden: „Ein Vermächtnis in Höhe von 150.000 € soll die Stiftung erhalten, die ich mit dieser Verfügung errichten möchte. Die Stiftung soll Rentner aus einer bestimmten Berufsgruppe finanziell unterstützen, die eine solche Förderung besonders gut gebrauchen können, weil sie nicht genügend Rente erhalten. Die nähere Ausgestaltung des Stiftungsgeschäfts und vor allem die Bestimmung der zu fördernden Berufsgruppe überantworte ich meinem Testamentsvollstrecker."

Die erste der Möglichkeiten ist in Anbetracht der Ergebnisse zur Erbenberufung schnell nachvollziehbar: Insoweit ist die von § 2065 BGB postulierte Höchstpersönlichkeit der Bestimmung des Testamentsinhalts dahingehend verstanden worden, dass der Erblasser selbst den Zweck der Stiftung anzugeben hat. Es liegt also nahe, den Stiftungszweck hinsichtlich der Anforderungen der Höchstpersönlichkeit mit der Person des Zuwendungsempfängers gleichzusetzen, wenn eine Stiftung von Todes wegen begünstigt werden soll.[398] Die Auswahl aus einem Kreis bestimmter Personen ist gemäß § 2151 Abs. 1 BGB gerade zulässig. Die ratio legis belegt die Wirksamkeit solcher Übertragung. Wenn das Vermögensschicksal derart durch den Erblasser vorbestimmt ist, dass nur noch zwischen bestimmten Varianten die Auswahl besteht, soll ein Dritter die Bestimmung zu Ende bringen können. Die Auswahl eines Zwecks aus mehreren vorgegebenen Stiftungszwecken kann also dem Dritten oder Testamentsvollstrecker übertragen werden.

Bei der Ermächtigung zur Konkretisierung des Stiftungszwecks stellt sich dagegen die Frage, ob nicht dem Dritten im Vergleich zur sonst bei § 2151 BGB erfolgenden Auswahl ein zu großer Spielraum eingeräumt würde. § 2151 BGB setzt voraus, dass der Erblasser einen Kreis von Personen, aus dem der Ver-

---

397 Vgl. auch BGE 81 II, 28 ff., Erw. 6 und 7: Der Willensvollstrecker sollte frei entscheiden können, ob ein Teil des Nachlasses für „eine gute katholische Erziehung" des Sohnes der Adoptivtochter oder „zur Heranbildung von katholischen Priesteramtskandidaten" verwendet werden sollte (wobei allerdings keine Stiftung eingesetzt werden sollte).

398 Selbstverständlich ist die Stiftung nicht stets mit ihrem Zweck gleichzusetzen.

mächtnisempfänger ausgewählt werden soll, bestimmt angegeben hat. Bleibt zweifelhaft, wer zu diesem Kreis gehört, liegt kein wirksames Vermächtnis vor, der Kreis muss überschaubar sein.[399] Das Reichsgericht hat die Vorgabe des Erblassers, dass eine Geldsumme „an verschiedene Vereine und wohltätige oder gemeinnützige Anstalten sowie bedürftige Personen" verteilt werden solle, als nicht ausreichend bewertet, selbst wenn anzunehmen sein sollte, dass eine Beschränkung auf Einrichtungen in einer bestimmten Stadt beabsichtigt war.[400] Entsprechendes gilt erst recht für die Stiftung von Todes wegen. Zwar werden Zweifel, ob ein potentieller Stiftungszweck einem „Oberzweck" unterfällt, in der Regel nicht bestehen. Dem Bestimmungsberechtigten steht aber eine nicht begrenzte Anzahl von Zwecken zur Verfügung, es sind grundsätzlich beliebige Variationen möglich. Auch wenn der Zweck durch den Erblasser enger eingegrenzt ist, gibt es dennoch zahlreiche Möglichkeiten der Ergänzung. So dürfte auch die „Förderung des Tierschutzes" nicht genügen. Der Erblasser hat keine überschaubaren Handlungsalternativen angegeben und hat das Vermögensschicksal nicht in dem von § 2151 BGB vorgesehenen Maße vorbestimmt. Eine schöpferische Aufgabe ist bei § 2151 BGB nicht vorgesehen, es erfolgt die Auswahl unter vorgegebenen, überschaubaren Möglichkeiten. Nur ausnahmsweise wird man einen hinreichend beschränkten Spielraum des Bestimmungsberechtigten annehmen dürfen, etwa wenn der Erblasser als zu konkretisierende Zweckangabe die schon recht enge Bestimmung „Förderung des Tierschutzes in Hamburg" vorgibt. Es dürfte jedenfalls stets eine örtliche Beschränkung erforderlich sein, da ansonsten bereits insoweit ein sehr weiter Spielraum für den Befugten bestünde.

Wollte man entgegen der hier vertretenen Auffassung[401] auch bei der Erbeinsetzung die Auswahl des Erben durch einen Dritten wie bei § 2151 BGB zulassen, müsste bei der Stiftung von Todes wegen die Auswahl des Stiftungszwecks im hier beschriebenen Umfang entsprechend § 2151 BGB zulässig sein; eine darüber hinausgehende Befugnis kann es jedenfalls nicht geben. Wenn man – wie dies meist vertreten wird – engere Voraussetzungen als im Rahmen des § 2151 BGB stellen will, müssen zusätzlich Auswahlkriterien genannt werden, die den Spielraum des Bestimmungsberechtigten minimieren.

bb) § 2156 BGB

§ 2156 BGB enthält eine Modifizierung des § 2065 Abs. 2 BGB hinsichtlich der Bestimmung des Zuwendungsgegenstandes beim sog. Zweckvermächtnis.[402] Hat der Erblasser einen Zweck für das Vermächtnis angegeben, kann die Leistung

---

[399] Staudinger/*Otte*, § 2151 Rn. 3; Palandt/*Edenhofer*, § 2151 Rn. 2; Erman/*M. Schmidt*, § 2151 Rn. 1.

[400] RGZ 96, 15, 17 f.

[401] S.o. S. 74.

[402] Zum sinnvollen Einsatz des Zweckvermächtnisses *Schewe*, S. 230.

des Beschwerten, also der Vermächtnisgegenstand, durch den Beschwerten oder einen Dritten festgelegt werden.

Die Bestimmung des Vermächtniszwecks durch den Erblasser muss zumindest so konkret sein, dass sich für das billige Ermessen bei der Bestimmung der Leistung ausreichende Anhaltspunkte ergeben,[403] wobei man allerdings nicht sehr streng verfährt. Als Beispiel für eine hinreichende Zweckbestimmung ist etwa ein „bei Auflösung des Geschäfts den ältesten Angestellten" auszuzahlendes Vermächtnis angesehen worden, da als Zweck des Vermächtnisses die Anerkennung und Belohnung für langjährige treue Dienste im Geschäft des Erblassers erkennbar sei.[404] Auch ein Vermächtnis zur Bestreitung der Studienkosten oder der Kosten einer Urlaubsreise wurde als ausreichend erachtet.[405] Bei dem Vermächtnis zugunsten der Stiftung von Todes wegen ist Zweck des Vermächtnisses, die Verwirklichung des Stiftungszwecks zu ermöglichen.

Dass dem Bestimmungsberechtigten ein weiter Spielraum offensteht, ist von § 2156 BGB gerade nicht ausgeschlossen, besteht doch als Grenze nur das billige Ermessen. Nähere Anhaltspunkte für das billige Ermessen im Hinblick auf die nötige Ausstattung können sich beim Stiftungsgeschäft von Todes wegen aus dem Vergleich mit den Dimensionen bei Stiftungen, die vergleichbare Zwecksetzungen haben, und insbesondere aus den Vorstellungen des Erblassers bezüglich des Umfangs der Stiftungstätigkeit ergeben. Wie auch bei der Erbeinsetzung und bei der Auswahl entsprechend § 2151 BGB ist das Ermessen angesichts der Bedeutung des Stifterwillens für die Stiftung insbesondere an diesem zu orientieren.

Nach herrschender Auffassung kann die Leistungsbestimmung nicht dem Bedachten selbst überlassen werden.[406] Als Begründung wird angeführt, dass die Vorschrift als Bestimmungsberechtigten nur den „Beschwerten" oder einen „Dritten" vorsehe, nicht ausdrücklich den „Bedachten". Neben dem Wortlautargument erkennt die herrschende Auffassung bei der Bestimmung des Zuwendungsgegenstands durch den Bedachten die „Gefahr maßloser Forderungen" desselben.[407] Träfe diese Befürchtung zu, richtete sie sich allerdings auch gegen zwei andere Gestaltungen, deren Zulässigkeit nicht in Zweifel gezogen wird: gegen das Bestimmungsrecht des Beschwerten in § 2156 BGB, der versuchen könnte, den Bedachten zu benachteiligen, sowie gegen das Bestimmungsrecht

---

[403] BayObLG, NJW-RR 1999, 946, 947; MünchKomm-BGB/*Schlichting*, § 2156 Rn. 3; Staudinger/*Otte*, § 2156 Rn. 2; *Lange/Kuchinke*, § 29 Fn. 186 (S. 643).

[404] OLG Königsberg, HRR 1941, Nr. 326.

[405] Vgl. RGRK/*Johannsen*, § 2156 Rn. 1.

[406] BGH, NJW 1991, 1885, 1886; Staudinger/*Otte*, § 2156 Rn. 3; MünchKomm-BGB/*Schlichting*, § 2156 Rn. 4. A.A. Erman/*M. Schmidt*, § 2156 Rn. 1; Soergel/*M. Wolf*, § 2156 Rn. 4; *Kanzleiter*, DNotZ 1992, 511 ff.

[407] Staudinger/*Otte*, § 2156 Rn. 3.

des Bedachten beim Gattungsvermächtnis nach § 2155 BGB.[408] Selbst wenn man dennoch der herrschenden Auffassung folgt, ist ein Bestimmungsrecht des Testamentsvollstreckers, der nach der Anerkennung Vorstandsmitglied der Stiftung und somit Vertreter derselben sein soll, nicht ausgeschlossen. Zum einen ist er nicht der mit der Zuwendung Bedachte, sondern lediglich der künftige Repräsentant der begünstigten Stiftung, der Wortlaut des § 2156 BGB kann seiner Bestimmungsbefugnis daher nicht entgegenstehen;[409] zum anderen ist dadurch, dass der Testamentsvollstrecker nicht unmittelbar begünstigt wird, die Gefahr überhöhter Forderungen jedenfalls als geringer einzuschätzen.

§ 2151 BGB kann grundsätzlich mit § 2156 BGB verbunden werden,[410] so dass sich die Möglichkeit ergibt, sowohl Zuwendungsempfänger als auch -gegenstand durch einen Dritten ergänzen zu lassen. Die Kombination der Vorschriften bei der Stiftung von Todes wegen in dem Sinne, dass der Zweck (in den oben angegebenen Grenzen) analog § 2151 BGB und das Vermögen gemäß § 2156 BGB durch einen Dritten bestimmt werden sollen, bereitet hier aber Schwierigkeiten, da sich im Rahmen des § 2156 BGB die Bestimmung des Vermögens gerade aus dem Zweck des Vermächtnisses – hier also letztlich aus dem Zweck der Stiftung – ergeben soll. Jedenfalls wenn gänzlich verschiedene Stiftungszwecke zur Auswahl gestellt werden, sind die notwendigen Anhaltspunkte für die Drittbestimmung nicht vorhanden. Werden aber sehr ähnliche Zwecke zur Auswahl gestellt, können genügend Hinweise für die Bestimmung des Gegenstandes vorliegen.

cc) § 2193 BGB

§ 2193 Abs. 1 BGB ermöglicht es dem Erblasser, die Bestimmung, welche Person durch eine Auflage begünstigt sein soll, einem Dritten zu überlassen, ohne dass dieser Bestimmungsberechtigte – wie bei dem Vermächtnis nach § 2151 BGB – aus einem festgelegten Kreis von Personen auszuwählen hat. Eine Auflage nach § 2193 BGB erfordert lediglich, dass der Erblasser den Zweck der Auflage angibt. An die Bestimmtheit der Zwecksetzung werden geringe Anforderungen gestellt.[411] Durch die Rechtsprechung für zulässig erklärt worden sind Auflagen zur Begünstigung „verschiedene[r] Vereine und wohltätige[r] oder gemeinnützige[r] Anstalten sowie bedürftige[r] Personen“[412], „zu frommen und

---

[408] Soergel/*M. Wolf*, § 2156 Rn. 4; *Kanzleiter*, DNotZ 1992, 511, 513, der es überdies als schwierig erachtet, zwischen dem Gattungsvermächtnis des § 2155 BGB und dem Zweckvermächtnis des § 2156 BGB abzugrenzen.

[409] Gegen das Wortlautargument zudem *Kanzleiter*, DNotZ 1992, 511, 512.

[410] MünchKomm-BGB/*Schlichting*, § 2156 Rn. 2; Staudinger/*Otte*, § 2156 Rn. 1.

[411] Staudinger/*Otte*, § 2193 Rn. 2.

[412] RGZ 96, 15.

wohltätigen Zwecken“[413] oder eine Auflage, „die den Tieren zugute kommen“[414] soll.

Wendet man den in der Vorschrift ersichtlichen Gedanken der erneut weiter gelockerten Höchstpersönlichkeit auf das Stiftungsgeschäft von Todes wegen an, ergibt sich, dass der stiftende Erblasser den Stiftungszweck nicht vollständig selbst zu bestimmen hat. Wenn der Erblasser schon keine bestimmte Person und insoweit somit kein näheres Vermögensschicksal zu bestimmen hat, erscheint es angemessen, dass er auch keinen Stiftungszweck angeben muss, der bestimmter ist als die nach § 2193 BGB ohnehin erforderliche Angabe eines Zwecks für die Auflage. Der Testamentsvollstrecker kann dann die Aufgabe haben, den Zweck als Stiftungszweck zu konkretisieren. Die Bestimmung des Begünstigten bedeutet dann also bei § 2193 BGB, dass der insoweit ermächtigte Testamentsvollstrecker nicht nur Organisation, Name, Sitz und andere für die Frage der Vermögensnachfolge nicht wesentliche Elemente bestimmen kann, sondern auch den vorgegebenen Zweck der Auflage für die Bestimmung des Stiftungszweckes konkretisieren und eingrenzen darf.

Dem Testamentsvollstrecker kann darüber hinaus jedoch nicht die Befugnis erteilt werden, selbst die Stiftungserrichtung von Todes wegen und das vollständige Stiftungsgeschäft zu bestimmen, ohne dass der Erblasser dies konkret angeordnet hat, etwa bei folgender Verfügung: „100.000 € sollen zur Förderung des Tierschutzes verwendet werden.“ Als besondere Verfügung von Todes wegen bzw. Verfügungsart muss der Erblasser selbst anordnen, dass eine Stiftung von Todes wegen entstehen soll.[415]

i) Rechtsfolge des § 2065 BGB

Ein Verstoß gegen § 2065 BGB hat grundsätzlich die Nichtigkeit der Verfügung, deren Geltung der Erblasser von der Bestimmung eines Dritten abhängig machen wollte (Abs. 1), bzw. der Befugniserteilung, den Zuwendungsempfänger oder -gegenstand zu bestimmen (Abs. 2), zur Folge.[416] Hat der Erblasser also etwa die Zweckbestimmung für die zur Erbin eingesetzte Stiftung dem Testamentsvollstrecker übertragen, ist diese Übertragung unwirksam. Ist dann aber kein oder kein hinreichend bestimmter Zweck vorhanden, muss die Behörde die Anerkennung versagen, zumal auch sie den Zweck in diesem Fall nicht ergänzen kann. Die Verfügung zugunsten der Stiftung wird scheitern, das Stiftungsgeschäft dann insgesamt unwirksam. Gleiches gilt, wenn der Erblasser unzulässigerweise, d.h., ohne dass dies durch §§ 2151 oder 2193 BGB gestattet wäre, also insbesondere bei der Erbeinsetzung, mehrere Zwecke zur Auswahl stellt oder die Konkretisierung eines zu weiten Zwecks vorgibt. Ist der vom Erblasser vor-

---

413 BayObLGZ 13, 743; ähnlich RG, Das Recht 1920, Nr. 1531.

414 BayObLG, NJW 1988, 2742.

415 Vgl. oben S. 89.

416 Staudinger/*Otte*, § 2065 Rn. 44; MünchKomm-BGB/*Leipold*, § 2065 Rn. 37.

gegebene, aber vom Testamentsvollstrecker zu konkretisierende Zweck hingegen an sich hinreichend bestimmt, bleibt die Zweckbestimmung des Erblassers bestehen, allein die Ermächtigung an den Testamentsvollstrecker ist unwirksam.

j) Möglichkeit der Umdeutung

Da die Höchstpersönlichkeit bei Vermächtnis und Auflage im Vergleich zur Erbeinsetzung gelockert ist, ist bei der angeordneten Ergänzung des Stiftungsgeschäfts von Todes wegen ein besonderes Augenmerk auf die Auslegung der Verfügung von Todes wegen zu richten. Im Wege der wohlwollenden Auslegung (§ 2084 BGB) kann unter Umständen statt einer unwirksamen Erbeinsetzung der Stiftung in der Verfügung eine wirksame Vermächtnis- oder Auflagenanordnung erkannt werden.[417] Dies könnte insbesondere dann der Fall sein, wenn die Bestimmung des Stiftungszwecks oder -vermögens ergänzt werden soll und die §§ 2151, 2156, 2193 BGB diese Ergänzung anders als § 2065 BGB zulassen. Ergibt allerdings die Auslegung, dass der Erblasser mit seiner Verfügung nur eine Erbeinsetzung gewollt haben konnte, kommt nur eine Umdeutung der Verfügung gemäß § 140 BGB in Frage.

Nach § 140 BGB muss das nichtige Rechtsgeschäft den Erfordernissen des umgedeuteten Rechtsgeschäfts „entsprechen“, d.h., alle für das Ersatzgeschäft bestehenden Gültigkeitsvoraussetzungen müssen erfüllt sein[418] – in unserem Fall betrifft dies die Anforderungen der §§ 2151, 2156 oder 2193 BGB. Überdies darf das Ersatzgeschäft in seinen Wirkungen nicht über diejenigen des eigentlich gewollten Geschäfts hinausgehen,[419] es soll keine wesentlich anderen oder weitergehenden wirtschaftlichen Folgen erreichen. Bei Vermächtnis und Auflage ist dies im Verhältnis zur Erbeinsetzung zu bejahen.

Für eine Umdeutung muss ferner der hypothetische Wille des Erblassers festgestellt werden, dass er ein entsprechendes Vermächtnis oder eine entsprechende Auflage angeordnet hätte, wenn er die Unwirksamkeit seiner Verfügung gekannt hätte.[420] Die Umdeutung kann nicht erfolgen, wenn eindeutig ein dies untersagender Wille bekundet wurde.[421] In der Erbeinsetzung ist aber nicht stets konkludent das Verbot der Umdeutung in ein Vermächtnis oder eine Auflage enthalten. Es bedarf zumindest näherer Anhaltspunkte für ein Umdeutungsver-

---

[417] MünchKomm-BGB/*Leipold*, § 2065 Rn. 5 f.; Bamberger/Roth/*Litzenburger*, § 2065 Rn. 4.

[418] Staudinger/*H. Roth*, § 140 Rn. 23; MünchKomm-BGB/*Busche*, § 140 Rn. 17; Palandt/*Ellenberger*, § 140 Rn. 5.

[419] BGHZ 20, 363, 370 f.; BayObLG, NJW-RR 1999, 620, 621; Staudinger/*H. Roth*, § 140 Rn. 22; MünchKomm-BGB/*Busche*, § 140 Rn. 17; Soergel/*Hefermehl*, § 140 Rn. 5.

[420] Vgl. allgemein BGHZ 19, 269, 273; 40, 218, 223 f.; Palandt/*Ellenberger*, § 140 Rn. 8; *R. Zimmermann*, S. 59.

[421] BGH, NJW 1971, 420; *Battes*, AcP 174 (1974), 429, 436; MünchKomm-BGB/*Busche*, § 140 Rn. 20; anders offenbar AnwK-BGB/*Faust* § 140 Rn. 31.

bot erblasserseits.[422] In der Regel wird es vielmehr dem hypothetischen Erblasserwillen entsprechen, die beabsichtigte Errichtung der Stiftung und die dazu nötige Ausstattung mit dem Vermögen auch durch eine andere Zuwendung von Todes wegen als die Erbeinsetzung zu erreichen, wenn letztere nicht gelingt. Dieses Ergebnis entspricht gerade dem Normzweck des § 140 BGB, den erstrebten wirtschaftlichen Erfolg auch dann zu verwirklichen, wenn das rechtliche Mittel, das sie dafür gewählt haben, unzulässig ist, aber ein anderer, rechtlich gangbarer Weg zur Verfügung steht, der zum annähernd gleichen wirtschaftlichen Ergebnis führt.[423]

Es ist anerkannt, dass mit der Umdeutung nicht gegen den Zweck der die Unwirksamkeit anordnenden Norm verstoßen werden darf.[424] Die Möglichkeit der Umdeutung einer gegen § 2065 Abs. 2 BGB verstoßenden Verfügung wird daher zum Teil bestritten mit dem Argument, die gesetzlichen Abstufungen der Höchstpersönlichkeit würden letztlich umgangen und blieben wirkungslos. Es wird vertreten, dass aus Sinn und Zweck des § 2065 Abs. 2 BGB ein Umdeutungsverbot zu schließen sei.[425] Der Gesetzgeber wolle „das Rechtsgeschäft in seiner konkreten inhaltlichen Bestimmung und Ausgestaltung“ verbieten, die Umdeutung würde diesem Ziel zuwider laufen.[426] Man mag sich tatsächlich fragen, was die unterschiedlichen Anforderungen an die Höchstpersönlichkeit bei den Zuwendungsarten bewirken sollen, wenn letztlich ohnehin auf die geringsten Anforderungen im Wege der Umdeutung abgestellt werden kann, da die Verfügungen in ihren wirtschaftlichen Auswirkungen so ähnlich sind. Da aber das Gesetz offensichtlich einen Unterschied macht zwischen den einzelnen Verfügungen, mit denen immerhin auch unterschiedliche Rechtsstellungen verbunden sind, ist die Umdeutung nicht ausgeschlossen. Der Gesetzgeber hat einen qualitativen Unterschied zwischen Erbeinsetzung, Vermächtnis und Auflage erkannt. Der Gewinn an Freiheit zur Drittbestimmung durch die Umdeutung geht dementsprechend einher mit der qualitativen „Herunterstufung“ der erbrechtlichen Position der Stiftung. Der Vorteil der Umdeutung ist dann aber gewissermaßen mit einem Nachteil verbunden. Dem Gesetzgeber selbst war bewusst, dass der noch nicht hinreichend Entschlossene auf das Vermächtnis und die

422 Vgl. AnwK-BGB/*Faust*, § 140 Rn. 31.
423 BGHZ 19, 269, 273; 68, 204, 206; Staudinger/*H. Roth*, § 140 Rn. 1; AnwK-BGB/*Faust*, § 140 Rn. 31.
424 BGHZ 68, 204, 206 f.; NJW 1986, 2944, 2945; MünchKomm-BGB/*Busche*, § 140 Rn. 1; Staudinger/*H. Roth*, § 140 Rn. 2; *Larenz/Wolf*, § 44 Rn. 80 (S. 815).
425 *Lange/Kuchinke*, § 27 I 8 (S. 549). Dem wohl folgend *Sens*, S. 36 f. Nach *R. Zimmermann* (S. 56 ff.) soll eine Umdeutung dagegen zulässig sein: § 2065 Abs. 2 BGB verfüge schon nicht über einen überzeugenden Regelungszweck. Für die Zulässigkeit auch Staudinger/*Otte*, § 2065 Rn. 46.
426 *Kuchinke*, in: FS Neumayer, 389, 406.

Auflage zurückgreifen kann.[427] Auch deshalb erfordert § 2065 Abs. 2 BGB seinem Sinn nach nicht die Unzulässigkeit der Umdeutung.

3. Ermittlung des Stiftungsgeschäftsinhalts

Bevor die zuständigen Behörden über die Anerkennung der Stiftung als rechtsfähig bzw. gemeinnützig entscheiden können, müssen sie den rechtlich maßgeblichen Inhalt der Erklärung des Stifters ermitteln, also das Stiftungsgeschäft auslegen.[428] Erst dann sind sie auch in der Lage zu ersehen, ob Ergänzungen vorgenommen werden müssen. Für den Testamentsvollstrecker gilt dies gleichermaßen. Um unter Umständen gegen eine ablehnende Behördenentscheidung vorgehen zu können, muss der Testamentsvollstrecker zudem untersuchen, ob die Behörden ihren Entscheidungen eine zutreffende Auslegung des Stiftungsgeschäfts zugrunde gelegt haben. Schon die Aufgabe, das Stiftungsgeschäft von Todes wegen der Anerkennungsbehörde mitzuteilen, erfordert die Prüfung, ob die Verfügung von Todes wegen wirksam ist und ob der Erblasser überhaupt eine selbständige und nicht etwa eine unselbständige Stiftung hat errichten wollen.

a) Regeln zur Auslegung des Stiftungsgeschäfts

Das Stiftungsgeschäft von Todes wegen ist in der Regel Bestandteil eines Testaments. Zur Testamentsauslegung ist nach herrschender Auffassung allein der wirkliche Wille des Erblassers zu ermitteln. Das Verständnis eines durchschnittlichen Beobachters sei nicht entscheidend. Es bedürfe mangels Empfangsbedürftigkeit grundsätzlich keiner Rücksichtnahme auf den Empfängerhorizont. Die Frage, welches das Auslegungsmaterial ist, welche Umstände also für die Ermittlung des Willens heranzuziehen sind, wird großzügig beantwortet. Prinzipiell soll es keine Einschränkungen geben.[429] Um das Formerfordernis für das Testament (§§ 2231 ff. BGB) nicht ins Leere laufen zu lassen, kann der ermittelte wirkliche Wille aber nach der herrschenden Andeutungstheorie nur insoweit Berücksichtigung finden, als der Wille im Testament – wenn auch unvollkommen – zum Ausdruck gekommen ist. Dazu muss er im formgültigen Testament zumindest angedeutet worden sein.[430] Ist die getroffene Regelung lückenhaft, hat der Erblasser also Umstände nicht bedacht oder haben sich die der Verfügung

---

[427] *Protokolle* V, S. 30 (= *Mugdan* V, S. 528).

[428] Vgl. zum Ziel der Auslegung Staudinger/*Otte*, vor § 2064 Rn. 23; MünchKomm-BGB/*Leipold*, § 2084 Rn. 1; *Lange/Kuchinke*, § 34 III 3 a (S. 782).

[429] Siehe nur BGHZ 86, 41, 45; 94, 36, 38; MünchKomm-BGB/*Leipold*, § 2084 Rn. 17, 26; Palandt/*Edenhofer*, § 2084 Rn. 1, 2.

[430] Vgl. RGZ 160, 109, 111; BGHZ 80, 242, 245 f.; 80, 246, 250 f.; BayObLG, ZEV 2004, 200, 201; OLG Hamm, NJW 1974, 60, 61; Palandt/*Edenhofer*, § 2084 Rn. 4; Staudinger/*Otte*, vor § 2064 Rn. 28 ff.; MünchKomm-BGB/*Leipold*, § 2084 Rn. 14; *Kipp/Coing*, § 21 III 1 (S. 139); *W. Schlüter*, Rn. 192. A.A. *Brox/Walker*, Rn. 200; *v. Lübtow*, S. 267. Eine umfassende kritische Auseinandersetzung mit der Andeutungstheorie findet sich bei *Perkams*, insbesondere S. 65 ff.

von Todes wegen zugrunde gelegten Verhältnisse geändert, muss der mutmaßliche Wille des Erblassers, d.h., was er bei Bewusstsein der Lückenhaftigkeit gewollt hätte, ermittelt werden (sog. ergänzende Auslegung).[431]

Eine Auffassung wendet diese Grundsätze der Testamentsauslegung – vor der Anerkennung – auf das Stiftungsgeschäft von Todes wegen an, nicht zuletzt um das Testament einheitlich auszulegen.[432] Dem entspricht es, dass das Stiftungsgeschäft – sowohl unter Lebenden als auch von Todes wegen – eine einseitige, nicht empfangsbedürftige Willenserklärung ist, die sich (anders als z.B. die Auslobung) auch nicht an einen unbestimmten Personenkreis wendet. Zur Anerkennung der Stiftung muss die zuständige Behörde zwar vom Stiftungsgeschäft Kenntnis erlangen, der Zugang bei der Behörde ist aber zur Wirksamkeit des Stiftungsgeschäfts nicht notwendig.[433]

Jedenfalls für die Zeit nach der Anerkennung wird von der ganz überwiegenden Auffassung, insbesondere auch von den Vertretern der soeben dargestellten Ansicht, eine andere Auslegungsmethode befürwortet. Durch ihre Anerkennung werde die Stiftung weitgehend von der Person des Stifters gelöst. Der Stifterwille bleibe nach der Anerkennung weiterhin maßgebend und entscheidender Richtungsweiser, nunmehr sei das Stiftungsgeschäft aber das „Lebensgesetz" für die Stiftungsorgane. Es werde Teil der Stiftungsverfassung, die die Mitglieder der Organe zu befolgen haben.[434] Daneben sei es Orientierungspunkt auch für Destinatäre, Aufsicht und Dritte, mit denen die Stiftung rechtsgeschäftlich verkehrt. Diese bedürften der Rechtssicherheit.[435] Das Stiftungsgeschäft sei somit die ständige Grundlage für alle Rechtsbeziehungen der Stiftung und müsse deshalb einheitlich ausgelegt werden, nach beständigen objektiven, allgemein erkennbaren Maßstäben, damit nicht die – mit der Zeit schwindende – (persönliche) Kenntnis des Organwalters vom Willen des Stifters sowie subjektive Vorstellungen der Beteiligten entscheidend seien.[436] Dementsprechend müsse der wirkliche oder mutmaßliche Wille des Stifters, wie er im Stiftungsgeschäft (allgemein, d.h. gerade nicht für den einzelnen Beteiligten) erkennbar zum Ausdruck gekommen ist, bestimmt werden (§§ 133, 157 BGB). Dabei könne man nur auf das im Stiftungsgeschäft Niedergelegte zurückgreifen.[437] Prägnant for-

---

431 Siehe nur RGZ 99, 82, 85 f.; MünchKomm-BGB/*Leipold*, § 2084 Rn. 70 ff.; Staudinger/*Otte*, vor § 2064 Rn. 81; *Kipp/Coing*, § 21 III 5b (S. 142 f.). Auch insoweit wird die Andeutungstheorie angewandt.

432 *Burgard*, S. 84; Seifart/*Hof*, § 6 Rn. 121; *Riemer*, Systematischer Teil, Rn. 80.

433 *Burgard*, S. 77, 84; Soergel/*Neuhoff*, § 80 Rn. 2; *v. Tuhr*, § 41 III (S. 599); *Werner*, ZSt 2005, 289, 294. A.A. noch *Hölder*, § 81 Anm. 1 (Vollendung des Stiftungsgeschäfts unter Lebenden mit dem Genehmigungsgesuch).

434 *Burgard*, S. 199; *Werner*, in: Stiftungen in Deutschland und Europa, 243, 253.

435 *Steffek*, S. 54.

436 *Ebersbach*, S. 88 f.; Seifart/*Hof*, § 7 Rn. 111.

437 RGRK/*Steffen*, § 85 Rn. 2; Staudinger/*Rawert*, § 85 Rn. 3; MünchKomm-BGB/*Reuter*, § 83 Rn. 14; Seifart/*Hof*, § 6 Rn. 123; *Burgard*, S. 200; *Ebersbach*, S. 89; *Werner*, in:

mulieren *Enneccerus/Nipperdey*[438] (zur Vereinssatzung): „Die Satzung ist […] aus sich selbst heraus auszulegen und zwar so, daß die einheitliche Auslegung gewährleistet ist. Der Allgemeinheit nicht erkennbare Abwägung und Absichten sind unbeachtlich."

Offenbar geleitet von der (unzutreffenden[439]) Vorstellung, Stiftungsgeschäft und Satzung seien stets unterschiedliche Dokumente, findet sich zum Teil die Auffassung, die Auslegung des Stiftungsgeschäfts folge den „besonderen Regeln des Erbrechts" – womit wohl die Maßgeblichkeit des tatsächlichen Willens im Gegensatz zum objektiv erkennbaren Willen gemeint ist –, während für die Auslegung der Satzung die §§ 133, 157 BGB gelten würden.[440]

Die Vertreter der Auffassung, die zunächst, d.h. vor der Anerkennung, den tatsächlichen, nicht den objektiv erkennbaren Willen für maßgeblich erachtet, befürworten hingegen einen mit der Anerkennung erfolgenden „Perspektivenwechsel".[441] Ein solcher Wechsel sucht einen Vergleich wohl vergebens. Im Extremfall hätte er zur Konsequenz, dass der Zweck (Beispiel[442]: „Förderung der Kinderarbeit") zunächst gemeinwohlkonform erschiene (Sozialarbeit mit Kindern) und die Anerkennungsfähigkeit der Stiftung daher zu bejahen wäre, nach der Anerkennung hingegen als gemeinwohlgefährdend oder sittenwidrig zu verstehen wäre (Arbeit von Kindern). Eine andere Meinung verzichtet denn auch auf einen – zumindest ungewöhnlich anmutenden – Auslegungswechsel, will das Stiftungsgeschäft jedoch ebenfalls nicht allein „objektiviert" auslegen: Dies gelte vielmehr nur für den organisationsrechtlichen Teil, während der vermögensrechtliche Teil wie das Testament auszulegen sei.[443]

Zutreffend ist, dass mangels fortlaufender Bedeutung für die Tätigkeit der Stiftungsorgane diese Objektivierung jedenfalls nicht für die – als klassisch erbrechtlich einzuordnende – Erklärung erforderlich ist, in welcher Weise und in welchem Umfang die Stiftung am Nachlass beteiligt wird, also die Bestimmung der Vermögensausstattung durch die Angabe von Zuwendungsart und -gegenstand. Gleiches gilt hinsichtlich des Willens zur Errichtung einer Stiftung von Todes wegen. Auf den Streit um die rechtliche Natur des Stiftungsgeschäfts und die Unterscheidung von vermögensrechtlichem und organisationsrechtlichem Teil kommt es insoweit nicht an, da auch nach der Einaktigkeitslehre die Elemente des Stiftungsgeschäfts (also z.B. Zweckbestimmung und Vermögens-

---

Stiftungen in Deutschland und Europa, 243, 259. A.A. Werner/Saenger/*Werner*, Rn. 313 ff., 369.

438 *Enneccerus/Nipperdey*, § 108 II 1 Fn. 11 (S. 653).

439 Dazu oben S. 37.

440 MünchVertrHdb/*Hof*, S. 1242.

441 *Burgard*, S. 199.

442 Nach *Sombrowski*, Die Stiftung 2 (2008), 151, 155.

443 OLG Zweibrücken, NJW-RR 2000, 815, 817; Staudinger/*Rawert*, § 83 Rn. 2; MünchKomm-BGB/*Reuter*, § 83 Rn.14, § 85 Rn. 8. Ähnlich wohl *O. Schmidt*, S. 50.

ausstattung) unterschiedlich behandelt werden können. Hinsichtlich der Bestandteile des Stiftungsgeschäfts ohne fortlaufende Bedeutung für die Stiftungstätigkeit können demnach die Grundsätze der Testamentsauslegung übernommen werden, nach herrschender Meinung bedeutet dies die Maßgeblichkeit des wirklichen, im Testament angedeuteten Erblasserwillens.

Bei der Auslegung der anderen Bestandteile des Stiftungsgeschäfts, insbesondere der Zweckbestimmung und der Regelungen zur Organisation der Stiftung, muss mit den oben genannten Argumenten (Bedeutung für Stiftungsorgane und Rechtsverkehr) die Notwendigkeit einer objektiven Auslegung jedenfalls für die Zeit nach der Anerkennung bejaht werden. Richtigerweise kann dann aber vor der Anerkennung keine andere Perspektive maßgeblich sein. Die Anerkennungsbehörde hat im Rahmen ihrer Prognoseentscheidung zu überprüfen, wie die Regelungen im Stiftungsgeschäft nach der Anerkennung verstanden und angewendet werden, muss dann also bei der Prognose von der objektiven Auslegung etwa des Stiftungszwecks ausgehen.

Eine derartige ständige objektive Auslegung der Bestandteile des Stiftungsgeschäfts mit fortwährender Bedeutung für die Stiftungstätigkeit lässt sich mit einer von *Otte* für die Testamentsauslegung angestellten Überlegung begründen. *Otte*[444] ist der Auffassung, Testamente seien immer dann nicht vom Horizont des Erblassers auszulegen, wenn er einen Nachlassbeteiligten zu einem bestimmten Verhalten veranlassen will; dann sei der Horizont des jeweils Betroffenen maßgeblich. Als Beispiel nennt er Anweisungen an den Testamentsvollstrecker (oder Auflagen). Grundgedanke dieser Ansicht ist, dass der Erblasser jemanden nur dann zu einem Verhalten veranlassen könne, wenn dieser die Anordnung verstehen könne. Vernünftigerweise müsse der Erblasser die Anordnung also so wollen, wie sie vom Horizont des Betroffenen her zu verstehen sei.[445] Der Erblasser will beim Stiftungsgeschäft von Todes wegen die Stiftungsorgane zur Verwirklichung des Stiftungszwecks veranlassen, so dass sich diese Erwägung im dargelegten Umfang übertragen lässt.

b) Auslegungshoheit des Testamentsvollstreckers

Unter Umständen kommt es zum Streit über die Auslegung einer Bestimmung des Stiftungsgeschäfts, z.B. zwischen Anerkennungsbehörde und Testamentsvollstrecker oder auch denen, die bei Versagung der Anerkennung als gesetzliche Erben berufen wären. Streitpunkte könnten etwa sein, ob eine Stiftung von Todes wegen errichtet werden sollte oder nur eine unselbständige Stiftung, wie – wovon die Anerkennung abhängen mag – ein Zweck zu verstehen ist, wie viel Vermögen der Stiftung zukommen soll; zwischen Finanzbehörde und Testamentsvollstrecker mag fraglich sein, ob das Stiftungsgeschäft bereits deutlich

---

[444] Staudinger/*Otte*, vor § 2064 Rn. 24.

[445] Auch *Perkams* (S. 25) bringt diesem Ansatz Sympathie entgegen.

werden lässt, dass die Stiftung den angegebenen gemeinnützigen Zweck unmittelbar im Sinne des § 57 AO verfolgt, ob also die formelle Satzungsmäßigkeit zu bejahen ist.

Wird dann eine Klage angestrengt, obliegt die im Einzelfall für die Beteiligten verbindliche Entscheidung, wie die Äußerung des Stifters im Stiftungsgeschäft zu verstehen ist, den Gerichten. Ist der Stifterwille aus dem Stiftungsgeschäft heraus nicht eindeutig feststellbar, muss ein Gericht den Willen insbesondere mithilfe von Zeugen ermitteln. Bei einer Stiftungserrichtung unter Lebenden kann das Gericht als Zeugen in der Regel den Stifter selbst zu seinem Willen bei Errichtung des Stiftungsgeschäfts befragen. Beim Stiftungsgeschäft von Todes wegen steht immerhin der Testamentsvollstrecker als Zeuge zur Verfügung. Er pflegte oftmals eine vertrauensvolle Beziehung zum Erblasser; seiner Aussage kann besonderes Gewicht zukommen.

Fraglich ist, ob dem Testamentsvollstrecker oder einem anderen Dritten durch den Erblasser die Befugnis verliehen werden kann, das Testament und damit insbesondere das Stiftungsgeschäft für jedermann verbindlich auszulegen, so dass insbesondere auch Behörden und Gerichte sich an den auf diese Weise festgestellten Inhalt der Verfügung von Todes wegen zu halten hätten. Der Erblasser könnte so eine stärkere Gewissheit erlangen, dass sein wirklicher Wille, den zu kennen er der Vertrauensperson jedenfalls eher als einer „fremden" staatlichen Stelle zutraut, tatsächlich Geltung erlangt. Auch nach Anerkennung der Stiftung könnte dem Testamentsvollstrecker die Auslegungshoheit zuerkannt werden, und dieser somit Streitfragen (z.B. zwischen Stiftung und Aufsicht oder zwischen den Organen) verbindlich klären.

aa) Zulässigkeit verbindlicher Interpretation

Die für alle verbindliche Auslegung einer Erklärung durch den Urheber derselben ist auch unter dem Begriff „authentische Interpretation" bekannt. Die verbindliche Auslegung durch einen vom Urheber ermächtigten Dritten wird teilweise ebenfalls mit diesem Begriff bezeichnet, da die Interpretationshoheit unmittelbar vom Urheber abgeleitet ist.[446] Das Preußische Allgemeine Landrecht von 1794 enthielt noch eine besondere Vorschrift, die den Willen des Erblassers, dem Testamentsvollstrecker die Klärung von Zweifelsfragen hinsichtlich der letztwilligen Verfügung zu überlassen, in gewissem Umfang beachtete. § 561 I 12 ALR bestimmte: „Wenn über den Sinn einer Anordnung des Erblassers zwischen dem Testamentsvollzieher und dem Erben gestritten wird, so gebührt, im

[446] Vgl. c. 16 § 1 CIC/1983: „Leges authentice interpretatur legislator et is cui potestas authentice interpretandi fuerit ab eodem commissa." Zur „authentischen Interpretation" im kanonischen Recht *Müller*, AfkKR 164 (1995), 355, 356. Ziel ist es, eine einheitliche Rechtsauffassung und eine möglichst vollständige Wirksamkeit des Gesetzes zu erreichen (*Müller*, AfkKR 164 (1995), 355, 366, 369). Zuständig ist allein der „Päpstliche Rat für die Interpretation von Gesetzestexten".

zweifelhaften Falle, der Meinung des ersteren der Vorzug." Dem Testamentsvollstrecker wurde dadurch jedoch nicht die Befugnis zur verbindlichen Auslegung zuerkannt. Dem Richter verblieb weiterhin die Aufgabe, die möglichen Auslegungsvarianten zu prüfen. Nur dann, wenn er danach selbst über die Richtigkeit der Auslegung im Zweifel war, hatte er die Ansicht des Testamentsvollstreckers vorzuziehen. Für den Richter war die Auslegung des Testamentsvollstreckers also nicht stets maßgebend.[447] Er musste sich auch nicht an eine offensichtlich unrichtige Interpretation halten.[448]

Die zu findende Zahl der Gerichtsurteile und Lehrmeinungen lässt den Schluss zu, dass Ermächtigungen des Testamentsvollstreckers zur „authentischen Interpretation" in den Anfangsjahren des BGB recht häufig aufgetreten sind, die Rechtsfigur also einen gewissen Bekanntheitsgrad erlangt haben muss.[449] Das Reichsgericht erhielt Gelegenheit, über die Zulässigkeit einer derartigen Ermächtigung zu urteilen, und verneinte sie.[450] Auch heute wird einhellig die Unzulässigkeit vertreten.[451]

Das Reichsgericht führte gegen die Auslegungshoheit des Testamentsvollstreckers zur Begründung aus, dass die verbindliche Auslegung des Testaments ei-

---

447 *Förster/Eccius*, S. 459; *Koch*, S. 353. *Goldfeld* (S. 104) bezweifelte den Wert einer solchen Vorschrift, da die Gerichte, wenn ihre Auslegung von der des Testamentsvollstreckers abweiche, in der Regel das Vorliegen eines Zweifels nicht eingestehen würden.

448 *Förster/Eccius*, S. 459; *Dernburg*, Preußisches Privatrecht, S. 456.

449 So schon *Bund*, JuS 1966, 60, 61 Fn. 6. Beispiele für eine testamentarische Verfügung, in der die Befugnis zur authentischen Interpretation erteilt wurde, lauten: „Den Testamentsvollstreckern steht bei allen in bezug auf die Auslegung des Testaments etwa entstehenden Zweifeln die Entscheidung ausschließlich und endgültig zu" (nach BGHZ 41, 23, 25); „In allen Fällen, in denen der Wortlaut oder der Sinn der letztwilligen Bestimmungen etwa unklar oder zweifelhaft sein könnte, ist der Testamentsvollstrecker befugt, das Testament authentisch zu interpretieren" (nach RGZ 66, 103); „Über etwaige Streitigkeiten bei der Testamentsvollstreckung soll der Testamentsvollstrecker entscheiden" (nach RGZ 100, 76); „Unser Testamentsvollstrecker kennt unsere Absichten genau und wird demgemäß verfahren, er soll daher auch unter Ausschluß des Gerichts befugt sein, unser gemeinschaftliches Testament authentisch zu interpretieren" (nach KG, Das Recht 1918, Nr. 1016).

450 RGZ 66, 103, 106; 100, 76, 77.

451 Staudinger/*Reimann*, § 2203 Rn. 15; MünchKomm-BGB/*W. Zimmermann*, § 2203 Rn. 3; MünchKomm-BGB/*Leipold*, § 2065 Rn. 9; *Schewe*, S. 252; Scherer/*Lorz*, § 19 Rn. 80. Dagegen wird es – Bezug nehmend auf ein weiteres Urteil des Reichsgerichts (RGZ 100, 230, 234) – von manchen für zulässig erachtet, dass die Stiftungssatzung von dazu ermächtigten Stiftungsorganen oder gar der Stiftungsbehörde authentisch interpretiert wird (Palandt/*Ellenberger*, § 85 Rn. 2; RGRK/*Steffen*, § 85 Rn. 2 a.E.; Soergel/*Neuhoff*, § 85 Rn. 6; *Ebersbach*, S. 47). Die mittlerweile wohl herrschende Meinung verneint auch hier die Zulässigkeit (MünchKomm-BGB/*Reuter*, § 85 Rn. 8; Staudinger/*Rawert*, § 85 Rn. 4; Seifart/*Hof*, § 6 Rn. 129 ff.; *v. Hippel*, S. 455; *Muscheler*, Stiftungsrecht, S. 275; *Jeß*, S. 135).

nen Verstoß gegen § 2065 Abs. 1 BGB bedeute. Die Ermächtigung zur bindenden Interpretation unterscheide sich nicht wesentlich von der Übertragung der Bestimmung über die Gültigkeit eines Testaments.[452] Der Testamentsvollstrecker könne willkürlich entscheiden, ob er von dem geäußerten Willen des Erblassers abweiche.

Die Existenz von letztwillig durch den Erblasser angeordneten Schiedsgerichten hat jedoch zu Zweifeln an der These, die bindende Interpretation sei stets unzulässig, geführt. Beinahe ebenso unbestritten wie die Unzulässigkeit der bindenden Auslegung ist die Ansicht, der Testamentsvollstrecker könne (allein oder neben anderen) letztwillig zum Schiedsrichter bestellt werden.[453] Die Zulässigkeit der Berufung eines testamentarisch angeordneten Schiedsgerichts ergibt sich aus § 1066 ZPO, Geltungsgrund der Verfügung ist die Testierfreiheit des Erblassers.[454] Das Schiedsgericht entscheidet anstelle des staatlichen Gerichts. Da dem staatlichen Gericht die Befugnis zur im Einzelfall verbindlichen Auslegung ohne Zweifel zukommt, gilt auch für das dieses ersetzende Schiedsgericht nichts anderes. Die Argumentation lautete: Wenn dem Testamentsvollstrecker die Auslegung – ebenso wie den staatlichen Gerichten – auf diese Weise bindend (wenn auch nur in den Grenzen der materiellen Rechtskraft) übertragen werden könne, dann müsse dies auch im Wege der Ermächtigung zur verbindlichen Auslegung möglich sein, ohne ein Schiedsgericht einzusetzen. Die Gefahr der unrichtigen Auslegung und damit der faktischen Änderung des eigentlich vom Stifter Gewollten bestehe stets da, wo ausgelegt werde.[455]

Gerade der Vergleich mit den „testamentarischen Schiedsgerichten" zeigt aber, dass eine verbindliche Auslegung nicht (zulässigerweise) übertragen werden kann. Die Gefahr der Verkennung des Stifterwillens existiert zwar bei (Schieds-)Gerichten auch, diese sind aber an die gesetzlichen Vorschriften, insbesondere die Auslegungsregeln – zu denen auch das Erfordernis einer Andeutung des ermittelten Willens zählt –, gebunden. Die Entscheidung eines staatlichen Gerichts kann in nächster Instanz überprüft werden. Bei den Schiedsgerichten findet zumindest im Rahmen und im Umfang des § 1059 ZPO eine Kontrolle durch die staatlichen Gerichte statt, es handelt sich um „private Rechtsprechung unter Aufsicht der staatlichen Gerichte".[456] Das Merkmal der Bindung an die für die Auslegung maßgeblichen Regeln fehlt bei der verbindlichen Auslegung. Wollte man hier eine Überprüfung ermöglichen, verlöre die Auslegung ihre Eigenart der Verbindlichkeit.

---

452 RGZ 66, 103, 105.

453 Siehe nur *R. Kohler*, DNotZ 1962, 125, 129 f.; *U. Walter*, MittRhNotK 1984, 69, 78; *Haas*, ZEV 2007, 49, 54.

454 *Otte*, in: FS Rheinisches Notariat, 241, 246; *Haas*, ZEV 2007, 49, 50.

455 Planck[1,2]/*Ritgen*, § 2203 Anm. 5; *Weißler*, S. 220 f.

456 Zöller/*Geimer*, vor § 1025 Rn. 4. Freilich ist allein die sachliche Unrichtigkeit kein Aufhebungsgrund (Zöller/*Geimer*, § 1059 Rn. 74).

Der Erblasser eröffnet dem Testamentsvollstrecker mangels Überprüfbarkeit seiner Interpretation vielmehr die Rechtsmacht, der Verfügung von Todes wegen (speziell dem Stiftungsgeschäft von Todes wegen) für jedermann verbindlich einen anderen als den ihr eigentlich zukommenden Inhalt beizulegen und sie somit faktisch zu ändern. Eine solche Entscheidung, ob eine Veränderung vorgenommen wird, ist letztlich eine Entscheidung über die Gültigkeit des Testaments in seiner jetzigen Gestalt.[457] Dass der Erblasser möglicherweise eine „unrichtige" und ändernde Auslegung durch den Testamentsvollstrecker keineswegs beabsichtigte oder auch nur in Erwägung zog, sondern seine Verfügung als inhaltlich vollständig und endgültig erachtete, ist unbeachtlich.[458] Es genügt bereits die Möglichkeit, dass der Erblasser durch die Ermächtigung zur verbindlichen Auslegung § 2065 Abs. 1 BGB umgehen könnte und der Wille des Erblassers, eine entsprechende Rechtsmacht zu eröffnen. Dem vergleichbar kann der Erblasser einen Dritten gerade deshalb nicht als Schiedsrichter ermächtigen, über den Inhalt seiner Verfügungen nach billigem Ermessen zu urteilen, wenn das Gesetz (anders als z.B. § 2048 Satz 2 BGB) ein solches Ermessen nicht einräumt, weil als Beschränkung der durch die letztwillige Schiedsklausel verwirklichten Testierfreiheit insbesondere auch die Regelung des § 2065 BGB besteht und diese Vorschrift auch auf diese Weise umgangen würde.[459]

Durch eine verbindliche Auslegung würde ferner die gesetzliche Entscheidung umgangen, dass die Schiedsgerichtsanordnung nur dann Geltung erlangt, wenn nicht beide streitenden Parteien sich ohne Erhebung der Einrede der Schiedsgerichtsbarkeit (§ 1027 ZPO) vor ein ordentliches Gericht begeben (sog. Prozesshindernis).[460] Die – im Umfang der materiellen Rechtskraft – „verbindliche" Auslegung ist somit allein Sache der Gerichte[461], seien es staatliche Gerichte oder Schiedsgerichte.

bb) Letztwilliges Schiedsgericht

Eine besondere Auslegungsmacht kann dem Testamentsvollstrecker somit nur zukommen, wenn er als Schiedsrichter eines das staatliche Gericht ersetzenden Schiedsgerichtes durch den Erblasser berufen wird. Das letztwillige Schiedsgericht kann – je nach Verfügung des Erblassers – über alle Streitigkeiten im Zusammenhang mit dem Nachlass und seiner Abwicklung entscheiden. Das

---

457 S.o. S. 87.

458 Anders *Weidmann*, S. 127 f.; wohl auch RGZ 100, 76, 78; Stein/Jonas/*Schlosser*, § 1066 Rn. 3.

459 *Otte*, in: FS Rheinisches Notariat, 241, 256. Ähnlich *Bandel*, NotBZ 2005, 381, 384 f.; MünchKomm-BGB/*Leipold*, § 1937 Rn. 36. A.A. (ohne Auseinandersetzung mit § 2065 BGB) *R. Kohler*, DNotZ 1962, 125, 132 f.; *Schiffer*, Wirtschaftsschiedsgerichtsbarkeit, S. 175; *Happe*, in: Böckstiegel, 85, 92; *Haas*, ZEV 2007, 49, 54.

460 *Weißler*, S. 221.

461 *Tuor*, Art. 518 Rn. 19.

Schiedsgericht darf das Testament nur so auslegen, wie auch das staatliche Gericht dazu berechtigt wäre.[462] Der Erblasser kann kraft seiner Testierfreiheit mit einer Schiedsklausel freilich nur den Rechtsweg zu den Zivilgerichten, nicht aber zu den Verwaltungsgerichten beeinflussen.[463] Klagen gegen die Anerkennungsbehörde, etwa auf Anerkennung der Stiftung, können daher nicht durch das letztwillig verfügte Schiedsgericht entschieden werden. Für Streitigkeiten zwischen den Organen oder zwischen der Stiftung und den durch sie Begünstigten über die Auslegung des Stiftungsgeschäfts kann der Stifter, da er die Gestaltungsmacht hinsichtlich der Stiftung besitzt, eine Schiedsklausel bestimmen und so ein sog. „satzungsmäßiges Schiedsgericht" einsetzen.[464]

Entgegen *Kipp/Coing*[465] steht einer schiedsrichterlichen Tätigkeit des Testamentsvollstreckers nicht notwendigerweise und stets das seinerseits vorhandene persönliche Interesse an der Streitsache entgegen.[466] Ausreichend ist vielmehr, dass der Grundsatz, dass niemand Richter in eigener Sache sein kann,[467] angewandt wird.

c) „Formale Satzungsergänzung"

Dem Aufgabenbereich der Anerkennungsbehörde wird neben der inhaltlichen Ergänzung des Stiftungsgeschäfts teilweise auch eine „formale Satzungsergänzung" zugewiesen.[468] Sie solle die Bestimmungen aus dem Stiftungsgeschäft in eine separate, möglicherweise nach Paragraphen geordnete Satzungsurkunde transferieren. Rechtlich notwendig ist ein solches Vorgehen – wie gesehen – nicht.[469] Die Vertreter der Auffassung eines Auslegungswechsels halten die Behörde für befugt, die Satzung so umzuformulieren, dass sie dem Ergebnis der Auslegung vor der Anerkennung entspricht.[470] Der Testamentsvollstrecker kann freilich eine formale Satzungsurkunde neben dem Stiftungsgeschäft erstellen – diese hat aber keine Verbindlichkeit, sondern kann lediglich der Anschaulichkeit

---

462 *Otte*, in: FS Rheinisches Notariat, 241, 255 f.; MünchKomm-BGB/*Leipold*, § 1937 Rn. 36.

463 Auf dem Gebiet des öffentlichen Rechts kommt *vertraglich* vereinbarte Schiedsgerichtsbarkeit nur in Betracht, soweit die Parteien über den Streitgegenstand einen öffentlichrechtlichen Vertrag schließen können (Zöller/*Geimer*, § 1030 Rn. 23).

464 Zöller/*Geimer*, § 1066 Rn. 2, 4 („Rechtsverhältnisse, welche [...] den Gegenstand statutarischer Bindung bilden können"); Stein/Jonas/*Schlosser*, § 1066 Rn. 3; Musielak/*Voit*, § 1066 Rn. 6. Zur Schiedsgerichtbarkeit in Stiftungen vgl. näher *Stumpf*, SchiedsVZ 2009, 266 ff.

465 *Kipp/Coing*, § 78 III 5 (S. 425).

466 Siehe die in Fn. 453 Genannten.

467 RGZ 100, 76, 79; BGHZ 41, 23, 25 f.; kritisch dazu *Bund*, JuS 1966, 60, 62.

468 MünchKomm-BGB/*Reuter*, § 83 Rn. 18, §§ 80, 81 Rn. 25; *Schewe*, S. 138; Seifart/*Hof*, § 6 Rn. 299.

469 S.o. S. 37.

470 *Steffek*, S. 56 f.; Seifart/*Hof*, § 6 Rn. 122.

dienen. Es würde bereits durch eine veränderte Zusammenstellung oder geringe Wortlautänderungen Auslegung betrieben und das Ergebnis niedergelegt. Erlangte die Satzung Verbindlichkeit und würde fortan dem Inhalt des eigentlichen Stiftungsgeschäfts zumindest gleichgestellt, handelte es sich um einen Fall der unzulässigen verbindlichen Auslegung.

4. Anforderungen an die Ergänzungserklärung

Der Gesetzgeber hat die Ergänzung des Stiftungsgeschäfts nicht besonders bedacht und dementsprechend keine Regelungen zur Erklärung der Ergänzung getroffen. Für die im Gesetz geregelten Fälle, in denen die Ergänzung einer Verfügung des Erblassers durch einen anderen (§§ 2048 Satz 3, 2151 Abs. 2, 3, 2153 Abs. 2, 2154 Abs. 2, 2155 Abs. 2, 3, 2156 Satz 2, 2193 Abs. 2, 3, 2198 Abs. 1 Satz 2, Abs. 2 BGB) erfolgt, bestehen hingegen einige ausdrückliche Maßgaben. Hinsichtlich der nach Rechtsprechung und Literatur beschränkt zugelassenen Bestimmung oder „Bezeichnung" des Erben (insbesondere beim sog. Unternehmertestament: Erblasser überlässt Drittem die Bestimmung des Erben/Unternehmensnachfolgers) hat man sich an diesen gesetzlichen Regelungen sowie an den allgemein für die Leistungsbestimmung Dritter geltenden §§ 315 ff. BGB orientiert.

Das Gebot einer widerspruchsfreien Rechtsordnung muss auch beachtet werden, wenn der rechtliche Rahmen für die Ergänzung des Stiftungsgeschäfts bestimmt wird. Freilich ist die Existenz der Anerkennungsbehörde, die grundsätzlich ebenfalls eine Ergänzungsbefugnis hat (§ 83 Satz 2 BGB), eine Besonderheit beim Stiftungsgeschäft. Die Wertung des Gesetzgebers, eine solche Zuständigkeit einer staatlichen Stelle zu schaffen, hat bei der Ausfüllung der gesetzlichen Lücke (Rechtsfortbildung) zu berücksichtigt werden. Zudem handelt es sich im Unterschied etwa zur Situation bei den §§ 2151, 2198 BGB und dem Unternehmertestament nicht um eine Auswahl einer Person aus einem Kreis von mehreren, sondern die Bestimmung von Merkmalen der Stiftung.

a) Zeitpunkt des Wirksamwerdens der Bestimmung

Da der Ermächtigte die Bestimmung erst nach dem Erbfall trifft, wird beim Unternehmertestament die Frage diskutiert, wer in der Zeit zwischen Erbfall und Ausübung des Bestimmungsrechts Erbe ist. Während zum Teil die Anwendung des § 2105 Abs. 2 BGB und damit die Vorerbschaft der gesetzlichen Erben sowie die Nacherbschaft des Bestimmten angenommen wird,[471] soll die Auswahl nach anderer Auffassung auf den Zeitpunkt des Erbfalls zurückwirken, d.h., die ausgewählte Person soll mit Rückwirkung auf den Erbfall Erbe werden.[472] Dieser Meinungsstreit muss bei der Errichtung der Stiftung nicht geführt werden, ist

---

471 *Sens*, S. 62 ff., 107; *Frey*, S. 91 ff., 107.

472 Staudinger/*Otte*, § 2065 Rn. 37; MünchKomm-BGB/*Leipold*, § 2065 Rn. 30; Palandt/*Edenhofer*, § 2065 Rn. 9.

doch in § 84 BGB – unabhängig davon, ob eine Ergänzung stattgefunden hat oder nicht – hinsichtlich der Zuwendung, also insbesondere der Erbeinsetzung, durch den Stifter ausdrücklich die Fiktion des Entstehens schon vor dem Erbfall angeordnet.

b) Bestimmung bei Bestehen eines Testamentsvollstreckergremiums

Es ist möglich, nicht nur einen, sondern zwei oder mehrere Testamentsvollstrecker einzusetzen (§ 2224 BGB). Gerade bei großen Vermögen ist dies ein nicht unüblicher Weg, der nicht zuletzt der gegenseitigen Kontrolle dient.[473] Alle Testamentsvollstrecker sind zur Ergänzung berufen, wenn der Erblasser nicht ausdrücklich einem allein die Ergänzungsbefugnis zugewiesen hat. Gesetzlich vorgesehen ist eine gemeinschaftliche Amtsführung der Testamentsvollstrecker (§ 2224 Abs. 1 Satz 1 BGB), d.h., Einstimmigkeit ist erforderlich. Eine analoge Anwendung des § 317 Abs. 2 BGB, wie sie bei der Drittbestimmung des Erben vertreten wird,[474] ist bei zur Ergänzung berufenen Testamentsvollstreckern aufgrund der ausdrücklichen und speziellen Regelung in § 2224 BGB nicht erforderlich. Bei Meinungsverschiedenheiten entscheidet das Nachlassgericht (§ 2224 Abs. 1 Satz 1 a.E. BGB). Der Erblasser kann gemäß § 2224 Abs. 1 Satz 3 BGB von den gesetzlichen Regelungen abweichende Anordnungen treffen, z.B. kann er die Stimmenmehrheit ausreichen lassen. Er kann auch einem der Testamentsvollstrecker die Letztentscheidungsbefugnis für den Fall der Uneinigkeit übertragen.[475]

c) Übertragbarkeit der Ergänzungsbefugnis

Nach beinahe allgemeiner Meinung ist es nicht zulässig, dass der zur Bestimmung des Erben Ermächtigte bei der Vornahme dieser Erklärung vertreten wird oder die Befugnis weiter überträgt. Aus den §§ 2064 f. BGB ergibt sich dies nicht, gelten diese doch nur für den Erblasser und stehen sie zudem schon der Ergänzbarkeit nicht entgegen: Der entsprechend Ermächtigte kann bestimmte Elemente des Stiftungsgeschäfts ergänzen. Da es sich gleichwohl um wichtige Entscheidungen handelt, bei der der Erblasser auf den besonderen juristischen Sachverstand des konkreten Ermächtigten und seine Kenntnis des Erblasserwillens gesetzt hat, ist ein konkludentes Verbot des Erblassers anzunehmen, dass ein anderer als der Ergänzungsberechtigte, der regelmäßig ein besonderes Ver-

---

473 Bengel/Reimann/*Reimann*, 2. Kap. Rn. 200; *Molitoris*, S. 31 ff.

474 *Sens*, S. 110. Eine Anwendung des § 317 Abs. 2, 1. Hs. BGB bedeutete grundsätzlich keinen Unterscheid, da im Zweifelsfall ebenfalls die Übereinstimmung aller erforderlich wäre (vgl. *Sens*, S. 110). Allerdings fehlt die Entscheidungsbefugnis des Nachlassgerichts gemäß § 2224 Abs. 1 Satz 1 a.E. BGB.

475 Bengel/Reimann/*Reimann*, 2. Kap. Rn. 204 f.; *W. Zimmermann*, Rn. 206.

trauen des Erblassers genießt, Ergänzungen vornimmt.[476] Für den Testamentsvollstrecker folgt die Unübertragbarkeit zudem aus § 2218 Abs. 1 i.V.m. § 664 Abs. 1 Satz 1 BGB.

d) Erklärungsempfänger

Das Stiftungsgeschäft von Todes wegen ist eine nicht empfangsbedürftige Willenserklärung, d.h., es ist wirksam allein mit seiner endgültigen Äußerung durch den Stifter, nicht etwa erst mit dem Zugang bei der Behörde.[477] Für die Ergänzungserklärung gilt dies nicht: Die Anerkennungsbehörde entschiede ansonsten unter Umständen auf der Grundlage des ursprünglichen, durch den Stifter errichteten Stiftungsgeschäfts, das mittlerweile aufgrund einer – der Anerkennungsbehörde nicht bekannt gewordenen – Ergänzung durch den Testamentsvollstrecker tatsächlich einen anderen Inhalt besitzt. Eine Empfangsbedürftigkeit ist auch bei den gesetzlich erlaubten ergänzenden Erklärungen ausdrücklich vorgesehen (§§ 2151 Abs. 2, 2153 Abs. 1 Satz 2, 2154 Abs. 1, 2155 Abs. 2, 2193 Abs. 3 Satz 1, 2198 Abs. 1 Satz 2, 2199 Abs. 3 BGB). Somit muss die Erklärung des Testamentsvollstreckers als sog. amtsempfangsbedürftige Willenserklärung der Anerkennungsbehörde zugehen. Die Behörde ist insoweit sachnäher als das Nachlassgericht, dem etwa gemäß § 2198 Abs. 1 Satz 2 BGB die Erklärung über die Bestimmung des Testamentsvollstreckers zugehen muss. So ist die Behörde nach § 83 Satz 2 BGB auch selbst zu Ergänzungen befugt, wenn keine Testamentsvollstreckung angeordnet ist. Durch § 83 Satz 2 BGB verdeutlicht der Gesetzgeber, dass es vorrangig die Anerkennungsbehörde ist, die als staatliche Institution für die Entstehung der Stiftung zuständig sein soll und Fragen rund um die Stiftungsentstehung zu klären hat. Dem vergleichbar kann das Nachlassgericht bei entsprechender Erblasserermächtigung den Testamentsvollstrecker ernennen (§ 2200 Abs. 1 BGB). Während die Anerkennungsbehörde für die Entstehung und Aufsicht der Stiftung zuständig ist, ist das Nachlassgericht sowohl zu Beginn (§ 2202 Abs. 2 Satz 1 BGB) als auch während der Testamentsvollstreckung (§§ 2216 Abs. 2 Satz 2, 2224 Abs. 1 Satz 1 a.E., 2227 Abs. 1 BGB) die relevante Stelle für insoweit erfolgende Erklärungen.

Die Behörde ist auch bei einem Vermächtnis oder einer Auflage zugunsten der Stiftung von Todes wegen empfangszuständig für die Ergänzungen, da sie allgemein über die Anerkennung einer Stiftung von Todes wegen zu entscheiden hat. Eine unterschiedliche Behandlung erscheint hier, da es nicht zuletzt um die Entstehung der Stiftung geht und nicht nur um die Konkretisierung der Zuwendung, nicht gerechtfertigt. Die §§ 2151 und 2193 BGB werden zudem bei der Ergänzung des Stiftungsgeschäfts ohnehin lediglich entsprechend angewandt

---

[476] *Klunzinger*, BB 1970, 1197, 1201; *Frey*, S. 115 f. Im Ergebnis auch Staudinger/*Otte*, § 2065 Rn. 42; Soergel/*Loritz*, § 2065 Rn. 34.

[477] S.o. S. 98.

und begegnen nicht dem stiftungsspezifischen Bedarf nach der Kenntnis der Anerkennungsbehörde.

e) Widerruflichkeit

Für eine amtsempfangsbedürftige Willenserklärung gilt gemäß § 130 Abs. 3 BGB auch die Regelung des § 130 Abs. 1 Satz 2 BGB, nach der ein Widerruf nur dann die Wirksamkeit der ursprünglichen Erklärung verhindert, wenn er vor oder gleichzeitig mit der Erklärung zugeht. Dem Stifter steht bei der Errichtung einer Stiftung unter Lebenden gemäß § 81 Abs. 2 Satz 1 BGB hingegen bis zur Anerkennung der Stiftung ein Widerrufsrecht zu, nach erfolgter Antragstellung ist dies durch eine amtsempfangsbedürftige Willenserklärung auszuüben (§ 81 Abs. 2 Satz 2 BGB). Der ergänzende Testamentsvollstrecker erhält ein solches Widerrufsrecht hinsichtlich seiner Ergänzungen nicht. Entsprechendes wird etwa auch bei den §§ 2151, 2198 BGB angenommen. Er soll gerade eine verbindliche Entscheidung treffen. Die noch ausstehenden Regelungen sollten zügig ergänzt werden, damit die Vermögensnachfolge geklärt werden kann. Den Testamentsvollstrecker treffen zudem die Folgen der Erklärung nicht selbst, die grundlegenden Entscheidungen hinsichtlich der Errichtung obliegen ohnehin dem Stifter. Er soll den Stiftungserrichtungswillen des Stifters umsetzen und keine eigene, bis zur Anerkennung schützenswerte Entscheidung über die Stiftungserrichtung treffen. Es liegt also keine Konstellation vor, die mit der des § 81 Abs. 2 BGB vergleichbar ist. Aufgrund der schwebenden Rechtslage ist von dem Testamentsvollstrecker vielmehr eine schnelle, aber auch gut überlegte Entscheidung zu erwarten. Die Ergänzungserklärung ist mithin – abgesehen von der Möglichkeit des § 130 Abs. 1 Satz 2 BGB – nicht widerruflich.[478] Dafür spricht auch, dass im Zweiten Entwurf zum BGB in § 2022 Abs. 2 Satz 2, dem Vorläufer von § 2151 Abs. 2 BGB, noch ausdrücklich eine Regelung der Unwiderruflichkeit bei der Drittbestimmung des Vermächtnisnehmers vorgesehen war,[479] auf die man aber ohne weitere Diskussion verzichtete, was auf ihre Selbstverständlichkeit hindeutet.[480]

f) Form der Erklärung

Der Gestaltungsakt gestaltet das zu gestaltende Rechtsgeschäft, ist aber nicht Element dieses Rechtsgeschäfts.[481] Somit ist grundsätzlich die Form des gestalteten Geschäfts nicht für den Gestaltungsakt einzuhalten.[482] Die Ergänzung des Stiftungsgeschäfts darf aber nicht ohne die Einhaltung jeglicher Form möglich

---

478 Für die Erbenbestimmung ebenso etwa *Sens*, S. 116; *Klunzinger*, BB 1970, 1197, 1201.
479 Vgl. *Mugdan* V, S. IV.
480 *Sens*, S. 116.
481 *Gernhuber*, § 12 I 1 (S. 277 f.); *Joussen*, AcP 203 (2003), 429, 438.
482 RGZ 165, 161, 163 f.; BGH, BB 1967, 1394; NJW 1973, 1656; Palandt/*Grüneberg*, § 315 Rn. 11; RGRK/*Ballhaus*, § 315 Rn. 14; *Seckel*, S. 48; *Joussen*, AcP 203 (2003), 429, 438.

sein, da die Erklärung ansonsten nicht ihrer Bedeutung für den Rechtsverkehr, die Stiftungsorgane und die Aufsicht genügen würde.[483] Die für das Stiftungsgeschäft unter Lebenden geforderte Schriftform (§ 81 Abs. 1 Satz 1 BGB) ist mindestens einzuhalten. Gegen die Formfreiheit spricht auch, dass der Erklärende durch einen Formzwang veranlasst wird, seine Erklärung klar zu überlegen und präzise zu fassen.[484] Dies gilt umso mehr, als er eine verbindliche Entscheidung treffen soll und (anders als der Stifter) über kein Widerrufsrecht verfügt. Diese notwendige Entschiedenheit wird gerade durch die Formbedürftigkeit betont und dem Erklärenden bewusst gemacht.

Gegen das Bedürfnis einer notariellen Beurkundung bei der Stiftungserrichtung unter Lebenden wird angeführt, dass dem Stifter noch ein Widerrufsrecht zustehe, er also die Erklärung notfalls vernichten könne.[485] Eine notarielle Beurkundung ist freilich auch bei der Ergänzung durch den Testamentsvollstrecker nicht notwendig. So ist das weiter gegen die strengere Form des Stiftungsgeschäfts unter Lebenden vorgebrachte Argument, die Behörde könne auf ein Änderungs- und Klarstellungsbedürfnis hinweisen,[486] zumindest insofern übertragbar, als der Testamentsvollstrecker sich vorher mit den Behörden abstimmen kann. Zudem sind wesentliche Entscheidungen durch den Stifter schon getroffen, insbesondere ist dem Testamentsvollstrecker nicht die Entscheidung über die Stiftungsentstehung überlassen.

Bei der Auswahl des Erben durch einen Dritten ist man sich allerdings ganz überwiegend einig, dass die den Erben bestimmende Erklärung des Dritten entsprechend § 2198 Abs. 1 Satz 2 BGB öffentlich beglaubigt werden müsse und in dieser Form gegenüber dem Nachlassgericht abzugeben sei.[487] Wie auch bei §§ 1945 Abs. 1 Satz 2 BGB handele es sich um eine Erklärung zur Änderung bzw. Konkretisierung in der Rechtszuständigkeit hinsichtlich des Gesamtnachlasses.[488] Der angeführte Grundsatz lässt sich jedoch nicht bestätigen: Weder Testamentsvollstreckerernennung noch Ausschlagung sind zwingend auf den Gesamtnachlass bezogen, ein übertragbares Prinzip ist insofern nicht ersichtlich. Etwa für die Kündigung durch den Testamentsvollstrecker (§ 2226 BGB) ist die besondere Form nicht vorgeschrieben. Entsprechend der Bedeutung der öffentlichen Beglaubigung wird angenommen, das Gesetz sehe diese Form in den Fäl-

---

483 Für die Erbenbestimmung ähnlich *Frey*, S. 111; *Klunzinger*, BB 1970, 1197, 1201. A.A. (§ 2151 Abs. 2 BGB analog) *Sens*, S. 115.

484 Vgl. *Schärer*, S. 127; *R. Zimmermann*, S. 29. S.o. bei Fn. 361.

485 *Reichel*, S. 23 Fn. 1; *Rawert*, DNotZ 2008, 5, 8.

486 Vgl. *Mugdan* I, S. 962 sowie *Rawert*, DNotZ 2008, 5, 8 und kritisch *Reichel*, S. 23 Fn. 1.

487 KG, ZEV 1998, 182, 184; Staudinger/*Otte*, § 2065 Rn. 41; Soergel/*Loritz*, § 2065 Rn. 34; Bamberger/Roth/*Litzenburger*, § 2065 Rn. 18; *Rötelmann*, NJW 1958, 953, 954; *Großfeld*, JZ 1968, 113, 115 Fn. 21; *Klunzinger*, BB 1970, 1197, 1201.

488 KG, ZEV 1998, 182, 184; *Klunzinger*, BB 1970, 1197, 1201. Für die bloße Schriftform *Lange/Kuchinke*, § 27 I 5 (S. 546); für § 2231 BGB analog *Frey*, S. 111.

len vor, in denen es auf die zuverlässige Feststellung der Identität des Erklärenden ankomme, also insbesondere bei Erklärungen, die gegenüber einer Behörde abzugeben seien.[489] Ein konsequent durchgehaltenes Muster des Gesetzgebers ist freilich nicht auszumachen. Gegenüber der Anerkennungsbehörde wird das Erfordernis einer öffentlichen Beglaubigung jedenfalls selbst dann nicht aufgestellt, wenn nicht der Stifter, sondern ein Dritter Erklärungen in Bezug auf das Stiftungsgeschäft abgibt, nämlich etwa beim Widerruf durch Erben (vgl. § 81 Abs. 2 Satz 3 BGB) oder beim Antrag von durch den Erblasser Beauftragten. Eine öffentliche Beglaubigung erscheint somit nicht geboten, weil eine Wertung des Gesetzgebers, dass gegenüber der Anerkennungsbehörde ein Fall besonderer Nachweis- und Zuordnungsbedürftigkeit hinsichtlich Erklärung und erklärender Person vorliegt, nicht erkennbar ist.

g) Ausbleiben der Ergänzung

Die Stiftungsanerkennung und damit das Entstehen der Stiftung werden hinsichtlich der Zuwendung des Stifters durch § 84 BGB als vor dem Erbfall geschehen fingiert. Zwischen Erbfall und Anerkennung besteht tatsächlich aber ein Schwebezustand. Eine solche Vakanzperiode darf im Interesse des Rechtsverkehrs nur von kurzer Dauer sein.[490] Die Anerkennungsbehörde ist bei ihrer Entscheidung über die Anerkennung wie auch über etwaige Ergänzungen ihrerseits gemäß § 83 Satz 2 BGB zwar nicht an Fristen gebunden, so dass insoweit keine Begrenzungen des Schwebezustandes vorhanden sind. Solche sind aber auch verzichtbar, ist doch die Behörde an das allgemeine Zügigkeitsgebot des § 10 Satz 2 VwVfG gebunden, welches insbesondere auf dem Grundsatz der Verwaltungseffizienz und dem Rechtsstaatsprinzip beruht und die Behörde zu einer Entscheidung innerhalb angemessener Frist verpflichtet.[491] Bei einer Verzögerung der Entscheidung ohne sachliche Gründe kann nach § 75 VwGO die sog. Untätigkeitsklage auf Anerkennung der Stiftung angestrengt werden, ohne die vorherige Bescheidung durch die Ausgangsbehörde oder die vorherige Bewältigung eines Widerspruchsverfahrens. Hinsichtlich der Ergänzungsbefugnis des Testamentsvollstreckers ist es dagegen zur Beendigung des Schwebezustandes erforderlich, die Zulässigkeit der Ergänzungen in Anlehnung an §§ 2151 Abs. 3 Satz 2, 2153 Abs. 2 Satz 2, 2154 Abs. 2 Satz 2, 2155, 2193 Abs. 2, 2198 Abs. 2 BGB von der Einhaltung einer bestimmten Frist abhängig zu machen.[492]

---

[489] MünchKomm-BGB/*Einsele*, § 129 Rn. 1; *Malzer*, DNotZ 2000, 169, 172.

[490] Staudinger/*Otte*, § 2065 Rn. 37.

[491] Hk-VerwR/*K.-A. Schwarz*, § 10 VwVfG Rn. 16; *Kopp/Ramsauer*, § 10 Rn. 18.

[492] Eine Hinauszögerung der Ergänzung mag für den Testamentsvollstrecker nicht zuletzt deshalb reizvoll sein, weil er damit seine eigene Machtposition, zu der die Verwaltung des Nachlasses zählt, verlängern kann, da die Abwicklungstestamentsvollstreckung derweil fortdauert.

aa) Fristsetzung

Wenn der Erblasser selbst in der Verfügung von Todes wegen eine Frist zur Ausübung des Bestimmungsrechtes gesetzt hat, so ist diese Frist zu beachten.[493] Für die zugelassene Auswahl des Erben beim Unternehmertestament nimmt man in Analogie zu den genannten Vorschriften, insbesondere zu § 2198 Abs. 2 BGB, an, dass das Nachlassgericht auf Antrag eines Beteiligten dem Bestimmungsberechtigten eine Frist setzt.[494] In unserem Fall tritt aufgrund ihrer Sachnähe wiederum die Anerkennungsbehörde an die Stelle des Nachlassgerichts. Die Behörde ist – analog zum Nachlassgericht bei der Testamentsvollstreckerernennung – Empfängerin der Erklärung und bemerkt somit auch zuerst, ob die Erklärung schon vor einer Fristsetzung zugegangen ist oder die gesetzte Frist eingehalten ist.

Der Behörde kommt schon nach allgemeinem Verwaltungsrecht die Befugnis zu, das Verfahren voranzutreiben und somit auch den Beteiligten Fristen für erforderliche Handlungen zu setzen. Grundlage für die Fristsetzung ist die allgemeine Befugnis der Behörde zur Verfahrensgestaltung i.V.m. § 10 VwVfG.[495] Aufgrund des starken Interesses des Rechtsverkehrs an der Aufhebung des Schwebezustandes kann man jedenfalls annehmen, dass das behördliche Ermessen bei der Ergänzung des Stiftungsgeschäfts von Todes wegen dahingehend reduziert ist, stets von sich aus eine Frist zu setzen. Eine „Doppelkompetenz" von Behörde und Gericht hinsichtlich einer Fristsetzung ist zu vermeiden. Dann nämlich könnte der Fall eintreten, dass die durch die Behörde gesetzte Frist abgelaufen ist und die Behörde bereits über die Anerkennung entscheidet, das Nachlassgericht hingegen auf Antrag eine weitergehende Frist angeordnet hat. Somit ist die Anerkennungsbehörde allein zur Fristsetzung zuständig. Aufgrund der bestehenden Verpflichtung der Behörde zur zügigen Abwicklung und zur Fristsetzung bedarf es eines Antrags entsprechend § 2198 BGB nicht. Die Beteiligten können freilich eine entsprechende Anregung an die Behörde geben.

bb) Fruchtloser Ablauf der Frist

Bei erfolglosem Ablauf der Frist ist im Interesse der Testierfreiheit vorrangig (entsprechend der Rechtslage bei § 2198 Abs. 2 BGB[496]) eine durch den Erblasser vorgesehene ersatzweise Ermächtigung eines anderen, die Ergänzungen vorzunehmen, zu beachten. Fehlt es an einer entsprechenden Ermächtigung, könnte man erwägen, dass das Stiftungsgeschäft von Todes wegen wie im Rahmen des

---

[493] Vgl. Staudinger/*Reimann*, § 2198 Rn. 19; Staudinger/*Otte*, § 2065 Rn. 40; Soergel/*Loritz*, § 2065 Rn. 35; *Frey*, S. 116.

[494] Staudinger/*Otte*, § 2065 Rn. 40; Palandt/*Edenhofer*, § 2065 Rn. 9; Bamberger/Roth/*Litzenburger*, § 2065 Rn. 18; MünchKomm-BGB/*Leipold*, § 2065 Rn. 30; Soergel/*Loritz*, § 2065 Rn. 35; *Frey*, S. 116 f.

[495] *Kopp*/*Ramsauer*, § 10 Rn. 20; Hk-VerwR/*K.-A. Schwarz*, § 10 VwVfG Rn. 18.

[496] Soergel/*Damrau*, § 2198 Rn. 7; Bamberger/Roth/*J. Mayer*, § 2198 Rn. 8.

§ 2198 Abs. 2 BGB so bleibt, wie es ist – dies hätte zur Konsequenz, dass die Anerkennung versagt würde, wenn das Geschäft nicht den (stiftungs)rechtlichen Anforderungen genügte, oder die Gemeinnützigkeit könnte wegen fehlender formeller Satzungsmäßigkeit nicht zuerkannt werden.

§ 2151 Abs. 3 Satz 2 BGB sieht hingegen eine Gesamtgläubigerschaft der zur Auswahl stehenden Personen vor. Dies passt nicht zur Ergänzung des Stiftungsgeschäfts, bei dem keine Auswahl aus mehreren Personen zu erfolgen hat.[497] Dies gilt auch dann, wenn der Erblasser bei der Einsetzung einer Stiftung von Todes wegen als Vermächtnisnehmerin den Testamentsvollstrecker entsprechend § 2151 BGB ermächtigt hat, aus mehreren möglichen Stiftungszwecken einen auszuwählen. Der Erblasser hat nur die Absicht, *eine* Stiftung zu errichten, nicht mehrere Stiftungen mit den möglichen Zwecken. Der Lösung *Schewes*[498], demzufolge eine einzige Stiftung mit sämtlichen zur Auswahl gestellten Zwecken entsteht, ist ebenfalls nicht zu folgen. Dies könnte dazu führen, dass keiner der Zwecke effektiv verfolgt werden könnte. Im Interesse des Erblassers und im Sinne des Gesetzes dürfte vielmehr die dann ausnahmsweise auch den Zweck betreffende Ergänzung durch die Behörde sein. Der Erblasser möchte, dass eine Stiftung entsteht und diese Stiftung soll einen einzigen Zweck und Willen erfüllen.

Dass überhaupt die Bestimmung durch einen anderen erfolgt, erscheint nicht zuletzt geboten, um die Macht des Testamentsvollstreckers zu begrenzen und ihm nicht doch die Entscheidung über die Gültigkeit des Stiftungsgeschäfts von Todes wegen und damit die Rechtsnachfolge in das Erblasservermögen zukommen zu lassen. § 83 Satz 2 BGB sieht zudem gerade die Befugnis zur Vornahme von Ergänzungen vor. Diese Kompetenz bliebe wenig bedeutend, wenn sie nicht einmal bei dem Ausbleiben der Ergänzung durch den Testamentsvollstrecker oder einen sonst Ermächtigten eingesetzt werden könnte. Die mit § 83 Satz 2 BGB beabsichtigte Rettung des Stiftungsgeschäfts kommt jedenfalls dann zum Tragen, wenn die vorhandenen Mängel die Entstehung verhindern würden. Darüber hinaus können aber Fälle auftreten, in denen die behördliche Kompetenz fehlt, z.B. wenn es darum geht, die Gemeinnützigkeit herzustellen (etwa bei der Angabe der Anfallberechtigung). Eine Kompetenz des Prozessgerichts[499] analog § 319 Abs. 1 Satz 2 BGB kommt auch insoweit nicht in Betracht. Falls eine Ergänzung staatlicherseits erfolgen sollte, dann sollte die Kompetenz zweckmäßigerweise einheitlich bei nur einer staatlichen Stelle bestehen, der sachnahen An-

497 Bei der Erbeinsetzung existiert zudem keine der Gesamtgläubigerschaft entsprechende Rechtsfigur (Staudinger/*Otte*, § 2065 Rn. 40). Für die Anwendung des § 319 BGB auf die Erbendrittbestimmung: Staudinger/*Otte*, § 2065 Rn. 40; Soergel/*Loritz*, § 2065 Rn. 36; MünchKomm-BGB/*Leipold*, § 2065 Rn. 30 f.; Bamberger/Roth/*Litzenburger*, § 2065 Rn. 18. Für § 2151 Abs. 3 BGB: *Sens*, S. 117 ff.

498 *Schewe*, S. 228 f.

499 MünchKomm-BGB/*Leipold*, § 2065 Rn. 31.

erkennungsbehörde. Der Stifter ist zwar nicht in der Lage, die Behörde oder überhaupt eine staatliche Stelle zur Vornahme der Ergänzungen zu ermächtigen und so deren Aufgabenkreis zu bestimmen. In unserem Fall ermächtigt der Erblasser freilich den Testamentsvollstrecker, nicht die Behörde.

Eine Erweiterung der behördlichen Befugnis ergibt sich aus einer Rechtsfortbildung nach dem Gedanken des § 319 Abs. 2 BGB, dass eine gewollte Gestaltung notfalls staatlicherseits erfolgt, wenn der eigentlich zur Drittbestimmung Ermächtigte nicht tätig wird und eine sonstige Ausfüllung der dadurch entstandenen Lücke nicht nahe liegend ist. Die §§ 2073, 2084 BGB drücken zudem den Gedanken der größtmöglichen Aufrechterhaltung des Erblasserwillens aus. Da dem Stifterwillen bei der Stiftung besondere Bedeutung beigemessen wird, ist es als eine planwidrige Regelungslücke anzusehen, wenn keine allgemeine behördliche Kompetenz für den Fall besteht, dass der Stifter einen Dritten mit der näheren Gestaltung des Stiftungsgeschäfts beauftragt hat, es zur Ausführung des Auftrags entgegen diesem Wunsch jedoch nicht kommt. Mit dem hinter der beschränkten Ergänzungsbefugnis nach § 83 Satz 2 BGB stehenden Gedanken ist diese „Erweiterung" vereinbar: Ein nicht zu rechtfertigender Eingriff in die Privatautonomie liegt nicht vor, da der Stifter bewusst einem Dritten die Möglichkeit einer Veränderung des Stiftungsgeschäfts eröffnet hat. Es entspricht zudem dem mutmaßlichen Willen des Stifters, den die Behörde bei einer Ergänzung zu beachten hat (§ 83 Satz 2 BGB) und der der Ergänzungsbefugnis der Behörde als Notkompetenz zugrunde liegt.[500] Hinsichtlich der Ergänzung von Zweck und Vermögen bei Vermächtnis oder Auflage muss der Stifter ferner ohnehin bestimmte Vorgaben gemacht haben, so dass kein zu großer Spielraum besteht.

Ist die Frist zwar noch nicht abgelaufen, macht der Testamentsvollstrecker aber deutlich, dass er seine Befugnis nicht ausüben wird, ist die Behörde ebenfalls – gemäß einem etwa in den §§ 281 Abs. 2, 1. Fall, 323 Abs. 2 Nr. 1 BGB enthaltenen Rechtsgedanken – zu den Ergänzungen befugt. Gleiches gilt, wenn feststeht, dass der Dritte die Bestimmung nicht (mehr) ausüben kann.[501]

5. Wirksamkeit der Ergänzungen des Testamentsvollstreckers

a) Fehlende Ergänzungsbefugnis

Hat der Testamentsvollstrecker das Stiftungsgeschäft ergänzt, obschon ihm hierzu keine Kompetenz zukommt, etwa weil die Ergänzung seitens des Erblassers auf bestimmte Punkte begrenzt worden ist oder ihm generell abgesprochen wurde, kann die Ergänzung nicht wirksam werden und das ursprüngliche Stiftungsgeschäft nicht umgestalten.[502] Dieses bleibt also unverändert fortbestehen. Die

---

[500] S.o. S. 58.

[501] Staudinger/*Otte*, § 2065 Rn. 42 für das Unternehmertestament.

[502] Gleiches gilt beim Handeln eines sog. „vermeintlichen Testamentsvollstreckers". Vom „vermeintlichen Testamentsvollstrecker" spricht man dann, wenn die Anordnung der Tes-

Behörde legt möglicherweise – in Verkennung der Unwirksamkeit der Ergänzungen – das Stiftungsgeschäft dennoch in seiner vermeintlich ergänzten Fassung, also ein so nicht existentes Stiftungsgeschäft, der Entscheidung über die Anerkennung zugrunde. Die Anerkennung ist nicht abstrakt aufgrund eines Stiftungserrichtungswillen begründet, sondern beruht auf einem ganz bestimmten Stiftungsgeschäft. Sie ergeht gewissermaßen mit der Maßgabe, dass die dadurch entstandene Stiftung aufgrund des in dem (vermeintlich wirksamen) Stiftungsgeschäft zugrunde gelegten Lebensgesetzes existiert und wirkt. Das zugrunde gelegte Stiftungsgeschäft kann also zum Inhalt der Anerkennungsentscheidung gezählt werden. Eine rechtmäßige Anerkennungsentscheidung ergeht nur dann, wenn das berücksichtigte Stiftungsgeschäft wirksam, also tatsächlich vorhanden ist.

Einer Ansicht nach bewirkt das Stiftungsgeschäft allein ebenso wenig wie die bloße Anerkennung die Entstehung der Stiftung; die Anerkennung gehe bei einem unwirksamen Stiftungsgeschäft ins Leere.[503] Nach anderer, neuerer und wohl mittlerweile herrschender Auffassung erlangt die Stiftung dagegen auch bei fehlerhaftem Stiftungsgeschäft durch die wirksame Anerkennung die Rechtsfähigkeit.[504] Die fehlerhafte rechtsgeschäftliche Grundlage berechtige und verpflichte zwar zur Verweigerung der Anerkennung. Werde aber eine positive Anerkennungsentscheidung getroffen, entstehe die Stiftung mit der Verfassung, die das unwirksame Stiftungsgeschäft vorsieht. Dieser Auffassung ist zuzustimmen. Für die Annahme der Nichtigkeit der Anerkennung als Verwaltungsakt gilt § 44 VwVfG[505], d.h., die Anerkennung müsste an offensichtlichen und schwerwiegenden Mängeln leiden, so dass die Anerkennung (in aller Regel) selbst dann wirksam ist, wenn das Stiftungsgeschäft unwirksam ist. Andererseits werden durch die Anerkennung aber auch nicht die Mängel des Stiftungsgeschäfts geheilt, schließlich wird nicht das Stiftungsgeschäft anerkannt, sondern die Stiftung als rechtsfähig.[506] Die Anerkennung und damit die Mitwirkung des Staates an der Entstehung der juristischen Person bewirken einen Rechtsschein, der die

---

tamentsvollstreckung oder zumindest die Ernennung des Testamentsvollstreckers von Anfang an unwirksam ist oder die Testamentsvollstreckung beendet ist (z.B. durch Zeitablauf oder Aufgabenbeendigung), der „Testamentsvollstrecker" (die Person des Testamentsvollstreckers) aber dennoch als Inhaber seines vermeintlichen Amtes handelt (vgl. Scherer/*Lorz*, § 19 Rn. 166; Bamberger/Roth/*J. Mayer*, § 2197 Rn. 37).

503 RGZ 170, 22, 23 f.; BayVGH, StiftRspr III, 178, 186; *J. Kohler*, § 183 VIII, IX (S. 421 f.); *Enneccerus/Nipperdey*, § 117 II 2 (S. 721); *O. Schmidt*, ZEV 2000, 308, 310.

504 BVerwG, StiftRspr I, 158 ff.; MünchKomm-BGB/*Reuter*, §§ 80, 81 Rn. 2; Staudinger/*Rawert*, § 80 Rn. 30; Soergel/*Neuhoff*, § 80 Rn. 2; Palandt/*Ellenberger*, § 80 Rn. 2; Bamberger/Roth/*G.C. Schwarz/Backert*, § 80 Rn. 41; *Kronke*, S. 45 f.; *v. Tuhr*, § 41 IV (S. 605 f.).

505 Staudinger/*Rawert*, § 80 Rn. 30; *Burgard*, S. 628.

506 MünchKomm-BGB/*Reuter*, §§ 80, 81 Rn. 1; Bamberger/Roth/*G.C. Schwarz/Backert*, § 80 Rn. 41; Seifart/*Hof*, § 6 Rn. 65; *Burgard*, S. 625 f.

Organwalter auf der Grundlage des unwirksamen bzw. unwirksam ergänzten Stiftungsgeschäfts von Todes wegen wirksam nach außen tätig werden lässt und auch im Innenverhältnis einen Schutz bietet.

Letztlich ist jedoch mit der Anerkennung nicht der Vermögensträger entstanden, den die Verfügung von Todes wegen vorsieht: die Stiftung aufgrund des Stiftungsgeschäfts, das wirksam durch den Testamentsvollstrecker ergänzt werden sollte. Die anerkannte Stiftung, die dem nicht entspricht, da sie auf einem so nicht existenten, weil unwirksam ergänzten Stiftungsgeschäft beruht, wird nicht Erbin. Die Zuwendungsverfügung geht ins Leere, da der dort festgelegte Empfänger fehlt. Die Schwebelage hinsichtlich der Erbschaft besteht zunächst fort. Bei einer Anerkennung aufgrund eines unwirksamen Stiftungsgeschäfts oder eines Stiftungsgeschäfts, das aufgrund unwirksamer Ergänzungen nicht in der der Anerkennung zugrunde gelegten Gestalt existiert, besteht dementsprechend das Recht der eigentlich Berechtigten – zu denen die anzuerkennende, wenngleich noch nicht entstandene Stiftung zählt –, gemäß § 812 Abs. 1 BGB das Vermögen von der Stiftung zurückzuverlangen oder das Vermögen erst gar nicht an die Stiftung herauszugeben.[507] Für die nicht entstandene, aber eigentlich bedachte Stiftung von Todes wegen muss ein Pfleger bestellt werden, der für diese potentielle Stiftung von der anerkannten Stiftung die Herausgabe verlangt. Freilich bedarf es dazu einer Person, die die Fehlerhaftigkeit des Stiftungsgeschäfts erkennt und dieses Wissen offenbart. Erfolgt die Herausgabe, muss die Behörde die zunächst anerkannte Stiftung aufheben (§ 87 BGB) und kann auf die Entstehung der eigentlich bedachten Stiftung (durch die wirksame Ergänzung des Stiftungsgeschäfts) hinwirken.

b) Unwirksamkeit wegen Unvereinbarkeit mit dem Stifterwillen

Des Weiteren sind Fälle denkbar, in denen zwar eine Ergänzungsbefugnis grundsätzlich besteht, aber eine unzweckmäßige, nicht dem Willen des Stifters entsprechende Regelung getroffen wird. Bei einer vertraglich vereinbarten Leistungsbestimmung eines Dritten nach § 317 BGB ist eine offenbar unbillige Leistungsbestimmung ohne Verbindlichkeit für die Vertragsschließenden (§ 319 Abs. 1 Satz 1 BGB). Hinsichtlich der Bestimmung des Vermächtnisnehmers nach § 2151 BGB wird vertreten, dass die §§ 315 ff. BGB nicht anwendbar seien, sofern nicht Arglist oder ein Sittenverstoß vorliege. Es erfolge keine gerichtliche Nachprüfung der Drittbestimmung. Als Argument wird angeführt, dass § 2151 BGB anders als § 2156 Satz 2 BGB (Zweckvermächtnis) nicht auf die §§ 315 bis 319 BGB verweise.[508] Richtig dürfte es freilich sein, auf den Willen

[507] Staudinger/*Rawert*, § 80 Rn. 30; MünchKomm-BGB/*Reuter*, §§ 80, 81 Rn. 2; *Burgard*, S. 626; *v. Tuhr*, § 41 IV (S. 606 f.).

[508] Planck/*Flad*, § 2151 Anm. 1; RGRK/*Johannsen*, § 2151 Rn. 6 f.; MünchKomm-BGB/*Schlichting*, § 2151 Rn. 12.

des Erblassers abzustellen.[509] Dies folgt aus dessen Gestaltungsfreiheit, die insoweit keine Einschränkungen durch entgegenstehende, überwiegende Interessen erfährt. Insbesondere ist aus dem Bestehen des § 2156 Satz 2 BGB nicht zu folgern, dass § 2151 BGB abschließend und eine Überprüfung nicht möglich sei. § 2151 BGB stellt die Bestimmung grundsätzlich in das Belieben des Bestimmungsberechtigten, § 2156 BGB ermöglicht hingegen nur die Bestimmung nach billigem Ermessen. Bei einer Entscheidung nach freiem Belieben ist gerade keine Überprüfung durchführbar und beabsichtigt. Wird der Spielraum des Berechtigten also durch den Erblasser etwa auf das billige Ermessen oder die Beachtung bestimmter Gesichtspunkte beschränkt, und wollte der Erblasser eine Überprüfung, spricht nichts – auch nicht der Wille des Gesetzgebers, der von einer ins Belieben gestellten Bestimmung ausging – dagegen, die §§ 315 ff. BGB entsprechend anzuwenden. Wann dies der Fall ist, muss hier nicht allgemein geklärt werden. Jedenfalls für die Ergänzung des Stiftungsgeschäfts von Todes wegen erscheint eine Nachprüfbarkeit stets geboten, da die Stiftung gerade die Maßgeblichkeit des Stifterwillens auszeichnet und die Ergänzungsentscheidung letztlich auf dem Willen des Stifters beruhen soll. Es entspricht wohl auch dem mutmaßlichen Willen des Erblassers, dass die Einhaltung seiner Vorgaben wenigstens auf Offensichtlichkeit geprüft wird und diese somit nicht wirkungslos bleiben. Der Berechtigte soll keine Ergänzungen nach freiem Belieben vornehmen, sondern eine von Zweckmäßigkeitserwägungen geleitete Entscheidung nach seinem Ermessen unter Beachtung des Stifterwillens treffen, damit dieser verwirklicht wird.

Die Beschränkung auf offensichtliche Verstöße ist auch bei der Ergänzung des Stiftungsgeschäfts angemessen. Dass im Gegensatz zu § 315 Abs. 3 Satz 1 BGB nur offensichtliche Fälle zur Unverbindlichkeit führen, findet seine Rechtfertigung darin, dass – erstens – die Ermächtigung zur Drittbestimmung ein besonderes Vertrauen gegenüber dem Ermächtigten ausdrückt, sowie – zweitens – gerade ein weiter Spielraum besteht, die Beurteilung von Unbilligkeit aber nicht unwesentlich von den subjektiven Wertungen des jeweiligen Betrachters abhängt. Die zur Beurteilung der Drittbestimmung berufene Stelle soll nicht den eigenen Willen an die Stelle des Willens des eigentlich Befugten setzen. Drittens soll die Drittbestimmung auch deswegen eine höhere Bestandskraft haben, weil die Bestimmung durch den Dritten vor Anzweiflungen geringeren Grades geschützt werden soll, um Prozesse und kleinliche Kritik möglichst zu vermeiden.[510]

---

[509] Staudinger/*Otte*, § 2151 Rn. 7; Bamberger/Roth/*Müller-Christmann*, § 2151 Rn. 5; *Kipp/Coing*, § 55 III 5 (S. 329 f.); *Lange/Kuchinke*, § 29 III 2b (S. 631 f.). In diese Richtung auch Palandt/*Edenhofer*, § 2151 Rn. 3 (Beachtung des Erblasserwillens überprüfbar, Bestimmung muss aber nicht Billigkeit entsprechen).

[510] RGZ 96, 57, 61; 99, 105, 106; BGH, NJW-RR 2003, 1355, 1357; Palandt/*Grüneberg*, § 319 Rn. 1; MünchKomm-BGB/*Gottwald*, § 319 Rn. 2; *Sens*, S. 126.

Offenbar unbillig ist die Drittbestimmung allgemein, wenn sie in so grober Weise gegen Treu und Glauben verstößt, dass sich die Unbilligkeit, wenn nicht jedermann, so doch dem unbefangenen Sachkundigen aufdrängt.[511] In unserem Fall sind unverbindlich solche Ergänzungen, die offensichtlich gegen den Stifterwillen verstoßen, soll der Dritte doch eine Entscheidung treffen, die den Willen des Stifters verwirklicht.[512] Denkbar ist etwa folgender Fall: Der Testamentsvollstrecker soll nach dem Willen des Erblassers die Gemeinnützigkeit und damit die formelle Satzungsmäßigkeit im Sinne der AO herstellen. Als Anfallberechtigten legt er dazu eine Privatperson fest, was offensichtlich nicht mit den §§ 61, 55 Abs. 1 Nr. 4 AO vereinbar ist.

Nach wohl überwiegender Auffassung ist im Rahmen der §§ 315 ff. BGB die vorgenommene Leistungsbestimmung nicht von selbst unverbindlich oder unwirksam, eine solche Wirkung trete vielmehr erst durch die gerichtliche Feststellung nach §§ 315, 319 BGB ein.[513] Das Urteil besitze also bereits insoweit gestaltenden Charakter, nicht erst mit der sich anschließenden gerichtlichen Bestimmung der Leistung (§§ 315 Abs. 3 Satz 2, 319 Abs. 1 Satz 2 BGB). Überzeugender ist es jedoch anzunehmen, dass die offenbar unbillige Entscheidung schon ohne gerichtliche Entscheidung nicht beachtet werden muss. Eine besondere Figur der „Unverbindlichkeit" als Sonderfall der „Vernichtbarkeit" ist dem BGB nicht bekannt.[514] Der Wortlaut der §§ 315, 319 BGB ist im Grunde unmissverständlich und sieht keine Anfechtungslast vor, aufgrund welcher die Drittbestimmung wie ein Verwaltungsakt grundsätzlich nur dann unwirksam würde, wenn sie angefochten würde. Missachtet der Dritte seine eigentliche Aufgabe offensichtlich, beseitigt er selbst die Geschäftsgrundlage seines Handelns, das dann nicht berechtigt ist, Wirkung zu entfalten. Die Übertragung der Gestaltungsmacht besteht unter der Prämisse der Beachtung des Stifterwillens, die Kompetenz ist insoweit von vornherein beschränkt. Die grundsätzliche Wirksamkeit der Ergänzungen wäre ferner nicht mit dem Prinzip der Maßgeblichkeit des Stifterwillens vereinbar. Es stünde auch mit der Funktion der Behörde kaum in Einklang, wenn die Behörde eine offenbar gegen den Stifterwillen verstoßende Ergänzung, welche aber für die bloße Anerkennungsfähigkeit genügen würde, hinnehmen müsste. Die Anerkennungsbehörde muss also bei

---

511 RGZ 96, 57, 62; 99, 105, 106; BGH, NJW 1958, 2067 f.; NJW-RR 1988, 506; NJW 1991, 2761; *Kornblum*, AcP 168 (1968), 450, 468; Staudinger/*Rieble*, § 319 Rn. 7; MünchKomm-BGB/*Gottwald*, § 319 Rn. 6; Palandt/*Grüneberg*, § 319 Rn. 3.

512 Vgl. BGHZ 121, 357, 361 zur Entscheidung nach § 2193 BGB. Diese dürfe den von dem Erblasser bestimmten Zweck nicht offensichtlich verfehlen oder auf Arglist beruhen.

513 OLG Frankfurt, NJW-RR 1999, 379; MünchKomm-BGB/*Gottwald*, § 319 Rn. 23; Soergel/*Wolf*, § 319 Rn. 16; Palandt/*Grüneberg*, § 315 Rn. 16; *Gernhuber*, § 12 II 7 a, III 5 (S. 289 f., 295 f.).

514 Staudinger/*Rieble*, § 315 Rn. 350, § 319 Rn. 17; Planck/*Siber*, § 319 Anm. 1; *Bötticher*, in: FS Dölle I, 41, 67.

angenommener offenbarer Unbilligkeit nicht etwa bis zu einer gerichtlichen Entscheidung zuwarten. Das entspricht ihrer Rolle als für die Entscheidung über das Stiftungsgeschäft und seine Ergänzungen befugte Behörde.

Zwar wird stets formuliert, es finde eine reine Rechtmäßigkeitskontrolle statt, die Zweckmäßigkeit des Stiftungsgeschäfts werde durch die Anerkennungsbehörde nicht kontrolliert. Dieser Grundsatz kollidiert hier jedoch mit der Aufgabe, den Stifterwillen durchzusetzen. Es wird keine Erklärung des Stifters geprüft, sondern die Ergänzungen eines Dritten, mit denen der Stifter nur grundsätzlich einverstanden ist, nämlich solange die Geschäftsgrundlage, die Einhaltung seiner Vorstellungen, gewahrt wird. Es ist zudem zu berücksichtigen, dass die Behörde, wenn sie selbst gemäß § 83 Satz 2 BGB etwa die Organisation der Stiftung ausgestaltet, ebenfalls den Stifterwillen und damit Zweckmäßigkeitserwägungen zu beachten hat.

c) Anfechtbarkeit

Der Testamentsvollstrecker kann bei Abgabe der Ergänzungserklärung einem Irrtum unterliegen, so dass eine Anfechtung der Erklärung nach §§ 119 ff. BGB in Betracht kommt.

aa) Folgen der Anfechtung

Das Stiftungsgeschäft ist bei einer erfolgreichen Anfechtung vor der Anerkennung der Stiftung im selben Zustand wie vor der Vornahme der Ergänzung, die Ergänzung wird rückwirkend unwirksam (§ 142 Abs. 1 BGB). Die Stiftung ist noch nicht entstanden und im Rechtsverkehr aufgetreten. Dementsprechend steht dem Testamentsvollstrecker dann erneut die Ergänzungsbefugnis zu.[515] Eine bereits gesetzte Frist beginnt neu zu laufen.

Erfolgt die Anfechtung nach der Anerkennung, die das ergänzte Stiftungsgeschäft zugrunde gelegt hat, ist die behördliche Entscheidung aufgrund der Rückwirkung zwar von Anfang an fehlerhaft. Wie stets bei einer Anerkennung trotz unwirksamen Stiftungsgeschäfts bleibt die Stiftung nach herrschender Auffassung jedoch in ihrer Existenz der Sicherheit des Rechtsverkehrs wegen zunächst unberührt.[516] Die Fehlerhaftigkeit des Stiftungsgeschäfts führt lediglich

---

515 Vgl. *Sens*, S. 133.

516 Staudinger/*Rawert*, § 80 Rn. 5, 30; *Schewe*, S. 273; Seifart/*Hof*, § 6 Rn. 61, 65. Gegen die Anfechtbarkeit über den Zeitpunkt der Stiftungsentstehung hinaus *Kronke*, S. 15 Fn. 18 mit Verweis auf *Strickrodt* (S. 42), der sich freilich nicht eindeutig positioniert. *Reuter* (MünchKomm-BGB, §§ 80, 81 Rn. 7, zustimmend *Jakob*, S. 137) verneint eine Anfechtungsmöglichkeit nach der Anerkennung hinsichtlich des organisationsrechtlichen Teils. Nicht zuletzt zum Schutz des Rechtsverkehrs beseitigt aber erst die Auflösung der Stiftung ihre Existenz und somit die Wirksamkeit der von ihr getätigten (Rechts-)Geschäfte. Die Stiftung wird vor der Anfechtung wie auch nachher als wirksam entstanden behandelt, solange keine Aufhebung der Stiftung erfolgt. Es besteht kein wesentlicher Unterschied zur (unmittelbaren) Unwirksamkeit des Stiftungsgeschäfts. Die Erklärung ist gera-

dazu, dass die Zuwendung des Vermögens an die unter Zugrundelegung des unwirksam ergänzten Stiftungsgeschäfts anerkannte Stiftung rechtsgrundlos geschah.[517]

bb) Anfechtungsberechtigter

Bei der Auswahlentscheidung des Dritten aufgrund des sog. Unternehmertestaments wird teilweise vertreten, dass entsprechend den allgemeinen Anfechtungsregeln der Dritte als Erklärender zur Anfechtung berechtigt sei.[518] Andere wollen dagegen § 318 Abs. 2 BGB analog anwenden, so dass nur die bei der Auswahlentscheidung Übergangenen[519] bzw. ein Pfleger nach § 1913 BGB[520] anfechtungsberechtigt sein sollen.

Als Ratio des § 318 Abs. 2 BGB (Anfechtungsrecht der Vertragspartner, nicht des Dritten bei der Leistungsbestimmung) wird angegeben, dass derjenige, dessen Interessen verletzt worden sind und der von den Rechtsfolgen betroffen ist, die Äußerung korrigieren können soll.[521] Deswegen soll auch bei einem Irrtum des Stellvertreters nur der Vertretene, der allein in seinen Interessen betroffen ist, anfechten können, nicht der Stellvertreter, es sei denn, der Vertretene hat ihn auch insoweit mit Vertretungsmacht ausgestattet. Die Belange der anerkannten Stiftung werden durch einen Irrtum nicht gestört, denn die Stiftung hat genau die Gestalt, in der sie anerkannt wurde. Eine andere unmittelbar in ihrer Rechtsstellung beeinträchtigte Person ist daneben nicht vorhanden. Der Stifter hat sich bereits für die Stiftung und gegen andere Personen, insbesondere die gesetzlichen Erben, entschieden; die Ergänzung des Stiftungsgeschäfts führt nicht zu einer veränderten Rechtsstellung der Übergangenen.

Man kann die Bestellung des Testamentsvollstreckers und seine Beauftragung mit der Ergänzung jedoch so auffassen, dass damit auch das Anfechtungsrecht, das bei einem Rechtsgeschäft unter Lebenden dem Stifter zugestanden hätte, dem Testamentsvollstrecker „übertragen" ist – er soll letztendlich den Willen des Erblassers umsetzen und ist für die Ergänzung im Ganzen zuständig. Dann muss ihm aber – vergleichbar einem auch zur Anfechtung seiner Erklärung be-

---

de nicht durch einen wirksamen Akt der Privatautonomie gedeckt. Ein Grund dafür, die Anfechtung nach der Anerkennung auszuschließen, ist nicht ersichtlich.

517 S.o. S. 116.

518 *Klunzinger*, BB 1970, 1197, 1201; Palandt/*Edenhofer*, § 2065 Rn. 9.

519 *Sens*, S. 135; Soergel/*Loritz*, § 2065 Rn. 37.

520 Staudinger/*Otte*, § 2065 Rn. 43. *Frey* (S. 113) differenziert danach, ob ein bestimmter Personenkreis vorgegeben wurde: Ist dies der Fall, sollen anfechtungsberechtigt die Übergangenen sein; ansonsten sei ein nach § 1913 BGB zu bestellender Pfleger für die unbekannten übergangenen Erben, der die Rechte dieser wahrnehme, zur Anfechtung berechtigt.

521 Soergel/*Loritz*, § 2065 Rn. 37; *Gernhuber*, § 12 III 4 b (S. 295); *Frey*, S. 112 f.; *Sens*, S. 135.

vollmächtigten Vertreter – auch zugestanden werden, mögliche Irrtümer korrigieren zu können.

cc) Anfechtungsgegner

Erklärungsgegner ist bei amtsempfangsbedürftigen Willenserklärungen wie der Ergänzung des Stiftungsgeschäfts nach § 143 Abs. 4 Satz 2, 1. Hs. BGB die empfangszuständige Behörde oder der, der unmittelbar einen rechtlichen Vorteil durch die anzufechtende Erklärung erlangt hat (§ 143 Abs. 4 Satz 1 BGB).[522] Als solche Person kommt die Stiftung in Betracht, deren Grundlage die Erklärung gestaltet hat. Die Stiftung entsteht aber gerade erst mit und auf der (fehlerhaften) Grundlage des ergänzten Stiftungsgeschäfts, mit der sie untrennbar verbunden ist. Sie erfährt durch die Ergänzung keinen Vorteil. Die Destinatäre haben einen Anspruch auf Leistungen gegen die Stiftung, wenn das Stiftungsgeschäft einen solchen Anspruch eindeutig gewährt oder die Destinatäre dort so individualisiert sind, dass sich ein Anspruch des Destinatärs durch Auslegung entnehmen lässt.[523] Ein Destinatär ist aber auch dann nicht unmittelbar berechtigt im Sinne der Vorschrift, wenn seine Nennung im Stiftungsgeschäft gerade durch die – als Zweckkonkretisierung nur ausnahmsweise zulässige – Ergänzung des Destinatärkreises erfolgte. Die eigentliche Begünstigung erfolgt hier schon durch den Erblasser selbst, indem er die notwendigen Vorgaben zum Zweck getroffen hat. Anfechtungsgegner ist somit stets die Behörde.

dd) Anfechtungsgrund

Als Anfechtungsgründe kommen die in §§ 119, 123 BGB aufgeführten zur Anwendung. Nehmen Testamentsvollstrecker oder Anerkennungsbehörde (§§ 83 Satz 2, 81 Abs. 1 Satz 4 BGB) Ergänzungen des Stiftungsgeschäfts vor, müssen diese ebenso ausgelegt werden wie die originären Formulierungen des Stifters, also grundsätzlich vom „objektiven Empfängerhorizont“. Der Testamentsvollstrecker könnte z.B. über die Bedeutung des Begriffes „Kooptation“ (die Bestimmung nachrückender Vorstandsmitglieder durch den amtierenden Vorstand) als Verfahren der Vorstandsmitgliederbestimmung irren. Der Irrtum darüber, dass durch die vorgenommenen Ergänzungen die formelle Satzungsmäßigkeit oder die Anerkennungsfähigkeit erreicht werden könne, kann jedenfalls nicht zur Anfechtung berechtigen. Dabei handelt es sich vielmehr um einen unbeachtlichen Rechtsfolgenirrtum: Der Erklärende irrt über die Rechtsfolgen, die das

---

[522] § 143 Abs. 3 Satz 2 BGB gilt für den Fall, dass ein (einseitiges) Rechtsgeschäft wahlweise gegenüber einem anderen oder einer Behörde abzugeben war (z.B. §§ 875 Abs. 1 Satz 2, 876 Satz 3 BGB).

[523] RGZ 100, 230, 234 f.; BGH, NJW 1957, 708; BGHZ 99, 344, 351 f.; BAG, NJW 1991, 514, 515; OLG Hamm, MDR 1992, 949, 950; Staudinger/*Rawert*; § 85 Rn. 11 f.; Soergel/*Neuhoff*, § 85 Rn. 12-14; *Blydt-Hansen*, S. 96 ff.; *Muscheler*, Stiftungsrecht, S. 227 ff. Vgl. *Protokolle* I, S. 597 f. (= *Mugdan* I, S. 665).

Gesetz an seine Willenserklärung knüpft; die Rechtsfolgen sind nicht Inhalt der rechtsgeschäftlichen Erklärung geworden, die Rechtsfolge ist nicht von seinem Willen abhängig.[524] Zudem wird dadurch gerade das Risiko verwirklicht, das der Stifter und der Ergänzungsberechtigte mit ihren Erklärungen stets eingehen und vor dem das Institut der Anfechtung nicht bewahren will.[525]

Im Rahmen des § 123 BGB stellt sich insbesondere die Frage, durch wen eine die Anfechtung rechtfertigende arglistige Täuschung erfolgen kann. Während für die Bestimmung durch widerrechtliche Drohung das Verhalten eines jeden Dritten ausreicht, da die Drohung eine noch „schlimmere, gefährlichere Störung des Rechtszustandes“[526] bedeutet, gelten für Täuschungen durch andere Personen als den Erklärungsempfänger (und in seinem „Lager“ stehende Personen) die besonderen Regeln des § 123 Abs. 2 BGB. Als eine Person, die gemäß § 123 Abs. 2 Satz 2 BGB „aus der Erklärung unmittelbar ein Recht erworben hat“, kommt jedoch auch ein Destinatär nicht in Betracht.[527] Somit bestünde bei einer Täuschung gegenüber dem Ergänzenden in keinem Fall ein Anfechtungsrecht.

Die Beschränkung durch § 123 Abs. 2 BGB hinsichtlich der Person des Täuschenden ist bei der Ergänzung des Stiftungsgeschäfts und allgemein bei amtsempfangsbedürftigen Erklärungen jedoch aufgrund des Zwecks der Vorschrift nicht hinzunehmen, die Norm teleologisch zu reduzieren. Grundgedanke des § 123 Abs. 2 BGB ist, dass der Erklärungsempfänger in seinem Vertrauen auf die Willenserklärung geschützt werden soll, wenn die Täuschung nicht aus seiner Sphäre stammt oder ihm die Täuschung nicht bekannt war oder sein musste. Eines solchen Schutzes bedarf es aber bei der Ergänzung gegenüber der Behörde nicht. Die Behörde hat kein eigenes Interesse an der Erklärung, das es rechtfertigt, die beeinträchtigte Willensfreiheit des Erklärenden hinter dem Schutz des Empfängers zurückstehen zu lassen. Auch § 143 Abs. 4 Satz 2 BGB zeigt die geringe Bedeutung eines Vertrauensschutzes für die Behörde als Empfängerin. Die Anfechtungserklärung kann nach dieser Vorschrift bei einer amtsempfangsbedürftigen Willenserklärung grundsätzlich auch gegenüber einem Dritten erfolgen (der ein materielles Interesse hat). Der Rechtsverkehr muss zudem nicht dadurch, dass die Wirksamkeit der Erklärung erhalten bleibt, in seinem abstrakten Vertrauen geschützt werden, wenn eine arglistige Täuschung die Willensfreiheit des Erklärenden beeinträchtigt hat. Ferner kann auch das ursprüngliche Stiftungsgeschäft als nicht empfangsbedürftiges Geschäft bei einer Täuschung seitens eines jeden Dritten angefochten werden, da kein schützenswerter Erklärungsempfänger besteht. Somit ist § 123 Abs. 2 BGB nicht bezüglich der Stif-

---

524 Vgl. Bamberger/Roth/*Wendtland*, § 119 Rn. 32; Palandt/*Ellenberger*, § 119 Rn. 15; Erman/*Palm*, § 119 Rn. 37.

525 Vgl. auch Staudinger/*Otte*, § 2065 Rn. 43.

526 *Savigny*, S. 117. Vgl. dazu auch MünchKomm-BGB/*Kramer*, § 123 Rn. 37.

527 S.o. S. 121.

tungsgeschäftsergänzung anzuwenden, die Täuschung durch jeden anderen beachtlich.

ee) Anfechtungsfrist

Die entsprechende Anwendbarkeit des § 318 Abs. 2 Satz 2 BGB erscheint nicht geboten. Die Behörde als Erklärungsempfängerin bedarf keines Schutzes. Zudem ist die Überzeugungskraft der gesetzgeberischen Entscheidung für die genannte Vorschrift ohnehin zweifelhaft.[528] Es gelten daher die §§ 121, 124 BGB als allgemeine Regelungen.

III. Rechtsschutz des Testamentsvollstreckers gegen die Anerkennungsbehörde

Hat die Anerkennungsbehörde die Anerkennung der Stiftung als rechtsfähig versagt, stellt sich die Frage, inwieweit der Testamentsvollstrecker Rechtsschutz gegen diese Entscheidung erlangen kann.[529] Wird die Stiftung als rechtsfähig anerkannt, mag sich der Testamentsvollstrecker ebenfalls gegen das behördliche Vorgehen wehren wollen, wenn er nicht die gebotene Gelegenheit zur Ergänzung erhalten hat oder den von der Behörde erkannten Ergänzungsbedarf bestreitet, die Behörde dennoch nach § 83 Satz 2 BGB Ergänzungen vorgenommen hat. Klagt der Testamentsvollstrecker dann, ist der Verwaltungsrechtsweg gemäß § 40 Abs. 1 Satz 1 VwGO eröffnet: Zwar wird eine Entscheidung mit Auswirkungen auf die privatrechtlichen Verhältnisse getroffen und es werden Normen des BGB angewandt, die Befugnisse der Behörde gemäß §§ 80, 83 Satz 2 BGB sind aber ausschließlich dem Staat (in Gestalt der Anerkennungsbehörde) als Hoheitsträger zugewiesen, so dass der Streitgegenstand, die Entscheidung der Behörde, als öffentlich-rechtlich einzustufen ist.[530]

1. Verpflichtungsklage auf Anerkennung

Wenn die Behörde trotz Anzeige des Stiftungsgeschäftes von Todes wegen nicht tätig wird, das Anerkennungsverfahren also nicht beginnen lässt, kann der Testamentsvollstrecker nicht auf eine Eröffnung des Verwaltungsverfahrens klagen. Die Unzulässigkeit einer derartigen Klage ergibt sich zum einen aus § 44a VwGO, der die isolierte Klage gegen bloße Verfahrenshandlungen, wozu auch die Eröffnung des Verfahrens zählt,[531] nicht zulässt, zum anderen auch aus § 75 VwGO: Ergeht keine behördliche Entscheidung, obwohl eine solche beantragt worden ist, besteht die Möglichkeit, auf die Erteilung des gewünschten Verwaltungsaktes zu klagen, ohne dass zuvor ein ablehnender Bescheid ergangen sein

---

[528] Staudinger/*Rieble*, § 318 Rn. 15.

[529] Neben etwaigen Klagemöglichkeiten besteht jedenfalls die Möglichkeit einer Aufsichtsbeschwerde. Dazu *Blydt-Hansen*, S. 68 f.

[530] *Andrick*/*Suerbaum*, § 9 Rn. 5; Palandt/*Ellenberger*, § 83 Rn. 2.

[531] Vgl. Hk-VerwR/*Terhechte*, § 44a VwGO Rn. 10.

muss und gegebenenfalls erfolglos ein Widerspruchsverfahren durchlaufen sein muss (sog. Untätigkeitsklage). Bleibt die Anerkennungsbehörde trotz Kenntnis des Stiftungsgeschäfts von Todes wegen untätig, erlässt also insbesondere keinen die Stiftungserrichtung betreffenden Bescheid, kann somit unter den Voraussetzungen des § 75 VwGO im Wege der Verpflichtungsklage auf die Anerkennung geklagt werden.[532] Für den Fall, dass die Stiftungsanerkennung versagt wird, ist vor der Klageerhebung grundsätzlich das Widerspruchsverfahren nach den §§ 68 ff. VwGO zu durchlaufen.[533]

Der Kläger muss gemäß § 42 Abs. 2 VwGO geltend machen, durch die behördliche Maßnahme in seinen Rechten verletzt zu sein (Klagebefugnis). Voraussetzung ist also, dass der Testamentsvollstrecker überhaupt über ein subjektives öffentliches Recht verfügt, das möglicherweise beeinträchtigt ist. Die herrschende Auffassung ermittelt subjektive öffentliche Rechte anhand der Schutznormtheorie. Danach hängt die Anerkennung subjektiver öffentlicher Rechte vom Vorliegen eines Rechtssatzes ab, der nicht nur im öffentlichen Interesse erlassen wurde, sondern – zumindest auch – dem Schutz der Interessen einzelner Bürger zu dienen bestimmt ist.[534] § 83 Satz 1 BGB ist jedenfalls keine solche Norm. Die Norm besteht nicht zum Schutz der Testamentsvollstreckerinteressen, sie vermittelt diesem keine besondere Rechtsstellung.[535]

Während vor der Stiftungsrechtsreform von 2002 die Klagebefugnis des Stifters bei der Errichtung zu Lebzeiten teilweise „aus den landesgesetzlichen Genehmigungsregelungen, die auch den Interessen des Stifters dienen“[536], gefolgert oder den Grundrechten aus Art. 2 Abs. 1 GG und Art. 14 Abs. 1 GG entnommen wurde[537], hat der Reformgesetzgeber in § 80 BGB einen Anspruch des Stifters auf Anerkennung der Stiftung festschreiben wollen.[538] Die Vorschrift selbst verdeutlicht lediglich, dass die Anerkennungsentscheidung eine gebundene Entscheidung ist, der Wortlaut stellt das subjektiv-öffentliche Recht des Stifters nicht heraus. Dieses ergibt sich aber jedenfalls aus der Gesetzesbegründung.[539]

Das Bestehen einer Klagebefugnis des Testamentsvollstreckers lässt sich möglicherweise aus § 2212 BGB folgern. Nach dieser Vorschrift hat der Testamentsvollstrecker (als Partei kraft Amtes) Aktivprozesse zu führen, wenn Rech-

---

532 *Jakob*, S. 297 („Versagungsgegenklage“); *Steffek*, S. 117 f.

533 § 68 Abs. 1 Satz 2 VwGO eröffnet den Ländern die Möglichkeit, per Gesetz von der Durchführung eines Widerspruchsverfahrens abzusehen. Davon hat etwa Nordrhein-Westfalen Gebrauch gemacht, vgl. § 6 AGVwGO NRW.

534 BVerwGE 1, 83; 52, 122, 128; 72, 226, 229 f.; 92, 313, 317; Schoch/*Wahl/Schütz*, § 42 Abs. 2 Rn. 45; *Kopp/Schenke,* § 42 Rn. 83; Eyermann/*Happ*, § 42 Rn. 86; *Wolff/Bachof/Stober/Kluth*, § 43 Rn. 10 ff.; *Hufen*, § 14 Rn. 72.

535 S.o. S. 31.

536 *Andrick*, in: Stiftungen in Deutschland und Europa, 281, 293.

537 *Ipsen*, in: Deutsches Stiftungswesen 1977-1988, 151, 153 ff.

538 BT-Drucks. 14/8277, S. 5 f. (Fraktionsentwurf SPD/Grüne).

539 *Andrick/Suerbaum*, NJW 2002, 2905, 2907.

te betroffen sind, die seiner Verwaltung unterliegen. Der besagte Anspruch auf Anerkennung müsste also im Nachlass nach dem Stifter vorhanden sein, damit der Testamentsvollstrecker ihn gemäß § 2212 BGB geltend machen kann. Fraglich ist aber, wann der Anspruch entsteht: wenn ein Stiftungsgeschäft tatsächlich Wirkung entfaltet (mit dem Tode des Stifters) oder bereits wenn der Stifter alle Voraussetzungen für die Stiftungsentstehung im Stiftungsgeschäft niedergelegt hat?[540] Für die erste Variante bezüglich des Anspruchs gegen die Behörde spricht, dass die Möglichkeit zur Entscheidung über die Anerkennung erst zu diesem Zeitpunkt besteht – erst dann besteht ein Verhältnis zur Behörde und ist das Stiftungsgeschäft in der Lage, seine eigentliche Wirkung zu entfalten. Bei diesem Verständnis würde der Anspruch bei der Stiftung von Todes wegen also mit dem Tod des Erblassers entstehen, also erst, wenn er selbst nicht mehr Träger des Anspruchs sein kann.

Trotzdem muss man diesen „Anspruch" jedenfalls direkt den Erben und somit auch gegebenenfalls dem Testamentsvollstrecker gewähren. Das Interesse des Stifters, aufgrund dessen der Gesetzgeber ihm ein subjektives öffentliches Recht hat zuweisen wollen, darf bei der Stiftung von Todes wegen – auch nach der Intention des Gesetzgebers, der das subjektiv-öffentliche Recht nicht nur für die Stiftung unter Lebenden gewähren wollte – nicht rechtsschutzlos gestellt werden. Die Pflicht und die Befugnis des Testamentsvollstreckers zur Ausführung der letztwilligen Verfügungen (§ 2203 BGB) und damit insbesondere zur Durchsetzung des Erblasserwillens wären „zahnlos", wäre dem Testamentsvollstrecker die gerichtliche Geltendmachung der subjektiven Rechtsposition nicht möglich.[541] Zumindest die Basis für den Anspruch ist zu Lebzeiten des Erblassers gelegt worden. Daher obliegt es den Erben und gegebenenfalls dem Testamentsvollstrecker schon nach den Vorstellungen des Gesetzgebers, die Anerkennung herbeizuführen.[542] Zum Nachlass muss deshalb das Recht zählen, den „Anspruch" des Stifters durchzusetzen. Die gesetzgeberische Vorstellung eines Anspruchs auf die Stiftungsentstehung wäre ansonsten bei der Stiftung von Todes wegen verfehlt.

Eine Anfechtungsklage (§ 42 Abs. 1, 1. Fall VwGO) könnte erwogen werden, wenn der Testamentsvollstrecker sich gegen die positive Anerkennungsentscheidung der Behörde mit der Begründung wendet, dass die Ergänzungsbefugnis des Testamentsvollstreckers übergangen worden sei (unter Umständen nicht nur zur Bewirkung der Anerkennungsfähigkeit, sondern auch etwa der Gemeinnützigkeit). Erst recht ist eine solche Klage denkbar, wenn die Behörde die Anerkennung versagt, obwohl der Testamentsvollstrecker das Stiftungsgeschäft so

---

540 Für Letzteres wohl *Jakob*, S. 297.

541 OVG Berlin, Urteil vom 27.2.1996 – 8 B 36.95 (nicht veröffentlicht); KG, StiftRspr III, 85, 87. Im Ergebnis auch VGH BW, VerwRspr 8 (1955), 550, 552; Seifart/*Hof*, § 6 Fn. 595; *Burgard*, S. 177. Ähnlich *Jakob*, S. 297 f.

542 Eine Klagebefugnis des Testamentsvollstreckers bejaht auch *Schewe*, S. 272.

hätte ergänzen können, dass die Anerkennungsfähigkeit erwirkt werden könnte. Hat die Behörde Ergänzungen vorgenommen, die aber mangels Kompetenz – eine etwaige Befugnis des Testamentsvollstreckers geht vor[543] – unwirksam sind, könnte ebenfalls eine Anfechtung durch den Testamentsvollstrecker erfolgen. In all den genannten Fällen bedarf es jedoch nicht der Anfechtungsklage, um die gewünschten Rechtswirkungen herbeizuführen. Die Beseitigung der bestehenden, rechtswidrigen Anerkennung ist nicht erforderlich, damit der Testamentsvollstrecker das Stiftungsgeschäft selbst wirksam ergänzen kann.[544] Die Vermögensausstattung per Verfügung von Todes wegen geht bis zur Anerkennung der Stiftung aufgrund eines wirksam ergänzten Stiftungsgeschäfts ins Leere, für die anerkannte Stiftung ist keine Zuwendungsverfügung vorhanden.[545] Die anerkannte Stiftung hat keinen Anspruch auf das Nachlassvermögen (Vermächtnis) bzw. ist nicht im Wege des Vonselbsterwerbs dessen Inhaberin geworden. Der Testamentsvollstrecker kann das Stiftungsgeschäft ergänzen und muss im nächsten Schritt auf die Anerkennung der Stiftung aufgrund des nunmehr durch ihn ergänzten Stiftungsgeschäfts klagen (Verpflichtungsklage). Dieser Stiftung steht das per Verfügung von Todes wegen zugewandte Vermögen zu, sie hat gegebenenfalls einen Rückforderungsanspruch gegen die zunächst anerkannte Stiftung.

Wenn der Testamentsvollstrecker das ursprüngliche Stiftungsgeschäft bereits als für die Anerkennung genügend erachtet, die Behörde aber (mangels Kompetenz unwirksame) Ergänzungen vorgenommen hat, ist ebenfalls eine Verpflichtungsklage auf die Anerkennung der Stiftung aufgrund des ursprünglichen Stiftungsgeschäfts zu erheben.

2. Bekanntgabe der Anerkennung

Damit für den Testamentsvollstrecker und auch die Erben eine Frist läuft, bis zu deren Ablauf sie die jeweilige Klage oder einen Widerspruch zu erheben haben, und sie nicht bis zur Grenze der Verwirkung mit dem Rechtsschutzgesuch zuwarten können (vgl. §§ 70, 74 VwGO), ist es erforderlich, dass ihnen der Anerkennungs- oder Versagungsbescheid bekanntgegeben worden ist. § 41 Abs. 1 VwVfG sieht die Bekanntgabe eines Verwaltungsaktes an denjenigen „Beteiligten“ vor, „für den er [der VA] bestimmt ist oder der von ihm betroffen wird“. Testamentsvollstrecker und, falls ein solcher nicht existiert, Erben haben die Stellung von „Sachwaltern“ des Anspruchs auf die Stiftungsanerkennung inne, sie haben das Recht, die Herbeiführung der Stiftung zur Umsetzung des letzten Erblasserwillens durchzusetzen.[546] Daher sind beide diejenigen, für die der Ver-

[543] S.o. S. 58.
[544] MünchKomm-BGB/*Reuter*, §§ 80, 81 Rn. 61.
[545] S.o. S. 116.
[546] S.o. S. 125.

waltungsakt „bestimmt" ist; zumindest sind sie aber in ihrer Rechtsstellung „betroffen" im Sinne des § 41 Abs. 1 VwVfG.[547]

IV. Besonderheiten bei der Stiftungserrichtung unter Lebenden

Wird die Stiftung nicht per Testament oder Erbvertrag gemäß § 83 BGB errichtet, sondern durch Stiftungsgeschäft unter Lebenden, entfalten das Stiftungsgeschäft und die Anordnung der Testamentsvollstreckung nicht im selben Moment, dem Erbfall, ihre Wirkung. Dennoch kann der Testamentsvollstrecker möglicherweise die Entstehung einer Stiftung unter Lebenden unterstützen. Denkbar ist dies in zwei Konstellationen: 1.) Der Erblasser macht es dem Erben oder Vermächtnisnehmer zur Auflage, eine Stiftung zu errichten. 2.) Der Stifter errichtet das Stiftungsgeschäft unter Lebenden selbst, verstirbt aber vor der Anerkennung durch die Stiftungsbehörde.

1. Auflage der Stiftungserrichtung unter Lebenden

Wird ein Erbe oder Vermächtnisnehmer unter der Auflage bestimmt, eine Stiftung zu errichten, also durch ein Stiftungsgeschäft die Stiftung mit einem Vermögen auszustatten und ihre Verfassung herzustellen, wird die Stiftungsentstehung zwar vom Erblasser veranlasst, Stifter (unter Lebenden) und damit Urheber des Stiftungsgeschäfts ist aber der Erbe oder Vermächtnisnehmer. Zu unterscheiden ist eine solche Stiftungserrichtung unter Lebenden von dem Stiftungsgeschäft des Erblassers, bei dem dies unmittelbar in der Verfügung von Todes wegen besteht und die erforderliche Vermögensausstattung durch die Auflage an den Bedachten, der Stiftung Vermögen zuzuwenden, erfolgt.[548]

Zum Inhalt einer Auflage kann jedes Tun und Unterlassen gemacht werden.[549] Die Regelungen über die Auflage (§§ 2192 ff. BGB) enthalten insoweit keine Einschränkung. Es besteht zudem die Möglichkeit, dass der beschwerte Erbe oder Vermächtnisnehmer das Zugewandte ausschlägt, ihm steht es also frei, die Belastung abzuwenden. Der Stifter kann bei der Errichtung einer Stiftung durchaus einem – durch die Nichtausschlagung der Zuwendung, obwohl ihm die Stiftungserrichtung zur Auflage gemacht wurde – „selbstauferlegten" Zwang

---

[547] So auch MünchKomm-BGB/*Reuter*, §§ 80, 81 Rn. 60 („die von der Anerkennung (arg. e §§ 82, 83) Betroffenen (Stifter, Stiftererben, Testamentsvollstrecker)"). Vgl. § 6 Abs. 2 StiftG RhPf: „Die Entscheidung über den Antrag auf Anerkennung der Stiftung als rechtsfähig ist der Antragstellerin oder dem Antragsteller zuzustellen. Verstirbt die Stifterin oder der Stifter nach der Antragstellung, ist die Entscheidung den Erben oder der mit der Testamentsvollstreckung betrauten Person zuzustellen; sie ist auch dem Nachlassgericht mitzuteilen."

[548] S.o. S. 8.

[549] Staudinger/*Otte*, § 1940 Rn. 5; MünchKomm-BGB/*Leipold*, § 1940 Rn. 4.

ausgesetzt sein, er könnte sich auch gegenüber einem Dritten zur Stiftungsgründung oder zum Nichtwiderruf eines Stiftungsgeschäfts verpflichten.[550]

Für die Auflage gilt über § 2192 BGB grundsätzlich die Schranke des § 2065 BGB, die Lockerungen durch die §§ 2151, 2156 und 2193 BGB erfährt. Der Erblasser kann dem Auflagenbeschwerten nicht völlig freie Hand bei der Auswahl des Auflagenbegünstigten und der Bestimmung des zuzuwendenden Vermögens lassen. Gemäß § 2193 BGB muss der Erblasser jedenfalls angeben, welchem Zweck die Auflage dienen soll. Er muss einen Stiftungszweck angeben, der gegebenenfalls noch zu konkretisieren ist, insbesondere wenn der Erblasser nur allgemein „gemeinnützige Zwecke" zur Vorgabe macht. Auch die Vermögensausstattung der Stiftung ist grundsätzlich durch den Erblasser festzulegen (Ausnahme: § 2192 i.V.m. § 2156 BGB). Es genügt also etwa nicht, lediglich die Errichtung einer beliebigen Stiftung ohne Angabe eines Zwecks zu verlangen. Der Erblasser könnte sogar sämtliche Merkmale der zu errichtenden Stiftung vorgeben[551] oder z.B. bestimmen, dass die zu errichtende Stiftung seinen Namen tragen solle.

Grundsätzlich kann der Testamentsvollstrecker von dem Beschwerten die Vollziehung einer Auflage beanspruchen (vgl. § 2208 Abs. 2 BGB).[552] Der Vollziehungsanspruch kann aber dann nicht geltend gemacht werden, wenn der Testamentsvollstrecker selbst in der Lage ist, die Auflage zu vollziehen.[553] Die §§ 2205 bis 2208 BGB beschreiben Inhalt und Umfang der Befugnisse, die dem Testamentsvollstrecker im Rahmen der (zwischenzeitlichen oder dauerhaften) Verwaltung des Nachlasses zustehen. Das Stiftungsgeschäft führt dazu, dass mit der Anerkennung Rechte, zu deren Übertragung ein Abtretungsvertrag genügt, von selbst auf die Stiftung übergehen (§ 82 Satz 2 BGB), so dass das Stiftungsgeschäft letztlich den Charakter einer Verfügung im Sinne des § 2205 Satz 2 BGB hat. Hinsichtlich des übrigen zugesicherten Vermögens wird die Pflicht zur Übertragung auf die Stiftung begründet (§ 82 Satz 1 BGB). Eine solche Verbindlichkeit für den Nachlass kann der Testamentsvollstrecker gemäß § 2206 BGB begründen. Da beim Stiftungsgeschäft mit der Vermögensausstattung notwendigerweise die Kreation der Stiftung verbunden ist, ist die Errichtung des

---

550 Planck/*Knoke*, § 81 Anm. 6; Staudinger/*Rawert*, § 81 Rn. 6; *Enneccerus/Nipperdey*, § 117 Fn. 17 (S. 720); *Oertmann*, § 81 Anm. 1a; *Stintzing*, AcP 88 (1898), 392, 410; *Muscheler*, Stiftungsrecht, S. 104 f. A.A. *v. Tuhr*, § 41 III (S. 600 f.). Die Wirksamkeit einer Auflage der Stiftungserrichtung wird freilich auch von *v. Tuhr* anerkannt (§ 41 Fn. 23, S. 598).

551 Er muss dann allerdings besonders deutlich machen, dass es sich um ein Stiftungsgeschäft des Beschwerten handeln soll, da ansonsten viel für ein Stiftungsgeschäft von Todes wegen des Erblassers spricht.

552 Allgemeine Meinung, vgl. BayObLGZ 1986, 34; NJW-RR 1991, 523, 524; *Lange/Kuchinke*, § 30 III 3 b (S. 660); Bengel/Reimann/*Bengel*, 1. Kap. Rn. 213, 215; Bamberger/Roth/*Müller-Christmann*, § 2194 Rn. 3.

553 MünchKomm-BGB/*Schlichting*, § 2194 Rn. 4; Staudinger/*Otte*, § 2194 Rn. 5.

Stiftungsgeschäfts einheitlich als dem Testamentsvollstrecker mögliche Tätigkeit im Rahmen der Nachlassverwaltung anzusehen. Der Testamentsvollstrecker hat also die Auflage der Stiftungserrichtung selbst zu vollziehen.

Die Auflage kann freilich neben der Stiftungserrichtung von dem beschwerten Erben oder Vermächtnisnehmer auch verlangen, dass dieser den Testamentsvollstrecker dazu bevollmächtigt, das Stiftungsgeschäft im Namen des letztwillig Bedachten vorzunehmen. Die Vollmachterteilung kann dabei von dem Testamentsvollstrecker überwacht werden, insbesondere kann er die Vollziehung dieser Auflage auch klageweise geltend machen (§ 2208 Abs. 2 BGB).[554] Der entsprechend Bevollmächtigte wird dann als Vertreter des Erben allerdings nicht in seiner Funktion als Testamentsvollstrecker tätig.

2. Stiftungsgeschäft unter Lebenden des Erblassers

Nimmt der Stifter ein Stiftungsgeschäft unter Lebenden vor, verstirbt er aber, bevor die Stiftung durch die behördliche Anerkennung ins Leben gerufen wird, stellt sich die Frage, ob der Testamentsvollstrecker sicherstellen kann, dass die Anerkennung der Stiftung erfolgt. Ein solcher Einsatz des Testamentsvollstreckers könnte zum einen – ähnlich wie bei der Stiftung von Todes wegen – notwendige Ergänzungen des Stiftungsgeschäfts betreffen (dazu unter b), zum anderen die Sorge dafür, dass das Anerkennungsverfahren überhaupt bis zu seinem Ende durchgeführt wird (dazu unter a).

a) Sicherung des Anerkennungsverfahrens

Bei der Stiftungserrichtung unter Lebenden bedarf es neben dem Stiftungsgeschäft eines formellen Antrags auf Anerkennung bei der zuständigen Behörde – anders als bei der Stiftung von Todes wegen, bei der es genügt, dass die Anerkennungsbehörde Kenntnis von dem Stiftungsgeschäft erlangt.[555] Bis zur Anerkennung steht dem Stifter gemäß § 81 Abs. 2 BGB ein Widerrufsrecht zu (zu dessen Sicherung das Antragserfordernis gerade besteht[556]). Die Ausübung des Widerrufsrechts bewirkt die Unwirksamkeit des Stiftungsgeschäfts.

aa) Widerruf

Da der Widerruf des Stiftungsgeschäfts durch den Stifter selbst vor der Antragstellung (wie das Stiftungsgeschäft auch) nicht empfangsbedürftig und zudem nicht formgebunden ist, kann dieser dadurch erfolgen, dass der Stifter den Willen zum Ausdruck gebracht hat, nicht mehr an die Willenserklärung zur Errichtung der Stiftung gebunden zu sein. Bei einer entsprechenden (endgültig gemeinten) Äußerung des Stifters, z.B. im Freundeskreis, entfällt die Bindung

[554] RGZ 172, 199, 205, 207; BGHZ 12, 100, 103; BayObLGZ 1969, 138, 141; Staudinger/*Reimann*, § 2205 Rn. 97.

[555] S.o. S. 29 f.

[556] S.o. S. 27.

schon durch diese Erklärung. Anderes muss aber gelten, wenn der Stifter den Antrag auf Anerkennung bereits gestellt hatte. Der Widerruf durch den Stifter bedarf dann des Empfangs durch die Anerkennungsbehörde (§ 81 Abs. 2 Satz 2 BGB).

Ein Widerruf vor Antragstellung kann insbesondere im Testament des Stifters erfolgen. Bei erfolgtem Antrag genügt dies mangels Zugangs noch nicht zur Vernichtung des Stiftungsgeschäfts (§ 81 Abs. 2 Satz 2 BGB). Der Widerruf ist zwar keine Verfügung von Todes wegen, die Erklärung ist aber so zu verstehen, dass der Erblasser den Testamentsvollstrecker mit der Weiterleitung der Erklärung im Wege der Botenschaft an die zuständige Behörde beauftragt, der erforderliche Abgabewille damit vorliegt.[557] Gemäß § 130 Abs. 2 BGB bleibt eine Willenserklärung wirksam, wenn der Erklärende nach der Abgabe stirbt. Der Widerruf ist freilich nicht wirksam, wenn er erst nach der Anerkennung zugeht.

Während bei letztwilligen Verfügungen und somit auch bei der Stiftungserrichtung von Todes wegen gemäß §§ 2253 ff. BGB ein Widerrufsrecht allein für den Erblasser, nicht aber für seinen Erben, besteht,[558] erhält beim Tod des Stifters unter Lebenden vor der Anerkennung der Erbe des Stifters grundsätzlich das nach § 81 Abs. 2 BGB bestehende Widerrufsrecht. Der Übergang erfolgt im Wege der Universalsukzession gemäß § 1922 Abs. 1 BGB[559] und musste deshalb nicht ausdrücklich durch den Gesetzgeber vorgesehen werden. Der Erbe tritt mit dem Erbfall vollständig in die Rechtsposition des Erblassers ein, wird somit auch Inhaber der Gestaltungsrechte des Erblassers, soweit diese nicht höchstpersönlich sind.[560] Indem § 81 Abs. 2 Satz 3 BGB die Fälle nennt, in denen dem Erben das Widerrufsrecht nicht zusteht, drückt die Vorschrift implizit aus, dass das Recht grundsätzlich, ausgenommen also die genannten Fälle, übergeht. Der Erbe ist dabei nicht an den Willen des Stifters gebunden, d.h., er kann auch dann widerrufen, wenn dies dem Willen des Stifters widerspricht, tritt der Erbe doch in die Rechtsstellung des Stifters ein.

Die Stiftungsentstehung kann demnach bei einem Stiftungsgeschäft unter Lebenden dadurch verhindert werden, dass der Erbe des Stifters dieses Stiftungsgeschäft widerruft. Dies gilt nur dann nicht, wenn die erwähnten Ausnahmen eingreifen, also wenn der Stifter bereits die Anerkennung der Stiftung beantragt

---

557 Ähnlich Soergel/*Neuhoff*, § 81 Rn. 4.

558 Ob die Stiftungserrichtung als wechselbezügliche Verfügung in einem gemeinschaftlichen Testament oder als vertragsmäßige Verfügung in einem Erbvertrag vereinbart werden kann mit der Folge der grundsätzlichen Bindung an diese Verfügung (§ 2271 bzw. § 2289 BGB), ist umstritten. Vgl. dazu nur *Schewe*, S. 154 ff., 162 ff. m.w.N.

559 Erman/*Werner*, § 81 Rn. 23; MünchKomm-BGB/*Reuter*, §§ 80, 81 Rn. 41; Palandt/*Ellenberger*, § 81 Rn. 12; AnwK-BGB/*Schiffer*, § 81 Rn. 12; Seifart/*Hof*, § 7 Rn. 59; *Blydt-Hansen*, S. 58.

560 Palandt/*Edenhofer*, § 1922 Rn. 26; Bamberger/Roth/*Müller-Christmann*, § 1922 Rn. 45; Staudinger/*Marotzke*, § 1922 Rn. 299; *Seckel*, S. 25.

hat oder im Falle einer notariellen Beurkundung des Stiftungsgeschäfts den beurkundenden Notar mit der Antragstellung beauftragt hat (§ 81 Abs. 2 Satz 3 BGB). Bei der Errichtung zu Lebzeiten ist eine notarielle Beurkundung nicht durch das Gesetz geboten, § 81 Abs. 1 Satz 1 BGB verlangt lediglich die Einhaltung der Schriftform (vgl. § 126 BGB). Verstirbt der Stifter also, bevor er oder ein Stellvertreter die Anerkennung beantragt hat – möglicherweise wollte er nach Errichtung des Stiftungsgeschäfts noch bestimmte Entwicklungen abwarten – und hat er, z.B. aus finanziellen Erwägungen, von der Betrauung eines Notars mit der Beurkundung und der Beantragung abgesehen,[561] kann der Erbe die Stiftungsentstehung und damit die Vermögenszuwendung an die Stiftung scheitern lassen, den Umfang des Nachlasses also zu seinen Gunsten erweitern. Mit § 2065 BGB kollidiert diese Macht nicht, da das Nachlassvermögen insgesamt vergrößert wird, nicht der Anteil des Einzelnen daran. Kann der Stifter dieses Vorgehen auf anderen Wegen als den in § 81 Abs. 2 Satz 3 BGB bestimmten verhindern?

Nach fast einhelliger Ansicht soll die Auflistung der Ausnahmen in § 81 Abs. 2 Satz 3 BGB abschließend sein.[562] *Neuhoff* ist dagegen der Auffassung, dass auch nach dem (postmortalen) Antrag eines dazu beauftragten und bevollmächtigen Dritten, z.B. eines Rechtsanwaltes, ein Widerruf durch den Erben mit dem Stifterwillen nicht vereinbar und deshalb unzulässig sei.[563] *Reuter* wendet sich berechtigterweise gegen diese Ansicht mit der Begründung, dies stelle einen Verstoß gegen erbrechtliche Prinzipien dar. Da der Erbe in die Position des Erblassers, dessen Rechte und Pflichten, insbesondere also auch das Widerrufsrecht, eintritt, muss der Erbe genauso zum Widerruf berechtigt sein wie der Erblasser, es sei denn das Gesetz sieht Ausnahmen vor, wie dies in § 81 Abs. 2 Satz 3 BGB geschehen ist.[564] Insoweit ist die Regelung also tatsächlich abschließend. Die gesetzgeberische Grundentscheidung ist zu akzeptieren, zumal der Stifter es selbst in der Hand gehabt hat, den Antrag auf Anerkennung zu stellen.

Der vorausschauende Stifter kann in seinem Testament die Einsetzung des Erben unter die auflösende Bedingung stellen, dass die Stiftung anerkannt wird, jedenfalls aber nicht durch den Erben widerrufen wird. Ihm steht es auch frei, eine entsprechende Auflage zu formulieren. Dadurch besteht ein erheblicher An-

---

561 Nach der *Bund-Länder-Arbeitsgruppe Stiftungsrecht* (Abschlussbericht, S. 13) wurden in den Jahren 1990 bis 1999 ca. 18 % der Stiftungen durch notarielle Urkunde errichtet. Die Beratung durch einen Rechtsanwalt oder Notar erfolgte (im selben Zeitraum) bei ca. 41 % der Stiftungsneugründungen.

562 Z.B. Staudinger/*Rawert*, § 81 Rn. 7; Bamberger/Roth/*G.C. Schwarz/Backert*, § 81 Rn. 16; Seifart/*Hof*, § 6 Rn. 59; *Ebersbach*, S. 51.

563 Soergel/*Neuhoff*, § 81 Rn. 5.

564 MünchKomm-BGB/*Reuter*, §§ 80, 81 Rn. 43; im Ergebnis auch *O. Schmidt/Gleichner*, ZSt 2003, 227, 231.

reiz für den Erben, die Stiftungsentstehung nicht zu verhindern. Die Möglichkeit des Erben, dennoch zu widerrufen, ist dadurch aber nicht mit dinglicher Wirkung ausgeschlossen, die Ausübung bleibt denkbar. Der Erbe würde zwar seine Begünstigung als Erbe verlieren. Ein pflichtteilsberechtigter Erbe würde aber immerhin den Pflichtteil erhalten.[565] Es besteht zudem stets die Möglichkeit, dass der Erbe danach trachtet, dem Erblasser in der Weise Schaden zuzufügen, dass der Erblasserwille, sein Stiftungsprojekt, nicht verwirklicht wird.[566]

Die Anordnung der Testamentsvollstreckung ist möglicherweise ein für den Erblasser zu erwägender Weg, um die Durchführung des Anerkennungsverfahrens auf wirksamere Weise zu sichern. Wie festgestellt, fällt das Widerrufsrecht in den Nachlass. Als Nachlassbestandteil unterliegt es dem Verwaltungsrecht des Testamentsvollstreckers gemäß § 2205 BGB. Nach § 2211 BGB entfällt dann die Verfügungsbefugnis der Erben über die der Verwaltung des Testamentsvollstreckers unterliegenden Nachlassgegenstände. Unter Verfügungen werden allgemein solche einseitigen oder vertraglichen Rechtsgeschäfte verstanden, die unmittelbar darauf gerichtet sind, auf ein bestehendes Recht einzuwirken, indem es übertragen, aufgehoben, belastet oder inhaltlich verändert wird.[567] Fraglich ist, ob auch das Ausüben des Widerrufsrechts und die Antragstellung Verfügungen im Sinne des § 2211 BGB sind und ob damit allein der Testamentsvollstrecker, nicht aber der Erbe, zur Vornahme befugt ist. Die Ausübung eines Gestaltungsrechts mag an sich eine Verfügung sein.[568] Erforderlich ist aber, dass über einen Nachlassgegenstand verfügt wird. Durch den Widerruf

---

565 Dadurch, dass die Stiftung nicht zur Entstehung gelangte, würde der Nachlass um das der Stiftung zugedachte Vermögen vergrößert – im Falle der Anerkennung würde die Stiftung nach § 84 BGB als vor dem Tod des Stifters entstanden gelten, die Forderung der Stiftung gegen den Stifter auf Vermögensausstattung (§ 82 BGB) wäre deshalb eine Nachlassverbindlichkeit, die Rechte im Sinne des § 82 Satz 2 BGB zählten nicht zum Nachlass (näher *Muscheler*, Stiftungsrecht, S. 157 f.). Der Pflichtteilsanspruch kann dadurch im Ergebnis aber nicht höher ausfallen als bei erfolgter Anerkennung – auch nicht bei einem im Verhältnis zum sonstigen Erblasservermögen großen Stiftungsvermögen. Denn bei Entstehung der Stiftung steht den Erben der Pflichtteilsergänzungsanspruch analog § 2325 BGB zu.

566 Die Vereinbarung eines Widerrufsverzichts durch den Stifter mit einem Vertragspartner hätte nach der wohl noch herrschenden Meinung ebenfalls eine bloß schuldrechtliche (über § 1922 BGB auch gegenüber dem Erben), nicht aber eine dingliche Wirkung (MünchKomm-BGB/*Reuter*, §§ 80, 81 Rn. 9 f.; Seifart/*Hof*, § 6 Rn. 56; Staudinger/*Rawert*, § 81 Rn. 6; Bamberger/Roth/*G.C. Schwarz*/*Backert*, § 81 Rn. 15; *Enneccerus*/*Nipperdey*, § 117 Fn. 17 (S. 720); *Burgard*, S. 86. A.A. *Muscheler*, Stiftungsrecht, S. 111 ff.; *O. Schmidt*/*Gleichner*, ZSt 2003, 227, 229; wohl auch *Ebersbach*, S. 51 und *Strickrodt*, S. 44. Offengelassen in BGHZ 70, 313, 323).

567 RGZ 90, 395, 399; BGHZ 1, 294, 304; 75, 221, 226; 101, 24, 26; Bengel/Reimann/*Bengel*, 1. Kap. Rn. 100; Bamberger/Roth/*Bub*, § 185 Rn. 2.

568 So MünchKomm-BGB/*W. Zimmermann*, § 2205 Rn. 61; Palandt/*Ellenberger*, Überbl. v. § 104 Rn. 17; Bengel/Reimann/*Bengel*, 1. Kap. Rn. 101; *Offergeld*, S. 121.

wird das Stiftungsgeschäft „vernichtet". Dieses Stiftungsgeschäft ist aber kein zum Nachlass gehörendes Recht. Als solcher Nachlassgegenstand[569], über den verfügt wird, kommt nur das Gestaltungsrecht selbst in Betracht. Durch das wirksame Ausüben des Gestaltungsrechts „Widerruf" erlischt dieses, denn ohne wirksames Stiftungsgeschäft kann kein Recht bestehen, dass dieses gestalten kann, ist doch die Existenz des Gestaltungsrechts zwingend mit dem gestaltbaren Rechtsgeschäft verbunden.[570] Allerdings ist die Ausübung des Widerrufsrechts nicht auf die Veränderung, das Erlöschen ebendieses Rechts gerichtet, sondern vielmehr auf die Herstellung der Unwirksamkeit und Unverbindlichkeit des Stiftungsgeschäfts. Unter den allgemeinen Verfügungsbegriff kann man also mangels intentionaler Veränderung nicht erfolgreich subsumieren. Nach Sinn und Zweck des § 2211 BGB kann der dortige Verfügungsbegriff aber weiter als nach allgemeiner Definition verstanden werden. Der Nachlass bildet ein Sondervermögen, das der rechtlichen Herrschaft und Veränderung durch den Erben entzogen sein soll. Zum Teil werden sogar rein tatsächliche Verwaltungsmaßnahmen, die die Nachlassgegenstände beeinflussen, wie z.B. der Umbau eines zum Nachlass gehörenden Hauses, als Verfügungen im Sinne des § 2211 BGB eingestuft.[571] Dem entspricht es, dass § 2205 BGB dem Testamentsvollstrecker allgemein die Verwaltung des Nachlasses überantwortet, nicht nur die Vornahme von Verfügungen. In der einschlägigen Konstellation, in der sogar eine rechtliche Veränderung des Nachlasses (Verlust des Widerrufsrechts) durch den Erben droht, ist es jedenfalls gerechtfertigt und geboten, die §§ 2205, 2211 BGB anzuwenden. Der Widerruf führt zu einer veränderten Zusammensetzung des Nachlasses – würde die Stiftung entstehen, würde die Zuwendung gemäß § 84 BGB als vor dem Tod des Stifters erfolgt gelten. Solche Entscheidungen über das Nachlassvermögen sollen den Erben bei angeordneter Testamentsvollstreckung nicht offenstehen. Dies zeigt sich schon daran, dass, anders als bei den Maßnahmen tatsächlicher Art,[572] die Ausübung des Gestaltungsrechts vom Testamentsvollstrecker nicht aufgrund des eigenen Verwaltungsrechts (§ 2205 Satz 2 BGB) verhindert werden kann, die Ausübung also zu einer endgültigen Verminderung des Nachlasses führen würde. Der insoweit zu enge allgemeine Verfügungsbegriff kann hier nicht gelten. §§ 2205, 2211 BGB umfassen also grundsätzlich auch die Ausübung des Widerrufsrechts.

Man könnte erwägen, die Anwendbarkeit des § 2211 BGB hinsichtlich des Widerrufs- und Antragsrechts mit dem oben genannten Einwand abzulehnen, § 81 Abs. 2 Satz 3 BGB treffe eine abschließende Regelung hinsichtlich des

---

569 Dazu näher MünchKomm-BGB/*W. Zimmermann*, § 2205 Rn. 61.

570 Vgl. auch *Seckel*, S. 36.

571 Staudinger/*Reimann*, § 2211 Rn. 15; Soergel/*Damrau*, § 2211 Rn. 1. A.A. Planck/*Flad*, § 2211 Anm. 2; AnwK-BGB/*Weidlich*, § 2211 Rn. 2; MünchKomm-BGB/*W. Zimmermann*, § 2211 Rn. 4; Bamberger/Roth/*J. Mayer*, § 2211 Rn. 9.

572 Vgl. Bamberger/Roth/*J. Mayer*, § 2211 Rn. 9.

Ausschlusses des Widerrufsrechts. § 81 Abs. 2 Satz 3 BGB sieht vor, dass in bestimmten Fällen das Widerrufsrecht entgegen § 1922 BGB nicht auf die Erben übergeht. Bei der Anwendung des § 2211 BGB geht es aber nicht darum, dass eine Nachfolge des Erben in das Recht nicht stattfindet – betroffen ist vielmehr allein die Ausübungsbefugnis, welche dem Testamentsvollstrecker und nicht dem Erben zukommt. Anders als bei § 81 Abs. 2 Satz 3 BGB fällt das Widerrufsrecht also gerade in den Nachlass. Hinsichtlich der Verfügungsbefugnis trifft § 81 BGB keine Regelung, will die allgemeinen Regeln nicht einschränken. Die abschließende Auflistung zum Widerrufsrechtsausschluss steht der fehlenden Ausübbarkeit während der Dauer der Testamentsvollstreckung somit nicht entgegen, die §§ 2205, 2211 und 81 Abs. 2 Satz 3 BGB haben unterschiedliche Regelungsgehalte.[573]

Eine Ausübung durch den Testamentsvollstrecker wäre jedoch ausgeschlossen, wenn das Widerrufsrecht nur höchstpersönlich durch dessen Inhaber ausgeübt werden könnte, wie dies wohl *Neuhoff* annimmt.[574] Für den Widerruf kann aber nichts anderes gelten als für die Vornahme des Stiftungsgeschäfts, für die auch *Neuhoff* die Vertretung als zulässig ansieht.[575] Warum hier eine Ausnahme gemacht werden soll, ist nicht ersichtlich. Somit kann also die Anordnung der Testamentsvollstreckung eine wirksame Ausübung des Widerrufsrechts des Erben grundsätzlich verhindern.

bb) Antrag

Den neben dem wirksamen Stiftungsgeschäft zur Anerkennung einer Stiftung unter Lebenden erforderlichen Antrag bei der zuständigen Behörde kann der Stifter aufgrund der insoweit bestehenden verwaltungsverfahrensrechtlichen Dispositionsmaxime frei zurückziehen, solange noch keine Anerkennung erfolgt ist.[576] Die Antragsrücknahme wirkt sich grundsätzlich nicht auf das Stiftungsgeschäft aus, die Behörde ist lediglich nicht mehr zur Anerkennung bzw. zu ihrer Versagung berechtigt, sie hat das Verfahren vielmehr einzustellen.[577] Eine zwingende Verbindung von Widerruf und Antragsrücknahme besteht nicht. Eine isolierte Antragsrücknahme, also ohne gleichzeitigen Widerruf des Stiftungsge-

---

573 „Erbrechtliche Prinzipien" (s.o. bei Fn. 564) sind insoweit ebenfalls nicht hinderlich – zu solchen zählt insbesondere die Testamentsvollstreckung. Wie schon gezeigt, ist auch § 83 Satz 1 BGB keine abschließende Regelung: Über die Antragstellung hinausgehende Tätigkeiten des Testamentsvollstreckers im Zusammenhang mit Stiftungen sind nicht ausgeschlossen.

574 Soergel/*Neuhoff*, § 81 Rn. 3.

575 Soergel/*Neuhoff*, § 81 Rn. 2.

576 MünchKomm-BGB/*Reuter*, §§ 80, 81 Rn. 40; Staudinger/*Rawert*, § 81 Rn. 9. Vgl. Hk-VerwR/*K.-A. Schwarz*, § 22 VwVfG Rn. 50; Stelkens/Bonk/Sachs/*P. Stelkens/Schmitz*, § 22 Rn. 67 ff.

577 Hk-VerwR/*K.-A. Schwarz*, § 22 VwVfG Rn. 50.

schäfts, könnte *Reuter* zufolge dann sinnvoll sein, wenn der Stifter den Entstehungszeitpunkt der Stiftung hinauszögern möchte, da er ein Liquiditätsproblem hat und nach dessen Überwindung die bloße erneute Antragstellung sinnvoller als die Wiederholung des Stiftungsgeschäfts erscheint.[578]

Die Notwendigkeit der Antragstellung entfällt nicht mit dem Tod des Stifters. Aus § 81 Abs. 2 Satz 3 BGB ist zu ersehen, dass neben dem Widerrufsrecht auch das Antragsrecht auf die Erben übergeht. Da das Widerrufsrecht den Erben zusteht, bedarf es wie zu Lebzeiten des Stifters eines Antrags, um den fortwährenden Willen zur Stiftungsentstehung der Behörde kundzugeben.[579] Die Erben erlangen das Antragsrecht als öffentlich-rechtliche Rechtsposition mangels entsprechender öffentlich-rechtlicher Normen oder entgegenstehender besonderer Gründe analog § 1922 BGB.[580] Verbunden mit der Antragsbefugnis ist auch die Befugnis, den Antrag wieder zurückzunehmen. Ist das Widerrufsrecht wegen § 81 Abs. 2 Satz 3 BGB ausgeschlossen, kann auch der Antrag nicht mehr zurückgenommen werden, da die Norm sonst umgangen werden könnte und leer liefe.[581] Liegen diese Voraussetzungen aber nicht vor, steht die Antragsbefugnis dem Erben zu, der dann – wiederum auch gegen den Willen des Erblassers – den Antrag zurückzunehmen befugt ist. Ist dagegen Testamentsvollstreckung angeordnet, steht die Zuständigkeit für den Antrag dem Testamentsvollstrecker im Rahmen seiner Verwaltungsbefugnis zu. Der Erbe kann den Antrag nicht wirksam stellen, vor allem aber nicht zurücknehmen. Er ist analog § 2211 Abs. 1 BGB von der „Verfügung" über das Antragsrecht als Nachlassgegenstand ausgeschlossen.[582] Entscheidend dafür ist, dass die Inhaberschaft bezüglich der Antragsbefugnis demjenigen zukommen muss, der auch das Widerrufsrecht auszuüben befugt ist. Widerrufsrecht und Antragsbefugnis hängen derart eng zusammen, dass sie nur von derselben Person ausgeübt und nicht getrennt werden

---

578 MünchKomm-BGB/*Reuter*, §§ 80, 81 Rn. 40.

579 S.o. S. 27.

580 Vgl. zur Anwendbarkeit der §§ 1922, 1967 BGB im öffentlichen Recht Staudinger/*Marotzke*, § 1922 Rn. 351 f. m.w.N. Für eine analoge Anwendung etwa BVerwGE 21, 302, 303; 64, 105, 108 f.; MünchKomm-BGB/*Leipold*, Einl. zu §§ 1922 ff. Rn. 143 f.; *Wolff/Bachof/Stober/Kluth*, § 43 Rn. 87 f., § 42 Rn. 84; *Bettermann*, DVBl 1961, 921; *v. Mutius*, VerwA 63 (1972), 87, 90 f. Für die unmittelbare Anwendbarkeit (Begründung: Vermögensbegriff des § 1922 BGB ist nicht auf privatrechtliche Positionen beschränkt) z.B. BVerwGE 15, 234, 238; NJW 1978, 2091; NJW 2002, 1892; *Stadie*, DVBl 1990, 501, 506; Staudinger/*Otte*, Einl. zum ErbR Rn. 2.

581 MünchKomm-BGB/*Reuter*, §§ 80, 81 Rn. 42; Staudinger/*Rawert*, § 81 Rn. 9; Seifart/*Hof*, § 6 Rn. 57.

582 Die Antragsbefugnis ist im Übrigen kein unmittelbar gestaltendes Recht. Auch ein Verbrauch, der bei den Gestaltungsrechten durch deren Ausübung bewirkt wird, tritt bei der Antragsbefugnis nicht ein. Wenn ein Antrag gestellt wurde, ist noch eine Rücknahme möglich bzw. nach Rücknahme eine Antragstellung wieder durchführbar, so dass man keine Inhaltsänderung des Antragsrechts selbst in seinem Gebrauch erblicken kann.

können. Ohne Antragsrecht wäre die Verfügungsbefugnis des Testamentsvollstreckers über das Widerrufsrecht wirkungslos: Er könnte einerseits ohne erfolgten Antrag nicht die Stiftungsanerkennung herbeiführen, andererseits könnte der Erbe durch die vorherige Antragstellung eine Widerrufsabsicht des Testamentsvollstreckers vereiteln.

b) Ergänzung des Stiftungsgeschäfts vor der Anerkennung

Der vor der Anerkennung verstorbene Stifter kann selbst keine Nachbesserungen des Stiftungsgeschäfts mehr vornehmen, wenn das Stiftungsgeschäft nicht die Anforderungen der §§ 80, 81 BGB erfüllt. Wie bei dem Stiftungsgeschäft von Todes wegen (§ 83 Satz 2 BGB) sieht das Gesetz in § 81 Abs. 1 Satz 4 BGB eine Ergänzungsbefugnis der zuständigen Anerkennungsbehörde vor. Auch hier stellt sich die Frage, ob und inwieweit der Stifter Dritten, z.B. dem Erben oder dem Testamentsvollstrecker, die Ergänzung überlassen kann bzw. diese dazu schon ohne entsprechende Übertragung berufen sind. Es bestünde unter Umständen die Gefahr, dass der Erbe zwar die Stiftung entstehen lässt, jedoch aufgrund eines (erheblich) veränderten Stiftungsgeschäfts. Der Einsatz des Testamentsvollstreckers kann einem solchen Vorgehen möglicherweise entgegenstehen, wenn er statt des Erben im Rahmen seiner Verwaltungsbefugnis Änderungen bewirken kann. Es sind zwei Fälle zu unterscheiden: aa) vor Bestehen der Voraussetzungen des § 81 Abs. 2 Satz 3 BGB, d.h., wenn dem Erben ein Widerrufsrecht zusteht, und bb) bei Fehlen des Widerrufsrechts.

aa) Widerruf durch den Erben möglich

Anders als für das Widerrufsrecht enthält das Gesetz keine Aussage hinsichtlich möglicher Ergänzungen des Stiftungsgeschäfts durch den Stifter bzw. seine Erben. Dass § 81 Abs. 1 Satz 4 BGB lediglich eine Ergänzungsbefugnis der Behörde vorsieht, spricht aber nicht gegen eine entsprechende Befugnis des Stifters. Gerade der Umstand, dass die Befugnis nur für den Fall angeordnet ist, dass der Stifter verstorben ist und deshalb selbst nicht mehr eingreifen kann, deutet darauf hin, dass der Stifter, solange er lebt (und keine Anerkennung erfolgt ist), die erforderlichen oder auch nur gewünschten Ergänzungen vornehmen kann und darf.[583] Zur Zulässigkeit von „Ergänzungen" gelangt man jedenfalls, wenn man sie als Kombination von vollständigem Widerruf und veränderter Neuerrichtung des Stiftungsgeschäfts versteht. Würden solche „Ergänzungen" durch den Erben vorgenommen, handelte es sich jedoch nicht mehr um ein Stiftungsgeschäft (und damit eine Stiftung) des Erblassers, sondern der Erbe träte als Stifter auf: Frei von jeglichen Bindungen an den Erblasserwillen errichtete er seine „eigene" Stiftung. Dies hätte aber auch zur Konsequenz, dass der Testamentsvollstrecker nicht in dieser Weise tätig werden könnte, da er zwar zur Ausübung

[583] Vgl. auch Schlegelberger/Vogels/*Pfeifle*, § 80 Rn. 12.

des Widerrufs des erblasserseitigen Stiftungsgeschäfts, nicht aber zur Neuerrichtung für den Erben befugt ist. Der Erblasser möchte zudem, dass „seine" Stiftung entsteht.

Eine Ergänzung kann aber auch in dem Sinne zustande kommen, dass das Stiftungsgeschäft zum Teil bestehen bleibt und im Übrigen Regelungen beseitigt, ausgetauscht oder hinzugefügt werden.[584] Dafür, dass diese echte Abänderung desselben Stiftungsgeschäfts zulässig ist, spricht insbesondere der Vergleich mit dem Testament als ebenfalls einseitigem Rechtsgeschäft. § 2258 BGB sieht einen Widerruf eines Testaments insoweit vor, als ein späteres Testament dazu in Widerspruch steht. Der aktuellere Wille geht dem vorherigen vor und verdrängt ihn. Vor allem aber bleibt der nicht in Widerspruch zum neuen stehende Teil des früheren Testaments bestehen, neue Anordnungen werden hinzugefügt. Dies ist auch beim Stiftungsgeschäft unter Lebenden anzunehmen. Hier erfährt die Ergänzung des Stiftungsgeschäfts grundsätzlich die gleiche Behandlung wie der Widerruf desselben.[585] Dabei handelt es sich auch um einen Erst-recht-Schluss: Wenn der Stifter durch den Widerruf das Stiftungsgeschäft insgesamt bis zur Anerkennung vernichten kann, soll er zur Ergänzung erst recht so lange befugt sein, handelt es sich doch gewissermaßen um einen teilweisen Widerruf des Stiftungsgeschäfts. Der Stifter hat bis zur Anerkennung die Gestaltungsmacht über das Stiftungsgeschäft.

Konsequenz dessen könnte sein, dass die Ergänzungsbefugnis wie das Widerrufsrecht zum Nachlass zählt. Dann müsste der Erbe befugt sein, Ergänzungen des Stiftungsgeschäfts vorzunehmen, sofern § 81 Abs. 2 Satz 3 BGB den Übergang nicht verhindert und solange die Anerkennung nicht erfolgt ist. Nach dem zum Widerrufsrecht Gesagten müsste die Ausübungsbefugnis über das Ergänzungsrecht dem Testamentsvollstrecker zukommen, wenn er den Nachlass verwaltet.

Der Erbe tritt in die Rechts- und Pflichtenstellung des Erblassers ein, er setzt die Rechts- und Pflichtverhältnisse grundsätzlich mit demselben rechtlichen Inhalt und in demselben Entwicklungszustand fort, wie sie beim Erbfall gegeben waren; er erbt das hinterlassene Vermögen „wie es steht und liegt".[586] Das Ergänzungsrecht ist jedoch – anders als das Widerrufsrecht – untrennbar mit der Person des Erblassers (Stifters) verbunden und daher unvererblich.[587] Mangels Nachlasszugehörigkeit hat demnach auch der Testamentsvollstrecker kein Verwaltungs- und Verfügungsrecht über das Ergänzungsrecht. Der Unterschied zwischen Widerruf und Ergänzung liegt darin, dass die Stiftung im einen Fall gar nicht entsteht, im anderen Fall in anderer Gestalt als ursprünglich beabsichtigt existent wird. Ein vom Widerruf mit anschließender veränderter Neuerrich-

---

[584] S.o. S. 51.

[585] *Dernburg*, Bürgerliches Recht, § 92 V d (S. 316); *Beckmann*, S. 91.

[586] OLG Hamm, OLGZ 1979, 44, 45; Staudinger/*Marotzke*, § 1922 Rn. 45.

[587] Vgl. zur Unvererblichkeit Staudinger/*Marotzke*, § 1922 Rn. 115 f.

tung abzugrenzendes Ergänzungsrecht darf nicht dazu führen, dass der Erbe zum Stifter wird – bei dieser Variante soll es sich doch um eine bloße Abänderung des ursprünglichen Geschäftes handeln. Das ursprüngliche Stiftungsgeschäft ist aber dadurch gekennzeichnet, dass es durch den Erblasser als „Stifter" errichtet worden ist. Deshalb sind jedenfalls solche Ergänzungen nicht möglich, bei denen das Stiftungsgeschäft eine völlige Veränderung erfährt, die einer Neuerrichtung gleicht, z.B. eine wesentliche Zweckänderung. Das ursprüngliche Stiftungsgeschäft dient hier nur als Ausgangspunkt und Rahmen für eine neue, andere Stiftung (des Erben) und ist letztlich als Widerruf aufzufassen.

Bei der Stiftung ist ein wesentlicher Aspekt gerade, dass sie – ihre Existenz und ihr Wirken – auf dem Stifterwillen beruht und dieser durch die Stiftung verwirklicht werden soll. Nicht vereinbar wäre es damit, dass der Erbe einen abweichenden oder nur ergänzenden Willen äußert, der Gegenstand des Stiftungsgeschäfts wird, und die Stiftung damit auch auf dem Willen eines anderen basierte, der zu beachten wäre. Das Stiftungsgeschäft muss Ausdruck des Stifterwillens sein. Inhalt der Erklärung ist gerade, dass für die Stiftung nur der von ihm bzw. aufgrund seiner Ermächtigung erklärte Wille maßgeblich sein soll. Mit dieser Eigenart des Stiftungsgeschäfts ist die Vererblichkeit einer Ergänzungsbefugnis nicht vereinbar.

Auch die behördliche Ergänzungsbefugnis zeigt, dass grundsätzlich niemand zur posthumen Ergänzung des Stiftungsgeschäfts befugt ist. Eine gesetzliche Regelung wäre bei entsprechender automatischer und willensunabhängiger Kompetenz der Erben zumindest entbehrlich gewesen und ließe jedenfalls eine Äußerung zum Konkurrenzverhältnis zwischen den Erben und der Behörde erwarten. Der Gesetzgeber geht von einem fehlenden Ergänzungsrecht der Erben aus – vor seinem Tod ist der Stifter und danach ist die Behörde zu Ergänzungen befugt. Freilich vermag der Erblasser dem Erben oder einem Dritten die Ermächtigung zu erteilen, das Stiftungsgeschäft zu ändern bzw. zu vervollständigen und damit ein Gestaltungsrecht[588] einzuräumen. Diese Ergänzungen wären auf den Willen des Stifters zurückzuführen und deshalb mit dem Prinzip der Maßgeblichkeit dieses Willens vereinbar.

Einer ausdrücklichen Beauftragung des Testamentsvollstreckers mit der Ergänzung bedarf es nur dann nicht, wenn die Stiftung unter Lebenden des Verstorbenen, die noch nicht anerkannt ist, als Erbin oder Vermächtnisnehmerin des Stifters bedacht wurde – zur Ausführung dieser Verfügungen bedarf es der Ergänzung durch einen anderen als den Erblasser. Zwar handelt es sich bei der Stiftungserrichtung unter Lebenden gerade nicht um eine Verfügung von Todes wegen, die der Testamentsvollstrecker zur Ausführung zu bringen hat – in der Erbeinsetzung wird man aber (zumindest konkludent) die Beauftragung des Testamentsvollstreckers (außerhalb dieses Amtes) ersehen können, dass dieser das

[588] Dazu oben S. 52.

Stiftungsgeschäft ergänzen soll und darf, soweit dies zur Entstehung der Stiftung als Erbin notwendig ist.

bb) Widerruf durch den Erben nicht mehr möglich

Geht schon dann, wenn dem Erben ein Widerrufsrecht zukommt, das Recht zur Ergänzung des Stiftungsgeschäftes nicht auf ihn über, muss dies erst recht gelten, wenn gemäß § 81 Abs. 2 Satz 3 BGB kein Widerrufsrecht besteht. Auch in diesem Fall kann der Stifter aber einen Dritten, auch den Erben, dazu ermächtigen, das Stiftungsgeschäft zu ändern oder zu vervollständigen.

Es kann nicht dagegen argumentiert werden, dass es, wenn schon kein Widerrufsrecht bestehe, auch kein Ergänzungsrecht geben könne. Erstens ist die Ergänzungsbefugnis bereits Teil des Stiftungsgeschäfts, es geht nicht um ein aus dem Widerrufsrecht abgeleitetes Ergänzungsrecht. Zweitens enthält § 81 Abs. 2 Satz 3 BGB nicht die grundlegende Wertung, ab den dort beschriebenen Zeitpunkten bestehe keine Möglichkeit mehr, das Stiftungsgeschäft zu widerufen oder zu ergänzen. Nach der Wertung des Gesetzgebers steht in den dort beschriebenen Konstellationen mit hinreichender Sicherheit fest, dass der Stifter die Errichtung der Stiftung nach seinem Tod gewollt hätte.[589] Beruht die Regelung (Festlegung der Gebundenheit des Erben) also darauf, der Stifter habe zu den genannten Zeitpunkten einen endgültigen, festen Willen gefasst, entspricht es diesem Sinn, Ausnahmen zuzulassen und von der Gebundenheit Abstand nehmen zu können, wenn der Stifter selbst keinen solchen festen Willen äußert, sondern etwa einen Dritten mit der Befugnis zum Widerruf oder zu Ergänzungen ausstattet.[590]

---

589 *O. Schmidt/Gleichner*, ZSt 2003, 227, 231; *v. Tuhr*, § 41 III (S. 600); Soergel/*Neuhoff*, § 81 Rn. 5: Das Stiftungsgeschäft erhält die Qualität einer Verfügung von Todes wegen.

590 Ähnlich *J. Kohler*, § 183 V (S. 420 f.).

E. Tätigkeit nach Anerkennung der Stiftung

Hat der Testamentsvollstrecker alle ihm übertragenen Aufgaben erfüllt, endet die Testamentsvollstreckung automatisch.[591] Wenn die Stiftung durch die Anerkennung entstanden ist, verbleiben dem Testamentsvollstrecker regelmäßig nur noch die Aufgaben, die Stiftung – bei einem Vermächtnis oder einer Auflage – zu ihren Gunsten mit dem ihr zugedachten Vermögen auszustatten oder – bei der Berufung von Miterben – den Nachlass auseinanderzusetzen. Der Erblasser kann aber weitere Anordnungen treffen, die noch nach der Anerkennung auszuführen sind. So kann er die Erbeinsetzung oder das Vermächtnis der Stiftung mit einer Auflage verbinden.[592] Der Testamentsvollstrecker ist dann nach § 2203 BGB verpflichtet, die Auflage selbst zu erfüllen oder für deren Vollziehung durch die Stiftung zu sorgen.[593]

I. Möglicher Tätigkeitsbereich des Testamentsvollstreckers

Einen dauerhaften Einsatz des Testamentsvollstreckers sieht das BGB ausdrücklich in § 2209 vor. Nach dieser Vorschrift kann der Erblasser dem Testamentsvollstrecker die Aufgabe übertragen, den Nachlass zu verwalten, ohne dass der Testamentsvollstrecker daneben noch andere, besondere Verfügungen des Erblassers im Rahmen der Nachlassabwicklung auszuführen hat. Unter „Verwaltung" im Sinne der §§ 2205, 2209 BGB versteht man alle Maßnahmen zur Erhaltung, Sicherung, Nutzung und Vermehrung des verwalteten Vermögens.[594] Als beispielhafte Tätigkeiten werden genannt u.a. das Eingehen von Verbindlichkeiten, der Erwerb von Sachen und Rechten, die Verfügung über Nachlassgegenstände, das Führen von Rechtsstreitigkeiten, die Entgegennahme von Willenserklärungen.[595]

Anders als die Verwaltung nach §§ 2205 f. BGB im Rahmen der Abwicklungsvollstreckung ist die Verwaltung des Nachlasses bei dieser Dauervollstreckung nicht Mittel zur Ausführung der letztwilligen Verfügungen und zur Auseinandersetzung, sondern gewissermaßen „Selbstzweck", eine selbständige Auf-

[591] BGHZ 41, 23, 25; BayObLGZ 1953, 357, 362; BayObLG, ZEV 1995, 370; *Bonefeld*, ZErb 2000, 184; Bengel/Reimann/*Reimann*, 7. Kap. Rn. 59.

[592] Davon zu unterscheiden ist die Ausstattung einer Stiftung von Todes wegen durch Auflage an den Erben (s.o. S. 8). Eine Auflage für die Stiftung führt nur dann zur Versagung der Anerkennung, wenn sie die Erfüllung des Stiftungszwecks erheblich beeinträchtigen oder verhindern kann (*Ebersbach*, S. 46; Seifart/*Hof*, § 6 Rn. 15). Die Mittel, die zur Erfüllung von Auflagen zu verwenden sind, mindern das für die Zweckerfüllung zur Verfügung stehende Vermögen (Schauhoff/*Schauhoff*, § 8 Rn. 85).

[593] S.o. S. 14 f.

[594] Staudinger/*Reimann*, § 2205 Rn. 4; *W. Zimmermann*, Rn. 367.

[595] Palandt/*Edenhofer*, § 2205 Rn. 6; *W. Zimmermann*, Rn. 367.

gabe ohne Hilfsfunktion.[596] Die Verwaltung ist insoweit allein auf die Nutzbarmachung des verwalteten Vermögens und auf die Erzielung von Erträgen gerichtet.[597] Gemäß § 2209 Satz 1, 1. Fall BGB ist es möglich, die Dauervollstreckung ohne eine vorher stattgefundene Abwicklungsvollstreckung anzuordnen – angesichts der Betätigungsmöglichkeiten des Testamentsvollstreckers im Vorfeld der Anerkennung[598] ist dies allerdings bei einer Stiftung von Todes wegen regelmäßig nicht zu empfehlen.

Ein Bedürfnis für den Einsatz eines Dauervollstreckers bei entstandener Stiftung von Todes wegen ist freilich nicht ohne weiteres erkennbar. Oftmals wird die Dauervollstreckung dazu verwandt, die Erben, denen die Vermögensverwaltung mangels Erfahrung (noch) nicht zugetraut wird, zu „bevormunden“ und somit vor Fehlern zu bewahren.[599] Eine solche Intention würde, wenn der Stiftung das Nachlassvermögen zukommen soll, sehr verwundern, kann doch mit der Stiftungserrichtung von Todes wegen der Zuwendungsempfänger gerade als „Wunscherbe“ geschaffen werden. Das Vermögen der Stiftung wird durch die für die Stiftung handelnden Organe, z.B. den Vorstand, verwaltet, dessen Zusammensetzung vom Stifter festgelegt werden kann. Die Stiftung ist selbst als „Willensvollstreckerin“ tätig. Selbst wenn ein echtes Bedürfnis für die Dauervollstreckung nicht erkennbar sein sollte,[600] steht dieser Umstand jedenfalls nicht der Möglichkeit entgegen, die Dauervollstreckung dennoch anzuordnen. Der Gesetzgeber hat dem Erblasser – trotz mancherseits vorgetragener Bedenken gegen das Bedürfnis einer Verwaltung als Selbstzweck[601] – die Option der Dauervollstreckung voraussetzungslos eröffnet.

Ein Bedürfnis für die Testamentsvollstreckung nach der Stiftungsanerkennung wird aber offenbar zumindest für eine Reihe von besonderen Tätigkeiten erkannt, die nicht dem genannten Kanon der „klassischen“ Verwaltung unterfallen; die Zuweisung dieser Aufgaben an den Testamentsvollstrecker wird Erblassern deshalb von Stimmen aus dem Schrifttum vorgeschlagen. Dabei handelt es sich um die Mitwirkung bei Satzungsänderungen[602] „und sonstiger Willensbil-

---

596 KG, HRR 1938, Nr. 1400; *Offergeld*, S. 165; Soergel/*Damrau*, § 2209 Rn. 1; Planck/*Flad*, § 2205 Anm. 1.

597 Planck/*Flad*, § 2209 Anm. 1; Staudinger/*Reimann*, § 2209 Rn. 5; Bengel/Reimann/*Bengel*, 1. Kap. Rn. 145; *Offergeld*, S. 166.

598 S.o. S. 13 ff.

599 Palandt/*Edenhofer*, § 2209 Rn. 2; Bengel/Reimann/*Bengel*, 1. Kap. Rn. 145; *Offergeld*, S. 165. Vgl. auch den besonderen Fall des § 2338 Abs. 1 Satz 2 BGB (exheredatio bona mente).

600 Dazu unten S. 174 ff.

601 Vgl. etwa *Protokolle* V, S. 306 f. (= *Mugdan* V, S. 668) und dazu *Muscheler*, Haftungsordnung, S. 50 f. sowie *Schmucker*, S. 151.

602 So erwogen bei BGHZ 41, 23, 26. Bejahend Palandt/*Edenhofer*, § 2209 Rn. 7; MünchKomm-BGB/*W. Zimmermann*, § 2209 Rn. 8; Bengel/Reimann/*Reimann*, 5. Kap. Rn. 299; *Pauli*, Die Stiftung 1 (2007), 125, 163.

dung“ der Stiftung[603], die Benennung von Vorstandsmitgliedern[604] bzw. deren Abberufung sowie die Überwachung der Stiftung bzw. ihrer handelnden Organe[605]. Als „Mitwirkung bei der sonstigen Willensbildung“ ist etwa denkbar, dem Testamentsvollstrecker die konkrete Entscheidung über zu fördernde Projekte oder die Auswahl von Destinatären zu überlassen. Zum Teil wird es als möglich angesehen, dass der Testamentsvollstrecker der Stiftung lediglich beratend zur Seite stehen soll.[606] Möglicherweise kann der Testamentsvollstrecker zudem als Mitglied des Vorstands oder eines anderen Organs tätig werden.

Hinsichtlich dieser vorgeschlagenen Tätigkeiten ist nicht zuletzt fraglich, ob es sich bei deren Zuweisung um die besondere Übertragung von Aufgaben im Rahmen der Abwicklungsvollstreckung oder um (beschränkte) Dauervollstreckung handelt. Die Abgrenzung erscheint erforderlich, da die zeitliche Beschränkung der Testamentsvollstreckung gemäß § 2210 BGB (grundsätzlich dreißig Jahre) für die Dauervollstreckung nach § 2209 BGB, nicht aber für die Abwicklungsvollstreckung Anwendung findet.[607] Der Bundesgerichtshof hat hinsichtlich einer dauernden Satzungsänderungskompetenz nach der Anerkennung jedenfalls eine „tatsächlich-wirtschaftliche“ Nähe zur Dauervollstreckung erkannt.[608] Keine Voraussetzung für die Anwendung der §§ 2209, 2210 BGB ist, dass es dem Testamentsvollstrecker obliegt, den Nachlass vollständig und ohne Einschränkungen zu verwalten. § 2208 BGB, der sowohl für die regelmäßige als auch für die dauerhafte Verwaltung gilt, zeigt, dass der Erblasser dem Testamentsvollstrecker nicht nur die vollständige Nachlassverwaltung auferlegen kann, sondern die Verwaltungskompetenz auch beschränken kann, z.B. auf einzelne Erbteile oder einzelne Nachlassgegenstände. Auch in qualitativer Hinsicht, d.h. hinsichtlich der im Rahmen der Verwaltung auszufüllenden Aufgaben, kann eine Begrenzung seitens des Erblassers stattfinden. Dem Testamentsvollstrecker kann also auch nur eine einzige Verwaltungsaufgabe zugewiesen werden.[609] So könnte auch allein die Befugnis zur Vornahme von Satzungsänderungen als

---

603 MünchKomm-BGB/*W. Zimmermann*, § 2209 Rn. 8; *O. Schmidt*, S. 95; *Pauli*, Die Stiftung 1 (2007), 125, 163.

604 So erwogen bei KG, OLGRspr 34 (1917), 299, 300.

605 Palandt/*Edenhofer*, § 2209 Rn. 7; *Pauli*, Die Stiftung 1 (2007), 125, 163. Ungenau *Reimann* in Bengel/Reimann, 5. Kap. Rn. 298, der den „Stiftungsträger“ überwacht wissen will – bei einer rechtsfähigen (und damit selbständigen) Stiftung existiert ein solcher nicht.

606 In diese Richtung *Pauli*, Die Stiftung 1 (2007), 125, 163.

607 Erman/*M. Schmidt*, § 2210 Rn. 1; Soergel/*Damrau*, § 2210 Rn. 1; *Semmler*, S. 132.

608 BGHZ 41, 23, 27. Ähnlich *Schewe*, S. 248 (Bevormundung des Erben als das Eigentümliche der Dauervollstreckung); *O. Schmidt*, S. 95 f.

609 MünchKomm-BGB/*W. Zimmermann*, § 2209 Rn. 8; Palandt/*Edenhofer*, § 2208 Rn. 2; *Wiedemann*, Übertragung und Vererbung, S. 338. Vgl. BayObLGZ 1956, 186, 189 f.; OLG Hamm, BB 1956, 511 (Ausstattung allein mit der Befugnis, Stimmrechte aus einem GmbH-Anteil wahrzunehmen).

Dauervollstreckung im Sinne des §§ 2209, 2210 BGB gelten. Eine Entscheidung, wie die Tätigkeiten einzuordnen sind, ist aber nur dann erforderlich, wenn die genannten besonderen Aufgaben dem Testamentsvollstrecker überhaupt zulässigerweise in gerade dieser Funktion übertragen werden können, wenn also Tätigkeiten des Testamentsvollstreckers vorliegen, für die die §§ 2203 ff. BGB gelten. Nur dann kommt auch die Anwendung der §§ 2209, 2210 BGB in Betracht.

II. Zulässigkeit der Übertragung besonderer Aufgaben

1. Satzungsänderungsbefugnis

Mithilfe einer „Satzungsänderungsbefugnis" ist es insbesondere möglich, die Zweckerreichung trotz eventueller Gefährdungen sicherzustellen, ohne dass ein behördlicher Eingriff in Form einer (Zweck-)Änderung des Stiftungsgeschäfts oder gar einer Aufhebung der Stiftung stattfindet. Auch zur Erhaltung des Gemeinnützigkeitsstatus könnte bei wesentlicher Änderung der Verhältnisse eine Änderungskompetenz verwandt werden. Der Testamentsvollstrecker erscheint als Vertrauensperson in der Regel besonders geeignet, die Satzungsänderungen dem Stifterwillen gemäß vorzunehmen. Erinnert man sich an die Befugnisse, die dem Testamentsvollstrecker vor der Stiftungsanerkennung zustehen, liegt die Annahme, ihm könne das Recht und die Pflicht übertragen werden, im Bedarfsfalle gewisse Änderungen des Stiftungsgeschäfts vorzunehmen, nicht fern.

Dem Erblasser sind gewisse Grenzen gesetzt, inwieweit er einen Testamentsvollstrecker tätig werden lassen kann. Der Testamentsvollstrecker kann keine Aufgaben übernehmen, die nur höchstpersönlich durch den Erblasser oder nur durch die Erben bzw. Vermächtnisnehmer als Rechtsinhaber ausgeführt werden können. Bei der Kompetenz zur Herbeiführung der Stiftungsexistenz ist – zumindest bei der Erbeinsetzung – angenommen worden, dass der Stiftungszweck nur durch den Erblasser höchstpersönlich bestimmt werden kann. § 2065 Abs. 2 BGB beschränkt jedoch nicht die Möglichkeiten, das Stiftungsgeschäft nach der Anerkennung zu ergänzen.[610] Der Schluss, der Testamentsvollstrecker könne dann sogar weitergehende Befugnisse hinsichtlich der Satzung ausüben, wäre jedoch voreilig. Ein wesentlicher Unterschied zur Ergänzungskompetenz vor der Anerkennung ist offenkundig: Die Stiftung ist als selbständige Rechtsperson entstanden. Damit, so wird gesagt, komme ihr „Stiftungsautonomie" zu.[611] Steht dieser Umstand der besagten Befugnis des Testamentsvollstreckers entgegen?

---

[610] S.o. S. 86.

[611] Der Begriff ist nicht zu verwechseln mit der „Stifterautonomie" des Stifters, seiner Freiheit, die Stiftung nach seinem eigenen Willen auszugestalten, vgl. dazu *Muscheler*, Stiftungsrecht, S. 261 f.; *Riemer*, Systematischer Teil, Rn. 55 ff.

a) Stiftungsautonomie

Unter der Autonomie der Stiftung kann man zum einen die Privatautonomie der Stiftung verstehen, d.h. die – jeder Rechtspersönlichkeit zustehende – Freiheit, Geschäfte im Rechtsverkehr zu tätigen (Autonomie „nach außen"), zum anderen die „Binnenautonomie", zu der vor allem das hier einschlägige Prinzip der „Eigengesetzlichkeit" der Stiftung gehört.[612] Als „Stiftungsautonomie" im engeren Sinne wird in der Regel gerade diese Eigengesetzlichkeit bezeichnet. Damit ist gemeint, dass die Stiftung aus sich selbst heraus, aufgrund des eigenen Lebensgesetzes, besteht und nur auf den ursprünglichen Stifterwillen ausgerichtet ist, ohne dass sie Einwirkungen von „außenstehenden Personen" ausgesetzt ist.[613] Nach herrschender Meinung kann der Stifter jedoch ein Organ ermächtigen, Satzungsänderungen vorzunehmen, er hat dann freilich wesentliche Entscheidungen (Voraussetzungen und Verfahren) hinsichtlich der Vornahme von Zweckänderungen selbst zu treffen, damit auch die Änderungen noch zur Verwirklichung des Stifterwillens zählen. Die grundsätzliche Möglichkeit, eine Satzungsänderungskompetenz einzuräumen, bedeutet aber nicht zwingend, dass auch der Testamentsvollstrecker damit ausgestattet werden kann.

Wenn der Stifter bestimmte, jemand, der außerhalb der eigentlichen Stiftungsorganisation steht, wie z.B. der Testamentsvollstrecker, sollte Einfluss auf die Satzung oder auch nur auf irgendein Wirken der Stiftung – sei es nach außen oder die inneren Angelegenheiten betreffend – besitzen, müsste dies nicht auch Bestandteil der Stiftungsverfassung sein und somit Beachtung finden? Der Testamentsvollstrecker als außenstehender Dritte darf jedoch nach dem Prinzip der Eigengesetzlichkeit nicht in dieser Amtsfunktion Einfluss auf die Stiftung ausüben und ihr Wirken bestimmen, er ist nicht „Bestandteil" der Stiftung. Die Stiftung wäre nicht mehr eigenständig[614], wäre bei einem irgendwie gearteten Außeneinfluss kein selbsttragendes Gebilde mehr. Die Eigengesetzlichkeit verhindert, dass die Stiftung Einfluss „von außen" ausgesetzt ist, also fremdbestimmt wird.

Die Stiftungsautonomie hat in der insbesondere in § 87 BGB vorgesehenen behördlichen Aufsicht über die Stiftung, insbesondere das Handeln der Organe, Ausdruck gefunden. Hinsichtlich des Tätigwerdens externer Dritter besteht eine Aufsichtsbefugnis der Behörde gerade nicht. Da der Gesetzgeber aber nicht den Willen gehabt haben wird, dass die Kontrolle, ob tatsächlich der Stifterwille beachtet und umgesetzt wird, ins Leere läuft, belegt die Aufsichtskompetenz, dass die Stiftung nach dem Verständnis des Gesetzgebers keine Fremdbestimmung

---

612 *Muscheler*, Stiftungsrecht, S. 267.

613 S.o. bei Fn. 204.

614 Deshalb kann die Stiftung nach h.M. nicht in einem Konzern als abhängiges Unternehmen fungieren, jedenfalls wenn die Abhängigkeit auf einem Beherrschungsvertrag beruht (vgl. Bamberger/Roth/*G.C. Schwarz*/*Backert*, § 80 Rn. 19; MünchKomm-BGB/*Reuter*, vor § 21 Rn. 20; *Künnemann*, S. 187).

verträgt, mag der Testamentsvollstrecker auch letztlich ebenso wie die Stiftung auf die Verwirklichung des Stifterwillens ausgerichtet sein. Die Umsetzung des Stifterwillens muss durch die Stiftung selbst erfolgen. Der Stifter vermag der Behörde nicht die Aufsicht über die externe Person zuzuweisen, ihre Kompetenzen sind gesetzlich geregelt. Das Stiftungsgeschäft kann aber gleichzeitig auch nicht festlegen, dass eine staatliche Aufsicht ausgeschlossen ist.[615] Der Stifter kann seine Stiftung nicht mittels Befugnissen für Außenstehende der zwingenden Stiftungsaufsicht entziehen.[616]

Bei den Befugnissen zur Vorstandseinsetzung und -abberufung kann man gegen die Umgehung der staatlichen Aufsicht – anders als bei der Satzungsänderungskompetenz – möglicherweise einwenden, dass die bloße Bestellung des der Rechtsaufsicht unterliegenden Vorstands ungeeignet sei, das Stiftungsinteresse zu beeinträchtigen, was zu verhindern ja der Aufsicht obliegt. Mit *Reuter* ist dem entgegenzuhalten, dass auch ungeeignetes Führungspersonal eine nicht unerhebliche Gefahrenquelle bildet. Wenn die Stiftungsbehörde mangels rechtsverletzender Bestellung durch ein Stiftungsorgan nicht präventiv einschreiten kann, sondern gravierende Rechtsverletzungen durch den Vorstand selbst abwarten muss, wird das Stiftungsinteresse bedroht.[617] Zudem bedarf es keines bestimmten Gefährdungsgrades des Stiftungsinteresses, vielmehr sind die Eigengesetzlichkeit und damit das Wirken ohne Außeneinfluss sowie die staatliche Aufsicht generell zu beachtende Merkmale der Stiftung.

Die Einräumung von Rechten für „Dritte" in der Satzung ist nur dann mit dem Prinzip der Stiftungsautonomie vereinbar, wenn die Übertragung der Rechte mit der Begründung einer Organstellung für den Dritten einhergeht. Organe bzw. ihre Mitglieder gehören der Stiftung als deren Glieder an und stehen ihr nicht als Dritte gegenüber[618] – die Bezeichnung als „externer" Dritter ist dann also nicht mehr treffend.[619] Wenn jemandem durch den Stifter im Stiftungsgeschäft die Befugnis erteilt wird, auf die Stiftung einzuwirken, muss dies zumindest im Wege wohlwollender Auslegung (§ 2084 BGB) so verstanden werden, dass die Befugnis durch den Berufenen nicht als „Außenstehender", sondern als Mitglied eines Organs der Stiftung ausgeübt werden soll.[620] Einziges zwingend erforderliches Organ der Stiftung ist der Vorstand (§§ 86, 26 BGB), der grundsätzlich zur Ausübung aller Befugnisse und Pflichten der Stiftung zuständig ist – auch einer etwaigen Satzungsänderungsbefugnis. Gerade Letzteres gilt jedoch nur, wenn nicht anderes bestimmt ist. Die Gestaltung des Stiftungsgeschäfts und insbesondere der Stiftungsorganisation ist bis zur Anerkennung weitestgehend dem

---

615 MünchKomm-BGB/*Reuter*, vor § 80 Rn. 80; Seifart/*Hof*, § 10 Rn. 18; *Ebersbach*, S. 127.
616 MünchKomm-BGB/*Reuter*, § 86 Rn. 5; §§ 80, 81 Rn. 33. Ähnlich *Künnemann*, S. 186 f.
617 MünchKomm-BGB/*Reuter*, §§ 80, 81 Rn. 33.
618 Vgl. *Herfs*, S. 73 für Verbände.
619 Scholz/*U. H. Schneider*, § 6 Rn. 52. Missverständlich *Lunk*/*Rawert*, NPLY 2001, 91, 96 f.
620 Vgl. Scholz/*U. H. Schneider*, § 6 Rn. 52; MünchKomm-BGB/*Reuter*, § 86 Rn. 5.

Stifter überlassen. Es steht dem Stifter frei, neben dem Vorstand weitere Organe zu schaffen. Die einem solchen Organ zugewiesenen Befugnisse werden von der grundsätzlich allumfassenden Zuständigkeit des Vorstandes gewissermaßen abgespalten und dem nunmehr satzungsmäßig befassten Organ zuerkannt.[621] Die Bezeichnung ist dabei unerheblich, es muss nicht eine Organposition ausdrücklich als solche geschaffen und zugewiesen werden. Wird demnach im Stiftungsgeschäft bestimmt, die Aufgabe X der Stiftung sei durch Y auszuüben, wird ein Organ der Stiftung mit der Funktion X kreiert, dessen einziges Organmitglied Y ist. Die Übertragung von Organkompetenzen auf „Dritte" begründet deren Stellung als Organmitglieder und verpflichtet sie gleichzeitig auf die Wahrung der Stiftungsinteressen.[622] Der Einsetzung eines mehrköpfigen Gremiums bedarf es nicht. Auch die Festlegung des Umfangs der übertragenen Kompetenzen steht dem Stifter grundsätzlich frei. Somit kann einem formal außenstehenden Dritten auch die – der Stiftung eingeräumte – Satzungsänderungsbefugnis übertragen werden, die dieser dann als Organmitglied ausübt.

Wie jeder anderen Person auch kann der Erblasser jedenfalls dem Testamentsvollstrecker „privat", d.h. nicht in seiner Eigenschaft als Testamentsvollstrecker, eine (an bestimmte Voraussetzungen gebundene) Satzungsänderungskompetenz übertragen. Gleiches gilt für die anderen besonderen, oben aufgeführten Kompetenzen wie die Befugnis zur Vorstandsauswahl. Konsequenzen dieses „privaten" Handelns sind z.B. das Fehlen der zeitlichen Beschränkung durch § 2210 BGB und allgemein die Nichtgeltung der §§ 2203 ff. BGB. Kann der Testamentsvollstrecker aber auch als solcher, also bei Anwendbarkeit dieser Vorschriften, Organmitglied und so insbesondere zu Satzungsänderungen befugt sein?

b) Befugnis als Organwalter

Fraglich ist also, ob die Amtsausübung durch den Testamentsvollstrecker auch darin bestehen kann, als Mitglied eines Stiftungsorgans zu agieren und auf diese Weise Einfluss auf die Existenz und das Wirken der Stiftung zu nehmen. Abgesehen von der Satzungsänderungskompetenz betrifft die Frage vor allem auch die Fähigkeit des Testamentsvollstreckers, als Vorstandsmitglied tätig zu werden.[623] Die wohl überwiegende Auffassung geht davon aus, dass eine Stellung als Vorstandsmitglied keine Amtsausübung durch den Testamentsvollstrecker sein könne, und verneint dementsprechend die Anwendung des § 2210 BGB auf

---

[621] Prägnant *Riemer*, Art. 83 Rn. 12 für das schweizerische Recht.

[622] Vgl. für die GmbH Scholz/*U. H. Schneider*, § 6 Rn. 51 f.; *Beuthien/Gätsch*, ZHR 156 (1992), 459, 469. Im Ergebnis so schon RGZ 169, 65, 81. Als Organe können also diejenigen Einrichtungen bezeichnet werden, denen durch Gesetz oder Satzung Funktionen, die der Erreichung des Zwecks der Stiftung oder Gesellschaft dienen, zugewiesen worden sind (*Beuthien/Gätsch*, ZHR 156 [1992], 459, 468).

[623] Dies annehmend wohl *Reimann*, Wirtschaftsrechtspraxis, S. 119.

die Vorstandsmitgliedschaft.[624] *Oliver Schmidt* geht hingegen davon aus, dass die Übernahme des Vorstandspostens entsprechend der letztwilligen Verfügung des Erblassers gerade im Wege der Testamentsvollstreckung erfolge.[625]

Unterschiede zwischen Testamentsvollstreckeramt und Organmitgliedschaft bestehen hinsichtlich der Entlassung aus dem jeweiligen Amt. Nach ganz herrschender Auffassung kann das Nachlassgericht gemäß § 2227 Abs. 1 BGB den Testamentsvollstrecker nur vollständig aus seinem Amt abberufen, ihm nicht bloß einzelne Aufgaben entziehen.[626] Der Gesetzgeber verwendet gerade den Begriff „entlassen", der eindeutig die vollständige Enthebung aus dem Amt meint. Zwar steht die Entscheidung, die Entlassung nur insgesamt zuzulassen, in einem gewissen Widerspruch dazu, dass die Entlassung auf Antrag eines Beteiligten ein Surrogat für ein nicht bestehendes Widerrufsrecht darstellen soll.[627] Das nur vollständige Abberufungsrecht ist aber dadurch zu erklären, dass die Aufsichts-, Kontroll- und Eingriffsbefugnisse des Staates gegenüber dem Testamentsvollstrecker nur sehr eingeschränkt vorhanden sein sollen.[628] Das Nachlassgericht könnte den Testamentsvollstrecker also nicht allein aus der Position als Vorstand entfernen.

Nach den Landesstiftungsgesetzen besteht für die Stiftungsaufsicht die Möglichkeit, ein Organmitglied seines Amtes zu entheben. Auch satzungsmäßig dazu ermächtigte Organe der Stiftung können ein Vorstandsmitglied abberufen. Für die Entlassung nach § 2227 BGB ist ebenso ein „wichtiger Grund" erforderlich wie für die Aufsichtsbehörde und (nach Landesrecht[629] oder dem Stiftungsgeschäft) für die Organe.[630] Ein für die Abberufung als Organmitglied hinreichender Grund mag aber für die Entlassung des Testamentsvollstreckers noch nicht ausreichen. Zudem erfolgt die Beurteilung, ob ein wichtiger Grund vorliegt, durch unterschiedliche Stellen. Es bedarf ferner nach § 2227 BGB eines

---

[624] MünchVertrHdb/*Hof*, S. 1254; Bengel/Reimann/*Reimann*, 5. Kap. Rn. 302; *Schewe*, S. 248; *Pauli*, Die Stiftung 1 (2007), 125, 164.

[625] *O. Schmidt*, S. 97. Dennoch spricht er sich gegen die Geltung des § 2210 BGB aus, da die Tätigkeit als Vorstandsmitglied nicht von der ausübenden Person abhänge, sondern „wesensmäßig auf Dauer angelegt" sei. Dagegen ist anzuführen, dass das Amt des Vorstandsmitglieds zwar auf Dauer ausgerichtet ist, eine zeitliche Beschränkbarkeit der Tätigkeit des jeweiligen Amtsinhabers jedoch kaum zu bestreiten sein wird.

[626] Von *Grunsky* und *Hohmann* wird dagegen neuerdings eine teilweise Entlassung für zulässig gehalten (ZEV 2005, 41, 45).

[627] *Muscheler*, AcP 197 (1997), 226, 233.

[628] *Muscheler*, AcP 197 (1997), 226, 233.

[629] Etwa § 12 Abs. 1 Satz 1 BW, § 6 Abs. 3 HambStiftG, § 15 Abs. 1 Satz 1 HessStiftG, die ausdrücklich einen „wichtigen Grund" erfordern, und § 9 Abs. 1 Satz 1 StiftG NRW, § 14 Abs. 1 Satz 1 NStiftG, § 7 Abs. 4 Satz 1 SächsStiftG, die die grobe Pflichtverletzung und die Unfähigkeit zur ordnungsgemäßen Geschäftsführung nicht als Regelbeispiele, sondern als abschließende Voraussetzungen nennen.

[630] Vgl. *Muscheler*, Stiftungsrecht, S. 268 f.; *ders.*, AcP 197 (1997), 226, 235 f.

Antrags auf Entlassung, den die Stiftung stellen könnte und auf die die Aufsicht hinwirken könnte.[631] Eine Abberufung aus der Stellung als Organwalter muss somit nicht zwingend mit der Entlassung des Testamentsvollstreckers einhergehen.

Der Vorstand muss absetzbar sein, damit die Durchsetzung des Stifterwillens gewährleistet ist. Wegen der Eigenart der Stiftung, die keine kontrollierende Mitgliederschaft hat, hat die Stiftungsaufsicht den Auftrag, die Ausführung des Stifterwillens durch die Stiftung, d.h. ihre Organe, zu überwachen.[632] Zur effektiven Erfüllung dieser Aufgabe bedarf die Aufsichtsbehörde entsprechender Befugnisse, insbesondere ist erforderlich, dass sie in Ausnahmefällen die Abberufung von Organmitgliedern durchführen kann.[633] Auf diese Weise kann den Gefahren begegnet werden, die die Stiftung von innen bedrohen.[634] Durch die Benennung eines Testamentsvollstreckers als Organmitglied darf die Stiftungsaufsicht über das Stiftungshandeln nicht ausgehöhlt werden. Die Organe der Stiftung als Fremdverwalter der Stiftungsinteressen unterliegen einer ähnlichen staatlichen Kontrolle wie der Vormund als Fremdverwalter von Mündelinteressen.[635] Dies verträgt sich jedoch nicht mit der gesetzgeberischen Konzeption hinsichtlich der Testamentsvollstreckung. Die Aufsichts- und Kontrollbefugnisse des Nachlassgerichts und damit einer staatlichen Stelle sollen nach dem Willen des Gesetzgebers möglichst schwach ausgeprägt sein.[636] Der Testamentsvollstrecker soll – anders als der Vormund oder die Stiftung – gerade keiner amtswegigen Daueraufsicht unterstehen.[637] Erst recht soll eine nicht-staatliche Stelle, etwa die Erben, nicht die verbindliche Entscheidung über die Abberufung des Testamentsvollstreckers treffen können. Es zeigt sich also eine unterschiedliche Konzeption der Kontrolle von Testamentsvollstreckung einerseits und Stiftung andererseits: Eine Aufsicht soll über den Testamentsvollstrecker nicht bestehen, ihm sollen auch keine einzelnen Aufgaben entzogen werden können. Man kann insoweit nicht argumentieren, dass die Aufgabe, eine Organstellung auszuüben, von vornherein in dieser Ausgestaltung, d.h. mit der Abberufungs-

---

631 S.u. S. 181 ff.

632 Vgl. MünchKomm-BGB/*Reuter*, vor § 80 Rn. 70; Staudinger/*Rawert*, vor §§ 80 ff. Rn. 61, 64; Seifart/*Hof*, § 10 Rn. 47; *Richter*, in: Handbuch internationales Stiftungsrecht, 763, 790 (Rn. 88).

633 OVG Hamburg, StiftRspr III, 55, 56 f.; *Andrick*, Stiftungsrecht und Staatsaufsicht, S. 144. Der Aufsicht stehen mildere Aufsichtsmittel (Anordnung, Ersatzvornahme) zur Verfügung, so dass sie es nicht zur Abberufung kommen lassen muss. In einigen Landesstiftungsgesetzen ist vorgesehen, dass die Behörde zunächst von der Stiftung die Entfernung des Organmitglieds und die Bestellung einer Ersatzperson verlangen muss (z.B. § 12 Abs. 1 StiftG BW; § 9 Abs. 1 Satz 1 StiftG NRW).

634 *Andrick*, Stiftungsrecht und Staatsaufsicht, S. 144.

635 *Muscheler*, AcP 197 (1997), 226, 235.

636 *Muscheler*, AcP 197 (1997), 226, 233.

637 *Muscheler*, AcP 197 (1997), 226, 234 f.

möglichkeit, übertragen wurde. Die Aufgabe entsteht erst mit ihrer Zuweisung, die Stiftungsaufsicht über den Testamentsvollstrecker würde gerade erst durch den Erblasser geschaffen. Eine solchermaßen beschaffene Aufgabe ist aber aufgrund der unterschiedlichen Konzeption gerade nicht übertragbar. Der Stifter kann sich mit einer Einsetzung des Testamentsvollstreckers als Organwalter nicht über die zwingenden Regeln hinwegsetzen.

Die Situation ist nicht vergleichbar mit der bei der Testamentsvollstreckung etwa über einen GmbH-Anteil. Verliert der Erbe dabei die Anteilsinhaberschaft, entfallen auch die (damit verbundenen) Stimmrechte des den Anteil verwaltenden Testamentsvollstreckers. Der Wegfall dieser Aufgabe ist aber dem Verlust des verwalteten Gegenstandes, nicht einer insoweit stattfindenden ausdrücklichen Enthebung des Testamentsvollstreckers geschuldet.

Ein weiteres Argument gegen die Möglichkeit der Organwalterschaft ergibt sich aus einer wesensbedingten Grenze der Testamentsvollstreckung. Der Machtbereich des Testamentsvollstreckers ist grundsätzlich auf den Nachlass beschränkt und deshalb ist dem Testamentsvollstrecker jede Einwirkung auf die nicht in den Bereich des Nachlasses fallenden Rechtsbeziehungen des Erben versagt.[638] Dies ergibt sich daraus, dass das Erbrecht die Rechtsverhältnisse des Vermögens eines Verstorbenen regelt.[639] Deshalb sind eine Verfügung von Todes wegen und dementsprechend die Testamentsvollstreckung beschränkt auf die Sorge für das hinterlassene Vermögen, den Nachlass.[640] Der Testamentsvollstrecker als solcher kann nicht etwa solche Maßnahmen für die Erben vornehmen, die mit dem Nachlass in keiner Verbindung stehen, z.B. Maßnahmen, welche Vermögensgegenstände betreffen, die der Erbe nicht aus dem Nachlass erhalten hat.[641] Seine Rechtsstellung ist als „privates Amt" beschreibbar, nicht als die eines Vertreters des Erben oder Vermächtnisnehmers.[642] Durch Auflagen oder Bedingungen kann der Erblasser zwar letztlich über den Nachlass hinaus Wirkungen hervorrufen. Bei der Vollziehung von Auflagen, die dem Erblasser die Beeinflussung des Verhaltens ermöglichen, besteht jedoch ein direkter Zusammenhang mit der Zuwendung an den Auflagenbeschwerten. Zudem kann der Testamentsvollstrecker auch hier nicht anstelle des Beschwerten handeln, sondern kann lediglich die Vollziehung von dem Beschwerten verlangen. Wenn die Auflage also die Verhältnisse des Erben betrifft, die nicht die Verfügung oder Verwaltung über die Nachlassgegenstände zum Gegenstand haben, bedarf es einer Ermächtigung seitens des Erben, damit der Testamentsvollstrecker die Auflage selbst auszuführen vermag – dann freilich nicht als Testamentsvollstrecker, sondern als Privatperson. So kann etwa die Auflage, eine Vollmacht an

---

638 RGZ 170, 392, 394; 172, 199, 202.

639 *Reimann*, Wirtschaftsrechtspraxis, S. 11.

640 Vgl. *Reimann*, Wirtschaftsrechtspraxis, S. 11; Staudinger/*Reimann*, § 2203 Rn. 10.

641 Staudinger/*Reimann*, § 2203 Rn. 10.

642 S.o. bei Fn. 68.

einen Dritten oder den Testamentsvollstrecker zu erteilen, nicht durch den Testamentsvollstrecker selbst ausgeführt werden, es besteht lediglich ein Vollziehungsanspruch gegen den Auflagenbeschwerten.

Dass dem Testamentsvollstrecker die Ergänzung des Stiftungsgeschäfts vor der Anerkennung zustand, um die Stiftung zur Entstehung zu bringen, oder dass überhaupt die Stiftung per Verfügung von Todes wegen errichtet wird, führt nicht dazu, dass die Tätigkeit nach der Anerkennung zum Aufgabengebiet des Testamentsvollstreckers als solchem zählt. Zwar kann der Erblasser ausnahmsweise die Verhältnisse der erbenden Person regeln, doch hat diese dann gerade noch keine Autonomie, vielmehr ergibt sie sich erst nach der Anerkennung aus dem niedergelegten Stifterwillen, der die Stiftung maßgeblich bestimmt. Die Entstehung der Stiftung und die Regelung ihrer Verhältnisse im Stiftungsgeschäft sind Aufgaben, die mit dem Nachlass und der erbrechtlichen Verfügung, eine Stiftung als Erbin einzusetzen und sie gleichzeitig zu errichten, verknüpft sind. Der organisationsrechtliche Teil des Stiftungsgeschäfts hängt eng mit dem vermögensrechtlichen, der Zuwendung selbst, zusammen; die Person, die dem Erblasser nachfolgt, wird näher festgelegt.

Auf den Nachlass, also sein Vermögen, kann der Erblasser auch über seinen Tod hinaus Einfluss haben, indem er den Testamentsvollstrecker als Dauervollstrecker einsetzt und diesem also die Verwaltungskompetenz über dieses Vermögen zuweist. Dieser Einfluss des Erblassers betrifft aber nicht die Person des Begünstigten, sondern das hinterlassene Vermögen. Die Stiftung oder die Teilhaberschaft an ihr sind nicht Gegenstand des Nachlasses, sondern die Stiftung vielmehr dessen Inhaberin, die selbst weder Mitglieder noch Teilhaber hat. Ein Mitwirkungsrecht, das in den Nachlass fällt, besteht nicht – die Stiftung entsteht erst jetzt, der Stifter hat eine solche Befugnis nie innegehabt. Insoweit besteht ein deutlicher Unterschied zur Testamentsvollstreckung über Gesellschaftsanteile, bei der der Erblasser Inhaber des Anteils und der damit verbundenen Rechte war. Die Stiftung ist hingegen nicht Objekt des Nachlasses, sondern als dessen Inhaberin Subjekt. Eine Verfügungsbefugnis über die Stiftung kommt hier dem Testamentsvollstrecker also nicht zu. Die Stiftung ist nach ihrem Entstehen durch die Anerkennung von der Person des Stifters losgelöst. Sie ist autonom. Die Stiftung entsteht als eigenständige Person, die Befugnisse ihre Existenz und ihr Wirken betreffend gehören nicht zum Nachlass.

Ein Wirken als Organwalter beträfe nicht mehr die vermögensrechtlichen Beziehungen des Verstorbenen, vielmehr wären die inneren Verhältnisse der Stiftung als Nachlassbeteiligte betroffen. Die vermögensrechtlichen Verhältnisse sind mit der Errichtung des (vollständigen) Stiftungsgeschäfts und der Anerkennung geregelt und abgeschlossen. Auch eine Organposition, die allein die Vermögensverwaltung – bei der Stiftung von Todes wegen damit Vermögen, das nur aus dem Nachlass besteht – zu besorgen hätte, würde daher nicht durch den Testamentsvollstrecker auszuführen sein. Eine solche Position ist per se nicht auf den Nachlass bezogen, handelt es sich doch um eine Stellung innerhalb der Stiftung. Nicht der Nachlass, sondern die Person des Erben wäre durch das Testamentsvollstreckerhandeln berührt. Es würde ein Handeln für die Stiftung bedeuten, nicht die bloße treuhänderische Verwaltung des Nachlasses.

Wenn nicht wie beim Gesellschaftsanteil entsprechende Befugnisse in den Nachlass gefallen sind und der Verwaltung durch den Testamentsvollstrecker unterliegen, kann der Testamentsvollstrecker nicht die inneren Verhältnisse einer Person regeln, insbesondere nicht einer Erbin. Der Testamentsvollstrecker als Träger eines privaten Amtes ist für den Nachlass zuständig, nicht für dessen Inhaber. Der Stifter kann somit kraft seiner Macht, die Stiftungsverfassung festzulegen, bestimmen, wer welche Tätigkeiten für die Stiftung ausübt, er kann aber nicht festlegen, dass diese Aufgaben durch den Testamentsvollstrecker erledigt werden – zumal dieser nach dem Gesetz eine andere Funktion hat: Der Testamentsvollstrecker dient nach Entstehung der Stiftung von Todes wegen nicht der Herstellung ihrer autonomen Willens- und Handlungsfähigkeit, sondern im Gegenteil deren Beschränkung und Kontrolle hinsichtlich des Nachlasses.[643] Der Testamentsvollstrecker begrenzt gerade die Rechtsmacht der Erben.

Der Testamentsvollstrecker als solcher kann die Stellung eines Organwalters nicht einnehmen, insbesondere also keine Satzungsänderungen vornehmen. Ein sich daraus ergebender Nachteil ist freilich nicht ersichtlich, umgekehrt bietet die Ausübung der Befugnisse durch den Testamentsvollstrecker keine (wesentlichen) Vorteile. Der Testamentsvollstrecker kann als Privatperson durchaus mit entsprechenden Befugnissen ausgestattet werden. Die Möglichkeit, gemäß § 2199 BGB einen Testamentsvollstreckernachfolger durch das Nachlassgericht ernennen zu lassen, erscheint jedenfalls nicht als ein solcher wesentlicher Vorteil.

c) Folgen

Wird dem Testamentsvollstrecker dennoch testamentarisch die Position eines Organwalters zugedacht, ist dies im Wege der wohlwollenden Auslegung gemäß § 2084 BGB so zu verstehen, dass dem Testamentsvollstrecker, dem der Erblasser besonderes Vertrauen entgegenbringt, die genannte Funktion als „Privatperson" zukommen soll. Beim Fortbestehen der Testamentsvollstreckung aufgrund anderer noch zu erledigender Aufgaben, insbesondere einer Dauervollstreckung über den Nachlass, stellt sich die später zu beantwortende Frage, ob sich die Stellung als Testamentsvollstrecker und als Vorstandsmitglied miteinander vereinbaren lassen. Die Testamentsvollstreckung erlischt automatisch, wenn der Testamentsvollstrecker als solcher keine Aufgaben mehr auszuführen hat. Soll der Testamentsvollstrecker ausschließlich Organfunktionen ausüben, was er nur als Privatperson kann, entfällt dementsprechend die Testamentsvollstreckung.

---

643 *Burgard*, S. 221 (zum Insolvenzverwalter).

Nicht ohne weiteres wird man die für den Testamentsvollstrecker geltenden Grundsätze, etwa zur Vergütung, auf den „privaten“ Testamentsvollstrecker anwenden dürfen. Entscheidend ist letztlich der (mutmaßliche) Erblasserwille. Es ist in der Regel nicht davon auszugehen, dass der Erblasser die Testamentsvollstreckungsregelungen bei Kenntnis der Unzulässigkeit seiner Verfügung für den Organwalter hätte gelten lassen wollen; vielmehr sollte der „Testamentsvollstrecker“ wohl wie ein reguläres Vorstandsmitglied handeln und entsprechend behandelt werden.

2. Beratung

Häufig wird zutreffend formuliert, dem Testamentsvollstrecker müsse kein Mindestumfang an Aufgaben zukommen. Das Kammergericht postulierte allerdings, dass irgendetwas von den gesetzlichen Befugnissen übrig bleiben müsse, was den Namen eines Testamentsvollstreckers zu rechtfertigen vermöge, damit überhaupt noch „Testamentsvollstreckung“ vorliege.[644] Zum Teil wird angeführt, die Beratung als einzige Aufgabe könne insofern nicht genügen.[645]

Gemäß § 2208 Abs. 2 BGB ist im Zweifel davon auszugehen, dass der Testamentsvollstrecker, wenn ihm die Aufgabe und die Befugnis, die letztwilligen Verfügungen des Erblassers auszuführen (§ 2203 BGB), nicht zukommen, zumindest einen Anspruch auf Vollziehung der Verfügung gegen den Erben hat. Dieser Ausführungsanspruch „des Testamentsvollstreckers“, wie es in der Vorschrift heißt, besteht allerdings nicht, wenn sich ein entgegenstehender Wille des Erblassers feststellen lässt. Aus dieser Regelung könnte man folgern, dass dem Testamentsvollstrecker zwar in der Regel zumindest ein Vollziehungsanspruch gewährt wird, er also die Möglichkeit hat, tatsächlich für die Ausführung der Verfügungen zu sorgen und damit auf den Nachlass einzuwirken. Dem Wortlaut der Vorschrift zufolge könnte aber auch dann eine Tätigkeit des „Testamentsvollstreckers“ vorliegen, wenn gerade keine solche Einwirkungsmöglichkeit, also nicht einmal der Vollziehungsanspruch, besteht, der Erblasser den Testamentsvollstrecker also etwa nur mit Beratungsaufgaben ausgestattet hat.

Der Schluss ist aber nicht zwingend: Dass der als „Testamentsvollstrecker“ Bezeichnete nicht einmal ein Klagerecht besitzt, bedeutet nicht, dass das Gesetz (§ 2208 Abs. 2 BGB) selbst bei Fehlen dieses Rechts eine Aufgabe gerade als eine solche des „Testamentsvollstreckers“ ansieht. Eine entsprechende Klarstellung fehlt, so dass ebenso gut angenommen werden könnte, dass die Bezeichnung als „Testamentsvollstrecker“ sich nur auf den von § 2208 Abs. 2 BGB geregelten Zweifelsfall, die Beaufsichtigung des Erben mittels eines Vollziehungsanspruchs, bezieht. Regelungsaufgabe der Vorschrift ist schließlich nicht die

---

[644] KGJ 44, 81, 84. Ähnlich Bamberger/Roth/*J. Mayer*, § 2208 Rn. 4; Planck/*Flad*, § 2208 Anm. 5; *Kipp*/*Coing*, § 69 I (S. 392); *Lange*/*Kuchinke*, § 31 Fn. 111 (S. 681).

[645] Staudinger/*Reimann*, § 2208 Rn. 21; Palandt/*Edenhofer*, § 2208 Rn. 6.

Klarstellung, bis zu welchem Mindestmaß an Tätigkeiten tatsächlich „Testamentsvollstreckung" vorliegt. Vielmehr geht es darum, eine Zweifels- oder Auslegungsregel für den Fall aufzustellen, dass der vom Erblasser als „Testamentsvollstrecker" Bezeichnete nicht selbst die Ausführung der letztwilligen Verfügungen besorgen soll. Im Zusammenhang mit § 2208 Abs. 1 BGB lässt sich allenfalls noch schlussfolgern, dass der Gesetzgeber durch § 2208 Abs. 2 BGB eine Klarstellung dahingehend formuliert, dass, auch wenn (aufgrund der erblasserischen Einschränkung gemäß § 2208 Abs. 1 BGB) keine aktiv vollziehende, sondern nur eine beaufsichtigende, wenn auch „sanktionierende" Stellung besteht, dies immer noch Testamentsvollstreckung ist. Der Wortsinn legt jedenfalls nahe, eine bloß beratend tätige Person nicht als Testamentsvollstrecker aufzufassen. Es fehlt an der „vollstreckenden Tätigkeit".[646] Charakteristisch für den Testamentsvollstrecker ist, dass er eine gewisse Macht besitzt, er also auf den Nachlass und die Ausführung von Verfügungen aufgrund seiner Rechtsposition mit durchsetzbaren Rechten einzuwirken vermag.[647]

III. Dauervollstreckung (§ 2209 BGB)

1. Zulässigkeit der Dauervollstreckung

Ordnet der Erblasser die in § 2209 BGB ausdrücklich geregelte dauerhafte Nachlassverwaltung durch den Testamentsvollstrecker für das der Stiftung aufgrund eines Stiftungsgeschäfts von Todes wegen zugedachte Vermögen an, ist die Zulässigkeit dieser Dauervollstreckung nicht zweifelsfrei.

a) Dauervollstreckung bei durch Vermächtnis oder Auflage bedachter Stiftung

Fraglich ist zunächst, ob die Dauervollstreckung auch über das dem Vermächtnisnehmer oder dem Auflagenbegünstigten zugewandte Vermögen angeordnet werden kann. Die Verwaltungskompetenz des Testamentsvollstreckers umfasst nach § 2209 BGB den „Nachlass", d.h. alle zum Nachlass gehörigen Gegenstände. Dazu zählen jedoch nicht mehr solche Gegenstände, die der Testamentsvollstrecker gemäß § 2217 BGB freigegeben hat oder die er wirksam auf einen anderen übertragen hat (§ 2205 Satz 2 BGB).[648]

---

646 Entsprechend wurde auch die Anordnung in einem Testament, dass „bei Fragen" eine bestimmte Person „zu Rate gezogen" werden könne, nicht als Anordnung der Testamentsvollstreckung und Einsetzung dieser Person als Testamentsvollstreckerin verstanden (OLG Düsseldorf, FamRZ 1999, 958).

647 Ähnlich KGJ 44, 81, 84.

648 Bengel/Reimann/*Reimann*, 7. Kap. Rn. 66, 72. Der Verwaltungsbefugnis des Testamentsvollstreckers unterliegt nach h.M. in analoger Anwendung des § 2041 BGB auch das, was der Testamentsvollstrecker durch Rechtsgeschäft mit Mitteln des Nachlasses erwirbt (RGZ 138, 132, 134; KGJ 40, 190, 192; Palandt/*Edenhofer*, § 2205 Rn. 1; Soergel/*Dam-*

Durch die dingliche Erfüllung eines Vermächtnisses entfällt die Nachlasszugehörigkeit des Vermächtnisgegenstandes. Es handelt sich dabei um eine Verfügung nach § 2205 Satz 2 BGB, die nicht unentgeltlich nach § 2205 Satz 3 BGB ist, da für die Auskehr mit der Befreiung von der Verbindlichkeit (§ 2174 BGB) ein Vermögensvorteil erlangt wird.[649] Es liegt dann nahe, dass die ausgekehrten Vermächtnisgegenstände nicht der dauerhaften Verwaltung des Testamentsvollstreckers unterliegen können, zumal die §§ 2203 ff. BGB den Vermächtnisnehmer nur in § 2223 BGB erwähnen. Dies ist zwar eine besondere Vorschrift hinsichtlich der Testamentsvollstreckung bei angeordnetem Vermächtnis, beschreibt jedoch lediglich die Möglichkeit des Erblassers, einem Testamentsvollstrecker die Ausführung von Beschwerungen gegenüber dem Vermächtnisnehmer aufzutragen. Um die Ausführung einer „Beschwerung" in diesem Sinne handelt es sich bei der Dauervollstreckung über den vermachten Gegenstand nicht,[650] vielmehr würde – wie sich aus § 2306 Abs. 1 Satz 1 BGB ergibt – der Umstand der Dauervollstreckung eine „Beschränkung" für den Bedachten darstellen. Dass der Vermächtnisnehmer durch eine Dauervollstreckung beschränkt werden kann, ist den Vorschriften zur Testamentsvollstreckung also nicht zu entnehmen. Dennoch wird die dauerhafte Vollstreckung über den Vermächtnisgegenstand ganz überwiegend als zulässig erachtet.[651] Die Gesetzesverfasser haben eine Klarstellung versäumt, jedoch wird aus den §§ 2306 f., 2338 BGB deutlich, dass sie von der Zulässigkeit der Verwaltung des ausgekehrten Vermächtnisgegenstandes durch den Testamentsvollstrecker ausgingen.[652] § 2306 BGB trifft eine Regelung auch für den Fall, dass ein als Erbe berufener Pflichtteilsberechtigter durch die Ernennung eines Testamentsvollstreckers beschränkt ist. § 2307 Abs. 1 Satz 2 a.E. BGB, der für den mit einem Vermächtnis bedachten Pflichtteilsberechtigten gilt, verweist hinsichtlich der Beschränkungen auf § 2306 BGB. Diesen Vorschriften ist also zu entnehmen, dass auch der (pflichtteilsberechtigte) Vermächtnisnehmer durch die Anordnung der Testamentsvoll-

---

rau, § 2205 Rn. 4, 9). Anders *Muscheler* (Haftungsordnung, S. 259 ff.), der § 1638 Abs. 2 BGB für entsprechend anwendbar hält.

649 LG Aachen, MittRhNotK 1987, 26, 27; Erman/*M. Schmidt*, § 2205 Rn. 11; Palandt/*Edenhofer*, § 2205 Rn. 29. Ähnlich BayObLGZ 1986, 208, 210 (Eigentumsübertragung im Zuge der Miterbenauseinandersetzung). Vgl. zur Unentgeltlichkeit BGH, NJW 1963, 161. Im Übrigen erklärt § 322 InsO die Erfüllung eines Vermächtnisses in der Nachlassinsolvenz ebenso für anfechtbar wie eine unentgeltliche Leistung des Erben, durch die unstreitig die Nachlasszugehörigkeit des Geleisteten entfällt (*Muscheler*, AcP 208 [2008], 69, 89).

650 *Muscheler*, AcP 208 (2008), 69, 89.

651 BGHZ 13, 203, 206; 108, 187, 193 f.; NJW 1995, 2551, 2552; OLG Hamm, NJW-RR 1991, 837, 838; MünchKomm-BGB/*W. Zimmermann*, § 2223 Rn. 6; *Trageser*, S. 78; *Kipp/Coing*, § 76 I 3 (S. 422); *Muscheler*, AcP 208 (2008), 69, 89. A.A. Planck/*Flad*, § 2223 Anm. 3.

652 *Trageser*, S. 76 f.

streckung beschränkt werden kann. Nach § 2338 Abs. 1 BGB kann der Erblasser auch das Pflichtteilsrecht eines Vermächtnisnehmers „in guter Absicht" beschränken, insbesondere durch die Verwaltung eines Testamentsvollstreckers, wenn der Vermächtnisnehmer ein verschwenderischer oder verschuldeter Abkömmling des Erblassers ist.[653] Es ist nicht einzusehen, dass der pflichtteilsberechtigte Vermächtnisnehmer, der – wie sich aus §§ 2306, 2307 BGB ergibt, die eine Begünstigung enthalten – eine gegenüber einem sonstigen Vermächtnisnehmer privilegierte Stellung einnimmt, (grundsätzlich) stärker beschränkt werden kann als der Letztgenannte.[654] § 2223 BGB soll keine abschließende Regelung treffen, sondern hat nur klarstellende Funktion, wozu nach Auffassung des BGH die Bestimmung des § 2194 BGB Anlass geben könnte.[655] § 137 BGB, der ein rechtsgeschäftliches Verfügungsverbot untersagt, spricht nicht gegen die Dauervollstreckung über das Vermachte, obwohl damit entsprechend § 2211 BGB eine Verfügungsbeschränkung des Vermächtnisnehmers zusammenhängt. Die §§ 2205, 2209, 2211 BGB haben Vorrang gegenüber § 137 BGB.[656] Im Folgenden werden die Überlegungen zur Zulässigkeit der Dauervollstreckung über das Stiftungsvermögen explizit nur für die Stiftung von Todes wegen als Erbin angestellt, sie sind aber auf die Stiftung als Vermächtnisnehmerin übertragbar.

Auch durch die Auflagenerfüllung endet die Eigenschaft eines Gegenstandes als „Nachlassbestandteil". Eine Dauervollstreckung, die den Auflagenbegünstigten einschränken soll und kann, ist jedoch nicht anerkannt. Der Auflagenbegünstigte ist nicht unmittelbar am Nachlass beteiligt, sondern wird erst durch die Zuwendung des Beschwerten begünstigt – bei einem Vermächtnis besteht hingegen bereits mit dem Erbfall ein Anspruch auf den Vermächtnisgegenstand (§§ 2174, 2176 BGB). Die unmittelbare Nachlassbeteiligung korreliert mit der Möglichkeit des Erblassers, diese Nachlassbeteiligung zu beschränken. Mangels unmittelbarer Nachlassbeteiligung ist es dann nicht gerechtfertigt, dass dem Auflagenbegünstigten die Beschränkung der Testamentsvollstreckung auferlegt werden kann. Ferner ist eine solche Beschränkung durch den Erblasser gesetzlich nicht vorgesehen. Es bestehen keine Vorschriften, die – wie §§ 2306 f., 2338 BGB beim Vermächtnis – andeuten, dass der Auflagenbegünstigte beschwert werden kann. Ein dahingehender Wille des Gesetzgebers ist also nicht auszumachen. Der Testamentsvollstrecker hat vielmehr nur für die Erfüllung der Auflage zu sorgen. Sobald der Stiftung das per Auflage zugewiesene Vermögen übertragen worden ist, besteht auch bei Dauervollstreckung keine Zuständigkeit des Testamentsvollstreckers für dieses Vermögen mehr.

---

[653] Auf diese Vorschrift abstellend auch BGHZ 13, 203, 206; *Muscheler*, AcP 208 (2008), 69, 89.

[654] *Trageser*, S. 77.

[655] BGHZ 13, 203, 206; *Muscheler*, AcP 208 (2008), 69, 89.

[656] BGHZ 13, 203, 206; *Trageser*, S. 73 f.; *Muscheler*, AcP 208 (2008), 69, 89.

Als weitere Variante der Vermögensausstattung bei der Errichtung einer Stiftung durch Verfügung von Todes wegen neben Erbeinsetzung, Vermächtnisaussetzung und einer die Stiftung begünstigenden Auflage könnte in Betracht kommen, dass der Erblasser dem Testamentsvollstrecker die Anordnung im Sinne des § 2216 Abs. 2 Satz 1 BGB erteilt, die Erträge an die Stiftung auszukehren. Das Gebot, die Auszahlung von Einkünften vorzunehmen, ist zulässiger Inhalt einer solchen Anordnung.[657] Dieser Variante kann nicht ohne weiteres entgegengehalten werden, es bestehe die Gefahr, dass das Nachlassgericht auf Antrag eines Beteiligten die entsprechende Verwaltungsanordnung nach § 2216 Abs. 2 Satz 2 BGB außer Kraft setzen könne und daher die Stiftung nicht anerkennungsfähig sei. Der Nachlass wäre nicht gefährdet, da das Grundstockvermögen erhalten bliebe, lediglich die Erträge nicht dem Nachlass hinzugefügt würden. Gegen diese Möglichkeit der Vermögensausstattung spricht aber § 2205 Satz 3 BGB, da der Testamentsvollstrecker ohne Entgelt über das Nachlassvermögen verfügte. Der Erblasser kann den Testamentsvollstrecker nicht von dieser Beschränkung seiner Verfügungsmacht befreien, die vielmehr insbesondere zum Schutz des Erben besteht.[658] Der Erblasser schüfe letztlich eine gesetzlich nicht vorgesehene Option der Nachfolge in sein Vermögen.

b) Interessenkonflikte

Die zum Teil gesehene Gefahr, dass die dauerhafte Verwaltung durch den Testamentsvollstrecker zu Interessenkonflikten desselben mit dem Stiftungsvorstand führe[659], kann der Zulässigkeit der Dauervollstreckung nicht entgegengehalten werden. Interessenkonflikte zwischen den Beteiligten bestehen bei der Dauervollstreckung regelmäßig: Der Erbe soll gerade deshalb beschränkt werden, weil dieser nach der Erwartung des Erblassers möglicherweise anders mit dem Nachlass verfahren wird, als der Erblasser dies will – der Testamentsvollstrecker soll ebendiesen Erblasserwillen verwirklichen, notfalls gegen den Willen des Erben. Eine andere Frage ist, ob ein Interessenkonflikt in der Person des Testamentsvollstreckers entsteht, wenn er gleichzeitig Organ der Stiftung ist, also zwei Funktionen ausübt.[660] Diese Gestaltungsvariante kann aber jedenfalls nicht generell die Zulässigkeit der Dauervollstreckung hindern.

c) Stiftungsautonomie

Gravierendere Bedenken gegen die Dauervollstreckung bei der Stiftung von Todes wegen werden von *Reuter* erhoben. Er erkennt einen Widerspruch zum

---

657 RG, HRR 1929, Nr. 1652; LZ 1929, 1406, 1407; Staudinger/*Reimann*, § 2216 Rn. 22 f.; Palandt/*Edenhofer*, § 2216 Rn. 4.

658 BGHZ 57, 84, 93; Erman/*M. Schmidt*, § 2205 Rn. 13, 15; *Lange/Kuchinke*, § 29 VI 2b (S. 492); *Kipp/Coing*, § 68 IV 2c (S. 389); *Michalski*, Rn. 755.

659 Schick/O. Schmidt/Ries/Walbröl/*O. Schmidt*, S. 235.

660 Dazu unten S. 187 ff.

Grundsatz der Stiftungsautonomie – in ihrer Bedeutung als Eigengesetzlichkeit der Stiftung[661] – und, damit einhergehend, eine unzulässige Umgehung der Stiftungsaufsicht. Der Stifter dürfe die Stiftungsorgane nicht von der Verwaltung des Stiftungsvermögens ausschließen und somit die behördliche Stiftungsaufsicht ins Leere laufen lassen.[662] Auch die Vermögensverwaltung sei letztlich ein Wirken zur Verwirklichung des Stiftungszwecks und des Stifterwillens.

Die Stiftung darf – wie gesehen – tatsächlich keiner Fremdbestimmung ausgesetzt sein. Zutreffend ist deshalb, dass einem außenstehenden Dritten die Verwaltungs- und Verfügungsbefugnis über das Stiftungsvermögen grundsätzlich nicht übertragen werden könnte, ohne dass der Dritte dadurch zum Organ würde.[663] Anders als Organwaltertätigkeiten wie Satzungsänderungen oder die Organmitgliederbenennung ist die Vermögensverwaltung gerade durch den Testamentsvollstrecker jedoch ausdrücklich in § 2209 BGB zugelassen. Mit dem Erbfall findet als gesetzliche Folge der Testamentsvollstreckung gewissermaßen eine Abspaltung statt, der Nachlass ist zu trennen von dem übrigen Vermögen des Erben (vgl. §§ 2205, 2211, 2214 BGB). Der Testamentsvollstrecker verwaltet den Nachlass als Sondervermögen.[664] Das Vermögen unterliegt unmittelbar mit dem Erbfall einer solchen Beschränkung. Die Stiftungsautonomie ist somit schon gar nicht betroffen: Die Stiftung kann nicht über das ihr zugedachte Vermögen verfügen, vielmehr fehlt die Zuständigkeit der Stiftung insoweit von vornherein, da es sich gerade um ein von dem eigenen Vermögen zu trennendes Sondervermögen handelt. Es besteht also kein unzulässiger Fremdeinfluss durch die („fremde“) Vermögensverwaltung auf einen Tätigkeitsbereich, der der Stiftung eigen ist. Die genannten besonderen Aufgaben wie die Satzungsänderungskompetenz sind hingegen originär auf die inneren Verhältnisse der Stiftung bezogene Tätigkeiten und betreffen nicht das Nachlassvermögen bzw. dessen Verwaltung – sie sind schon ihrer Natur nach nicht abspaltbar von der Stiftung.[665]

Das Argument, die Kontrolle durch die Stiftungsaufsicht werde umgangen, trifft dementsprechend ebenfalls nicht zu. Die Stiftung hat insoweit keinen Aufgabenbereich, der zu überwachen ist. Dies ist gesetzlich so angelegt und kann

---

661 S.o. S. 42.

662 MünchKomm-BGB/*Reuter*, § 83 Rn. 12.

663 S.o. S. 146.

664 BGHZ 48, 214, 219; MünchKomm-BGB/*W. Zimmermann*, § 2205 Rn. 1, 3; Palandt/*Edenhofer*, vor § 2197 Rn. 1; Bengel/Reimann/*Bengel*, 1. Kap. Rn. 3; *Offergeld*, S. 66 f., 70.

665 Unzutreffend daher *Weidmann* (S. 187), die „nach erbrechtlichen Grundsätzen“ auch Entscheidungen hinsichtlich Satzungsänderungen zu den Kompetenzen im Rahmen der Dauervollstreckung zählt. Freilich sollen derlei Befugnisse in einem „stiftungsrechtlichen Kernbereich“ ausgeschlossen sein, d.h. insbesondere bei Zweckänderungen, nicht aber bei einfachen Satzungsänderungen (S. 198 f.).

deshalb nicht als eine „Umgehung" verstanden werden. Bei einem Minderjährigen oder einem unter Vormundschaft Stehenden greifen die Aufsichtsbefugnisse, die das Vormundschaftsgericht nach dem BGB (vgl. §§ 1819 ff. BGB) hat, gleichermaßen nicht. Seine Befugnisse leitet der Testamentsvollstrecker schließlich vom Erblasser, nicht vom Erben ab.[666]

d) Anerkennungs- und Lebensfähigkeit der Stiftung

Möglicherweise erfüllt die Stiftung von Todes wegen, deren Vermögen durch den Testamentsvollstrecker dauerhaft verwaltet wird, nicht die Voraussetzungen, die § 80 Abs. 2 BGB für die Stiftungsanerkennung bestimmt. Nach § 81 Abs. 1 Satz 2 BGB muss das Stiftungsgeschäft vor allem die Erklärung enthalten, dass der Stifter ein Vermögen „zur Erfüllung des von ihm vorgegebenen Zweckes" widmet. Die Stiftung erhält auch bei angeordneter Testamentsvollstreckung ein Vermögen durch den Erblasser. Aufgrund der Testamentsvollstreckung kann die Stiftung aber gemäß § 2211 BGB nicht über Nachlassgegenstände verfügen; die Verwaltung steht allein dem Testamentsvollstrecker zu. Fraglich ist deshalb, ob die „dauernde und nachhaltige Erfüllung des Stiftungszwecks gesichert erscheint" (§ 80 Abs. 2 BGB). Grundsätzlich ist dies anzunehmen, wenn die aus dem Grundstockvermögen erzielten Erträge mit hinreichender Wahrscheinlichkeit zur Zweckverwirklichung genügen werden. Die Lebensfähigkeit der Stiftung könnte trotz mangelnder Verfügungsbefugnis über das Grundstockvermögen zu bejahen sein, wenn der Testamentsvollstrecker die aus der Verwaltung des (der Stiftung hinterlassenen) Nachlassvermögens gewonnenen Erträge an die Stiftung auskehrt und diese Erträge von dieser dann zweckentsprechend verwandt werden können. Unter „Erträgen" der Stiftung versteht man grundsätzlich die Nutzungen einer Sache im Sinne des § 100 BGB, wozu insbesondere die Früchte gemäß § 99 BGB zählen. Entgegen der zu dieser Vorschrift vorherrschenden Meinung[667] wird vom stiftungsrechtlichen Ertragsbegriff nur das erfasst, was Sachen oder Rechte entsprechend ihrem bestimmungsgemäßen Gebrauch einbringen, nicht aber der Erlös aus einer ungewöhnlichen und übermäßigen Nutzung, z.B. der durch Abholzen des Stiftungsforstes erzielte Gewinn.[668]

---

666 RG, JW 1913, 1000, 1001; RGZ 106, 185, 187; KGJ 40, 213, 216; OLG Celle, FamRZ 1968, 489; Planck/*Flad*, vor § 2197 Anm. 3c; Soergel/*Damrau*, vor § 2197 Rn. 16; Erman/*M. Schmidt*, vor § 2197 Rn. 3; Scherer/*Lorz*, § 19 Rn. 93; *Wellkamp*, ZErb 2000, 177, 180; *Muscheler*, Haftungsordnung, S. 82; *Reimann*, Wirtschaftsrechtspraxis, S. 25.

667 Palandt/*Ellenberger*, § 99 Rn. 2, AnwK-BGB/*Ring*, § 99 Rn. 13; Erman/*Michalski*, § 99 Rn. 4.

668 Bamberger/Roth/*G.C. Schwarz*/*Backert*, § 80 Rn. 7; *Schwintek*, S. 112 f.; *Stingl*, S. 37 f.; *Ebersbach*, S. 116; Seifart/*Hof*, § 9 Rn. 9; *Seifart*, BB 1987, 1889, 1893; *Hüttemann*, in: FG Flume, 1998, 59, 78 f.; *G.C. Schwarz*, DStR 2002, 1718, 1724.

aa) Auskehr der Erträge an die Stiftung

Werden der Stiftung diese Erträge von dem Testamentsvollstrecker überlassen, sorgt dieser also während der Dauer der Testamentsvollstreckung dafür, dass die Stiftung ihren Zweck verwirklichen kann. Nach Ende der Testamentsvollstreckung kann die Stiftung ohnehin selbst das Vermögen verwalten. Die „Dotierung" der Stiftung durch den Testamentsvollstrecker legt den Vergleich der Stiftung mit einer sog. Einkommensstiftung nahe, solange der Testamentsvollstrecker das Vermögen verwaltet. Als Einkommensstiftung bezeichnet man solche Stiftungen, bei denen ein Anfangskapital bzw. Grundstockvermögen nicht oder nur in geringem Umfang vorhanden ist, bei denen die Zweckverwirklichung vielmehr mittels laufender Zuwendungen des Stifters oder eines Dritten gelingen soll.[669] Die Stiftung erwirtschaftet die Beträge zur Zweckverwirklichung also nicht selbst aus dem eigenen Vermögen. Wie eine „normale" Stiftung und anders als die Einkommensstiftung erhält die Stiftung unter Testamentsvollstreckung die zur Verfolgung des Stiftungszwecks erforderlichen Mittel aus dem eigenen Vermögen. Mangels eigener Verfügungsbefugnis über das Vermögen ist sie aber auf einen Dritten, den Testamentsvollstrecker, angewiesen. Das zugewandte Vermögen ist als abgespaltenes Sondervermögen somit eher einem „fremden" Vermögen vergleichbar. Die Einkommensstiftung soll jedenfalls dann lebens- und damit anerkennungsfähig sein, wenn ihr ein durchsetzbarer Anspruch auf laufende Zuwendungen in zur Zweckerfüllung ausreichender Höhe zusteht.[670]

Die Herausgabe von Nachlassgegenständen richtet sich, solange die Testamentsvollstreckung andauert, nach § 2217 BGB. Erst nach deren Ende sind die §§ 2218, 667 BGB einschlägig.[671] Ist Dauervollstreckung angeordnet, besteht aus § 2217 Abs. 1 Satz 1 BGB keine Pflicht zur Herausgabe von Nachlassgegenständen: Der Testamentsvollstrecker benötigt die von der Testamentsvollstreckung betroffenen Gegenstände, denn seine Aufgabe ist gerade die Verwaltung und Nutzbarmachung dieser Gegenstände.[672] Mehrheitlich wird aber angenommen, die Herausgabepflicht von Nutzungen richte sich, auch bei anhaltender Testamentsvollstreckung, nicht nach § 2217 BGB[673], sondern bestehe entsprechend dem Grundsatz ordnungsmäßiger Verwaltung nach § 2216 Abs. 1

---

669 *Burgard*, S. 166; *Gantenbrink*, Die Stiftung 2 (2008), 59, 61.

670 MünchKomm-BGB/*Reuter*, §§ 80, 81 Rn. 15; *Dewald*, S. 73; *Gantenbrink*, Die Stiftung 2 (2008), 59, 61.

671 Vgl. BGH, NJW 1972, 1660; Palandt/*Edenhofer*, § 2218 Rn. 4; Erman/*M. Schmidt*, § 2218 Rn. 5; Bengel/Reimann/*Klumpp*, 6. Kap. Rn. 158 f.

672 BGHZ 56, 275, 284; MünchKomm-BGB/*W. Zimmermann*, § 2209 Rn. 17; Staudinger/*Reimann*, § 2217 Rn. 10; Bengel/Reimann/*Bengel*, 1. Kap. Rn. 149.

673 So aber *Baur*, JZ 1958, 465, 468.

BGB.[674] Die Erträge zählen zum Nachlass[675], d.h., sie sind ordnungsmäßig zu verwalten. Im Falle der Dauervollstreckung gemäß § 2209 BGB soll die Verwaltung die „Nutzbarmachung des Nachlasses nach den allgemein gültigen wirtschaftlichen Regeln“ bewirken, es sind demnach Erträge zu erzielen, andererseits aber ist auch die Substanz des Vermögens zu erhalten. Die Verwaltung ist im Sinne des Erblassers auszuführen, berechtigte Erbeninteressen sind dabei zu beachten.[676] Erzielte Erträge sind demnach im Rahmen der so verstandenen ordnungsmäßigen Verwaltung an den Erben jedenfalls insoweit herauszugeben, als er sie für seinen angemessenen Unterhalt und unter Umständen für die Erfüllung seiner gesetzlichen Unterhaltspflichten benötigt.[677] Bei der Stiftung als durch letztwillige Verfügung Bedachte sind dann als „Unterhaltsbedarf“ jedenfalls die zur Zweckverfolgung erforderlichen Mittel herauszugeben – die Zweckverwirklichung ist mit dem Unterhalt einer natürlichen Person vergleichbar, die Stiftung „lebt“ durch die und aufgrund der Zweckerfüllung.

Zwar gewährt § 2216 Abs. 1 BGB – anders als § 2217 BGB bezüglich der Freigabe von nicht mehr benötigten Nachlassgegenständen – nicht ausdrücklich einen Anspruch auf Auskehr der Erträge. Es entspricht aber allgemeiner Ansicht, dass zwischen Testamentsvollstrecker und Erbe ein gesetzliches Schuldverhältnis besteht, dessen Inhalt sich aus den §§ 2197 ff. BGB ergibt.[678] Aus diesem Schuldverhältnis folgt ein Anspruch des Erben gegen den Testamentsvollstrecker darauf, dass dieser die Pflicht zur ordnungsmäßigen Nachlassverwaltung einhalte. Dieser Anspruch kann vor dem Prozessgericht durchgesetzt werden, es kann sowohl auf Unterlassung nicht ordnungsmäßiger als auch auf Vornahme gebotener Maßnahmen geklagt werden.[679] Die Stiftung als Erbin hat also einen durchsetzbaren Anspruch auf eine ordnungsmäßige Verwaltung und

---

[674] RG, LZ 1918, 1268; RG, Das Recht 1922, Nr. 615; BGH, NJW-RR 1986, 1069; Soergel/*Damrau*, § 2217 Rn. 3, § 2216 Rn. 5; Bengel/Reimann/*Klumpp*, 6. Kap. Rn. 192; *Reimann*, ZEV 2010, 8, 9. Vermittelnd MünchKomm-BGB/*W. Zimmermann*, § 2217 Rn. 4; *Krampe*, AcP 191 (1991), 526, 549. Offengelassen von *Settergren*, S. 170 f.

[675] BGH, NJW-RR 1986, 1069; NJW-RR 1988, 386; Bengel/Reimann/*Klumpp*, 6. Kap. Rn. 193; *Schmucker*, S. 150.

[676] Staudinger/*Reimann*, § 2216 Rn. 6; *Offergeld*, S. 166 f.; *Holtz*, S. 28 ff.

[677] RG, LZ 1918, 1268, 1269; RG, Das Recht 1922, Nr. 615; MünchKomm-BGB/*W. Zimmermann*, § 2216 Rn. 7; Soergel/*Damrau*, § 2216 Rn. 5; *Settergren*, S. 172; *Krampe*, AcP 191 (1991), 526, 546 ff.; *Reimann*, ZEV 2010, 8, 10.

[678] BGHZ 25, 275, 280, 283; Soergel/*Damrau*, § 2218 Rn. 1; MünchKomm-BGB/*W. Zimmermann*, § 2218 Rn. 1; Erman/*M. Schmidt*, § 2218 Rn. 1; *Reimann*, FamRZ 1995, 588, 590.

[679] RGZ 73, 26, 28; BGHZ 25, 275, 283; NJW 1990, 2055, 2056; NJW-RR 1986, 1069; NJW-RR 1988, 386; Staudinger/*Reimann*, § 2216 Rn. 10; Erman/*M. Schmidt*, § 2216 Rn. 1; *Settergren*, S. 171; *Reimann*, FamRZ 1995, 588, 590.

damit auch auf ordnungsmäßige Auskehr der Erträge.[680] Einen größeren Ermessensspielraum des Testamentsvollstreckers, inwieweit er die Erträge der Stiftung zuwendet, wird man nicht anerkennen können – zumal man sogar eine konkludente Anordnung des Erblassers im Sinne des § 2216 Abs. 2 Satz 1 BGB, die zur Zweckerfüllung ausreichenden Erträge auszukehren, wird erkennen können, da er die Stiftungsentstehung und ihre Zweckerfüllung erreichen wollte und die Testamentsvollstreckung dies nicht verhindern sollte. Mit dem Anspruch auf ordnungsmäßige Verwaltung sowie dem Antragsrecht nach § 2227 BGB hinsichtlich der Entlassung des Testamentsvollstreckers[681] kann die Stiftung einer Vermögensverwaltung entgegenwirken, die voraussichtlich nicht zu ausreichend hohen Erträgen führt. Die Stiftungsaufsicht wacht darüber, dass die Stiftung ihrerseits den Testamentsvollstrecker gewissenhaft kontrolliert und damit den Stifterwillen schützt. Die Ertragsauskehr ist damit ähnlich gesichert wie die erforderliche Vermögensausstattung bei der Einkommensstiftung, der ein Anspruch auf das „Einkommen" zusteht. Eine wesentlich ungewissere Aussicht auf ausreichende Erwirtschaftung besteht daher nicht, wenn statt der Stiftungsorgane der Testamentsvollstrecker die Vermögensverwaltung übernimmt. Dass der Testamentsvollstrecker regelmäßig eine Vertrauensperson des Erblassers ist, verstärkt die Wahrscheinlichkeit, dass im Sinne des Stifterwillens und damit der Stiftung gehandelt wird. Damit muss es aber – bei genügend großem Vermögen – als „gesichert" (d.h. hinreichend wahrscheinlich) erscheinen, dass der Testamentsvollstrecker zur Zweckerfüllung ausreichende Erträge erwirtschaftet und an die Stiftung auskehrt. Die Stiftung ist also trotz der Testamentsvollstreckung grundsätzlich lebensfähig.[682] Um die Ertragsauskehr weitergehend zu sichern, kann der Erblasser auch von der Möglichkeit Gebrauch machen, mehrere Testamentsvollstrecker zu ernennen, die sich gegenseitig kontrollieren. Letztendlich wird also eine Stiftung unter Dauervollstreckung dann anerkannt werden, wenn die Erträge, die auch sie selbst aus dem Grundstockvermögen erwirtschaften könnte, zur dauernden Zweckerfüllung genügen würden.

---

680 Vgl. RG, LZ 1918, 1268; Soergel/*Damrau*, § 2216 Rn. 5; *Settergren*, S. 172; *Krampe*, in: Testamente zugunsten von Menschen mit geistiger Behinderung, 57, 76; *Joussen*, ZErb 2003, 134, 135; *Hartmann*, ZEV 2001, 89, 90.

681 S.u. S. 181.

682 Bei der Prognoseentscheidung hat die Behörde zu berücksichtigen, dass dem Testamentsvollstrecker gemäß § 2221 BGB eine (je nach Größe des Vermögens und Umfang der Aufgaben angemessene oder vom Erblasser bestimmte) Vergütung zusteht. Dies dürfte allerdings nur bei kleinem Vermögen und hoher Testamentsvollstreckervergütung eine wesentliche Rolle spielen.

bb) Keine Auskehr der Erträge an die Stiftung

Dem Grundsatz ordnungsmäßiger Verwaltung gehen nach überwiegender Auffassung, die insbesondere mit der Testierfreiheit argumentiert,[683] die Verwaltungsanordnungen des Erblassers im Sinne des § 2216 Abs. 2 Satz 1 BGB vor, d.h., auch dann, wenn die Anordnung nicht einer ordnungsmäßigen Verwaltung entspricht, ist sie zu befolgen. So ist es auch denkbar, dass der Erblasser bestimmt, der Testamentsvollstrecker solle die Erträge nicht an die Stiftung auskehren. Der Testamentsvollstrecker könnte vielmehr das der Stiftung zustehende Vermögen anwachsen lassen. Die Stiftung vermag während der Dauer der Testamentsvollstreckung dann weder über das zugewandte Vermögen noch über die Erträge zu verfügen und damit auch nicht ihren Zweck zu verwirklichen.[684] Durch die Thesaurierung könnte das Stiftungsvermögen die zur Anerkennung erforderliche Größe erreichen. Wenn dies bereits der Fall ist, könnte durch ein größeres Vermögen die spätere Zweckverwirklichung durch die Stiftung intensiver oder umfangreicher betrieben werden. Jedoch erlangt die Stiftung bei einer solchen Anordnung erst nach Beendigung der Testamentsvollstreckung, d.h. unter Umständen nach dreißig oder mehr Jahren, das Vermögen, das der Erblasser der Erfüllung des Stiftungszwecks gewidmet hat. Erst dann kann sie den Zweck verwirklichen. Fraglich ist, ob die Stiftung trotz dieses Umstandes als rechtsfähig anerkannt werden kann.

(1) Anerkennungsfähigkeit ohne Zweckerfüllung

Wenn die Stiftung von Todes wegen als Nacherbin eingesetzt ist, kommt ihr das zugedachte Vermögen erst mit dem Eintritt des Nacherbfalls zu, der ebenfalls später als dreißig Jahre nach dem Erbfall eintreten kann (vgl. § 2163 BGB). Somit stellt sich die soeben gestellte Frage nach der „Lebensfähigkeit" auch bei der Nacherbeneinsetzung der Stiftung. Die Antwort fällt hier meist differenziert aus: Während bei nicht befreiter Vorerbschaft überwiegend angenommen wird, die Stiftung könne schon vor dem Nacherbfall anerkannt werden, soll bei befreiter Vorerbschaft (§ 2136 BGB) die Entscheidung über die Anerkennung erst mit Eintritt des Nacherbfalls ergehen können.[685] Wenn der Vorerbe nicht von den

---

[683] *Joussen*, ZErb 2003, 134, 135; *Hartmann*, ZEV 2001, 89, 90; *Engelmann*, MittBayNot 1999, 509, 511; *Eichenhofer*, JZ 1999, 226, 229. A.A. *Settergren*, S. 187 f.; *Krampe*, in: Testamente zugunsten von Menschen mit geistiger Behinderung, 57, 70 f.; *ders.*, AcP 191 (1991), 526, 546.

[684] Es sei denn, sie erlangt auf anderem Wege, z.B. durch Zustiftungen, Vermögen, das nicht der Testamentsvollstreckung und damit der Verfügungsbeschränkung des § 2211 BGB unterliegt.

[685] Staudinger/*Rawert*, § 83 Rn. 5; Soergel/*Neuhoff*, § 83 Rn. 3; *O. Schmidt*, S. 76; *Pauli*, Die Stiftung 1 (2007), 125, 160 f.; *Schelter*, DNotZ 1989, 61, 62. Nach dem Umfang der Befreiung differenzierend *Schewe*, S. 214 ff. Stets für eine Anerkennungsentscheidung nach dem Vorerbfall Planck/*Knoke*, § 83 Anm. 4; *Ebersbach*, S. 53. Seifart/*Hof* (§ 6 Rn. 81)

mit seiner Position verbundenen Beschränkungen und Verpflichtungen befreit sei, seien aufgrund dieser Rechtsstellung des Vorerben schon zur Zeit des (Vor-) Erbfalls die Nacherbenanwartschaft und damit die spätere Vermögensausstattung der Stiftung gesichert. Bei der befreiten Vorerbschaft sei der Vermögenserwerb dagegen nicht hinreichend wahrscheinlich, die Stiftung könne erst nach Eintritt des Nacherbfalls anerkannt werden, wenn der Vermögensbestand der Stiftung tatsächlich feststellbar sei.

Die entscheidende Fragestellung wird also darin gesehen, ob die ausreichende und dauernde Zweckerfüllung gesichert im Sinne des § 80 Abs. 2 BGB erscheinen kann, also eine positive Prognose getroffen zu werden vermag. Da der Testamentsvollstrecker grundsätzlich nicht in eigenem Interesse, sondern als Treuhänder tätig wird, sein Handeln der Erfüllung des Erblasserwillens dient und die Stiftung als Erbin durch das Antragsrecht nach § 2227 BGB sowie das gesetzliche Schuldverhältnis mit dem Testamentsvollstrecker Einfluss nehmen kann, wird man eine mindestens so wie bei der nicht befreiten Vorerbschaft gesicherte Erwartung eines ausreichenden Vermögens nach Beendigung der Testamentsvollstreckung haben können. Der Testamentsvollstrecker hat wie der nicht befreite Vorerbe Auskunfts- und Rechnungslegungspflichten, er haftet gemäß § 2219 BGB sogar für jede sorgfaltswidrige Handlung. Ein Recht zur Fruchtziehung zu eigenen Gunsten, sei sie übermäßig oder nicht, steht dem Testamentsvollstrecker zudem nicht zu. Die positive Prognose zur Lebensfähigkeit der Stiftung erscheint allerdings nur dann möglich, wenn das Vermögen bereits zur Zeit des Erbfalls hinreichend groß war. Wenn dies erst durch eine Thesaurierung erreicht werden soll, kann ein entsprechender Vermögenszuwachs angesichts vieler Unwägbarkeiten über den genannten Zeitraum dagegen schwer beurteilt werden und hängt nicht zuletzt von der schon vorhandenen Größe ab. *Burgard*[686] erachtet einen Zeitraum von bis zu fünf Jahren als hinreichend überschaubar und prognostizierbar.

Der Umstand, dass erst nach Ablauf des langen Zeitraums von dreißig Jahren die Zweckerfüllung beginnen soll, scheint im Schrifttum keine grundsätzlichen Bedenken hervorzurufen. Dem entspricht eine Äußerung *Hüttemanns*[687], der es – unabhängig von der Frage der Dauervollstreckung oder der Nacherbschaft – für „stiftungsrechtlich unproblematisch" hält, „wenn zunächst über zehn oder zwanzig Jahre überhaupt keine Ausschüttungen vorgenommen werden, um auf diese Weise einen gewissen Vermögensstock zu bilden, dessen Erträge in der Folgezeit fortlaufend zeitnah zu verwenden sind".[688] Nach *Reuter* kann hingegen so-

schließt die Möglichkeit, dass eine Anerkennungsentscheidung stets erst nach dem Nacherbfall ergeht, nicht aus.

686 *Burgard*, S. 169 Fn. 82.

687 *Hüttemann*, in: FG Flume, 59, 88.

688 Eine andere Frage ist freilich, ob die Stiftung den Status als gemeinnützig erhalten kann, wenn sie den Zweck nicht erfüllt, sondern zunächst nur Vermögen angesammelt wird:

wohl bei befreiter als auch bei nicht befreiter Vorerbschaft eine Anerkennung erst nach Eintritt des Nacherbfalls erfolgen.[689] Er erkennt hier einen Fall vorübergehender Unmöglichkeit, die Stiftung könne mangels Lebensfähigkeit erst nach Eintritt des Nacherbfalls anerkannt werden.[690] Die Entscheidung über die Anerkennung müsse solange ausgesetzt werden.

Die Lebensfähigkeit der Stiftung muss tatsächlich bereits dann vorhanden sein, wenn ihre (etwaige) Anerkennung erfolgt, und nicht erst beträchtliche Zeit später.[691] Mit dem Wortlaut der Vorschrift ist ein anderes Ergebnis zwar vereinbar – die „dauernde und nachhaltige Erfüllung des Stiftungszwecks" könnte danach auch erst nach etlichen Jahren erfolgen.[692] Der Stifterwille wird aber überbetont, wenn man dem Stifter mit *Hüttemann* die freie Entscheidung über die „Zeitstruktur"[693] der Stiftung zuerkennt, also z.B. die Bestimmung, wann mit der Zweckverwirklichung begonnen wird. Der Gesetzgeber hat die Stiftung gerade deshalb zugelassen, weil sie einem bestimmten Zweck dient. Allein eine Bindung des Vermögens an den Stiftungszweck rechtfertigt die Verselbständigung des Sondervermögens zu einer rechtsfähigen, am Rechtsverkehr teilnehmenden Rechtsperson.[694] Nur aufgrund der Bindung des Vermögens an einen bestimmten, grundsätzlich unabänderlichen Zweck kann der Rechtsverkehr einem Rechtssubjekt ausgesetzt werden, dem ein personales Element fehlt und das nur aus einem Vermögen besteht.[695] Die Stiftung lebt nur durch die Erfüllung der ihr auferlegten, im Stiftungszweck zum Ausdruck gebrachten Aufgaben.[696] Ohne Zweckerfüllung besteht kein Grund für die Existenz der Stiftung und somit für die Anerkennung der Stiftung zur Zeit des (Vor-)Erbfalls. Dementsprechend ist die Stiftung aufzulösen, wenn die Zweckerfüllung unmöglich geworden ist oder schon anfangs unmöglich war (§ 87 Abs. 1 BGB). Zudem soll durch die Voraussetzung einer zweckadäquaten Vermögensausstattung nicht zuletzt der Schutz

---

§ 55 Abs. 1 Nr. 5 Satz 1 AO schreibt ausdrücklich vor, dass die Mittel der Körperschaft zeitnah für ihre steuerbegünstigten Zwecke zu verwenden sind. Dies wird insbesondere damit begründet, dass der Staat für den Verzicht auf gegenwärtige Steuereinnahmen eine gegenwärtige oder zumindest gegenwartsnahe Förderung des Gemeinwohls, welche erst die steuerliche Entlastung rechtfertigt, erwarte (*Hüttemann*, in: DStJG 26 [2003], 49, 64).

689 MünchKomm-BGB/*Reuter*, § 83 Rn. 7.

690 MünchKomm-BGB/*Reuter*, § 83 Rn. 7.

691 So auch MünchKomm-BGB/*Reuter*, § 85 Rn. 15; *Reuter*, NPLY 2002, 157, 163; *ders.*, NZG 2005, 649, 653; *Arnold*, NZG 2007, 805, 806 f.; ähnlich *Burgard*, S. 169.

692 Zudem wird das Vorliegen einer unzulässigen Selbstzweckstiftung mit dem Argument abgelehnt, dass nach der zeitlich begrenzten Admassierungsphase die Zweckverwirklichung erfolge und somit die Vermögensverwaltung nicht alleiniger Zweck der Stiftung sei (*Hüttemann*, in: FG Flume, 59, 88; *Burgard*, S. 169 Fn. 84).

693 *Hüttemann*, in: FG Flume, 59, 88.

694 *Kaper*, S. 66 f.

695 *Kaper*, S. 67.

696 *Trops*, AG 1970, 367.

des Rechtsverkehrs gewährleistet werden; das Anerkennungserfordernis erscheint geeignet, das Entstehen unterkapitalisierter oder sonst untauglicher und daher für den Rechtsverkehr gefährlicher Rechtsträger zu verhindern – die adäquate Vermögensausstattung muss also bereits zur Zeit der Anerkennung bestehen.[697] Die Voraussetzung des § 80 Abs. 2, 2. Fall BGB ist nach alledem so zu verstehen, dass der Zweck „alsbald" und somit relativ kurze Zeit nach der Anerkennung dauernd und nachhaltig verwirklicht werden kann.[698]

(2) Unzulässigkeit der Erblasseranordnung

Die Behörde hat bei ihrer Prognose darüber, ob die dauernde und nachhaltige Erfüllung des Stiftungszwecks gesichert erscheint, sämtliche Umstände zu berücksichtigen, die die Entwicklung der Stiftung, insbesondere ihres Zwecks und ihres Vermögens, beeinflussen können. Möglicherweise ist aber die Anordnung, keine Erträge an die Stiftung als eigentlich Berechtigte auszukehren, nichtig und deshalb unbeachtlich. Die Nichtigkeit könnte sich gemäß § 138 Abs. 1 BGB aus einem Verstoß gegen die guten Sitten ergeben aufgrund des Umstandes, dass eine zu starke Beschränkung der Erbin vorliegt. Dabei ist vom – durch die Behörde ihrer Prognose zugrunde zu legenden – hypothetischen Fall auszugehen, dass die Stiftung durch die Anerkennung tatsächlich entsteht. Gelangt man aber zu der Einschätzung, die Verwaltungsanordnung würde unwirksam sein, muss die Anerkennung der Stiftung erfolgen, da die Ertragsauskehr durch den Testamentsvollstrecker dann nach § 2216 Abs. 1 BGB geboten wäre.

Walter Zimmermann[699] erachtet die §§ 2209, 2210 BGB als problematisch im Hinblick auf Art. 14 GG. Falls, wie durch § 2210 BGB zugelassen, die Dauervollstreckung bis zum Tode des Erben angeordnet wird, werde dessen Eigentumsrecht am Nachlass faktisch wertlos.[700] Dem ist nicht zu folgen. Der Eigentumsschutz des Erben nach Art. 14 GG entsteht erst mit dem Erbfall; das Eigentum hat dem Erben nie ohne Beschränkungen zugestanden.[701] Die bloße Anordnung der Dauervollstreckung, sei es auch auf Lebenszeit des Erben,[702] stellt grundsätzlich keinen Verstoß gegen die guten Sitten dar. Sie ist eine Gestaltungsmöglichkeit, die das BGB dem Erblasser in § 2209 ausdrücklich zubilligt.[703] Dass die Dauervollstreckung eine sehr weitgehende Beschränkung für

697 *Burgard*, S. 157, 161.

698 Vgl. ähnlich MünchKomm-BGB/*Reuter*, § 85 Rn. 16 und *Arnold*, ZGS 805, 807, denen zufolge die Thesaurierung als Möglichkeit, die Leistungsfähigkeit einer bestehenden Stiftung wiederherzustellen, nur bei kurzfristiger Erfolgsaussicht akzeptabel ist.

699 *W. Zimmermann*, Rn. 24.

700 Ähnlich *Molitoris*, S. 28.

701 Vgl. *Semmler*, S. 227.

702 Bei der Stiftung ist dies ausgeschlossen durch § 2210 Satz 3 BGB, der auf § 2163 Abs. 2 BGB verweist.

703 OLG Zweibrücken, Rpfleger 1982, 106; *Settergren*, S. 92; *Semmler*, S. 228 f.

den Erben bedeuten kann, hat der Gesetzgeber nicht verkannt.[704] Seine Entscheidung ist prinzipiell hinzunehmen. Nur in Ausnahmefällen darf die vom Erblasser beabsichtigte Beschränkung keine Wirkung entfalten, weil eine sittenwidrige Beschränkung der Erben im Sinne des § 138 Abs. 1 BGB vorliegt.[705]

Gegen das Vorliegen von Sittenwidrigkeit einer Testamentsvollstreckungsanordnung, die Erträge des Nachlasses nicht an die Erben auszukehren, wird zu Recht geltend gemacht, dass dem Erben die Möglichkeit offensteht, die letztwillige Zuwendung auszuschlagen. Wenn die Zuwendung hin- bzw. angenommen wird, wird dadurch kenntlich gemacht, dass die Testamentsvollstreckung nicht als solche Beschränkung empfunden wird, die die Persönlichkeit und die wirtschaftliche Bewegungsfreiheit „knebelt", jedenfalls ist die Entscheidung als bewusste Inkaufnahme zu respektieren.[706] Die dem Einwand der zu starken Einschränkung entgegengehaltene, dem Erben offenstehende Möglichkeit der Ausschlagung (gemäß § 2306 BGB sogar mit Verbleib des Pflichtteilsrechts) durch den Erben existiert im Falle der erbberechtigten Stiftung nicht. Zwar ist gesetzlich ein Ausschluss des Ausschlagungsrechts nur für den Fiskus vorgesehen (§ 1942 Abs. 2 BGB), nach zutreffender herrschender Meinung kann aber auch die Stiftung, vertreten durch ihren Vorstand, nicht die Erbschaft (oder das Vermächtnis) ausschlagen und sich dadurch ihrer Existenzfähigkeit selbst berauben,[707] da dem Vorstand insoweit schon keine Vertretungsmacht zukommt.[708]

Die Stiftung von Todes wegen erhält das fremdverwaltete Vermögen nicht neben dem eigenen Vermögen, sondern ist ausschließlich mit der Erbschaft oder dem Vermächtnis ausgestattet. Wird kein Vermögen zugestiftet, ist ihre wirtschaftliche Bewegungsfähigkeit mangels Ertragsauskehr stark eingeschränkt. Die Stiftung kann freilich wegen § 2210 Satz 2 BGB nicht „lebenslänglich" beschränkt werden. Gegen eine Sittenwidrigkeit ist insbesondere der Zweck der Verwaltungsanordnung anzuführen, ist die Thesaurierung des Vermögens doch kein von vornherein zu missbilligender Zweck – es geht dem Erblasser nicht um

---

704 S.o. bei Fn. 601.

705 Zu einem solchen Ausnahmefall OLG München, JFG 14, 428, 435 (Erblasser sieht neben der Dauervollstreckung die Verpflichtung des Erben vor, dem Testamentsvollstrecker eine allgemeine Vollmacht zu erteilen).

706 OLG Zweibrücken, Rpfleger 1982, 106; *Settergren*, S. 91; *Schmucker*, S. 154; Bengel/Reimann/*Bengel*, 1. Kap. Rn. 148. Vgl. BGHZ 12, 100, 103 f.

707 *Ebersbach*, S. 53; *Kipp/Coing*, § 87 Fn. 1 (S. 482); Staudinger/*Rawert*, § 83 Rn. 9; Seifart/*Hof*, § 6 Rn. 102; Groll/*Muscheler*, C II Rn. 41. A.A. *O. Schmidt*, S. 52 ff.; *ders.*, ZEV 1999, 141, 142; *Stintzing*, AcP 88 (1898), 392, 440 f.; wohl auch MünchKomm-BGB/*Leipold*, § 1942 Rn. 9; § 1944 Rn. 2.

708 *Schewe*, S. 276-278; ähnlich Groll/*Muscheler*, C II Rn. 41: Aufgabe ist Zweckrealisierung, nicht Vereitelung der Zweckrealisierung. Durch den Testamentsvollstrecker kann die Annahme oder Ausschlagung der Erbschaft nicht vorgenommen werden (Soergel/*Damrau*, § 2203 Rn. 8, § 2205 Rn. 4; Staudinger/*Reimann*, § 2205 Rn. 18; Palandt/*Edenhofer*, § 2205 Rn. 4; *Thöne*, S. 12 f.).

die Unterdrückung des Erben.[709] Vor allem aber legt der Stifter sogar die Grenzen der „Beweglichkeit" der Stiftung selbst fest, bestimmt also, inwieweit die Stiftung überhaupt (wirtschaftlich) tätig werden kann, wie sie den Zweck verwirklicht und durch welche Maßnahmen, regelt zudem unter Umständen auch die Vermögensanlage. Die Stiftung ist von vornherein so beschaffen, wie sie der Stifter gestaltet hat. Eine eventuelle Sittenwidrigkeit müsste zur Unwirksamkeit auch des Stiftungsgeschäfts führen: Die Verwaltungsanordnung kann nicht vom Stiftungsgeschäft losgelöst betrachtet werden, der Erblasser hat beide zusammen verfügt. Das Stiftungsgeschäft sieht dementsprechend ebenfalls keine Zweckverwirklichung durch die Stiftung vor. Eine Sittenwidrigkeit ergibt sich dann nicht aufgrund der übermäßigen Einschränkung der Freiheit der Stiftung, da eine solche Freiheit von Anfang an nicht besteht.

(3) Umdeutung in die Einsetzung als Nacherbin

Die Stiftung, der keine Erträge ausgekehrt werden und die deshalb (zunächst) nicht ihren eigenen Zweck erfüllen kann, ist nach den bisherigen Feststellungen jedenfalls zur Zeit des Erbfalls nicht anerkennungsfähig. Es kommt in Betracht, dass die Behörde die Entscheidung „zurzeit nicht anerkennungsfähig" trifft und das Verfahren bis zum Beginn der Zweckerfüllung durch die Stiftung ruhen lässt. Dagegen spricht, dass die Erbfolge nicht über einen Zeitraum von dreißig Jahren ungeklärt bleiben kann. Für die Erbschaftsausschlagung ist zwar eine Maximalfrist von dreißig Jahren vorgesehen (§ 1954 BGB). Anders als in einem solchen Fall beruht die lange Vakanz in unserer Konstellation jedoch maßgeblich auf dem Willen des Erblassers. Mit den Erfordernissen des Rechtsverkehrs ist es nicht vereinbar, dem Erblasser eine Verfügung zu gestatten, die eine solch lange Schwebephase hinsichtlich der Erbenstellung herbeiführt. Gegen die Hinnahme von dauernden, durch den Erblasser angelegten Unsicherheiten kann auch § 2101 Abs. 2 BGB angeführt werden. Dass der zum Erben eingesetzte nondum conceptus, d.h. das noch nicht gezeugte Kind, nicht für den Erbfall als bereits bestehend fingiert wird, spricht für die These, dass nicht eine lange oder nicht absehbar dauernde Vakanz der Nachlassinhaberschaft bestehen soll. Die Position des Erben kann nicht auf Dauer unbesetzt sein. Eine vertagende Entscheidung (Ruhen des Verfahrens) kann nicht ergehen. Es muss vielmehr eine Versagung der Anerkennung erfolgen. Die Versagung der Anerkennung führt bei der Stiftungserrichtung unter Lebenden nach mittlerweise überwiegender Auffassung[710] nicht zur Unwirksamkeit des Stiftungsgeschäfts, so dass ein erneuter, späterer Antrag auf dasselbe Stiftungsgeschäft gestützt werden kann

---

[709] Vgl. dazu *Semmler*, S. 231 ff; *Settergren*, S. 92; *Schmucker*, S. 156; *Lange*, JuS 1970, 101, 108.

[710] MünchKomm-BGB/*Reuter*, §§ 80, 81 Rn. 1; Staudinger/*Rawert*, § 81 Rn. 11; Erman/*Werner*, § 81 Rn. 24; Soergel/*Neuhoff*, § 80 Rn. 17; Planck/*Knoke*, § 81 Anm. 10; *Oertmann*, § 81 Anm. 6. A.A. Staudinger[12]/*Coing*, § 81 Rn. 9; *v. Tuhr*, § 41 IV (S. 604).

(z.B. bei Wegfall der ursprünglichen Versagungsgründe). Anders wird allgemein die Rechtslage bei der Stiftung von Todes wegen beurteilt. Die bestandskräftige Anerkennungsversagung bewirke die Unwirksamkeit des Stiftungsgeschäfts.[711] Dabei beruft man sich auch auf den Willen des Gesetzgebers: Der Erste Entwurf zum BGB (E I) enthielt in § 62 Abs. 3 noch die ausdrückliche Bestimmung, dass die Versagung zur Unwirksamkeit der Verfügung von Todes wegen führte. Die Zweite Kommission strich diese Regelung mit der Begründung, dass sie sich von selbst verstehe.[712] Diese Selbstverständlichkeit ergibt sich dem Schrifttum zufolge daraus, dass die nachträgliche Anerkennung eine „unleidliche Unsicherheit der gesamten erbrechtlichen Verhältnisse zur Folgen haben" würde.[713] Die Stellung der anstelle der Stiftung berufenen Erben nach der Versagung bliebe – wie bei der vertagenden Entscheidung – dauerhaft unsicher.

In unserer Konstellation ist jedenfalls eine Umdeutung in eine Einsetzung der Stiftung als Nacherbin in Betracht zu ziehen. Das Stiftungsgeschäft von Todes wegen, aufgrund dessen die Stiftung nach dem Erbfall entstehen soll, aber erst nach dem Ende der Testamentsvollstreckung die Verwirklichung des Zweckes unternimmt, kann umgedeutet werden in ein solches, bei dem die Stiftung erst nach Beendigung der Testamentsvollstreckung entstehen soll und dann die Zweckverwirklichung beginnt. Dies entspricht dem hypothetischen Erblasserwillen, hätte er um die fehlende Anerkennungsfähigkeit gewusst. Wenn der Testamentsvollstrecker auch die Verwaltung des Nachlasses während der Vorerbschaft ausübt und die Erträge thesauriert[714], besteht letztlich in wirtschaftlicher Hinsicht kein Unterschied zur eigentlich gewollten Gestaltung. Die Anerkennungsbehörde hat nach der zutreffenden Auffassung *Reuters* erst im Nacherbfall über die Anerkennung der als Nacherbin bedachten Stiftung endgültig zu entscheiden.[715]

Die Situation der Einsetzung der Stiftung ist zudem vergleichbar mit der Bedenkung des sog. nondum conceptus. Die Stiftung ist nicht nur wie der nasciturus zur Zeit des Erbfalls noch nicht „geboren"; anders als dieser und die „normale" Stiftung von Todes wegen erfolgt die Entstehung nicht in zeitlicher Nähe. Um dem Willen des Erblassers dennoch Geltung zu verschaffen, ohne dass der Rechtsverkehr durch eine zu lange Vakanz gefährdet wird, kann die Einsetzung einer so beschaffenen Stiftung umgedeutet werden in die Nacherbeneinsetzung

---

711 Planck/*Knoke*, § 84 Anm. 3; Staudinger/*Rawert*, § 84 Rn. 8; MünchKomm-BGB/*Reuter*, § 84 Rn. 3; *Oertmann*, § 84 Anm. 4; *Muscheler*, Stiftungsrecht, S. 150 Fn. 13.

712 *Protokolle* I, S. 594 (= *Mugdan* I, S. 663).

713 Planck/*Knoke*, § 84 Anm. 3; *Oertmann*, § 84 Anm. 4.

714 Hierin liegt wiederum keine sittenwidrige, mit verwerflichen Zwecken begründete Beschränkung des Vorerben.

715 MünchKomm-BGB/*Reuter*, § 83 Rn. 7.

derselben, auch entsprechend dem Rechtsgedanken des § 2101 Abs. 2 BGB. Vorerben sind demnach analog § 2105 BGB die gesetzlichen Erben.

Die Problematik der Thesaurierungsphase, in der keine Zweckverwirklichung geschieht und die der Anerkennung entgegensteht, entfällt, da die Stiftung erst nach Ablauf dieser Phase entsteht. Das Stiftungsgeschäft kann somit letztlich doch die Stiftung zur Entstehung bringen, wenn auch nur als Nacherbin. Insofern wird die Entscheidung der Versagung nach dem (Vor-)Erbfall mit dem Hinweis auf die etwaige Anerkennungsfähigkeit als Nacherbin bei Beendigung der Testamentsvollstreckung erlassen. Hinsichtlich der Stiftung als Nacherbin kann im Vorerbfall also nur die Entscheidung als „zurzeit nicht anerkennungsfähig" ergehen.[716] Dem Erblasser ist jedenfalls anzuraten, die Stiftung von Todes wegen von vornherein zur Nacherbin zu berufen und die Testamentsvollstreckung über das dem Vorerben zustehende Nachlassvermögen anzuordnen, so dass die Notwendigkeit einer Umdeutung entfällt. Zu berücksichtigen sind freilich die erbschaftsteuerrechtlichen Konsequenzen der Vor- und Nacherbschaft aufgrund des § 6 ErbStG, wobei hier regelmäßig § 6 Abs. 3 Satz 2 ErbStG eingreifen dürfte, da die Nacherbfolge nicht aufgrund des Todes des Vorerben eintritt, sondern bei Beendigung der Testamentsvollstreckung.

2. Überwachung der Stiftung

Zum Teil wird vertreten, der Testamentsvollstrecker könne die Stiftung „überwachen". Überwachungsfunktionen werden bei einer Stiftung nicht selten durch ein als „Kuratorium" oder „Beirat" benanntes Organ ausgeübt. Insbesondere bei größerem Stiftungsvermögen wird eine solche Gestaltung empfohlen, um – neben der Stiftungsaufsicht „von außen" – bereits intern eine Kontrolle und damit eine Optimierung der Stiftungstätigkeit zu erreichen.[717] Zwingend ist eine solche Gestaltung freilich nicht (vgl. §§ 81 Abs. 1 Satz 3 Nr. 5, 86, 26 BGB); der Vorstand kann einziges Organ der Stiftung bleiben.[718] Die Überwachung der Stiftungstätigkeit durch den Testamentsvollstrecker ist auf vielgestaltige Weise denkbar.[719]

---

[716] Gleiches gilt für die ausdrückliche Einsetzung der Stiftung von Todes wegen als Nacherbin.

[717] *Wernicke*, ZEV 2003, 301, 303; *Hof*, in: Hopt/Reuter, 301, 311.

[718] Staudinger/*Rawert*, § 86 Rn. 19; Bamberger/Roth/*G.C. Schwarz/Backert*, § 81 Rn. 13; *Wernicke*, ZEV 2003, 301, 302. Nach § 10 Abs. 2 Satz 2 StiftG Bln hat die Stiftungsaufsicht darauf hinzuwirken, dass die Satzung ein Aufsichtsorgan vorsieht. Dazu kritisch *Suerbaum*, ZSt 2004, 34, 35 und *Muscheler*, Stiftungsrecht, S. 351 f. („faktischer Zwang").

[719] So könnte man sogar das erwähnte beratende Zurseitestehen als Überwachung verstehen. Wie bereits gezeigt, handelt es sich bei solchen Tätigkeiten aber nicht um Aufgaben, die vollstreckender Art sind (vgl. S. 153 f.).

Man wird Anlehnungen bei dem Aufsichtsrat einer Aktiengesellschaft oder dem Kuratorium einer Stiftung nehmen und deshalb vornehmlich drei Gestaltungen der überwachenden Tätigkeit unterscheiden können: Erstens könnte die Wirksamkeit des Vorstandshandelns von der Zustimmung des Testamentsvollstreckers abhängig gemacht werden (vgl. § 111 Abs. 4 Satz 2 AktG). Zweitens ist es denkbar, dass der Testamentsvollstrecker die Tätigkeit des Stiftungsvorstandes kontrolliert und ein ihm zustehendes Vetorecht ausübt, etwa wenn er den Willen des Erblassers nicht verwirklicht sieht. Ein nicht erfolgter Einspruch ist letztlich nichts anderes als eine Art Zustimmung zu dem in Rede stehenden Geschäft. Um nicht dauernde Ungewissheit über die Wirksamkeit der Handlungen zu erzeugen, ist jedenfalls erforderlich, dass die Befugnis zur Ausübung des Vetorechts jeweils zeitlich begrenzt ist. Drittens kann der Testamentsvollstrecker möglicherweise sanktionierend tätig werden und somit ein erkennbares Machtzeichen besitzen. So könnte er entsprechend § 84 Abs. 3 Satz 1 AktG den Vorstand abberufen, wenn dessen Verfehlungen den Tatbestand eines „wichtigen Grundes" erfüllen. Die letzte Variante scheidet jedenfalls aus, da auf diese Weise in die Binnenautonomie der Stiftung eingegriffen würde. Auch für die Varianten 1 und 2 gilt, dass ein Zustimmungs- oder Einspruchsrecht hinsichtlich sämtlicher Maßnahmen der Stiftung nur einem Organ der Stiftung zustehen kann, d.h. nicht dem Testamentsvollstrecker als solchem. Anderes muss aber gelten, wenn sich die Überwachungstätigkeit lediglich auf die Verwaltung des der Stiftung hinterlassenen Nachlasses beschränkt. Es handelt sich dann um ein Minus zur „vollständigen" Dauervollstreckung. Die gegen die Dauervollstreckung, bei der die Erträge an die Stiftung ausgekehrt werden, vorgebrachten Argumente, insbesondere das Vorliegen eines Verstoßes gegen die Stiftungsautonomie, sind dann auch insoweit nicht zutreffend. Dem Argument *Reuters* gegen die Dauervollstreckung bei der Stiftung von Todes wegen, die Aufsicht werde dadurch ausgeschlossen[720], ist bei der „bloßen" Überwachung erst recht nicht zuzustimmen: Der Stiftungsvorstand übt weiterhin die Geschäftsführung aus, diese Tätigkeit bleibt dann durch die Stiftungsaufsichtsbehörde überwachbar. Dass eine Kontrolle schon anderweitig erfolgt, schließt die Stiftungsaufsicht – wie auch bei der Kontrolle durch ein Stiftungsorgan – de lege lata nicht aus, ist doch ein Ausschluss oder eine Beschränkung gesetzlich nicht vorgesehen.

Unter dem Stichwort „beaufsichtigende Testamentsvollstreckung" findet sich zunächst die Aufgabenverteilung im Sinne des § 2208 Abs. 2 BGB, bei der der Testamentsvollstrecker nicht selbst die Verfügungen des Erblassers ausführen, sondern für deren Vollziehung durch den Erben sorgen soll.[721] Hier führt der Vollstrecker also die „Aufsicht" darüber, dass der Erbe die Verfügungen aus-

---

[720] MünchKomm-BGB/*Reuter*, § 83 Rn. 12; dazu oben S. 158.

[721] Siehe etwa Bamberger/Roth/*J. Mayer*, § 2208 Rn. 15; MünchKomm-BGB/*W. Zimmermann*, § 2208 Rn. 12 f.; Scherer/*Lorz*, § 19 Rn. 21.

führt. Unser Fall der Überwachung meint freilich etwas anderes. Nicht die Ausführung der Verfügungen, sondern die Verwaltung des Nachlassvermögens durch die Erbin, d.h. die Stiftung, wird beaufsichtigt.[722] Es handelt sich also nicht um die in § 2208 Abs. 2 BGB geregelte Konstellation.

Gegen die Zulässigkeit einer die Verwaltung des Erben überwachenden Testamentsvollstreckung könnte der Inhalt der §§ 2203 ff. BGB sprechen. Die Rechnungslegung (§§ 2218, 666 BGB) gegenüber den Erben etwa macht nur Sinn, wenn der Testamentsvollstrecker mehr wissen kann als der Erbe, was dann der Fall ist, wenn die Verwaltung des Nachlasses durch den Testamentsvollstrecker stattfindet, zumindest nicht auch durch den Erben. Dennoch sind diese Hinweise nicht durchschlagend: Sie belegen nur, dass der Gesetzgeber vom Regelfall des selbst verwaltenden Testamentsvollstreckers ausgegangen ist. Entsprechend müssen die Normen nur dann angewendet werden, wenn eine solche Testamentsvollstreckung angeordnet ist.

Bei den in Betracht kommenden Varianten der Überwachung würde den Testamentsvollstrecker eine Verfügungs- und Verpflichtungsbefugnis nur in Verbindung mit den Erben zukommen, die Verfügungs- bzw. Verpflichtungsmacht wäre also gespalten. Gemäß § 2208 Abs. 1 Satz 1 BGB kann der Erblasser die Befugnisse des Testamentsvollstreckers nach den §§ 2203 bis 2206 BGB einschränken. Zu diesen Befugnissen zählt auch die Verfügungsmacht über die Nachlassgegenstände gemäß § 2205 Satz 2 BGB.[723] Nach § 2211 BGB ist der Erbe bei Nachlassgegenständen, die der Verwaltung des Testamentsvollstreckers unterliegen, gerade nicht zur Verfügung befugt. Die die Verfügungsbefugnis des Erben ausschließende „Verwaltung" durch den Testamentsvollstrecker endet nach herrschender Meinung selbst insoweit nicht, als der Erblasser dem Testamentsvollstrecker die Verfügung über einen bestimmten Gegenstand untersagt hat.[724] Erst recht besteht die Verwaltungsbefugnis dann, wenn ihm durch die von ihm geforderte Zustimmung zumindest eine eingeschränkte Verfügungsbefugnis zukommen soll. § 2208 Abs. 1 Satz 1 BGB eröffnet dem Erblasser demnach nicht die Möglichkeit, die Verfügungsbeschränkung nach § 2211 BGB zu verändern. Auch bei einem Verfügungsverbot für den Testamentsvollstrecker wird aber angenommen, der Testamentsvollstrecker müsse zusammen mit den Erben verfügen können. Ansonsten entstehe eine „res extra commercium", was durch

[722] *Lehmann*, AcP 188 (1988), 1, 11 f. Dies offenbar verkennend Sudhoff/*Scherer*, § 9 Rn. 16.

[723] BGH, NJW 1984, 2464, 2465; Staudinger/*Reimann*, § 2208 Rn. 6; MünchKomm-BGB/*W. Zimmermann*, § 2208 Rn. 7; Scherer/*Lorz*, § 19 Rn. 127. *Lehmann*, AcP 188 (1988), 1, 17 f. lehnt hingegen die Möglichkeit einer dinglich wirkenden Beschränkung der Verfügungsmacht des Erben ab.

[724] Scherer/*Lorz*, § 19 Rn. 127; *Lehmann*, AcP 188 (1988), 1, 3; *Riebel*, S. 68.

§ 137 BGB nicht zugelassen sei.[725] Selbiges muss bei dem bloßen Zustimmungsrecht als „Weniger" zum vollständigen Verfügungsverbot für den Testamentsvollstrecker gelten, ansonsten könnte auch hier niemand wirksam über Nachlassgegenstände verfügen. Entgegen dem Wortlaut des § 2211 BGB entsteht also gewissermaßen eine geteilte Verwaltungsbefugnis. Wie dieses Ergebnis rechtstechnisch herbeizuführen ist, ist noch nicht abschließend geklärt.[726] Diese Leistung kann im Rahmen dieser Untersuchung nicht erbracht werden. Nach *Reimann* müsste, wenn die Mitwirkungsbefugnisse der Erben nicht mehr nur punktueller Natur seien und das „Gesamtgepräge der Testamentsvollstreckung" angetastet werde, also der Erbe wie ein weiterer Testamentsvollstrecker mitwirkungsberechtigt sei, eine entsprechende Bestimmung der Verwaltungs- und Verfügungsbefugnis in die Anordnung der Mitvollstreckung durch die Erben gemäß § 2224 BGB umzudeuten sein.[727]

Keim nimmt hingegen an, dass § 2211 BGB – wie auch § 2205 Satz 2 BGB – nur den Regelfall des umfassend verfügungsberechtigten Testamentsvollstreckers beschreibe und deshalb durch anderweitige Regelungen der Verfügungsbefugnis, die § 2208 Abs. 1 Satz 1 BGB ausdrücklich gestatte, als flexibel gestaltbar zu verstehen sei.[728] Werde daher die Verfügungsbefugnis des Testamentsvollstreckers beschränkt oder ausgeschlossen, lebe insoweit entgegen dem Wortlaut des § 2211 BGB, der auf die „Verwaltung" abstellt, die Verfügungsbefugnis des Erben wieder auf.[729]

Unabhängig vom Konstruktionsweg kann der Erblasser jedenfalls auch vorsehen, dass die Erben mit Zustimmung des Testamentsvollstreckers verfügen können oder dem Vollstrecker ein Vetorecht gegen Verfügungen des Erben zusteht.[730] Anders, als wenn der Testamentsvollstrecker allein verfügen könnte,

---

725 BGHZ 40, 115, 118; 56, 275, 279 ff.; MünchKomm-BGB/*W. Zimmermann*, § 2208 Rn. 5; Staudinger/*Reimann*, § 2208 Rn. 6; Sudhoff/*Scherer*, § 9 Rn. 16; Scherer/*Lorz*, § 19 Rn. 127. Der Erblasser müsse zudem die volle Verfügungsbefugnis vererben und könne nichts zurückbehalten. Es gelte der Grundsatz „nemo minus iuris transferre potest quam ipse habet" (*Kegel*, in: FS R. Lange, 927, 938 f.; *Reimann*, FamRZ 1995, 588, 592).

726 Palandt/*Edenhofer*, § 2208 Rn. 5; *Riebel*, S. 77.

727 *Reimann*, FamRZ 1995, 588, 592.

728 *Keim*, ZEV 2002, 132, 134.

729 *Keim*, ZEV 2002, 132, 134. Der BGH hat nicht entschieden, dass bei einem Verfügungsverbot für den Testamentsvollstrecker die Verfügungsbefugnis sodann Erben und Testamentsvollstrecker gemeinsam zusteht, sondern die Frage, ob dem Erben die Verfügungsbefugnis nunmehr allein zukomme, ausdrücklich offengelassen (BGHZ 56, 275, 280 f.). Der BGH hat lediglich über die Wirksamkeit einer gemeinsamen Verfügung von Testamentsvollstrecker und Erbe zu urteilen gehabt.

730 Vgl. KGJ 44, 81, 83 f.; MünchKomm-BGB/*W. Zimmermann*, § 2208 Rn. 12; Staudinger/*Reimann*, § 2208 Rn. 14; Soergel/*Damrau*, § 2208 Rn. 5; *Keim*, ZEV 2002, 132, 134.

sind etwaige Aufsichtsbefugnisse der Stiftungsbehörde zu beachten, schließlich wird die Stiftung selbst tätig.[731]

Für Verpflichtungsgeschäfte gilt Vergleichbares. Die Erben können bei bestehender Testamentsvollstreckung zwar ohnehin wirksam Verpflichtungen begründen, allerdings keine Verbindlichkeiten, für die der Nachlass haftet. Die bloße „Überwachung" durch den Testamentsvollstrecker bedeutet eine Erweiterung dieser Kompetenzen: Die Erben können mit Zustimmung des Testamentsvollstreckers auch den Nachlass verpflichten, die Gläubiger aus solchen Verpflichtungsgeschäften werden Nachlassgläubiger im Sinne des § 2214 BGB. Auch hinsichtlich der Einschränkung der Verpflichtungsbefugnis des Testamentsvollstreckers nach §§ 2206, 2207 BGB gilt § 2208 Abs. 1 Satz 1 BGB. Somit kann der Testamentsvollstrecker als solcher die Überwachung bei der Stiftung dergestalt ausüben, dass ihm für Geschäfte, die sich auf den Nachlass beziehen, ein Zustimmungsrecht oder eine Einspruchsbefugnis zusteht.

3. Mögliche Gründe für die Anordnung der Dauervollstreckung

Ist nach dem Gesagten ein Bedürfnis für eine fortwährende Testamentsvollstreckung nach Anerkennung der Stiftung von Todes wegen vorhanden? Es hat sich gezeigt, dass der Testamentsvollstrecker in dieser Funktion die bei der bestehenden Stiftung von Todes wegen empfohlenen besonderen Aufgaben wie die Vornahme von Satzungsänderungen nicht erfüllen kann. Eine überwachende Tätigkeit des Testamentsvollstreckers ist hingegen hinsichtlich der Vermögensverwaltung zulässig. Ein Aufsichtsrat oder ein Kuratorium könnte aber ebenfalls den Vorstand beaufsichtigen, sogar über die bloße Verwaltung des Nachlasses hinaus auch in autonomen Stiftungsangelegenheiten. Nicht zuletzt ist die dauerhafte Verwaltung des der Stiftung zugewandten Nachlassvermögens möglich, sofern die Stiftung nicht lediglich Auflagenbegünstigte ist.

Mit der Stiftung erschafft der Stifter einen „ewigen Testamentsvollstrecker", der den eigenen Willen zu verwirklichen hat. Durch genaue Vorgaben zur Zusammenstellung und Besetzung des Vorstandes kann der Stifter im Stiftungsgeschäft dafür Sorge tragen, dass die Zweckverwirklichung durch die Stiftung so geschieht, wie er dies möchte. Die bei der Dauervollstreckung oftmals befürchtete Unerfahrenheit des Erben oder dessen Unbeschlagenheit in geschäftlichen Dingen kann der stiftende Erblasser damit schon durch entsprechende Vorkehrungen im Stiftungsgeschäft, insbesondere die sorgfältige Vorstandsauswahl, vermeiden.

Es besteht die Möglichkeit, den Testamentsvollstrecker einzusetzen, damit das Nachlassvermögen um die zwischenzeitlich erzielten Erträge vergrößert

---

[731] So für die gesetzlich Vertretenen BGHZ 56, 275, 284; Staudinger/*Reimann*, § 2205 Rn. 56; MünchKomm-BGB/*W. Zimmermann*, § 2204 Rn. 9.

wird.[732] Dies bedingt aber, dass die Stiftung die Stellung als Nacherbin hat, die Stiftung kann erst mit Eintritt des Nacherbfalls mit der Zweckverwirklichung beginnen.

Der Umstand, dass den Privatgläubigern der Stiftung während der Testamentsvollstreckung der Nachlass nicht als Haftungsobjekt zur Verfügung steht (§ 2214 BGB), stellt keinen wesentlichen Vorteil dar. Die Gläubiger können auf die der Stiftung zugewandten Erträge zugreifen, die mit ihrer Auskehr nicht mehr dem Sondervermögen „Nachlass", sondern dem Privatvermögen der Stiftung angehören. Zum Eigenvermögen des Erben zählt darüber hinaus bereits der Anspruch auf die Auskehr.[733] Bei der Stiftung ist zu beachten, dass diese erst durch die Verfügung von Todes wegen und die Anerkennung zur Existenz gebracht wurde, somit jedenfalls zunächst Eigenverbindlichkeiten nicht vorhanden sind.

Eine generelle Empfehlung für die Anordnung der Dauervollstreckung möchte auch *Schewe*[734] nicht abgeben. Einen möglichen Grund für die Testamentsvollstreckung erblickt er jedoch in der Konstellation, dass die Person, die der Stifter als Vorstandsmitglied möchte, zur Amtsübernahme nur bei Zahlung einer verhältnismäßig hohen Vergütung bereit ist, die aber z.B. aus steuerlichen Gründen allein als Vorstandsvergütung nicht bezahlt werden kann. Durch die Doppelfunktion als Testamentsvollstrecker und Vorstandsmitglied, deren Zulässigkeit hier vorausgesetzt ist,[735] sei also eine steuerrechtlich nicht belastende zusätzliche Vergütung möglich. Der Erblasser muss dann dem gewünschten Vorstandsmitglied bei einer Ämterdoppelung so vertrauen, dass er ihm auch die Verwaltung des Nachlasses überlassen will – oder die neben ihm vorgesehenen Vorstandsmitglieder ebenfalls zu Mittestamentsvollstreckern ernennen. Zudem darf die hohe Vergütung jedenfalls nicht die Ertragsauskehr und damit die Zweckverwirklichung durch die Stiftung gefährden.

Nach § 55 Abs. 1 Nr. 3, 2. Fall AO ist Voraussetzung für die Selbstlosigkeit einer Körperschaft und damit für die Erlangung des Gemeinnützigkeitsstatus, dass keine Person durch unverhältnismäßig hohe Vergütungen begünstigt wird. Die Stiftungsmittel sollen zweckgemäß, d.h. zum Wohle der Allgemeinheit, ausgegeben werden – nur dies rechtfertigt die steuerliche Privilegierung, nicht die übermäßige Begünstigung Einzelner. Die Unverhältnismäßigkeit wird in Anlehnung an die Rechtsprechung zur verdeckten Gewinnausschüttung (§ 8 Abs. 3 Satz 2 KStG) ermittelt.[736] Danach ist eine Vergütung unverhältnismäßig hoch im

---

732 S.o. S. 169.

733 Vgl. Staudinger/*Reimann*, § 2214 Rn. 7; *W. Zimmermann*, Rn. 621; *Schewe*, S. 250; *Muscheler*, Haftungsordnung, S. 98.

734 *Schewe*, S. 256.

735 Dazu unten S. 187 ff.

736 Pahlke/Koenig/*Koenig*, § 55 Rn. 24; Schauhoff/*Schauhoff*, § 8 Rn. 22; *Herbert*, BB 1991, 178, 180. Vgl. dazu BFH, BB 1988, 543, 544.

Sinne des § 55 Abs. 1 Nr. 3, 2. Fall AO, wenn ein ordentlicher und gewissenhafter Geschäftsführer sie in dieser Höhe nicht gezahlt hätte. Die Vergütung ist also mit einer ähnlichen Leistung auf dem Markt zu vergleichen.[737]

Für die Testamentsvollstreckervergütung gilt § 2221 BGB. Nach dieser Vorschrift erhält der Testamentsvollstrecker eine „angemessene" Vergütung, wenn der Erblasser nicht testamentarisch eine Vergütung des Testamentsvollstreckers festgelegt hat. Die Testamentsvollstreckervergütung ist beim Empfänger der letztwilligen Zuwendung[738] – vorausgesetzt, es besteht keine Befreiung – wie folgt zu berücksichtigen: Während die Kosten der Abwicklungsvollstreckung die Erbschaftsteuerlast mindern (vgl. § 10 Abs. 5 Nr. 3 ErbStG), können die Kosten der Dauervollstreckung hinsichtlich des der Stiftung zugewandten Vermögens als Verwaltungskosten bei der Körperschaftsteuer zum Abzug gebracht werden, da sie mit Nachlasseinkünften in wirtschaftlichem Zusammenhang stehen.[739]

Als laufende Ausgaben mindern diese Verwaltungskosten jedenfalls die der Stiftung zufließenden Erträge und müssen, wenn die Stiftung den Gemeinnützigkeitsstatus erhalten will, wie die Vorstandsvergütung den steuerrechtlichen Anforderungen entsprechen, also insbesondere dem Grundsatz der sparsamen, angemessenen Mittelverwendung.[740] Für die steuerrechtliche Betrachtung wird die Vergütung auch dann auf ihre Angemessenheit überprüft, wenn der Erblasser selbst die Vergütung testamentarisch festgesetzt hat und die Angemessenheit deshalb nach § 2221 BGB für die zivilrechtliche Wirksamkeit ohne Bedeutung ist.[741] Wird dem Testamentsvollstrecker also eine Vergütung geleistet, die über den „angemessenen" Betrag hinausgeht, muss dies ebenfalls als ein Verstoß gegen den Grundsatz sparsamer Mittelverwendung und das Verbot der Begünstigung Einzelner (§ 55 Abs. 1 Nr. 3, 2. Fall AO) angesehen werden. Zwar handelt es sich nicht um eine Vergütung, die die Stiftung „freiwillig" gewährt, sondern die durch das Testament „aufgezwungen" ist.[742] Freilich ist dies auch der Fall, wenn der Stifter im Stiftungsgeschäft die Vergütung für den Vorstand regelt. Zudem ist der Zweck, Steuerbefreiungen nur für solche Körperschaften und Stif-

737 Hübschmann/Hepp/Spitaler/*Leisner-Egensberger*, § 55 Rn. 204; Tipke/Kruse/*Tipke*, § 55 Rn. 10; *Otto*, S. 407; Schauhoff/*Schauhoff*, § 8 Rn. 22; *Herbert*, BB 1991, 178, 180.

738 Davon zu unterscheiden ist die Einkommensteuerpflicht des Testamentsvollstreckers. Dazu Bamberger/Roth/*J. Mayer*, § 2221 Rn. 31; *Kirnberger*, ZEV 2001, 267 f. Zur Behandlung des über das Angemessene hinausgehenden Teils einer Testamentsvollstreckervergütung beim Testamentsvollstrecker *W. Zimmermann*, Rn. 747; Bengel/Reimann/*Eckelskemper*, 10. Kap. Rn. 218.

739 BFH, BStBl 1980 II, 351; *W. Zimmermann*, Rn. 751; *Matschke/Renner*, in: FS Welf Müller, 815, 827; Bengel/Reimann/*Piltz*, 8. Kap. Rn. 169, 179.

740 *Matschke/Renner*, in: FS Welf Müller, 815, 827.

741 Vgl. *W. Zimmermann*, Rn. 748, 753.

742 Es bleibt lediglich die Möglichkeit, dass der Testamentsvollstrecker auf seine Vergütung teilweise verzichtet oder er mit der Stiftung Abweichendes vereinbart.

tungen zu gewähren, die nicht Einzelne, sondern die Allgemeinheit fördern, auch insoweit betroffen. Das Steuerrecht erlaubt nach dem Gesagten eine grenzenlos hohe Vergütung auch bei der Ämterdoppelung nicht. Sowohl die Vergütung für das Vorstands- als auch für das Testamentsvollstreckeramt sind auf einen angemessenen Betrag zu beschränken. Bei vorhandener Dauervollstreckung werden die Aufgaben des Stiftungsvorstandes (jedenfalls bei Fehlen über den Nachlass hinausgehenden Vermögens) um die Verwaltung des Stiftungsvermögens reduziert. Die Angemessenheit der Vergütung für den Vorstand, die sich wesentlich an der Leistung und der Komplexität der Aufgabe zu orientieren hat, ist daher insoweit zu hinterfragen.[743] Die Anordnung der Dauervollstreckung erscheint nach alledem wenig geeignet, § 55 Abs. 1 Nr. 3, 2. Fall AO (zulässigerweise) zu umgehen.

Ein anderer Zweck der Anordnung einer Dauervollstreckung mag sein, dass durch die Dauervollstreckung die Stiftungsaufsicht in weitem Umfange, jedenfalls hinsichtlich der Vermögensverwaltung, ausgeschaltet wird. Der Stifter möchte nach seinem Tod bestimmte Zwecke durch eine Stiftung verwirklicht wissen, aber möglicherweise will er nicht, dass die Aufsicht insoweit Einfluss nehmen kann. Ein Grund für die Anordnung einer Dauervollstreckung wurde schon früh darin gesehen, dass bei minderjährigen Erben die Beschränkungen durch das Vormundschaftsgericht bei größeren Vermögensmassen vermieden werden können, zumal diese zu Schwerfälligkeit führten und damit gefährlich seien.[744] Abgesehen davon, dass die zum Teil komplizierten Verhältnisse durch die Aufsicht unter Umständen nicht angemessen durchschaut werden könnten, solle die Einsichtnahme Fremder in Vermögensverhältnisse und -verwaltung vermieden werden.

Möglicherweise kann also eine „Bevormundung durch die Stiftungsaufsicht" verhindert werden. In den Landesstiftungsgesetzen sind oftmals – wenn auch in abgeschwächter Weise seit der Reform vieler Landesgesetze infolge des bundesgesetzlichen Stiftungsmodernisierungsgesetzes – Anzeigepflichten vorgesehen, etwa bei besonderen und vermögensrelevanten Geschäften, z.B. Grundstücksgeschäften oder bei sonstigen größeren Vermögenswerten.[745] Gegebenenfalls kann die Behörde diese Geschäfte sodann unterbinden. Art. 19 BayStG

---

[743] Der Testamentsvollstrecker kann – anders als der Stiftungsvorstand – auch umsatzsteuerpflichtig sein. Dadurch könnten sich letztlich auch die Kosten für die Stiftung erhöhen. Nach herrschender Meinung kann der Testamentsvollstrecker allerdings die Umsatzsteuer nicht auf die tatsächlich geschuldete Vergütung aufschlagen, sofern dies nicht durch den Erblasser ausdrücklich angeordnet ist (KG, NJW 1974, 752, 753; OLG Köln, NJW-RR 1994, 269, 270; Palandt/*Edenhofer*, § 2221 Rn. 4 a.E.; Bamberger/Roth/*J. Mayer*, § 2221 Rn. 33).

[744] *Holtz*, S. 70 f. Ähnlich ist der Gedanke, den gesetzlichen Vertreter des Erben ausschalten zu wollen (siehe *Muscheler*, Haftungsordnung, S. 81 ff.).

[745] Vgl. § 7 Abs. 2 StiftG NRW; § 13 StiftG BW; § 9 StiftG SH.

sieht sogar ein Genehmigungserfordernis für bestimmte Geschäfte vor, z.B. für die Annahme von Zustiftungen, die mit einer Last verknüpft sind, oder für den Abschluss von Bürgschaftsverträgen.[746] Die Stiftung soll damit im Bereich ihres Finanz- und Wirtschaftslebens vor gefährlichen Geschäften bewahrt werden.[747] Generell kann die Aufsicht von der Stiftung einfordern, die zur Einhaltung des Stifterwillens erforderlichen Maßnahmen zu ergreifen. Nötigenfalls kann die Behörde im Wege der Ersatzvornahme selbst tätig werden.[748] Steht die Vermögensverwaltung aber dem Testamentsvollstrecker zu und nimmt dieser eines der genannten besonderen Geschäfte vor, bestehen die Anzeige- oder Genehmigungspflichten sowie die Anordnungsbefugnisse nicht, die Behörde kann die Vermögensverwaltung durch den Testamentsvollstrecker nicht beaufsichtigen und keine entsprechenden Maßnahmen treffen, handelt doch gerade nicht die Stiftung.

Hinsichtlich der Vorschriften zur Vermögensanlage finden sich im Übrigen keine erheblichen Unterschiede der Verwaltung durch Vorstand und Testamentsvollstrecker. Beide sind im Gegensatz zum Vormund (§ 1811 BGB) auch zu anderen als mündelsicheren Anlagen des Vermögens befugt.[749] Es gilt auch für den Testamentsvollstrecker das Leitbild eines „zwar umsichtigen und soliden, aber dynamischen Geschäftsführers"[750], der den Nachlass möglichst zu mehren hat.

4. Anordnung der Dauervollstreckung

Eine Dauervollstreckung muss grundsätzlich ausdrücklich angeordnet werden, handelt es sich doch dabei nicht mehr um den regelmäßigen Aufgabenkreis des Testamentsvollstreckers, sondern um eine besondere Aufgabe.[751] Eine Verfügung von Todes wegen, die nur die Bestimmung eines Alleinerben und die Anordnung einer Testamentsvollstreckung enthält, ohne dass dem Testamentsvollstrecker besondere Aufgaben zugewiesen sind, wird meist dahingehend ausge-

---

746 Die Genehmigung ist ein Wirksamkeitserfordernis (*Otto*, S. 41; Werner/Saenger/*Backert*, Rn. 1312).

747 *Andrick/Suerbaum*, § 7 Rn. 24.

748 Vgl. etwa § 11 StiftG BW; §§ 13 f. HessStiftG; § 6 StiftG MV; § 13 NStiftG; § 8 StiftG NRW; § 12 StiftG SH.

749 BGH, NJW 1987, 1070, 1071; NJW-RR 1995, 577; Bamberger/Roth/*J. Mayer*, § 2216 Rn. 13; MünchKomm-BGB/*W. Zimmermann*, § 2216 Rn. 8; Scherer/*Scherer*, § 3 Rn. 27; *Reimann*, Wirtschaftsrechtspraxis, S. 26. Vgl. allerdings Art. 6 Abs. 1 Satz 1 BayStG: „Das Stiftungsvermögen ist sicher und wirtschaftlich zu verwalten."

750 BGH, NJW 1987, 1070, 1071.

751 *Offergeld*, S. 166; Bengel/Reimann/*Bengel*, 1. Kap. Rn. 146; Erman/*M. Schmidt*, § 2209 Rn. 1. Wenn der Erblasser dem Testamentsvollstrecker die „dauernde, unbeschränkte Verwaltung" übertragen wird, möchte er damit unter Umständen nur ausdrücken, dass die Verwaltung so lange geführt werden soll, bis die eigentlichen Aufgaben ausgeführt sind (*Kipp/Coing*, § 69 Fn. 11 [S. 394]).

legt, dass die hinreichend angedeutete Verfügung einer Dauervollstreckung vorliege. Schließlich mache eine Testamentsvollstreckung andernfalls keinen Sinn, müsse doch keine Auseinandersetzung erfolgen und seien keine anderen Aufgaben für den Testamentsvollstrecker vorhanden.[752] Diese Auslegungsregel greift aber jedenfalls dann nicht, wenn der Erbe noch unbekannt oder ungewiss ist, besteht doch bereits insoweit ein Einsatzfeld für den Testamentsvollstrecker, als er für die Sicherung des Nachlasses zuständig sein kann. Erst recht muss dies gelten, wenn der Alleinerbe eine Stiftung ist, da in diesem Falle darüber hinaus eine Ergänzung des Stiftungsgeschäfts nötig werden und der Testamentsvollstrecker die Anerkennung „beantragen" kann. Die alleinige Anordnung der Testamentsvollstreckung reicht also bei gleichzeitiger Stiftungserrichtung von Todes wegen aufgrund möglicher Aufgaben als Abwicklungsvollstrecker nicht aus, damit der Wille zur Dauervollstreckung angenommen werden kann.

Bestimmt der Erblasser, dem Testamentsvollstrecker sollten „alle Rechte zustehen, die ihm nach dem Gesetz eingeräumt werden können", ist zweifelhaft, ob diese Verfügung die Anordnung einer Dauervollstreckung nach § 2209 BGB umfasst.[753] Die weitreichende Wirkungskraft und Macht, die dem Testamentsvollstrecker nach dem Gesetz zugewiesen werden kann, und insbesondere die umfangreiche Einschränkung der Erbenrechte mag der Erblasser nicht bedacht haben. Stets ist im Einzelfall zu untersuchen, ob ein entsprechender Wille des Erblassers vorliegt. Gerade bei der Stiftung von Todes wegen, bei der eher ausnahmsweise eine Dauervollstreckung sinnvoll ist, spricht wenig dafür, aus einer solchen pauschalen Anordnung auf den Willen des Erblassers schließen zu dürfen, den Nachlass über die Abwicklungsvollstreckung hinaus unter dauernde treuhänderische Verwaltung zu stellen.

5. Ende der Dauervollstreckung bzw. des Testamentsvollstreckeramtes

Die Dauervollstreckung als Ganze endet mit Erreichen der durch den Erblasser bestimmten oder gesetzlich (durch § 2210 BGB) vorgesehenen zeitlichen Grenze oder dadurch, dass der Testamentsvollstrecker aus seinem Amt ausscheidet, sofern für diesen Fall eine Nachfolge nicht vorgesehen ist und ein Mitvollstrecker fehlt.[754] Das Amt eines Testamentsvollstreckers endet durch seine Kündigung (§ 2226 BGB), mit seinem Tod bzw. beim Eintritt der Unfähigkeitsgründe nach § 2201 BGB (§ 2225 BGB) oder durch Entlassung durch das Nachlassgericht gemäß § 2227 BGB. Besonderheiten für die Testamentsvollstreckung über der Stiftung hinterlassenes Vermögen ergeben sich nur bei den §§ 2210 und 2227 BGB.

---

752 Soergel/*Damrau*, § 2209 Rn. 3; *Offergeld*, S. 166; *Kipp/Coing*, § 69 Fn. 12 (S. 394). Kritisch *W. Zimmermann*, Rn. 153: Ein Laie ahne diese weitreichende Bedeutung in der Regel nicht.

753 *Winkler*, Rn. 141.

754 Bengel/Reimann/*Reimann*, 7. Kap. Rn. 83 f.; *W. Zimmermann*, Rn. 791.

a) Zeitliche Beschränkung (§ 2210 BGB)

§ 2210 Satz 1 BGB ordnet für die Dauervollstreckung im Sinne des § 2209 BGB an, dass diese nach dem Ablauf von dreißig Jahren von selbst endet. Der Erblasser kann eine Verlängerung der Testamentsvollstreckung herbeiführen, indem er gemäß § 2210 Satz 2 BGB den Tod des Erben oder des Testamentsvollstreckers zur zeitlichen Grenze macht. Er muss sich dabei nicht auf eine dieser Varianten festlegen, sondern kann zum Endpunkt der Dauervollstreckung das kumulative Vorliegen des Todes des Testamentsvollstreckers und des Erben bestimmen.[755] Da die Existenz einer juristischen Person wie der Stiftung grundsätzlich nicht endlich ist, könnte ihre Stellung als Erbin dazu führen, dass auch die Testamentsvollstreckung unendlich lange andauert.[756] § 2210 BGB soll dies verhindern[757], weshalb § 2210 Satz 3 i.V.m. § 2163 Abs. 2 BGB den Ausschluss dieser denkbaren Konsequenz bestimmt. Soll das Ende der Testamentsvollstreckung dem Erblasser zufolge auf den Zeitpunkt des Erlöschens der als Erbin eingesetzten Stiftung fallen, gilt anstelle dieser Bestimmung die Dreißig-Jahres-Frist des § 2210 Satz 1 BGB. Ist die Stiftung als Erbin eingesetzt, ist die mögliche äußerste Grenze somit der Tod des Testamentsvollstreckers, falls dieser länger als dreißig Jahre nach dem Erbfall noch lebt. Nicht eindeutig ist jedoch, wer „der Testamentsvollstrecker“ im Sinne des § 2210 Satz 2 BGB ist. § 2199 Abs. 2 BGB sieht die Möglichkeit vor, dass der Testamentsvollstrecker bei einer entsprechenden Anordnung des Erblassers einen Nachfolger auswählt. Zudem kann der Erblasser selbst gemäß § 2197 Abs. 2 BGB einen Ersatztestamentsvollstrecker ernennen. Er kann auch bestimmen, dass ein Dritter (§ 2198 Abs. 1 Satz 1 BGB) oder das Nachlassgericht nach § 2200 Abs. 1 BGB einen Ersatztestamentsvollstrecker bestellt.[758] Der Umstand, dass der jeweils im Amt befindliche Testamentsvollstrecker auf diese Weise stets einen Nachfolger erhalten kann,

---

755 BGH, NJW 2008, 1157; KG, ZEV 2007, 335, 336; *W. Zimmermann*, ZEV 2006, 508. Eine Ausschließlichkeit ist weder dem Wortlaut der Vorschrift noch deren systematischem Zusammenhang zu entnehmen. A.A. nicht überzeugend LG Berlin, ZEV 2006, 506, 507.

756 MünchKomm-BGB/*W. Zimmermann*, § 2210 Rn. 7; Palandt/*Edenhofer*, § 2210 Rn. 4.

757 Der Zweck der zeitlichen Begrenzung durch § 2210 BGB, es drohe die Umgehung des Anerkennungserfordernisses für Stiftungen (*Protokolle* V, S. 308 [= *Mugdan* V, S. 668 f.]), dass also die Testamentsvollstreckung einen stiftungsähnlichen Zustand bewirke, mutet merkwürdig an, wenn neben der Verwaltungsvollstreckung der Erblasser tatsächlich eine Stiftung per Verfügung von Todes wegen hat entstehen lassen, eine Umgehung ihm also gar nicht in den Sinn zu kommen schien. Die gesetzgeberische Wertung trifft aber immer noch insofern zu, als durch die Testamentsvollstreckung eine „Stiftung“ neben der anerkannten Stiftung entstehen könnte (ohne Einhaltung der Anerkennungsvoraussetzungen und ohne Aufsicht).

758 Ob das erforderliche Ersuchen des Nachlassgerichts durch den Erblasser vorliegt, ist nach allgemeiner Meinung durch eine großzügige Auslegung des Testaments zu ermitteln (Erman/*M. Schmidt*, § 2200 Rn. 1; Palandt/*Edenhofer*, § 2200 Rn. 2).

vermag nicht dazu zu führen, dass eine unendliche Testamentsvollstreckung stattfindet, indem bei § 2210 BGB stets auf den aktuellen Testamentsvollstrecker abgestellt wird. Diese „Endlosschleife“[759] widerspräche wiederum dem Sinn des § 2210 BGB, der eine zeitliche Beschränkung schaffen soll. Der BGH hat sich nunmehr der Lösung des Kammergerichts angeschlossen und als den Endpunkt den Tod des Nachfolgers angesehen, wenn dieser innerhalb der Dreißig-Jahres-Frist nach dem Erbfall bereits im Amt war (sog. Amtstheorie).[760] Die bislang herrschende Auffassung im Schrifttum stellt hingegen entsprechend dem Rechtsgedanken der §§ 2109 Abs. 1 Satz 2 Nr. 1, 2163 Abs. 1 Nr. 1 BGB auf den Tod des nachgefolgten Amtsinhabers ab, falls dieser im Zeitpunkt des Erbfalls bereits geboren war (sog. Generationentheorie).[761]

b) Entlassung des Testamentsvollstreckers (§ 2227 BGB)

Für die vom Nachlassgericht vorzunehmende Entlassung des Testamentsvollstreckers ist nach § 2227 BGB materielle Voraussetzung, dass ein wichtiger Grund für die Entlassung vorliegt. Als Beispielsfälle führt die Vorschrift eine grobe Pflichtverletzung des Testamentsvollstreckers oder dessen Unfähigkeit zur ordnungsmäßigen Geschäftsführung an. Erforderlich für die Entlassung nach § 2227 BGB ist zudem, dass der Testamentsvollstrecker gültig ernannt worden ist und das Amt nicht schon erloschen ist.[762] Außerdem ergeht die gerichtliche Entscheidung nur, wenn ein „Beteiligter“ dies beantragt hat. Als Beteiligter im Sinne der Vorschrift gilt jeder, der ein rechtliches, nicht bloß berechtigtes wirtschaftliches Interesse an der Testamentsvollstreckung hat, dessen Rechte und Pflichten also durch die Entscheidungen, ob und wie der Testamentsvollstrecker sein Amt ausübt, unmittelbar betroffen sind.[763]

Beteiligte ist somit jedenfalls die entstandene Stiftung von Todes wegen, deren zugewandtes Vermögen vom Testamentsvollstrecker verwaltet wird, sei sie als Erbin berufen oder zur Vermächtnisnehmerin bestimmt.[764] Der Auflagenbegünstigte ist nach der herrschenden Meinung mangels Erfüllungsanspruchs nicht als Beteiligter im Sinne des § 2227 BGB anzusehen.[765] Wenn die Stiftung, ver-

---

[759] *W. Zimmermann*, ZEV 2006, 508.

[760] BGH, NJW 2008, 1157; KG, ZEV 2007, 335. So auch schon RGRK/*Kregel*, § 2210 Rn. 2. Zustimmend *Wellenhofer*, JuS 2008, 281, 283.

[761] Z.B. Soergel/*Damrau*, § 2210 Rn. 2; Bamberger/Roth/*J. Mayer*, § 2210 Rn. 4; *Edenfeld*, DNotZ 2003, 4, 8, 11. Zu weiteren Vorschlägen vgl. nur BGH, NJW 2008, 1157, 1158 f.

[762] H.M., siehe Bengel/Reimann/*Reimann*, 7. Kap. Rn. 22.

[763] BGHZ 35, 296, 300; BayObLG, NJW-RR 2004, 366; KG, NJW 1963, 1553; Palandt/*Edenhofer*, § 2227 Rn. 7; Scherer/*Lorz*, § 19 Rn. 208; *Schewe*, S. 255; *Josef*, LZ 1929, 459, 461. Vgl. *Protokolle* V, S. 251 (= *Mugdan* V, S. 645).

[764] *Schewe*, S. 268 benennt als Beteiligte im Sinne des § 2227 BGB auch die nach h.M. nicht existente Vorstiftung.

[765] LG Verden, MDR 1955, 231; Soergel/*Damrau*, § 2227 Rn. 15; MünchKomm-BGB/*W. Zimmermann*, § 2227 Rn. 5; *Muscheler*, AcP 197 (1997), 226, 239. A.A. Staudin-

treten durch ihren Vorstand, trotz ihrer Beteiligtenstellung keinen Antrag stellt, kann möglicherweise die Aufsichtsbehörde tätig werden, um die Durchsetzung des Stifterwillens zu gewährleisten.

Im Schrifttum besteht überwiegend Skepsis gegenüber der Möglichkeit, dass einer Behörde ein eigenes Antragsrecht im Rahmen des § 2227 BGB zukommt.[766] Als Beispiele werden die Staatsanwaltschaft[767] sowie, aufgrund einer das Antragsrecht bejahenden Entscheidung des KG[768], die Devisenstelle erörtert. Das Amtsgericht Solingen[769] und das Landgericht Wuppertal[770] haben eine Antragsbefugnis der Stiftungsaufsichtsbehörde bejaht. Das AG Solingen begründet dies lediglich damit, dass die Beteiligtenstellung einer Behörde vorliege, wenn sie im öffentlichen Interesse tätig werde.[771] Diese Begründung trägt die Entscheidung nicht. § 2227 BGB sieht, indem die Vorschrift den Antrag eines „Beteiligten" verlangt, die Entlassung von Testamentsvollstreckern nicht aus bloß allgemeinem Interesse vor, also um der geordneten Rechtspflege im weitesten Sinne willen, sondern aus dem besonderen Interesse eines durch die Nachlassverwaltung Betroffenen.[772]

Das LG Wuppertal argumentiert, dass die unregelmäßige Führung der Testamentsvollstreckung zugleich das Recht und die Pflicht der Behörde beeinträchtige, ein ordnungsgemäßes Anerkennungsverfahren durchzuführen und eine geregelte Aufsicht über die Stiftung auszuüben. Deshalb gebe es „nicht nur ein allgemein-gesetzliches Rechtsverhältnis zum Testamentsvollstrecker".[773] Die behördliche Befugnis zur Ergänzung des Stiftungsgeschäfts und Anerkennung der Stiftung als rechtsfähig hängt zwar davon ab, ob und wie der Testamentsvollstrecker tätig wird. Die Ergänzungsbefugnis besteht gerade nur dann, wenn der Testamentsvollstrecker nicht berufen ist oder seine Aufgabe nicht erfüllt.[774] Auf die Wahrnehmung dieser behördlichen Befugnisse vermag der Testamentsvoll-

---

ger/*Reimann*, § 2227 Rn. 22, § 2198 Rn. 24; Bamberger/Roth/*J. Mayer*, § 2198 Rn. 8; *Lange*/*Kuchinke*, § 31 Fn. 396 (S. 724).

766 Generell ablehnend Palandt/*Edenhofer*, § 2227 Rn. 8; MünchKomm-BGB/*W. Zimmermann*, § 2227 Rn. 6; Soergel/*Damrau*, § 2227 Rn. 16; *Schmucker*, S. 315; *Muscheler*, AcP 197 (1997), 226, 239.

767 Dagegen: Staudinger/*Reimann*, § 2227 Rn. 27. Unklar *Firsching*/*Graf*, Rn. 4.484.

768 KG, JFG 16, 74. Zustimmend Staudinger/*Reimann*, § 2227 Rn. 27.

769 AG Solingen, StiftRspr IV, 121.

770 LG Wuppertal, StiftRspr IV, 133. Dem folgend Seifart/*Hof*, § 6 Rn. 109; *Wochner*, MittRhNotK 1994, 89, 97.

771 AG Solingen, StiftRspr IV, 121, 122 f.

772 *Mendelssohn Bartholdy*, Rheinische Zeitschrift für Zivil- und Prozeßrecht 1924, 316, 317.

773 LG Wuppertal, StiftRspr IV, 133, 134. Ähnlich argumentiert das KG (JFG 16, 74, 76) hinsichtlich der Devisenstelle. Als allgemeine Voraussetzung für das Antragsrecht von Behörden formuliert bei Staudinger/*Reimann*, § 2227 Rn. 27.

774 S.o. S. 58, 114.

strecker dann aber keinen störenden Einfluss auszuüben. Das Anerkennungsverfahren kann ordnungsgemäß durchgeführt werden.

Nachdem die Stiftung anerkannt worden ist, kann ein unmittelbares Betroffensein der Behörde ebenfalls nicht angenommen werden. Aufgrund der Testamentsvollstreckung besteht zwar keine Aufsicht über das eigentlich der Stiftung zugewandte Vermögen, dabei handelt es sich aber nicht um eine Beeinträchtigung durch den Testamentsvollstrecker, vielmehr besteht die behördliche Aufsichtsbefugnis insofern von Anfang an nicht. Die Vermögensverwaltung durch den Dauervollstrecker hat Auswirkungen auf die Ausstattung der Stiftung mit den Erträgen, die sie zur Erfüllung des Stiftungszwecks benötigt. Die Befugnisse der Behörde, auf die Stiftung dahingehend einzuwirken, dass diese für die ausreichende Ertragsauskehr durch den Testamentsvollstrecker sorgt, sind ihr aber nicht genommen. Mögliche Beeinträchtigungen einer geregelten laufenden Stiftungsaufsicht sind nicht erkennbar. Eine Beteiligtenstellung der zuständigen Stiftungsbehörde ist daher abzulehnen.

Es besteht darüber hinaus kein Bedürfnis dafür, dass der Aufsichtsbehörde ein Antragsrecht zur Entlassung des Dauervollstreckers zukommt.[775] Wie gesehen kann die Stiftung den Antrag stellen, wenn ihr das Stiftungsvermögen per Erbeinsetzung oder Vermächtnisaussetzung zugewandt wurde. Tut sie dies nicht, etwa weil der Vorstand keinen wichtigen Grund sieht (Verkennung der Sach- oder Rechtslage) oder aber nicht willens ist zu handeln (z.B. bei einer Doppelfunktion von Testamentsvollstrecker und Vorstandsmitglied), kann die Behörde den Vorstand unter Umständen abberufen und ersetzen.[776] Als milderes Mittel hat die Stiftungsbehörde zunächst anzuordnen, dass der Vorstand der Stiftung die gebotene Maßnahme, also die Antragstellung, vornimmt.[777] Eine Maßnahme ist insbesondere dann nach der Satzung „geboten", wenn der Stiftung Gefahren drohen – durch das Wirken des Testamentsvollstreckers, nicht durch die Anordnung der Testamentsvollstreckung an sich. Nach dem Stiftungsgeschäft ist die Stiftung also zur Antragstellung verpflichtet, wenn durch den Testamentsvollstrecker die Verwirklichung des Stifterwillens ernsthaft in Gefahr gebracht wird. Eine solche Lage kann etwa dann bestehen, wenn der Testamentsvollstrecker nicht ausreichend Erträge an die Stiftung auskehrt, so dass diese ihren Zweck nicht verwirklichen kann. Entlassungsgrund kann insbesondere auch die mangelhafte Vermögensverwaltung durch den Testamentsvollstrecker sein, aufgrund der das hinterlassene Vermögen sich verringert und letztendlich auch die Zweckverwirklichung gefährdet ist. Kommt der Vorstand der Aufforderung der Behörde nicht nach, kann diese dann im Wege der Ersatzvornahme den Antrag

---

[775] Ähnlich *Schewe*, S. 256.

[776] Siehe etwa § 12 StiftG BW; § 15 HessStiftG; § 7 StiftG MV; § 14 NStiftG; § 9 StiftG NRW; § 13 StiftG SH.

[777] S.o. bei Fn. 748. Vgl. *Andrick/Suerbaum*, § 8 Rn. 10. Die Anordnung ist an die Stiftung, nicht an das einzelne Organ zu richten.

im Namen der Stiftung stellen. Es handelt sich bei der Antragstellung um keine höchstpersönliche, sondern um eine vertretbare und damit vollstreckbare[778] Willenserklärung. Die Aufsichtsbehörde handelt dabei anstelle des sonst berufenen Stiftungsorgans. Die fehlende Äußerung dieses Stiftungsorgans wird durch die Erklärung der Aufsichtsbehörde ersetzt.[779] Lediglich vor Entstehung der Stiftung kann die Behörde nicht derartig tätig werden, da mangels eigener Existenz schon der Stiftung kein Antragsrecht zusteht. Verstoßen aber Ergänzungen des Stiftungsgeschäfts etwa gegen den Stifterwillen, sind sie von der Behörde nicht zu beachten. Für die Initiierung des Anerkennungsverfahrens bedarf es ohnehin nicht zwingend eines Handelns des Testamentsvollstreckers, sondern es genügt, dass die Behörde auf irgendeine Weise von dem Stiftungsgeschäft Kenntnis erhält.[780]

Erkennt man entgegen dem Gesagten die Möglichkeit, dass die Behörde durch den Testamentsvollstrecker in ihren Befugnissen beeinträchtigt werden kann, ist ein Antragsrecht dennoch zu versagen. *Schewe*[781] argumentiert, dass der Behörde keine Sonderrolle zukomme, vielmehr jede Behörde aus einer gesetzlichen Aufgabenzuweisung berechtigt und verpflichtet werde. Dass die Behörde bei der Erfüllung ihrer besonderen Aufgabe mit dem Testamentsvollstrecker in Berührung komme, treffe auch auf die für die Festsetzung der Erbschaftsteuer zuständige Finanzbehörde zu. Der Stiftungsaufsichtsbehörde komme keine herausragende Rolle zu. Zwar ist der Beteiligtenbegriff grundsätzlich eher weit auszulegen. Die Bezeichnung „Beteiligter" wird dann verwandt, wenn über eine Partei und über den Inhaber eines Anspruchs hinaus einem größeren Personenkreis die Möglichkeit gegeben werden soll, Rechtsschutz zu erlangen.[782] Letztlich ist der Aufsichtsbehörde aber die Eigenschaft als „Beteiligte" im Sinne des § 2227 BGB abzusprechen. Der Behörde stehen keine eigenen subjektiven Rechte im Sinne des Privatrechts zu. Es handelt sich lediglich um Kompetenzen, die sie im öffentlichen Interesse wahrzunehmen hat. Dies harmoniert nicht mit der Funktion des § 2227 BGB. Das Antragsrecht soll ein Ersatz für das freie Widerrufsrecht sein, das dem Geschäftsherrn bei einer Fremdgeschäftsführung regelmäßig zusteht (vgl. § 663 Abs. 1 BGB).[783] Das Antragsrecht gibt den Beteiligten freilich anders als das Widerrufsrecht nicht selbst die Macht zur Beendigung; zur Durchsetzung des entscheidenden Erblasserwillens er-

---

778 Vgl. *Andrick/Suerbaum*, § 8 Rn. 13.

779 *G. Fischer*, S. 89.

780 S.o. S. 29 f.

781 *Schewe*, S. 255.

782 BGHZ 35, 296, 300; Staudinger/*Reimann*, § 2198 Rn. 22; *Mendelssohn Bartholdy*, Rheinische Zeitschrift für Zivil- und Prozeßrecht 1924, 316; *Muscheler*, AcP 197 (1997), 226, 238.

783 Siehe *Motive* V, S. 224 (= *Mugdan* V, S. 118); *Muscheler*, AcP 197 (1997) 226, 231, 233, 240; OLG München, ZErb 2005, 424, 425.

scheint eine neutrale Stelle wie das Nachlassgericht geeigneter, da ansonsten der Zweck der Vollstreckungsanordnung vereitelt würde.[784] Jedoch ist es nach der Wertung des Gesetzgebers denen, in deren Rechtskreis der Testamentsvollstrecker tätig wird, überlassen, Mängel der Testamentsvollstreckung geltend zu machen. Beteiligte sind daher diejenigen, die durch die Verfügung von Todes wegen mit Nachlassvermögen bedacht worden sind, und diejenigen, die durch den Erblasser zum Vollzug seiner Verfügungen oder zur Überwachung des Vollzugs berufen sind.[785] § 2227 BGB schützt den Erben und die anderen Beteiligten in ihrem Rechtskreis vor der Macht des Testamentsvollstreckers, indem dieser der Gefahr der Entlassung bei schwerwiegendem Fehlverhalten unterstellt ist.[786] Die den Nachlass betreffenden Rechtsgeschäfte des Testamentsvollstreckers sollen von den anstelle des Erblassers am Nachlass Berechtigten als seine „Repräsentanten" „überwacht" werden oder durch vom Erblasser dazu vorgesehene Personen.[787] Die Stiftungsbehörde ist nicht materiell am Nachlass beteiligt. Ihre (hier nur unterstellte) Betroffenheit durch die Testamentsvollstreckung ist zudem nicht vom Erblasser bewirkt worden, sondern durch das Gesetz vorgesehen. Die Behörde überwacht die Stiftung, die beteiligt ist; eigene Rechte am Nachlass kommen ihr nicht zu. Dementsprechend ist es lediglich ihre Aufgabe, dafür zu sorgen, dass die Stiftung die durch den Stifterwillen veranlassten Handlungen unternimmt und somit ihre eigenen Rechte gegenüber dem Testamentsvollstrecker wahrnimmt.

IV. Testamentsvollstrecker als Vorstandsmitglied

Möglicherweise soll eine Person nach dem Willen des Erblassers sowohl das Testamentsvollstreckeramt als auch die Vorstandsmitgliedschaft bei der Stiftung innehaben. Zulässig ist jedenfalls ein sukzessives Wirken zunächst als Abwicklungsvollstrecker und dann als Vorstandsmitglied in der Stiftung. Hierfür kann als Zweck etwa angeführt werden, dass dem zukünftigen Vorstand schon vor der Anerkennung Einflussmöglichkeiten zukommen sollen.[788] Die Person, die später die Geschicke der Stiftung führen soll, soll mitbestimmen dürfen, in welchem Rahmen und auf welche Weise dies geschehen wird. Bei gleichzeitiger Ausübung des Vorstands- und des Testamentsvollstreckeramtes könnten darüber hinaus Vermögensverwaltung sowie Zweckverwirklichung aufeinander abgestimmt werden, was bei bloßer Vermögensverwaltung durch den Testaments-

784 *Muscheler*, AcP 197 (1997), 226, 233. Vgl. *Motive* V, S. 224 (= *Mugdan* V, S. 118).
785 *Muscheler*, AcP 197 (1997) 226, 240.
786 *Schewe*, S. 255. Ähnlich *Mendelssohn Bartholdy*, Rheinische Zeitschrift für Zivil- und Prozessrecht 1924, 316.
787 *Muscheler*, AcP 197 (1997), 226, 240.
788 So auch *Schewe*, S. 241 Fn. 1288.

vollstrecker nicht der Fall wäre.[789] Ein Testamentsvollstrecker kann zwar nicht in ebendieser Amtsfunktion Mitglied des Vorstandes einer Stiftung sein. Wie gezeigt, wird eine entsprechende Verfügung des Erblassers aber dahingehend zu verstehen sein, dass der Testamentsvollstrecker zumindest als Privatperson die Stellung eines Vorstandsmitglieds ausüben soll.[790]

1. Einschränkungen durch § 181 BGB

Bei Rechtsgeschäften, die zwischen dem Testamentsvollstrecker und der Stiftung, vertreten durch dieselbe Person in ihrer Funktion als Vorstandsmitglied, vorgenommen werden, findet § 181 BGB entsprechende Anwendung. § 181 BGB versagt jedem Geschäft eines Vertreters die rechtsgeschäftlichen Wirkungen, bei dessen Vornahme der Vertreter zugleich im eigenen Namen oder als Vertreter eines Dritten handelnd in Erscheinung tritt, er also Abgabe und Empfang der Willenserklärungen in eigener Person vollzieht. Ausnahmen macht die Vorschrift für die Fälle, in denen die Geschäfte in der Erfüllung einer Verbindlichkeit bestehen oder dem Vertreter das „Selbstkontrahieren" gestattet ist. § 181 BGB sucht den Prinzipal vor dem Abschluss ungünstiger Geschäfte des auf beiden Seiten des Geschäfts tätig werdenden Vertreters zu schützen, wofür aufgrund eines in der Person des Vertreters angelegten Interessenkonflikts eine abstrakte Gefahr vorhanden ist.[791] Die Vorschrift gilt auch für das vertretungsberechtigte Organmitglied einer juristischen Person[792] und ist aufgrund des genannten Schutzzwecks auf den Testamentsvollstrecker analog anwendbar.[793]

Zu von § 181 BGB untersagten Rechtsgeschäften des Testamentsvollstreckers mit der Stiftung, vertreten durch den Testamentsvollstrecker als Vorstandsmitglied, dürfte während der Nachlassverwaltung freilich kaum Anlass bestehen.[794] Der Testamentsvollstrecker wird etwa Nachlassgegenstände an die Stiftung regelmäßig nur dann übertragen, wenn ein entsprechender Anspruch der Stiftung besteht, die Verfügung also die Erfüllung einer Verbindlichkeit bedeutet. Dies trifft insbesondere auf die Auskehr von Erträgen gemäß § 2216 BGB zu.[795] Die Stiftung als Erbin hat gegen den Testamentsvollstrecker ferner Ansprüche auf die Erstellung eines Nachlassverzeichnisses (§ 2215 Abs. 1 BGB), Auskunft und

---

789 Zu einem ähnlichen Gedanken (Personensorge und Sorge für das hinterlassene Vermögen in einer Hand) siehe *Holtz*, S. 71.

790 S.o. S. 152.

791 BGHZ 51, 209, 215; 56, 97, 101; Palandt/*Ellenberger*, § 181 Rn. 2.

792 BGHZ 33, 189, 190; 56, 97, 101; Palandt/*Ellenberger*, § 181 Rn. 3; Erman/*Palm*, § 181 Rn. 7, 25.

793 BGHZ 30, 67, 69 ff.; 51, 209, 215; 108, 21, 24; Palandt/*Ellenberger*, § 181 Rn. 3; Erman/*Palm*, § 181 Rn. 7, 25; *v. Lübtow*, JZ 1960, 151, 154.

794 Ähnlich BGH, ZEV 2008, 330, 331.

795 Bei sonstigen Verfügungen des Testamentsvollstreckers kommt darüber hinaus eine (ausdrückliche oder konkludente) Befreiung durch den Erblasser in Betracht. Zur konkludenten Gestattung näher *Adams*, S. 58 ff.

Rechenschaft (§§ 2218 Abs. 1, 666 BGB), Verzinsung von verwendetem Nachlassgeld (§§ 2218 Abs. 1, 668 BGB) und – bei einer schuldhaft nicht ordnungsmäßigen Verwaltung – auf Schadensersatz (§ 2219 BGB). Auch insoweit versagt § 181 BGB der Erfüllung dieser Ansprüche nicht die Wirksamkeit, da der Befreiungstatbestand des § 181 a.E. BGB einschlägig ist. Bei Auskunft und Rechnungslegung handelt es sich ebenso wie der Erstellung bzw. Entgegennahme des Nachlassverzeichnisses zudem um rein tatsächliches Handeln, nicht um Willenserklärungen. Verwaltet der Testamentsvollstrecker den Nachlass ordnungsmäßig, hat er ferner einen Anspruch auf die Erklärung der Entlastung durch die Stiftung, so dass auch diese Erklärung wirksam ist. § 181 BGB greift freilich bei einer Vergütungsabrede zwischen Testamentsvollstrecker und Stiftung.

2. Vereinbarkeit beider Ämter

Mithilfe der genannten Ansprüche der Stiftung und der Möglichkeit, gemäß § 2227 BGB die Entlassung des Testamentsvollstreckers zu beantragen, wird die Stiftung grundsätzlich in die Lage versetzt, den Testamentsvollstrecker zu ordnungsmäßiger Verwaltung anzuhalten und ihn gewissermaßen zu kontrollieren. Der Vorstand als Geschäftsführungsorgan hat dafür zu sorgen, dass das Stiftungsinteresse an einer ordnungsmäßigen Nachlassverwaltung verwirklicht wird. Betrachtet man zunächst den Fall, dass der Testamentsvollstrecker allein den Stiftungsvorstand bildet, könnte die Kontrolle jedoch ausbleiben. Der Testamentsvollstrecker könnte die als Stiftungsvorstand gebotenen Maßnahmen unterlassen. Bei – möglicherweise vorsätzlich – nicht ordnungsmäßiger Verwaltung wird sich der Testamentsvollstrecker unter Umständen nicht selbst beaufsichtigen, verfolgen und damit widersprechen wollen. Die Doppelstellung als Stiftungsvorstand und als Testamentsvollstrecker gewährleistet dann nicht, dass der Testamentsvollstrecker in seiner Funktion als Stiftungsvorstand dem Stiftungsinteresse genügt.[796] Das Interesse des Testamentsvollstreckers kollidiert mit dem Interesse der Stiftung.

Eine Argumentation der Art, dass die betroffene Person in jeder der beiden Ämterrollen an die jeweiligen Amtspflichten gebunden sei,[797] so dass eine Pflichten- und Interessenkollision nicht vorliegen könne, verkennt die Problema-

[796] Hat der Testamentsvollstrecker seine aus §§ 2218 Abs. 1, 666 BGB resultierende Verpflichtung erfüllt und Rechnung gelegt, hat er auch einen Anspruch gegenüber den Erben, dass diese den Bericht in angemessener Frist überprüfen. Ist die gesetzte Frist ohne eine Stellungnahme oder eine Rüge abgelaufen, so verlieren die Erben nach Treu und Glauben ihr Rügerecht, sofern eine nach den Umständen angemessene Frist gesetzt wurde (*Bonefeld*, ZErb 2000, 184, 186; *Voss*, ZEV 2007, 363, 364). Verzichtet das Vorstandsmitglied aufgrund seiner Doppelfunktion auf die Rüge, tritt ein solcher Verlust aber nicht ein, da § 242 BGB den Verlust in diesem Fall nicht gebietet.

[797] So *Schewe*, S. 241.

tik. Faktisch kann die Person nicht in zwei Personen mit unterschiedlichen Pflichten aufgeteilt werden. Dass also rechtlich, bei Einhaltung der Pflichten, keine Interessenkollision auftreten kann, bedeutet nicht, dass tatsächlich keine derartige Gefahr besteht.[798]

Möglicherweise führt die Interessenkollision zur Unvereinbarkeit beider Positionen. Das BGB sieht lediglich in § 2201 BGB eine Einschränkung hinsichtlich der Person des Testamentsvollstreckers vor. Die Ernennung ist gemäß dieser Vorschrift unwirksam, wenn der Ernannte geschäftsunfähig, beschränkt geschäftsfähig ist oder gemäß § 1896 BGB einen Betreuer in Vermögensangelegenheiten erhalten hat.[799] Einc ausdrückliche Regelung für die Vereinbarkeit der Mitgliedschaft im Vorstand der Stiftung mit dem Amt des Testamentsvollstreckers existiert nicht; sowohl hinsichtlich des Testamentsvollstreckeramtes als auch hinsichtlich der Stiftungsvorstandsmitgliedschaft bestehen keinerlei gesetzliche Inkompatibilitätsregelungen. Inkompatibilitäten können sich aber auch aus der „Natur der Sache"[800] ergeben. Eine solche Unvereinbarkeit wird insbesondere angenommen, wenn der Alleinerbe zum Testamentsvollstrecker ernannt werden soll – es sei denn, er soll das Amt als einer von mehreren Mitvollstreckern oder zur Ausführung eines Vermächtnisses ausüben.[801] Ungeachtet der – nicht unberechtigten – Kritik an dieser Auffassung ist diese Fallgruppe jedenfalls nicht einschlägig, wenn das Mitglied des Stiftungsvorstandes zum Testamentsvollstrecker ernannt worden ist: Nicht das Organmitglied, sondern die Stiftung ist Erbin oder Vermächtnisnehmerin.

---

798 Besteht die Aufgabe des Testamentsvollstreckers darin, überwachend tätig zu werden, ergibt sich ebenfalls ein Konflikt: Die Testamentsvollstreckung soll die Vorstandsbefugnisse gerade einschränken (und umgekehrt). Agiert eine Person aber in beiden Ämtern, geht der Sinn dieser Aufteilung jedenfalls dann verloren, wenn der Vorstand nur mit dieser Person besetzt ist. Deshalb wird eine solche Gestaltung nicht anzutreffen sein.

799 Für den die Verfügung von Todes wegen beurkundenden Notar ergibt sich zudem ein Mitwirkungsverbot (§§ 27, 7 BeurkG), dessen Missachtung die Unwirksamkeit der Anordnung gemäß § 125 BGB bedingt (vgl. Bengel/Reimann/*Reimann*, 2. Kap. Rn. 192 ff.).

800 Bengel/Reimann/*Reimann*, 2. Kap. Rn. 179.

801 BGH, ZEV 2005, 204, 205 f.; RGZ 77, 177 ff.; 163, 57, 58 f.; KGJ 33, A 159, 163 f.; BayObLG, ZEV 2002, 24, 25; NJW-RR 2005, 232, 233; Soergel/*Damrau*, § 2197 Rn. 10; Staudinger/*Reimann*, § 2197 Rn. 53; Erman/*M. Schmidt*, § 2197 Rn. 3; Bengel/Reimann/*Reimann*, 2. Kap. Rn. 183 f. A.A. (Alleinerbe kann stets Testamentsvollstrecker sein) *Adams*, S. 85 ff.; *dies*., ZEV 1998, 321, 322 ff.; *dies*., ZEV 2005, 206 f.; *Krause*, DJZ 1910, 962 f. Als weitere Fälle der Inkompatibilität der Natur der Sache nach gelten: Der alleinige Vorerbe als Testamentsvollstrecker zur Vertretung der Interessen des Nacherben oder als Testamentsvollstrecker während der Zeit der Vorerbschaft (siehe *Muscheler*, AcP 197 [1997], 226, 293 m.w.N.).

Eine dauerhafte Interessenkollision[802] wird jedoch zum Teil als „wichtiger Grund“ für die Entlassung des Testamentsvollstreckers im Sinne des § 2227 BGB angesehen. Dabei wird meist verlangt, dass ein erheblicher Interessengegensatz bestehen müsse.[803] Bejaht wird dies etwa, wenn der Testamentsvollstrecker zugleich Nießbraucher am Nachlass oder an einem wesentlichen Nachlassbestandteil ist.[804] Da der Interessenkonflikt hier in der Person des Testamentsvollstreckers begründet ist und von Anfang an besteht, läge es freilich näher, statt einer späteren Entlassung bereits eine (anfängliche) Unvereinbarkeit anzunehmen, die dazu führt, dass eines der beiden Ämter von vornherein nicht durch die ausgewählte Person ausgeübt werden kann.[805] Dabei gilt der allgemeine Prioritätsgrundsatz. Die Position des Testamentsvollstreckers wird in der Regel früher eingenommen als die des Vorstandes der erst noch zu errichtenden Stiftung, so dass Letztere nicht durch den Testamentsvollstrecker besetzt werden kann. Wenn festgestellt wird, dass die Person nach dem Erblasserwillen eines der Ämter vorrangig einnehmen soll, würde dieser Wille freilich dem genannten Grundsatz vorgehen.

Wird der – in vermögensrechtlichen Fragen allein berechtigte – gesetzliche Vertreter des Erben zum Testamentsvollstrecker ernannt, wird jedenfalls keine Unvereinbarkeit angenommen. Nach teilweise vertretener Auffassung ist zur Wahrnehmung der Rechte des Erben gegenüber dem Testamentsvollstrecker ein Ergänzungspfleger (§ 1909 BGB) zu bestellen. Der gesetzliche Vertreter könne die dem Erben gegenüber dem Testamentsvollstrecker zustehenden Überwachungs- und Auskunftsrechte sowie etwaige Schadensersatzansprüche nicht gegen sich selbst geltend machen bzw. ausüben, da niemand sein eigener Aufseher sein könne.[806] Aus der Doppelstellung ergebe sich ein so erheblicher Interessengegensatz, dass die Wahrnehmung beider Aufgaben durch ein und dieselbe Per-

---

802 Die im Schrifttum nicht selten zu findende Empfehlung, den Testamentsvollstrecker auch zum Stiftungsvorstand zu machen, wird hingegen von manchen sogar damit begründet, dass auf diese Weise Interessenkollisionen vermieden werden können (*Pauli*, Die Stiftung 1 [2007], 125, 162, ähnlich *Zeiter*, Rn. 707 f.). So wird argumentiert, es bestehe keine Gegenläufigkeit der Pflichten, da die durch das Organ der Stiftung erfolgende Vertretung der Stiftung nichts anderes sei als die Durchsetzung des letzten Willens des Stifters und Erblassers. Diese Aufgabe komme schließlich auch dem Testamentsvollstrecker zu (*Zeiter*, Rn. 708).

803 BayObLG, FamRZ 1986, 104, 105; FamRZ 1989, 668, 669; FamRZ 1991, 490, 491; FamRZ 1996, 186, 187, 189; OLG Zweibrücken, FamRZ 1999, 472, 473; Palandt/*Edenhofer*, § 2227 Rn. 5; Bengel/Reimann/*Reimann*, 7. Kap. Rn. 29.

804 BayObLGZ 1985, 298, 306 f.; 1988, 42, 50.

805 So auch *Muscheler*, AcP 197 (1997), 226, 293; Erman/*M. Schmidt*, § 2227 Rn. 5.

806 OLG Hamm, FamRZ 1993, 1122, 1123; ebenso OLG Nürnberg, ZEV 2002, 158; *W. Zimmermann*, Rn. 194. Vgl. *Bonefeld*, ZErb 2007, 2.

son ausgeschlossen sei.[807] Der Wirkungskreis des zu bestellenden Pflegers beziehe sich auf die Wahrnehmung der Rechte des jeweiligen Erben gegenüber dem Testamentsvollstrecker.[808] Die herrschende Lehre und nun auch der Bundesgerichtshof wollen zu Recht eine Ergänzungspflegschaft nur dann anordnen, wenn im jeweiligen Einzelfall tatsächlich ein erheblicher Gegensatz im Sinne von § 1796 BGB besteht, da eine Pflegerbestellung ohne konkreten Anlass insbesondere im Rahmen des § 2216 BGB auf eine reine Beobachtungspflegschaft hinauslaufen würde.[809]

Eine Lösung über die Ergänzungspflegschaft, die für die Sicherung der Stiftungsinteressen sorgt, scheidet in unserem Fall ersichtlich aus, liegen deren Voraussetzungen doch nicht vor (vgl. § 1909 BGB). Die der Auffassung des BGH zugrunde liegenden Argumente sprechen jedoch grundsätzlich auch gegen eine Unvereinbarkeit von Testamentsvollstreckeramt und Vorstandsmitgliedschaft in der erbberechtigten Stiftung. Auf diese Weise wird dem Willen des Erblassers (bestmöglich) Rechnung getragen: Der Erblasser wird die abstrakte Gefahr der Interessenkollision durchaus vorhergesehen und in Kauf genommen haben.[810] Er kann dem Testamentsvollstrecker sein Vertrauen erweisen, dass die zu befürchtende Vernachlässigung des Erbeninteresses nicht auftreten wird. Dieser Wille und das Vertrauen des Erblassers sind grundsätzlich zu respektieren.[811] Zwar ist die Stiftung, nicht der Erblasser, betroffen von dem Testamentsvollstreckerhandeln. Das Interesse des Erben und anderer Nachlassbeteiligter daran, dass der Testamentsvollstrecker die Pflichten aufgrund des Gesetzes und des Erblasserwillens befolgt, ist aber nur ein vom Erblasser abgeleitetes (da erst aufgrund seiner Zuwendung bestehendes) Interesse.[812] Der Testamentsvollstrecker ist gerade eingesetzt, um notfalls den Erblasserwillen auch gegen den Willen der Nachlassbeteiligten durchzusetzen.[813] Solange es nicht zu einer Pflichtverletzung gekommen ist bzw. eine solche aufgrund näherer Anhaltspunkte konkret zu erwarten ist, besteht kein Grund, die Doppelstellung aufzulösen.[814]

Das BGB sieht jedoch in § 2220 BGB vor, dass der Erblasser den Testamentsvollstrecker nicht von den Pflichten nach §§ 2215, 2216, 2218 und 2219

---

807 BayObLG, Rpfleger 1977, 440; OLG Hamm, FamRZ 1993, 1122, 1123; OLG Nürnberg, ZEV 2002, 158.

808 OLG Hamm, FamRZ 1993, 1122 f.

809 BGH, ZEV 2008, 330 mit im Ergebnis zustimmender Anmerkung *Muscheler*; OLG Zweibrücken, ZEV 2007, 333; Staudinger/*Reimann*, § 2197 Rn. 56 f.; *Damrau*, ZEV 1994, 1 ff.; Scherer/*Lorz*, § 19 Rn. 45, 72; Bengel/Reimann/*Klumpp*, 6. Kap. Rn. 49 f.

810 Vgl. *Muscheler*, AcP 197 (1997), 226, 293. Wenn die Berufung auf dem Willen eines anderen (z.B. Ergänzung durch den Testamentsvollstrecker) beruht, hat der Erblasser die Doppelstellung zumindest nicht ausgeschlossen.

811 Vgl. *Brack*, SJZ 55 (1959), 63; *Bloch*, SJZ 55 (1959), 125, 126.

812 *Muscheler*, AcP 197 (1997), 226, 275.

813 *Muscheler*, AcP 197 (1997), 226, 275.

814 Vgl. auch *Muscheler*, ZEV 2008, 332, 333.

BGB befreien kann. Darüber hinaus kann auch das Recht zur Beantragung der Testamentsvollstreckerentlassung durch den Erblasser nicht beschränkt oder gar versagt werden. Zwar wird § 2227 BGB nicht als zwingende Vorschrift in § 2220 BGB erwähnt. Dass der Erblasser den Testamentsvollstrecker nicht von den dort aufgeführten Pflichten befreien kann, führt aber auch dazu, dass der Erbe und andere Beteiligte nicht gehindert sein dürfen, die ihnen bei einer tatsächlichen Verletzung dieser Pflichten zustehenden Befugnisse auszuüben, insbesondere also den Entlassungsantrag zu stellen.[815] Dementsprechend kann der Erblasser auch nicht durch die Schaffung einer Doppelstellung als Testamentsvollstrecker und Stiftungsvorstand dafür sorgen, dass das Stiftungsinteresse, d.h. die Geltendmachung der genannten Rechte, faktisch unbeachtet bleibt. Es muss vielmehr gesichert sein, dass bei einer tatsächlichen Pflichtverletzung durch den Testamentsvollstrecker – und damit der Verwirklichung des bloß abstrakten Interessenkonflikts – das Stiftungsinteresse gewahrt wird. § 2220 BGB darf nicht umgangen werden. Aufgrund des Interessenkonflikts des Stiftungsvorstandes, der zugleich Testamentsvollstrecker ist, ist aber die Geltendmachung der Stiftungsinteressen gegenüber dem Testamentsvollstrecker durch ihn selbst nicht wahrscheinlich. Bestünde keine Möglichkeit, die Rechte der Stiftung gegen den Testamentsvollstrecker zu wahren, müsste eine Unvereinbarkeit der beiden Ämter angenommen werden. Ein Zuwarten, bis es tatsächlich zu einer nicht ordnungsmäßigen Verwaltung bzw. dem Vorliegen eines wichtigen Grundes kommt, kann in diesem Fall nicht erforderlich sein. Da dann gerade kein Antrag seitens des testamentsvollstreckenden Vorstandsmitglieds erfolgen würde, würde also bei Realisierung der Gefahr eine Entlassung nicht geschehen. Der nachlassbeteiligten Stiftung muss eine auch faktische Kontrollmöglichkeit zukommen.

Jedoch ist durch die Stiftungsaufsicht gewährleistet, dass ein tatsächliches Fehlverhalten des Testamentsvollstreckers Konsequenzen hat. Ähnlich wie der gesetzliche Vertreter gemäß § 1640 BGB gegenüber dem Vormundschaftsgericht hat die Stiftung gemäß den Landesstiftungsgesetzen durch ihren geschäftsführenden Vorstand der sie kontrollierenden staatlichen Stelle (Stiftungsaufsicht) eine Jahresrechnung vorzulegen.[816] Die Stiftungsaufsicht kann sich zudem näher unterrichten lassen, falls Anhaltspunkte für ein gesetz- oder satzungswidriges Verhalten bestehen.[817] Die Stiftungsaufsicht erhält also Informationen über das Verhalten des Stiftungsvorstands und vermag diesen ähnlich wie das Vormundschaftsgericht den Vormund zu kontrollieren. Sodann könnte die Auf-

---

[815] Staudinger/*Reimann*, § 2220 Rn. 1; Bamberger/Roth/*J. Mayer*, § 2220 Rn. 3; MünchKomm-BGB/*W. Zimmermann*, § 2220 Rn. 3.

[816] Z.B. § 9 Abs. 2 Nr. 3 StiftG BW; § 11 Abs. 3 NStiftG; § 7 Abs. 1 Satz 1 StiftG NRW; § 6 Abs. 2 SächsStiftG.

[817] Etwa § 9 Abs. 1 StiftG BW; § 11 Abs. 1 NStiftG; § 7 Abs. 3 StiftG NRW; § 7 Abs. 1 SächsStiftG.

sichtsbehörde die Entlassung des Testamentsvollstreckers aus ebendiesem Amt gemäß § 2227 BGB oder die Geltendmachung der Stiftungsansprüche gegen ihn initiieren, oder sie geht – was nahe liegender ist – zumindest auch gegen die Tätigkeit als Vorstandsmitglied vor, mit den ihr zur Verfügung stehenden Mitteln der Beanstandung, Anordnung, Ersatzvornahme oder der Enthebung des Vorstands. Liegt ein Grund zur Entlassung des Testamentsvollstreckers vor, ist damit ganz regelmäßig auch ein wichtiger Grund für die Abberufung aus dem Vorstand der Stiftung gegeben. Es besteht hier also schon durch das Vormundschaftsgericht bzw. die Stiftungsbehörde eine Aufsicht, die die Unvereinbarkeit der Ämter verhindert. Der zum Testamentsvollstrecker Ernannte wird faktisch nicht zum einzigen Kontrollorgan seiner eigenen Tätigkeit als Testamentsvollstrecker.

Die für den aus einer Person bestehenden Vorstand angestellten Überlegungen sind im Wege eines Erst-recht-Schlusses auch auf ein Mehrpersonen-Gremium, an dem der Testamentsvollstrecker teilhat, übertragbar. In dem mehrköpfigen Gremium besitzt die Stimme des Testamentsvollstreckers grundsätzlich nicht die Möglichkeit, sich allein durchzusetzen. Im Gremium gelten zudem die Regelungen, die sein Stimmrecht beschränken: Über §§ 86, 28 BGB sind die dispositiven Regelungen der §§ 32, 34 BGB entsprechend anzuwenden.[818] Für den Stifterwillen, dass die Vorschriften nicht gelten sollen, findet sich in der Regel kein näherer Anhaltspunkt. Das Vorstandsmitglied soll „kein Richter in eigener Sache" sein und kann demzufolge beispielsweise nicht bei der Entscheidung über die Entlassung des Testamentsvollstreckers oder die Geltendmachung von Ansprüchen gegen diesen mitwirken.

Wären aber weder externe oder interne Aufsicht noch weitere Vorstandsmitglieder vorhanden, würde § 2227 BGB leer laufen und wäre daher eine Inkompatibilität anzunehmen. Zahlreiche Landesstiftungsgesetze schränken die Aufsicht über privatnützige Stiftungen, d.h. insbesondere Familienstiftungen, stark ein.[819] Diese Regelungen sind freilich mit der Kompetenzordnung des Grundgesetzes nicht zu vereinbaren, das BGB sieht keine Möglichkeit zur Beschränkung der Aufsicht vor und ist daher insoweit abschließend.[820] Meist unterliegen die Stiftungen nur noch insoweit der Aufsicht, als sicherzustellen ist, dass ihr Be-

---

818 Seifart/*Hof*, § 8 Rn. 189; *Ebersbach*, S. 104.

819 Zum Teil gelten Einschränkungen der Aufsicht nicht für sämtliche privatnützigen, sondern nur für Familienstiftungen (§ 10 Abs. 2 BerlStiftG; § 17 BremStiftG; § 21 Abs. 2 HessStiftG, § 19 StiftG SH). Anders das StiftG MV, das die Einschränkung der Aufsicht wieder aufgehoben hat (siehe *Suerbaum*, Die Stiftung 2 (2008), 89, 101 Fn. 63; *Seyfarth*, ZSt 2008, 145, 147). Zu § 19 Satz 2 StiftG SH vgl. *Muscheler*, Stiftungsrecht, S. 351; *Suerbaum*, Die Stiftung 2 (2008), 89, 101 Fn. 64.

820 *Andrick/Suerbaum*, § 6 Rn. 62 ff.; *Suerbaum*, Die Stiftung 2 (2008), 89, 102; *Andrick*, ZSt 2005, 187, 191. A.A. *Seyfarth*, ZSt 2008, 145, 148.

stand und ihre Betätigung nicht dem öffentlichen Interesse zuwiderlaufen[821] oder die Stiftungsorgane handlungsfähig bleiben[822]. Die allgemeine Aufsicht über den möglicherweise pflichtverletzenden Vorstand wird dazu gerade nicht zählen. Den Destinatären der Stiftung ist eine Kontrolle der Stiftung oder des Testamentsvollstreckers nicht möglich, sie können lediglich – sofern sie durch das Stiftungsgeschäft selbst entsprechend begünstigt sind – ihren Anspruch gegen die Stiftung geltend machen, nicht aber darüber hinausgehend deren Verwaltung und Tätigkeit beeinflussen, sofern ihnen keine Organstellung eingeräumt wurde.[823] Nach den Landesstiftungsgesetzen besteht daher bei Familienstiftungen keine Gewähr dafür, dass die Wahrung des Stiftungsinteresses gesichert ist, wenn der Testamentsvollstrecker zugleich einziges Vorstandsmitglied ist. In solchen Fällen ist ausnahmsweise eine Inkompatibilität der Positionen anzunehmen, es sei denn, es besteht eine stiftungsinterne Kontrollinstanz, die die Stiftungsinteressen gewährleistet. Faktisch fehlt für die Stiftung die Möglichkeit, dass Vorgehen des Testamentsvollstreckers zu überwachen und gegebenenfalls zu sanktionieren. Gleiches gilt im Übrigen für die gesamte Tätigkeit des Vorstandsmitglieds. Das Gesagte belegt zudem, dass die wesentliche Funktion der Stiftungsaufsicht, die Stiftung vor einem Handeln ihrer Organe gegen den Stifterwillen zu schützen, bei den privatnützigen Stiftungen nicht erreicht werden kann.[824]

3. Berufung zum Vorstandsmitglied

Die Berufung des Testamentsvollstreckers zum Vorstandsmitglied kann einerseits ausdrücklich schon im Stiftungsgeschäft durch den stiftenden Erblasser erfolgen. Ebenso kann ein zur Berufung ermächtigtes sog. Kreationsorgan auch den Testamentsvollstrecker erwählen. Daneben wird aber erwogen, ob man der Testamentsvollstreckungsanordnung durch den Erblasser auch dann die Zuweisung der Organstellung an den Testamentsvollstrecker (nicht in dieser Funktion, vielmehr als Privatperson) – sei es während oder nach der Testamentsvollstreckung – entnehmen kann, wenn der Stifter die Besetzung des Vorstandes nicht geregelt hat.[825] Im Ergebnis ist dies abzulehnen. Die ergänzende Auslegung, die zur Füllung der Lücke im Stiftungsgeschäft zunächst vorzunehmen ist, wird keinen solchen mutmaßlichen Stifterwillen ergeben. Zwar besteht zumeist eine be-

---

[821] § 5 Abs. 1 HambStiftG; § 6 Abs. 3 StiftG NRW; § 9 Abs. 1 StiftG RhPf. Kritisch dazu *Andrick*, ZSt 2005, 187, 192.

[822] Etwa § 10 Abs. 2 NStiftG; § 10 Abs. 3 SaarlStiftG. In Bayern werden privatnützige Stiftungen vollständig von einer staatlichen Aufsicht ausgenommen (Art. 10 Abs. 1 Satz 1 i.V.m. Art. 1 Abs. 3 Satz 2 BayStG).

[823] BGHZ 99, 344, 350 f.; *Muscheler*, Stiftungsrecht, S. 224 f.; *Suerbaum*, Die Stiftung 2 (2008), 89, 104 f.; *Wernicke*, ZEV 2003, 301, 304 f.

[824] Vgl. nur *Suerbaum*, Die Stiftung 2 (2008), 89, 102.

[825] *Steffek*, S. 86.

sondere Vertrauensstellung des Testamentsvollstreckers, die auch für seine Eignung als Vorstandsmitglied spricht.[826] Mit der Berufung des Testamentsvollstreckers würde aber keine dauerhafte Regelung der Vorstandsbesetzung erreicht. Dem Erblasser wird mehr daran gelegen sein, dass eine Regelung besteht, die die personelle Besetzung des Vorstandes auf Dauer sicherstellt. Dies gilt vor allem angesichts der gemäß § 81 Abs. 1 Satz 3 Nr. 5 BGB an das Stiftungsgeschäft gestellten Voraussetzung, dass dieses Regelungen über die Bildung des Vorstandes zu enthalten habe. Damit ist nach einhelliger Auffassung nicht nur die anfängliche, sondern die dauernde Besetzung gemeint, also insbesondere Bestimmungen, wie die Nachfolge in Vorstandsämter stattfinden soll.[827] Die ergänzende Auslegung und der mutmaßliche Erblasserwille gehen also vielmehr dahin, dass der Testamentsvollstrecker die hinsichtlich der Stiftungsorgane erforderlichen Erklärungen zu ergänzen befugt sein soll,[828] was seiner Kompetenz gemäß § 2203 BGB entspricht.[829]

Im Rahmen dieser Ergänzungsbefugnis kann der Testamentsvollstrecker dann insbesondere die Erstbesetzung des Vorstandes und anderer Stiftungsorgane regeln. Anders als nach der Stiftungsanerkennung fungiert er dabei nicht als Kreationsorgan, sondern als Gestalter des Stiftungsgeschäfts anstelle des Stifters. Fraglich ist, ob er sich dabei auch selbst zum Vorstandsmitglied einsetzen kann. Die Möglichkeit der Selbstbestellung kann durch den Erblasser ausdrücklich zugelassen wie auch untersagt worden sein. Jedenfalls dann, wenn schon keine ausdrückliche Ermächtigung des Testamentsvollstreckers zur Ergänzung des Stiftungsgeschäfts vorliegt, diese sich vielmehr aus § 2203 BGB ergibt, wird es an solchen Bestimmungen aber fehlen. Ein vom Erblasser gemäß § 2198 BGB zur Bestimmung des Testamentsvollstreckers ermächtigter Dritter kann sich anerkanntermaßen selbst zum Testamentsvollstrecker ernennen.[830] Schon aufgrund des Vertrauens gegenüber der Person des Testamentsvollstreckers, das der Erblasser durch dessen Benennung bezeugt hat, wird im Regelfall der hypothetische Wille des Erblassers einer Organmitgliedschaft des Testamentsvollstreckers positiv gegenüberstehen, einen Ausschluss dieser nicht vorsehen. Wenn der Erblasser den Testamentsvollstrecker als solchen einsetzt, sind Bedenken gegen die Ausübung der Vorstandstätigkeit durch ebendiesen nicht zu erwarten. Der Erblasser hat es vielmehr in der Hand und es obliegt ihm, eine Stellung des Testamentsvollstreckers als Organmitglied auszuschließen.

---

826 *Steffek*, S. 86.

827 Vgl. BT-Drucks. 14/8277, S. 8 (Fraktionsentwurf SPD/Grüne); BT-Drucks. 14/8765, S. 11 (Regierungsentwurf); Bamberger/Roth/*G.C. Schwarz*/*Backert*, § 81 Rn. 12; Schauhoff/*Schauhoff*, § 3 Rn. 19.

828 *Steffek*, S. 86 f.; *Schewe*, S. 242.

829 S.o. S. 54.

830 Erman/*M. Schmidt*, § 2198 Rn. 2; Palandt/*Edenhofer*, § 2198 Rn. 2; *Haegele*, BWNotZ 1974, 109, 112.

V. Letztwillige Zuwendung an eine bereits bestehende Stiftung

Bedenkt der Erblasser eine bereits bestehende, möglicherweise sogar von ihm selbst unter Lebenden errichtete Stiftung durch Erbeinsetzung oder Vermächtnisaussetzung, kann er auch über dieses zugewandte Vermögen die Testamentsvollstreckung anordnen, nicht aber über das sonstige, bereits vorhandene Stiftungsvermögen. Für die Zulässigkeit einer Dauervollstreckung – auch dann, wenn die bedachte Stiftung vom Erblasser selbst errichtet worden war – spricht sich hier auch *Reuter* aus, der eine Dauervollstreckung über das zur Ausstattung einer Stiftung von Todes wegen hinterlassene Vermögen ablehnt.[831] Er begründet die Differenzierung damit, dass der bestehenden, anerkannten Stiftung genügend Vermögen zur Verfügung stehe, um den Zweck dauernd und nachhaltig erfüllen zu können. Die Unterscheidung überzeugt nicht: Wenn man die „Entziehung" der Aufsicht wie *Reuter* als ausschlaggebenden Aspekt für die Unzulässigkeit der Dauervollstreckung ansieht, ist nicht nachvollziehbar, warum dies nicht für den teilweisen Entzug bei der testamentarisch bedachten Stiftung unter Lebenden gelten soll, schließlich besteht hinsichtlich des Nachlassteils als Sondervermögen keine staatliche Aufsicht. Nach der hier vertretenen Auffassung greifen aber die Bedenken *Reuters* ohnehin nicht durch. Die Stiftung ist nicht anders als andere Erben zu behandeln, sie muss sich die Beschränkungen, die das Gesetz durch die Möglichkeit der Testamentsvollstreckung zulässt, gefallen lassen. Die Frage nach der Lebensfähigkeit, die sich bei der Stiftung von Todes wegen ergeben hat, stellt sich bei der testamentarisch bedachten existierenden Stiftung aber tatsächlich schon deswegen regelmäßig nicht, weil angesichts der erfolgten Anerkennung meist davon auszugehen ist, dass ausreichendes Vermögen bereits vorhanden ist. Wenn die Zweckerfüllung auch ohne die Erträge aus dem Nachlass gelingen kann, ist die Anordnung im Sinne des § 2216 Abs. 2 Satz 1 BGB möglich, die Erträge nicht an die Stiftung auszukehren, sondern sie zu thesaurieren.

Bei Zustiftungen, vor allem an eine Bürgerstiftung, wird den Gebenden oftmals die Befugnis gegeben, Mitspracherechte oder dergleichen im Rahmen einer „Stifterversammlung" auszuüben.[832] In der Satzung der Bürgerstiftung Dresden (§ 6 Abs. 1 Satz 1) heißt es beispielsweise: „Die Stiftungsversammlung besteht aus den Stiftern, Zustifterinnen und Zustiftern, die mindestens 500 Euro zum Stiftungsvermögen beigetragen haben."[833] Bei dieser Zugehörigkeit zur Stifterversammlung handelt es sich um die Stellung eines Organmitglieds der Stiftung. Die Zustiftung durch Verfügung von Todes wegen führt aber zwingend dazu,

---

[831] Jedenfalls gelte dies, wenn die in Rede stehende Gestaltung nicht zur Umgehung der nach hier vertretener Auffassung ohnehin abzulehnenden (s.o. S. 158 f.) Unzulässigkeit der Dauervollstreckung bei der Stiftung von Todes wegen führe (MünchKomm-BGB/*Reuter*, § 83 Rn. 12).

[832] *Kaper*, S. 143; *Burgard*, S. 419.

[833] Abrufbar unter www.buergerstiftung-dresden.de (Stand: 31.3.2010).

dass im Zeitpunkt des Entstehens der Organrechte – im Erbfall – der Zustifter bereits nicht mehr lebt. Nicht einmal in einer juristischen Sekunde können ihm diese Rechte zukommen. Die Fiktion des § 84 BGB, nach der die Stiftung als vor dem Erbfall entstanden gilt, findet Anwendung nur hinsichtlich der „Zuwendung des Stifters", kann also nicht die Entstehung der „Organrechte" vorverlegen. Diese „Organrechte" des Zustifters entstehen also nicht und fallen demnach nicht in den vom Testamentsvollstrecker zu verwaltenden Nachlass. Zwar ist es denkbar, dass die Satzung der auf Zustiftungen angewiesenen Bürgerstiftung die besagten Mitspracherechte den Erben des Zustifters bzw. einer von diesem benannten Person zuspricht. Dabei handelt es sich aber – mangels Bestehen von Rechten zur Zeit des Erbfalls – nicht um einen Übergang kraft Erbrechts, sondern kraft Satzung, die Rechte werden also wiederum nicht Nachlassbestandteil.[834] Der Testamentsvollstrecker kann diese Mitsprache- bzw. Organrechte also nicht verwalten und insbesondere nicht ausüben.

834 *Burgard*, S. 418.

F. Auswirkungen des Rechtsdienstleistungsgesetzes

Einschränkungen bei der Auswahl des Testamentsvollstreckers könnten sich aus dem „Gesetz über außergerichtliche Rechtsdienstleistungen“[835] (kurz: Rechtsdienstleistungsgesetz – RDG) ergeben, das zum 1.7.2008 das Rechtsberatungsgesetz (RBerG) abgelöst hat. Es regelt, wer unter welchen Voraussetzungen Rechtsdienstleistungen vornehmen darf. Insbesondere die Ergänzung des Stiftungsgeschäfts könnte als erlaubnispflichtige Rechtsdienstleistung einzuordnen sein. Rechtsdienstleistung ist nach § 2 Abs. 1 RDG „jede Tätigkeit in konkreten fremden Angelegenheiten, sobald sie eine rechtliche Prüfung des Einzelfalls erfordert.“ Eine der wichtigsten und für die Praxis bedeutsamsten Neuerungen enthält § 5 Abs. 1 Satz 1 RDG: „Erlaubt sind Rechtsdienstleistungen im Zusammenhang mit einer anderen Tätigkeit, wenn sie als Nebenleistung zum Berufs- oder Tätigkeitsbild gehören.“[836] In gewissen Grenzen zulässig sind dadurch etwa die Unfallschadenregulierung durch Kfz-Werkstätten, die baurechtliche Beratung durch Architekten und die Insolvenzberatung durch Unternehmensberater.[837] § 5 Abs. 2 Nr. 1 RDG bestimmt, dass Rechtsdienstleistungen, die im Zusammenhang mit der Testamentsvollstreckung erbracht werden, stets als erlaubte Nebenleistungen gelten.

Die unwiderlegliche Vermutung von „Nebenleistungen“ in § 5 Abs. 2 RDG legt nahe, unter den dort beschriebenen Dienstleistungen, die „im Zusammenhang mit“ der Testamentsvollstreckung erbracht werden, gerade solche zu verstehen, die nicht zur Testamentsvollstreckung zählen. Man ist also geneigt, die Testamentsvollstreckung als „Haupttätigkeit“ zu verstehen. Unter § 5 Abs. 2 Nr. 1 RDG müssten dann solche Tätigkeiten zu fassen sein, die jedoch laut Gesetzesbegründung[838] gerade nicht in den Anwendungsbereich der Norm fallen: Dienstleistungen, die eine „gewisse Nähe“ zur Testamentsvollstreckung aufweisen, aber nicht zum Aufgabenbereich des Testamentsvollstreckers gehören. Als Beispiel wird genannt die Beratung zur Gestaltung eines Gesellschaftsvertrages, wenn sich aus Anlass der Testamentsvollstreckung gesellschaftsrechtliche Fragen ergeben.[839] Der Gesetzgeber hat es versäumt, im Gesetzestext deutlich herauszustellen, dass als Nebenleistungen solche Tätigkeiten gelten sollen, „die im Rahmen der Testamentsvollstreckung selbst anfallen“[840], insbesondere also auch die Ergänzung des Stiftungsgeschäfts von Todes wegen. Das RDG sieht also

---

[835] Eingeführt durch das „Gesetz zur Neuregelung des Rechtsberatungsrechts“ vom 12.12.2007, BGBl I, S. 2840.

[836] Eine ebenfalls wichtige Ausnahme enthält § 6 RDG, nach dem unter bestimmten Voraussetzungen unentgeltliche Rechtsdienstleistungen erlaubt sind.

[837] BT-Drucks. 16/3655, S. 54.

[838] BT-Drucks. 16/3655, S. 54 f.

[839] BT-Drucks. 16/3655, S. 54 f.

[840] BT-Drucks. 16/3655, S. 55.

keine Einschränkung hinsichtlich der Person des Testamentsvollstreckers vor, ein Stiftungsgeschäft von Todes wegen kann etwa durch eine testamentsvollstreckende Bank ergänzt werden.

Aber zu welcher Hauptleistung sollten diese Tätigkeiten „Nebenleistungen" sein? Der Gesetzgeber sieht die Handlungen zur Ausführung der Verfügungen von Todes wegen durch den Testamentsvollstrecker (§§ 2203, 2204 BGB), die unter Umständen Rechtsdienstleistungen im Sinne des § 2 Abs. 1 RDG sein könnten, als Annex zu seiner vermögensverwaltenden Tätigkeit (§§ 2205, 2209 BGB) an.[841] Genau genommen müsste sich die Vermutung des § 5 Abs. 2 Nr. 1 RDG also nur auf die nicht vermögensverwaltenden Tätigkeiten beziehen. Für die Dauervollstreckung (§ 2209 BGB) mag man das Verständnis des Gesetzgebers von Haupt- und Nebenleistung noch tatsächlich in Erwägung ziehen können. Bei der bloßen Abwicklungsvollstreckung kann die Ausführung aber nicht als Annex zur Nachlassverwaltung gemäß § 2205 BGB, die vielmehr Mittel zur Abwicklung nach den §§ 2203, 2204 BGB ist,[842] eingeordnet werden. Die Ausführung von Verfügungen bestimmt das nach § 5 Abs. 1 RDG eigentlich entscheidende Tätigkeitsbild des Testamentsvollstreckers maßgeblich mit, zählt dazu nicht nur „als Nebenleistung". Die unwiderlegliche Vermutung in § 5 Abs. 2 Nr. 1 RDG ist demnach begrifflich nicht überzeugend.

Zudem wird die rechtliche Komplexität der Aufgaben des Testamentsvollstreckers unberücksichtigt gelassen. Die Ergänzung des Stiftungsgeschäfts ist ein gutes Beispiel dafür: Sie erfordert besonderen juristischen Sachverstand. Hat der Erblasser etwa die Organisation der Stiftung in die Hände des Testamentsvollstreckers gelegt, muss dieser der Zweckbestimmung und der Vermögensausstattung angemessene Regelungen schaffen, etwa über die Einrichtung von Kontrollorganen entscheiden, Maßgaben für die Organtätigkeit festlegen oder Bestimmungen zur Bildung des Vorstandes treffen. Zudem müssen die besonderen Anforderungen der AO an das Stiftungsgeschäft einer gemeinnützigen Stiftung, z.B. der Grundsatz der Vermögensbindung (§ 61 Abs. 1 i.V.m. § 55 Abs. 1 Nr. 4 AO), bei der Gestaltung beachtet werden. Bei der Abstimmung des Stiftungsgeschäfts mit den Behörden sind rechtliche Kenntnisse nicht zuletzt geboten, um nicht bedenkenlos deren Vorschläge zu akzeptieren.[843] Die Ergänzung des Stiftungsgeschäfts ist damit eine rechtsgestaltende Tätigkeit, nicht bloße Anwendung des Gesetzes. Ermächtigt der Erblasser einen anderen als den Testamentsvollstrecker zur Vornahme von Ergänzungen, ist diese Tätigkeit dementsprechend in der Regel als erlaubnispflichtige Rechtsdienstleistung einzuordnen. Mit der generellen Erlaubnisfreiheit der Testamentsvollstreckung geht der Gesetzgeber über die Rechtsprechung des BGH hinaus, der zwar entschieden hat, dass die

---

841 BT-Drucks. 16/3655, S. 55; zustimmend *Eversloh*, S. 51.

842 Vgl. nur Staudinger/*Reimann*, § 2205 Rn. 1; MünchKomm-BGB/*W. Zimmermann*, § 2205 Rn. 2.

843 S.o. S. 55 f.

Tätigkeit des Testamentsvollstreckers grundsätzlich keine Besorgung fremder Rechtsangelegenheiten im Sinne des Art. 1 § 1 Abs. 1 RBerG und damit nicht erlaubnispflichtig sei.[844] Werde allerdings die Beurteilung rechtlicher Fragen erforderlich, müsse der Testamentsvollstrecker anwaltlichen Rat einholen.[845] Bei der Ergänzung des Stiftungsgeschäfts wäre dies der Fall gewesen.[846]

Erstaunlich ist, dass der Gesetzgeber selbst die Erwartung hat, der Testamentsvollstrecker werde bei rechtlich komplexeren Fragen anwaltliche Hilfe in Anspruch nehmen. Tue er dies jedoch nicht, hafte er nach § 2219 Abs. 1 BGB.[847] Wenn durch diese Haftung das Gesetzesziel, „die Rechtsuchenden, den Rechtsverkehr und die Rechtsordnung vor unqualifizierten Rechtsdienstleistungen zu schützen" (§ 1 Abs. 1 Satz 2 RDG), in genügender Weise zu erreichen ist, liegt doch der Gedanke nahe, dann vollständig auf eine gesetzliche Beschränkung bei der Ausübung von Rechtsdienstleistungen zu verzichten.

Hinsichtlich der Ergänzung des Stiftungsgeschäftes ist die Erlaubnisfreiheit jeglicher Testamentsvollstreckertätigkeit ferner widersprüchlich: Die Beratung bei der Gestaltung des Testaments, insbesondere auch eines Stiftungsgeschäfts von Todes wegen, ist nicht von § 5 Abs. 2 Nr. 1 RDG erfasst,[848] sondern ist wie schon nach bisheriger Rechtslage[849] den Rechtsanwälten und Notaren überlassen. Bei dieser Beratung handelt es sich selbstverständlich nicht um eine Tätigkeit im Rahmen der Testamentsvollstreckung. Der Gesetzgeber argumentiert aber darüber hinaus, dass wegen der Komplexität und der Bedeutung der Testamentsgestaltung für den Erblasser eine eigenständige, im Kern rechtliche Tätigkeit vorliege.[850] Betrachtet man dagegen die Ergänzung des Stiftungsgeschäfts durch den Testamentsvollstrecker nach dem Tod des Stifters, lässt sich kein solcher qualitativer Unterschied mit der testamentsgestaltenden Tätigkeit ersehen, der es rechtfertigt, die eine Tätigkeit nur den Anwälten und Notaren, die andere jedermann zuzuweisen. Im Gegenteil: Der Testamentsvollstrecker kann selbst anstelle des Erblassers entscheiden, nicht nur beratend Einfluss auf die Formulierung des letzten Willens nehmen. Somit zeigt sich, dass die pauschale Bewertung der Testamentsvollstreckung als „Nebenleistung" nicht sachgerecht sowie widersprüchlich ist und letztlich den Schutzzwecken des RDG zuwiderläuft.[851]

---

844 BGH, NJW 2005, 969.

845 BGH, NJW 2005, 969, 971.

846 Vgl. Finanz Colloquium/*Fritz*, S. 72 ff.

847 BT-Drucks. 16/3655, S. 56.

848 BT-Drucks. 16/3655, S. 55. Auch insofern ist der Wortlaut allerdings nicht eindeutig.

849 OLG Karlsruhe, NJW-RR 2007, 206; LG Freiburg, MittBayNot 2006, 342; Bamberger/Roth/*J. Mayer*, § 2197 Rn. 31.

850 BT-Drucks. 16/3655, S. 55.

851 Kritisch zu § 5 Abs. 2 Nr. 1 RDG etwa auch *Finzel*, § 5 Rn. 15; *Knauss*, ErbR 2006, 49, 51 f.; *Henssler*, AnwBl 2007, 553, 554.

G. Fazit

Der Testamentsvollstrecker kann auf verschiedene Weise dazu beitragen, dass die Umsetzung des Stifterwillens gelingt und optimiert wird. Wesensbedingter Nachteil der Stiftung von Todes wegen ist, dass der Stifter das Anerkennungsverfahren nicht selbst begleiten, insbesondere etwaige Anerkennungshindernisse nach seinem Tod nicht mehr selbst beheben kann. Diesem Nachteil kann der Erblasser durch den Einsatz des Testamentsvollstreckers begegnen.

Der Testamentsvollstrecker kann mittels Antrag bzw. Anzeige bei der Anerkennungsbehörde sicherstellen, dass das Anerkennungsverfahren eröffnet wird. Dem Testamentsvollstrecker, regelmäßig eine Vertrauensperson des Stifters, kann überdies die wichtige Aufgabe zukommen, das Stiftungsgeschäft zu ergänzen, um so die Anerkennungsfähigkeit der Stiftung oder die formelle Satzungsmäßigkeit im Sinne der AO zu erreichen.[852] Da aber der Grundsatz der materiellen Höchstpersönlichkeit auch für das Stiftungsgeschäft von Todes wegen Geltung erlangt, können insbesondere die Vermögensausstattung und die Zweckbestimmung nicht durch den Testamentsvollstrecker bestimmt werden. Durch die Anordnung eines Vermächtnisses oder einer Auflage, durch die ebenfalls eine Zuwendung an die Stiftung erfolgen kann, vermag der (stiftende) Erblasser den Handlungsspielraum des Testamentsvollstreckers insoweit zu vergrößern. Der Testamentsvollstrecker kann zudem auf die Anerkennung der Stiftung klagen, etwa wenn die Anerkennungsbehörde diese versagt hat.

Die Anordnung der Testamentsvollstreckung ist darüber hinaus schon deswegen sinnvoll, weil dadurch das Bedürfnis zur Bestellung eines Nachlasspflegers beseitigt wird und der Testamentsvollstrecker (bei einem Vermächtnis oder einer Auflage zugunsten der Stiftung) die Vermögensausstattung der Stiftung vollenden kann – somit kann der Besonderheit begegnet werden, dass die Stiftung als Zuwendungsempfängerin im Zeitpunkt des Erbfalls noch nicht existiert und ihre Rechte und Pflichten noch nicht selbst wahrnehmen kann. So ist die Anordnung der Testamentsvollstreckung bei der Errichtung einer Stiftung von Todes wegen nachgerade dringend zu empfehlen.

Nach der Anerkennung der Stiftung ist der fortdauernde Einsatz des Testamentsvollstreckers weniger zwingend. Ihm können in dieser Funktion aufgrund der Stiftungsautonomie und der Nachlassbezogenheit des Testamentsvollstreckerhandelns keine Aufgaben übertragen werden, die materiell „Organfunktionen" sind und daher zwingend durch die Stiftung selbst ausgeführt werden müssen, etwa die Satzungsänderungsbefugnis. Die Dauervollstreckung, verstanden als dauerhafte Nachlassverwaltung, ist dagegen auch insoweit möglich, als sie das der Stiftung von Todes wegen zugewendete Vermögen betrifft, die Lebens-

[852] Vgl. zu den ähnlichen Befugnissen des Testamentsvollstreckers nach koreanischem Recht *Ko*, S. 98 f.

fähigkeit der Stiftung ist dabei hinreichend sichergestellt. Dass der Testamentsvollstrecker gleichzeitig (als Privatperson) Vorstandsmitglied der Stiftung ist, ist zulässig – so kann etwa die Vermögensverwaltung auf die Zweckverwirklichung abgestimmt werden. Die Option der Dauervollstreckung sollte in ihrer Bedeutung jedoch nicht überschätzt werden. Die Stiftung ist bereits selbst kreierte „Wunscherbin“ des Erblassers, der Testamentsvollstrecker kein „besserer“ Willensvollstrecker (hinsichtlich der Vermögensverwaltung). Allerdings kann der Erblasser die Stiftung auf diese Weise eine möglicherweise als „lästig“ empfundene staatliche Aufsicht zumindest einschränken. Letztlich kann die Testamentsvollstreckung auch zur Thesaurierung des Nachlassvermögens nutzbar gemacht werden, so dass der Stiftung ein größeres Vermögen zur Verfügung steht. Dies gelingt freilich nur in der Weise, dass er die Stiftung zur Nacherbin macht, den Vorerben durch Dauervollstreckung beschränkt und die Verwaltungsanordnung (§ 2216 Abs. 2 Satz 1 BGB) erteilt, die Nachlasserträge nicht an den Vorerben auszukehren, sondern anwachsen zu lassen. Der Erblasser kann die Stiftung hingegen nicht zur Vollerbin machen und dann keine Ertragsauskehr an sie zulassen, da die Stiftung dann ihren Zweck zunächst nicht verwirklichen kann.

Bei der Stiftungserrichtung unter Lebenden führt, wenn der Stifter vor der Anerkennung der Stiftung verstirbt, die Anordnung der Testamentsvollstreckung dazu, dass die Erben das Stiftungsgeschäft nicht widerrufen können, auch wenn ein in § 81 Abs. 2 Satz 3 BGB genannter Fall nicht vorliegt, da die Ausübungsbefugnis bezüglich des Widerrufs vielmehr dem Testamentsvollstrecker zusteht. Der Testamentsvollstrecker ist im Übrigen auch hier einsetzbar, damit er und nicht die nach § 81 Abs. 1 Satz 4 BGB befugte Anerkennungsbehörde das Stiftungsgeschäft ergänzt, um die Stiftung anerkennungsfähig zu machen und sie zur Entstehung gelangen zu lassen. Auch bei der noch nicht existenten Stiftung unter Lebenden bietet die vorsorgliche testamentarische Anordnung der Testamentsvollstreckung also Vorteile.

Literaturverzeichnis

Adams, Stephani: Interessenkonflikte des Testamentsvollstreckers, Frankfurt a. M. (u.a.) 1997, zugleich Diss. Bochum 1996.

Adams, Stephani: Der Alleinerbe als Testamentsvollstrecker, in: ZEV 1998, S. 321-325.

Adams, Stephani: Anmerkung zu BGH, Urteil vom 26.1.2005 – IV ZR 296/03, ZEV 2005, S. 206-207.

Andrick, Bernd: Stiftungsrecht und Staatsaufsicht unter besonderer Berücksichtigung der nordrhein-westfälischen Verhältnisse, Baden-Baden 1988, zugleich Diss. Münster 1988.

Andrick, Bernd: Sachentscheidungsvoraussetzungen im stiftungsrechtlichen Verwaltungsprozeß, in: v. Campenhausen/Kronke/Werner (Hrsg.), Stiftungen in Deutschland und Europa, Düsseldorf 1998, S. 281-301.

Andrick, Bernd: Das novellierte nordrhein-westfälische Stiftungsgesetz, in: ZSt 2005, S. 187-195.

Andrick, Bernd/Suerbaum, Joachim: Stiftung und Aufsicht. Dogmatik – Stiftungspraxis – Reformbestrebungen, München 2001.

Andrick, Bernd/Suerbaum, Joachim: Das Gesetz zur Modernisierung des Stiftungsrechts, in: NJW 2002, S. 2905-2910.

AnwaltKommentar BGB:

- Band 1, Allgemeiner Teil mit EGBGB, hrsgg. v. Heidel/Hüßtege/Mansel/Noack, Bonn 2005;
- Band 5, Erbrecht, hrsgg. v. Kroiß/Ann/J. Mayer, 2. Auflage, Bonn 2007.

Arnold, Arnd: Die zivil- und steuerrechtlichen Schranken der Rücklagenbildung bei Stiftungen, in: NZG 2007, S. 805-809.

Bamberger, Heinz Georg/Roth, Herbert (Hrsg.): Kommentar zum Bürgerlichen Gesetzbuch, 2. Auflage, München,

- Band 1 (§§ 1-610, CISG), 2007;
- Band 2 (§§ 611-1296, AGG, ErbbauVO, WEG), 2008;
- Band 3 (§§ 1297-2385, EGBGB), 2008.

Bandel, Stefan: Schiedsklauseln in Testamenten und Erbverträgen, in: NotBZ 2005, S. 381-393.

Battes, Robert: Rechtsformautomatik oder Willensherrschaft? – Die Unzulässigkeit der gewählten Rechtsform und ihr Einfluß auf Bestand und Rechtsverhältnisse der Personengesellschaften, in: AcP 174 (1974), S. 429-464.

Baumbach, Adolf (Begr.)/Hopt, Klaus J./Merkt, Hanno: Handelsgesetzbuch, 34. Auflage, München 2010.

Baumbach, Adolf (Begr.)/Hueck, Alfred: GmbH-Gesetz, Gesetz betreffend die Gesellschaften mit beschränkter Haftung, 19. Auflage, München 2010.

Baur, Fritz: „Nutzungen" eines Unternehmens bei Anordnung von Vorerbschaft und Testamentsvollstreckung, in: JZ 1958, S. 465-468.

Beckmann, Eva-Maria: Die Änderung der Stiftungssatzung, Aachen 2005, zugleich Diss. Bochum 2005.

Bekker, Ernst Immanuel: System des heutigen Pandektenrechts, Band 1, Aalen 1979 (Nachdruck der Ausgabe Weimar 1886).

Bengel, Manfred/Reimann, Wolfgang (Hrsg.): Handbuch der Testamentsvollstreckung, 4. Auflage, München 2010.

Bettermann, Karl August: Anmerkung zu BSG, Urteil vom 16.8.1961 – 11 RV 1112/60, in: DVBl 1961, S. 921-923.

Beuthien, Volker/Gätsch, Andreas: Vereinsautonomie und Satzungsrechte Dritter – Statutarischer Einfluß Dritter auf die Gestaltung von Körperschaftssatzungen, in: ZHR 156 (1992), S. 459-479.

Binder, Julius: Die Rechtsstellung des Erben nach dem deutschen bürgerlichen Gesetzbuch, Teil 3, Leipzig 1905.

Bloch, Konrad: Kann ein Willensvollstrecker, weil er eingesetzter Erbe ist, wegen Interessenkollision abgesetzt werden?, in: SJZ 55 (1959), S. 125-126.

Blydt-Hansen, Kristoffer: Die Rechtsstellung der Destinatäre der rechtsfähigen Stiftung des Bürgerlichen Rechts, Frankfurt a. M. (u.a.) 1998, zugleich Diss. Kiel 1998.

Bonefeld, Michael: Die Beendigung des Testamentsvollstreckeramtes, in: ZErb 2000, S. 184-189.

Bonefeld, Michael: Betreuer oder gesetzlicher Vertreter und Testamentsvollstreckung, in: ZErb 2007, S. 2-4.

Borgolte, Michael: Der König als Stifter, in: ders. (Hrsg.), Stiftungen und Stiftungswirklichkeiten. Vom Mittelalter bis zur Gegenwart, Berlin 2000, S. 39-58.

Bötticher, Eduard: Besinnung auf das Gestaltungsrecht und das Gestaltungsklagerecht, in: v. Caemmerer/Nikisch/Zweigert (Hrsg.), Vom deutschen zum europäischen Recht. Festschrift für Hans Dölle, Band 1, Deutsches Privat- und Zivilprozessrecht, Rechtsvergleichung, Tübingen 1963, S. 41-77.

Bötticher, Eduard: Gestaltungsrecht und Unterwerfung im Privatrecht, Berlin 1964.

Brack, Hans: Stille Bestattung des letzten Willens eines Erblassers (Amtliche Erbschaftsverwaltung trotz Einsetzung eines Willensvollstreckers), in: SJZ 55 (1959), S. 63-64.

Brambring, Günter/Mutter, Christoph (Hrsg.): Beck'sches Formularbuch Erbrecht, 2. Auflage, München 2009.

Brox, Hans/Walker, Wolf-Dietrich: Erbrecht, 23. Auflage, Köln (u.a.) 2009.

Bund, Elmar: Aufgaben und Risiko des Testamentsvollstreckers – BGHZ 41, 23, in: JuS 1966, S. 60-65.

Bundesministerium der Justiz (Hrsg.): Bericht der Bund-Länder-Arbeitsgruppe Stiftungsrecht vom 19. Oktober 2001, abrufbar unter www.bmj.bund.de/files/-/405/Abschlussbericht.pdf (Stand: 31.3.2010).

Burgard, Ulrich: Gestaltungsfreiheit im Stiftungsrecht. Zur Einführung korporativer Strukturen bei der Stiftung, Köln 2006.

Burgard, Ulrich: Mitgliedschaft und Stiftung – Die rechtsfähige Stiftung als Ersatzform des eingetragenen Vereins, in: Walz/Hüttemann/Rawert/K. Schmidt (Hrsg.), Non Profit Law Yearbook 2005, Köln (u.a.) 2006, S. 95-124.

Campenhausen, Axel Freiherr von: Geschichte des Stiftungswesens, in: Bertelsmann-Stiftung (Hrsg.), Handbuch Stiftungen. Ziele – Projekte – Management – Rechtliche Gestaltung, 2. Auflage, Wiesbaden 2003, S. 19-42.

Crome, Carl: System des Deutschen Bürgerlichen Rechts, Band 1, Einleitung und Allgemeiner Theil, Tübingen/Leipzig 1900.

Damrau, Jürgen: Auswirkungen des Testamentsvollstreckeramtes auf elterliche Sorge, Vormundsamt und Betreuung, in: ZEV 1994, S. 1-6.

Dernburg, Heinrich: Lehrbuch des Preußischen Privatrechts und der Privatrechtsnormen des Reichs, Band 3, Halle a. d. S. 1880.

Dernburg, Heinrich: Das bürgerliche Recht des Deutschen Reichs und Preußens, Band 1, Die allgemeinen Lehren des bürgerlichen Rechts des Deutschen Reichs und Preußens, 3. Auflage, Halle a. d. S. 1906.

Deutsches Rechtswörterbuch: Wörterbuch der älteren deutschen Rechtssprache, hrsgg. von der Heidelberger Akademie der Wissenschaften, Band 9 (Mahlgericht bis Notrust), bearbeitet von Heino Speer, Weimar 1992-1996.

Dewald, Stephan: Die privatrechtliche Stiftung als Instrument zur Wahrnehmung öffentlicher Zwecke, Frankfurt a. M. (u.a.) 1990, zugleich Diss. Kiel 1989.

Duden, Konrad: Für ein Bundesstiftungsrecht, in: JZ 1968, S. 1-6.

Ebenroth, Carsten Thomas/Boujong, Karlheinz/Joost, Detlev/Strohn, Lutz (Hrsg.): Handelsgesetzbuch, Kommentar, Band 1, §§ 1- 342e, 2. Auflage, München 2008.

Ebersbach, Harry: Handbuch des deutschen Stiftungsrechts, Göttingen 1972, zugleich Habilitationsschrift Göttingen 1971.

Edenfeld, Stefan: Lebenslange Bindungen im Erbrecht?, in: DNotZ 2003, S. 4-20.

Eichenhofer, Eberhard: Das Behindertentestament oder: Sozialhilfe für Vermögende, in: JZ 1999, S. 226-233.

Eisenhardt, Ulrich: Gesellschaftsrecht, 14. Auflage, München 2009.

Engelmann, Jaqueline S.: Das sogenannte Behindertentestament, in: MittBayNot 1999, S. 509-519.

Enneccerus, Ludwig/Nipperdey, Hans Carl: Allgemeiner Teil des Buergerlichen Gesetzbuches. Ein Lehrbuch, Erster Halbband: Allgemeine Lehren, Personen, Rechtsobjekte, 15. Auflage, Tübingen 1959.

Erman, Walter (Begr.): Bürgerliches Gesetzbuch, Handkommentar, 12. Auflage, Köln 2008.

Eversloh, Udo: Das neue Rechtsdienstleistungsgesetz, Freiburg (u.a.) 2008.

Eyermann, Erich (Begr.): Verwaltungsgerichtsordnung, Kommentar, 12. Auflage, München 2006.

Fehling, Michael/Kastner, Berthold/Wahrendorf, Volker (Hrsg.): Verwaltungsrecht. VwVfG – VwGO, Handkommentar, Baden-Baden 2006.

Finanz Colloquium Heidelberg (Hrsg.): Testamentsvollstreckung und Stiftungsmanagement durch Banken und Sparkassen. Kunden halten und gewinnen durch Generationen-Banking, Heidelberg 2006.

Finzel, Dieter: KommRDG, Kommentar zum Rechtsdienstleistungsgesetz mit Ausführungsverordnungen und ergänzenden Vorschriften, Stuttgart 2008.

Firsching, Karl (Begr.)/Graf, Hans Lothar: Nachlassrecht, 9. Auflage, München 2008.

Fischer, Daniel: Wesentliche Änderungen des Gemeinnützigkeitsrechts durch das Jahressteuergesetz 2009, in: jurisPR-SteuerR 1/2009 Anm. 5.

Fischer, Gerhard: Die Staatsaufsicht über die öffentlichen Stiftungen unter Ausschluß der Kultusstiftungen nach dem bayerischen Stiftungsgesetz vom 26.11.1954, Diss. Erlangen-Nürnberg 1965.

Fischer, Hardy: Anmerkung zu BFH, Urteil vom 17.9.2003 – I R 85/02, in: ZEV 2004, S. 86-87.

Flad, Friedrich: Certum consilium debet esse testantis. Bestimmtheit und Selbständigkeit des letzten Willens gemäß § 2065 BGB, in: ZAkDR 1938, S. 431-434.

Flume, Werner: Allgemeiner Teil des Bürgerlichen Rechts, Erster Band, Zweiter Teil: Die juristische Person, Berlin (u.a.) 1983.

Förster, Franz/Eccius, Max Ernst: Preußisches Privatrecht, Band 4: Familienrecht, Erbrecht, Recht der juristischen Personen, 7. Auflage, Berlin 1897.

Förster, Lutz: Stiftung und Nachlass, Berlin 2002.

Frey, Johannes: Flexibilisierung der Nachlaßgestaltung im Lichte von § 2065 BGB, Frankfurt a. M. (u.a.) 1999, zugleich Diss. München 1998.

Gantenbrink, Matthias: Zum Mindestumfang anfänglicher Vermögensausstattung von Stiftungen und den Folgerungen für Vorrats-, Einkommens- und Sammelstiftungen, in: Die Stiftung – Jahreshefte zum Stiftungswesen 2 (2008), S. 59-68.

Gernhuber, Joachim: Das Schuldverhältnis. Begründung und Änderung, Pflichten und Strukturen, Drittwirkungen (Handbuch des Schuldrechts, Band 8), Tübingen 1989.

Gierke, Otto von: Deutsches Privatrecht, Band 1, Allgemeiner Teil und Personenrecht, München/Leipzig 1936 (Nachdruck der Ausgabe Leipzig 1895).

Goebel, Joachim: Testierfreiheit als Persönlichkeitsrecht. Zugleich ein Beitrag zur Dogmatik des Allgemeinen Persönlichkeitsrechts, Berlin 2004, zugleich Habilitationsschrift Regensburg 2001.

Goldfeld, Julius: Streitfragen aus dem deutschen Erbrecht. 1. Über den Erwerb der Erbschaft und die Rechtsstellung des Erben, insbesondere nach hamburgischem Recht. 2. Über Testamentsvollstrecker nach gemeinem und hamburgischem Recht, sowie nach dem Entwurf des deutschen Bürgerlichen Gesetzbuches, Hamburg 1893.

Groll, Klaus Michael (Hrsg.): Praxis-Handbuch Erbrechtsberatung, 3. Auflage, Köln 2010.

Großfeld, Bernhard: Höchstpersönlichkeit der Erbenbestimmung und Auswahlbefugnis Dritter, in: JZ 1968, S. 113-122.

Grunewald, Barbara: Gesellschaftsrecht, 7. Auflage, Tübingen 2008.

Grunsky, Wolfgang/Hohmann, Alexandra: Die Teilbarkeit des Testamentsvollstreckeramtes, in: ZEV 2005, S. 41-45.

Gummert, Hans (Hrsg.): Münchener Anwaltshandbuch Personengesellschaftsrecht, München 2005.

Gusy, Christoph: Der Antrag im Verwaltungsverfahren, in: BayVBl 1985, S. 484-491.

Haas, Ulrich: Letztwillige Schiedsverfügungen i.S. des § 1066 ZPO, in: ZEV 2007, S. 49-55.

Hachenburg, Max: Unentgeltliche Verfügungen des Vorerben, in: DNotZ 1906, S. 321-334.

Hachenburg, Max (Begr.): Gesetz betreffend die Gesellschaften mit beschränkter Haftung (GmbHG), Großkommentar, Band 3, §§ 53-85, 8. Auflage, Berlin 1997.

Haegele, Karl: Einzelfragen der Testamentsvollstreckung, BWNotZ 1974, S. 109-123.

Happ, Annette: Stifterwille und Zweckänderung. Möglichkeiten und Grenzen einer Änderung des Stiftungszwecks durch Organbeschluss, Köln (u.a.) 2007, zugleich Diss. Hamburg (Bucerius Law School) 2007.

Happe, K. M.: Schiedsgerichtsklauseln im Testament, in: Böckstiegel (Hrsg.), Schiedsgerichtsbarkeit in gesellschaftsrechtlichen und erbrechtlichen Angelegenheiten, Köln (u.a.) 1996, S. 85-94.

Harrer, W.: Der Begriff „Verfügung von Todes wegen“ im BGB in erbrechtlicher und sonstiger Beziehung, mit besonderer Berücksichtigung des Stiftungsgeschäfts von Todes wegen, in: ZBlFG 19 (1919), S. 361-372.

Hartmann, Christian: Das sog. Behindertentestament: Vor- und Nacherbschaftskonstruktion oder Vermächtnisvariante?, in: ZEV 2001, S. 89-94.

Helms, Tobias: Erbrechtliches Drittbestimmungsverbot und kautelarjuristische Praxis, in: ZEV 2007, S. 1-6.

Henssler, Martin: 10 Thesen zum Entwurf eines Rechtsdienstleistungsgesetzes, in: AnwBl 2007, S. 553-560.

Herbert, Ulrich: Die Mittel- und Vermögensbindung gemeinnütziger Körperschaften, in: BB 1991, S. 178-190.

Herfs, Achim: Einwirkung Dritter auf den Willensbildungsprozess der GmbH. Eine Untersuchung von Mitwirkungsrechten Dritter im Entscheidungsbereich der Gesellschafter aufgrund von Satzungsrechten, Stimmbindungsverträgen oder Verpflichtungen der GmbH, Baden-Baden 1994, zugleich Diss. München 1993.

Herzog, Rainer: Die unselbständige Stiftung des bürgerlichen Rechts, Baden-Baden 2006, zugleich Diss. Osnabrück 2005.

Hippel, Thomas von: Grundprobleme von Nonprofit-Organisationen. Eine zivilrechtsdogmatische, steuerrechtliche und rechtsvergleichende Untersuchung über Strukturen, Pflichten und Kontrollen und wirtschaftliche Tätigkeit von Vereinen und Stiftungen, Tübingen 2007, zugleich Habilitationsschrift Hamburg (Univ.) 2006.

Historisch-kritischer Kommentar zum BGB (HKK): Band 1, Allgemeiner Teil (§§ 1-240), hrsgg. v. Rückert/Schmoeckel/R. Zimmermann, Tübingen 2003.

Hof, Hagen: Stiftungen im deutschen Recht, in: Hopt/Reuter (Hrsg.), Stiftungsrecht in Europa. Stiftungsrecht und Stiftungsrechtsreform in Deutschland, den Mitgliedstaaten der Europäischen Union, der Schweiz, Liechtenstein und den USA, Köln 2001, S. 301-341.

Hoffmann, Silvia: „Kurzstatement aus der Praxis der Stiftungsaufsicht", in: Die Stiftung – Jahreshefte zum Stiftungswesen 1 (2007), S. 53-58.

Hoffmann-Becking, Michael/Rawert, Peter (Hrsg.): Beck'sches Formularbuch, Bürgerliches, Handels- und Wirtschaftsrecht, 10. Auflage, München 2010.

Hölder, Eduard: Kommentar zum Bürgerlichen Gesetzbuch vom 18. August 1896, Band 1: Kommentar zum Allgemeinen Theil des Bürgerlichen Gesetzbuchs, München 1900.

Holt, Thomas von/Koch, Christian: Stiftungssatzung, München 2004.

Holtz, Karl: Die verwaltende Testamentsvollstreckung der §§ 2209 und 2210 BGB, Stuttgart 1907, zugleich Diss. Tübingen 1907.

Hübschmann, Walter/Hepp, Ernst/Spitaler, Armin (Hrsg.): Abgabenordnung – Finanzgerichtsordnung, Kommentar, Loseblatt, Köln 2008, Stand: Dezember 2009 (205. Lfg.).

Hufen, Friedhelm: Verwaltungsprozessrecht, 7. Auflage, München 2008.

Hüttemann, Rainer: Der Grundsatz der Vermögenserhaltung im Stiftungsrecht, in: Jakobs/Picker/Wilhelm (Hrsg.), Festgabe für Werner Flume zum 90. Geburtstag, Berlin (u.a.) 1998, S. 59-98.

Hüttemann, Rainer: Das Gesetz zur Modernisierung des Stiftungsrechts, in: ZHR 167 (2003), S. 35-65.

Hüttemann, Rainer: Grundprinzipien des steuerlichen Gemeinnützigkeitsrechts, in: Jachmann (Hrsg.), Gemeinnützigkeit, Band 26 der Veröffentlichungen der Deutschen Steuerjuristischen Gesellschaft (DStJG), Köln 2003, S. 49-75.

Hüttemann, Rainer: Gemeinnützigkeits- und Spendenrecht, Köln 2008.

Hüttemann, Rainer/Rawert, Peter: Pflichtteil und Gemeinwohl – Privilegien für gute Zwecke?, in: ZEV 2007, S. 107-114.

Ipsen, Jörn: Staat und Stiftung – Überlegungen zum verfassungsrechtlichen Standort der Stiftung des privaten Rechts, in: Hauer/Goerdeler/Kreuser/v. Pölnitz-Egloffstein (Hrsg.), Deutsches Stiftungswesen. Wissenschaft und Praxis, Band 3: 1977-1988, Bonn 1989, S. 151-163.

Jakob, Dominique: Schutz der Stiftung. Die Stiftung und ihre Rechtsverhältnisse im Widerstreit der Interessen, Tübingen 2006, zugleich Habilitationsschrift München 2006.

Jakobs, Horst Heinrich/Schubert, Werner (Hrsg.): Die Beratung des Bürgerlichen Gesetzbuchs, in systematischer Zusammenstellung der unveröffentlichten Quellen, Berlin/New York,

- Allgemeiner Teil (§§ 1-240), 1. Teilband (§§ 1-144), 1985;
- Erbrecht (§§ 1922-2385), 1. Teilband, 2002.

Janitzki, Axel: Aktuelle Entwicklungen im Stiftungs- und Gemeinnützigkeitsrecht, in: Die Stiftung – Jahreshefte zum Stiftungswesen 1 (2007), S. 39-51.

Jeß, Kay: Das Verhältnis des lebenden Stifters zur Stiftung, unter besonderer Berücksichtigung der Gestaltungsmöglichkeiten der Stiftungsverfassung und des Rechtsschutzes der Stiftung vor Übergriffen des Stifters, Ammersbek bei Hamburg 1991, zugleich Diss. Kiel 1991.

John, Uwe: Die organisierte Rechtsperson. System und Probleme der Personifikation im Zivilrecht, Berlin 1977, zugleich Habilitationsschrift Mannheim 1975/76.

Josef, Eugen: Das Recht zum Antrag auf Entsetzung des Testamentsvollstreckers, in: LZ 1929, Sp. 459-461.

Joussen, Jacob: Das Ausschlagungsrecht nach § 2306 Abs. 1 S. 2 BGB beim Behindertentestament, ZErb 2003, S. 134-140.

Joussen, Jacob: Das Gestaltungsrecht des Dritten nach § 317 BGB, in: AcP 203 (2003), S. 429-463.

Kanzleiter, Rainer: Anmerkung zu BGH, Urteil vom 24.4.1991 – IV ZR 156/90, in: DNotZ 1992, S. 511-513.

Kaper, Aaltje: Bürgerstiftungen. Die Stiftung bürgerlichen Rechts und die unselbstständige Stiftung als Organisationsformen für Bürgerstiftungen, Baden-Baden 2006, zugleich Diss. Berlin (FU) 2006.

Kegel, Gerhard: Nemo minus iuris transferre potest, quam ipse habet, oder warum Erbteilungsverbote so kraftlos sind, in: Warda/Waider/v. Hippel/Meurer (Hrsg.), Festschrift für Richard Lange zum 70. Geburtstag, Berlin/New York 1976, S. 927-941.

Keim, Christoph: Die höchstpersönliche Struktur der Verfügung von Todes wegen, Diss. Berlin (FU) 1991.

Keim, Christopher: Teilung der Verfügungsbefugnis zwischen Testamentsvollstrecker und Erben durch den Willen des Erblassers?, in: ZEV 2002, S. 132-137.

Kilian, Ulrike: Inhalt der Vermögenszusage gemäß § 82 BGB, in: ZSt 2007, S. 174-175.

Kipp, Theodor/Coing, Helmut: Erbrecht. Ein Lehrbuch, 14. Bearbeitung, Tübingen 1990.

Kirnberger, Christian: Besteuerung der Testamentsvollstreckervergütung als Einkommen oder Vermögensanfall von Todes wegen, in: ZEV 2001, S. 267-268.

Klein, Franz (Begr.): Abgabenordnung, einschließlich Steuerstrafrecht, 10. Auflage, München 2009.

Klunzinger, Eugen: Die erbrechtliche Ermächtigung zur Auswahl des Betriebsnachfolgers durch Dritte, in: BB 1970, S. 1197-1201.

Knack, Hans Joachim/Henneke, Hans-Günter (Hrsg.): Verwaltungsverfahrensgesetz (VwVfG), Kommentar, 8. Auflage, Köln (u.a.) 2010.

Knauss, Alexander: Die Testamentsvollstreckung als erlaubnisfreie Tätigkeit nach RBerG und RDG-E, in: ErbR 2006, S. 49-52.

Ko, Sang-Hyun: Errichtung einer Stiftung nach deutschem und koreanischem Recht, Frankfurt a. M. 2009, zugleich Diss. Bochum 2009.

Koch, Christian Friedrich: Das preußische Erbrecht aus dem gemeinen deutschen Rechte, Berlin 1866.

Kohler, Josef: Ueber das Recht der Stiftungen, in: ArchBürgR 3 (1890), S. 228-292.

Kohler, Josef: Lehrbuch des bürgerlichen Rechts, Band 1, Allgemeiner Teil, Berlin 1906.

Kohler, Rudi: Letztwillige Schiedsklauseln, in: DNotZ 1962, S. 125-135.

Kopp, Ferdinand O./Ramsauer, Ulrich: Verwaltungsverfahrensgesetz, Kommentar, 10. Auflage, München 2008.

Kopp, Ferdinand O./Schenke, Wolf-Rüdiger: Verwaltungsgerichtsordnung, Kommentar, 16. Auflage, München 2009.

Kornblum, Udo: Die Rechtsnatur der Bestimmung der Leistung in den §§ 315-319 BGB, in: AcP 168 (1968), S. 450-469.

Krampe, Christoph: Testamentsgestaltung zugunsten eines Sozialhilfeempfängers – „Überlegungen zum Behindertentestament“ – Urteil des BGH vom 21.3.1990, in: AcP 191 (1991), S. 526-562.

Krampe, Christoph: Grundgesetzliche Testierfreiheit, Sozialhilferechtliches Nachrangprinzip, Sittenwidrigkeit im Erbrecht, in: Heinz-Grimm/Krampe/Pieroth (Hrsg.), Testamente zugunsten von Menschen mit geistiger Behinderung, Referate und Ergebnisse eines erbrechtlichen Colloquiums, Marburg 1994, S. 57-91.

Krause: Der Alleinerbe als Testamentsvollstrecker, in: DJZ 1910, Sp. 962-963.

Kretzschmar: Testamentsvollstrecker, in: ZBlFG 9 (1909), S. 587-620.

Kronke, Herbert: Stiftungstypus und Unternehmensträgerstiftung. Eine rechtsvergleichende Untersuchung, Tübingen 1988, zugleich Habilitationsschrift Trier 1986.

Kuchinke, Kurt: Probleme bei letztwilligen Zuwendungen für Stiftungszwecke, in: Barfuß/Dutoit/Forkel/Immenga/Majoros (Hrsg.), Festschrift für Karl H. Neumeyer zum 65. Geburtstag, Baden-Baden 1985, S. 389-406.

Kuhlenbeck, Ludwig: Von den Pandekten zum Bürgerlichen Gesetzbuch. Eine dogmatische Einführung in das Studium des Bürgerlichen Rechts, Erster Theil, Berlin 1898.

Künnemann, Ulf: Die Stiftung im System des Unterordnungs-Konzerns, Frankfurt a. M. (u.a.) 1996, zugleich Diss. Münster 1995.

Künzle, Hans Rainer: Aktuelle Praxis zur Willensvollstreckung, in: successio 1 (2007), S. 47-54.

Lange, Heinrich: Grenzen der Rechtsmacht des Testamentsvollstreckers, in: JuS 1970, S. 101-108.

Lange, Heinrich/Kuchinke, Kurt: Lehrbuch des Erbrechts, 5. Auflage, München 2001.

Langenfeld, Gerrit: Die letztwillige Stiftung, in: ZEV 2002, S. 481-484.

Larenz, Karl: Methodenlehre der Rechtswissenschaft, 6. Auflage, Berlin (u.a.) 1991.

Larenz, Karl/Wolf, Manfred: Allgemeiner Teil des bürgerlichen Rechts, 9. Auflage, München 2004.

Lehmann, Hannes: Die unbeschränkte Verfügungsbefugnis des Testamentsvollstreckers, in: AcP 188 (1988), S. 1-23.

Leipold, Dieter: Erbrecht. Grundzüge mit Fällen und Kontrollfragen, 17. Auflage, Tübingen 2009.

Lent, Friedrich: Muß das Stiftungsgeschäft den Vorstand der Stiftung bestimmen?, in: DJZ 1912, Sp. 431-435.

Ley, Ursula: Gemeinnützigkeits- und neues Spendenrecht, in: Die Stiftung – Jahreshefte zum Stiftungswesen 2 (2008), S. 135-150.

Lorz, Rainer/Weinand, Armin: Das Stiftungsgeschäft von Todes wegen und die Testamentsvollstreckung, in: FAErbR 2006, S. 63-67.

Lübtow, Ulrich von: Insichgeschäfte des Testamentsvollstreckers – Zum Urteil BGHZ 30, 67, in: JZ 1960, S. 151-159.

Lübtow, Ulrich von: Erbrecht. Eine systematische Darstellung, Halbband 1, Berlin 1971.

Lunk, Stefan/Rawert, Peter: Bestellung, Abberufung, Anstellung und Kündigung von Stiftungsvorständen, in: Kötz/Rawert/K. Schmidt/Walz (Hrsg.), Non Profit Law Yearbook 2001, Köln (u.a.) 2002, S. 91-106.

Lutter, Marcus/Hommelhoff, Peter (Hrsg.): GmbH-Gesetz, Kommentar, 17. Auflage, Köln 2009.

Malzer, Hans Michael: Die öffentliche Beglaubigung – Wesen, Funktion, Bedeutung und Perspektive einer zivilrechtlichen Formvorschrift, in: DNotZ 2000, S. 169-184.

Matschke, Wolfgang/Renner, Georg: Der Einfluß des Stifterwillens auf das Stiftungsvermögen im Zeitraum zwischen Todestag des Stifters und Genehmigung der Stiftung, in: Hommelhoff/Zätsch/Erle (Hrsg.), Gesellschaftsrecht, Rechnungslegung, Steuerrecht. Festschrift für Welf Müller zum 65. Geburtstag, München 2001, S. 815-831.

Mayer, Norbert: Die Bestimmung des Erben durch Dritte, in: ZEV 1995, S. 247-249.

Mendelssohn Bartholdy, Albrecht: Zwei Rechtsgutachten. I. Der „Beteiligte“ des § 2227 BGB – II. Der Beschwerde-Berechtigte des § 20 FGG, in: Rheinische Zeitschrift für Zivil- und Prozeßrecht 1924, S. 316-324.

Meyn, Christian/Al-Dilaimi, Muna: „Der Stiftungszweck wird insbesondere verwirklicht durch ...“, in: FAErbR 2006, S. 57-60.

Michalski, Lutz: BGB-Erbrecht, 3. Auflage, Heidelberg 2006.

Molitoris, Klaus: Die Verwaltung des Nachlasses durch mehrere Testamentsvollstrecker, Aachen 2005, zugleich Diss. Regensburg 2004.

Motive zu dem Entwurfe eines Bürgerlichen Gesetzbuches für das Deutsche Reich, Berlin/Leipzig 1888,

- Band 1, Allgemeiner Theil;

- Band 5, Erbrecht.

Mugdan, Benno: Die gesammten Materialien zum Bürgerlichen Gesetzbuch für das Deutsche Reich, Aalen 1979 (Nachdruck der Ausgabe Berlin 1899),

- Band 1, Einführungsgesetz und Allgemeiner Theil;
- Band 5, Erbrecht.

Müller, Ludger: Authentische Interpretation – Auslegung kirchlicher Gesetze oder Rechtsfortbildung?, in: AfkKR 164 (1995), S. 355-375.

Münchener Kommentar zum Bürgerlichen Gesetzbuch: hrsgg. v. Rebmann/Säcker/Rixecker, München,

- Band 1, Teilband 1, Allgemeiner Teil (§§ 1-240, ProstG), 5. Auflage 2006;
- Band 2, Schuldrecht, Allgemeiner Teil (§§ 241-432), 5. Auflage 2007;
- Band 5, Schuldrecht, Besonderer Teil III (§§ 705-853, PartGG, ProdHaftG), 5. Auflage 2009;
- Band 9, Erbrecht (§§ 1923-2385, §§ 27-35 BeurkG), 4. Auflage 2004.

Münchener Kommentar zum Handelsgesetzbuch: hrsgg. v. K. Schmidt, Band 2: Zweites Buch. Handelsgesellschaften und stille Gesellschaft. Erster Abschnitt. Offene Handelsgesellschaft (§§ 105 – 160), 2. Auflage, München 2006.

Münchener Vertragshandbuch: Band 1, Gesellschaftsrecht, hrsgg. v. Heidenhain/Meister/Waldner, 6. Auflage, München 2005.

Muscheler, Karlheinz: Die Haftungsordnung der Testamentsvollstreckung, Tübingen 1994, zugleich Habilitationsschrift Freiburg i. Br. 1991/92.

Muscheler, Karlheinz: Die Entlassung des Testamentsvollstreckers; in: AcP 197 (1997), S. 226-304.

Muscheler, Karlheinz: Stiftungsrecht. Gesammelte Beiträge, Baden-Baden 2005.

Muscheler, Karlheinz: Die unselbständige Stiftung, in: Die Stiftung – Jahreshefte zum Stiftungswesen 1 (2007), S. 59-86.

Muscheler, Karlheinz: Anmerkung zu BGH, Beschluss vom 5.3.2008 – XII ZB 2/07, in: ZEV 2008, S. 332-333.

Muscheler, Karlheinz: Das Vor- und Nachvermächtnis, in: AcP 208 (2008), S. 69-100.

Muscheler, Karlheinz: Die Verbrauchsstiftung, in: Saenger/Bayer/Koch/Körber (Hrsg.), Gründen und Stiften. Festschrift zum 70. Geburtstag des Jenaer

Gründungsdekans und Stiftungsrechtlers Olaf Werner, Baden-Baden 2009, S. 129-145.

Musielak, Hans-Joachim (Hrsg.): Kommentar zur Zivilprozessordnung mit Gerichtsverfassungsgesetz, 7. Auflage, München 2009.

Mutius, Albert von: Zur Pflichtennachfolge „kraft Dringlichkeit“, in: VerwA 63 (1972), S. 87-91.

Nieder, Heinrich/Kössinger, Reinhard/Kössinger, Winfried: Handbuch der Testamentsgestaltung. Grundlagen und Gestaltungsmittel für Verfügungen von Todes wegen und vorbereitende Erbfolgemaßnahmen, 3. Auflage, München 2008.

Nissel, Reinhard: Das neue Stiftungsrecht. Stiftungen bürgerlichen Rechts, Baden-Baden 2002.

Oertmann, Paul: Kommentar zum Bürgerlichen Gesetzbuch und seinen Nebengesetzen, Band 1, Allgemeiner Teil, 3. Auflage, Berlin 1927.

Oertzen, Christian von: Die Stiftung von Todes wegen – Gestaltungsgefahren und Gestaltungsmöglichkeiten, in: Stiftung & Sponsoring, Beilage zu Heft 1/1999, S. 1-11.

Offergeld, Astrid: Die Rechtsstellung des Testamentsvollstreckers, Berlin 1995, zugleich Diss. Münster 1994.

Orth, Manfred: Stiftungsvermögen im Zeitraum zwischen Todestag des Stifters und Genehmigung der Stiftung, in: ZEV 1997, S. 327-329.

Osterkorn, Martin: Zur Fassung des Satzungszwecks steuerbegünstigter Körperschaften, in: DStR 2002, S. 16-18.

Otte, Gerhard: Die Zulässigkeit testamentarischer Schiedsgerichte, in: Rheinische Notarkammer, Verein für das Rheinische Notariat e.V. (Hrsg.), Notar und Rechtsgestaltung. Tradition und Zukunft. Jubiläums-Festschrift des Rheinischen Notariats, Köln 1998, S. 241-257.

Otto, Lieselotte: Handbuch der Stiftungspraxis. Stiftungsrecht, Steuerrecht und Rechnungslegung bei Stiftungen, Köln 2007.

Pahlke, Armin/Koenig, Ulrich (Hrsg.): Abgabenordnung, §§ 1-368, Kommentar, 2. Auflage, München 2009.

Palandt, Otto (Begr.): Bürgerliches Gesetzbuch, 69. Auflage, München 2010.

Pauli, Rudolf: Stiftung und Testamentsgestaltung, in: Die Stiftung – Jahreshefte zum Stiftungswesen 1 (2007), S. 125-164.

Perkams, Guido: Die Auslegung von Testamenten im deutschen und spanischen Recht, Berlin 2010, zugleich Diss. Bochum 2009.

Planck, Gottlieb (Hrsg.): Bürgerliches Gesetzbuch nebst Einführungsgesetz, Band 5, Erbrecht, 1. und 2. Auflage, Berlin 1902 (zitiert: Planck[1,2]/Bearbeiter).

Planck, Gottlieb (Begr.): Kommentar zum Bürgerlichen Gesetzbuch nebst Einführungsgesetz, 4. Auflage, Berlin,

- Band 1, Allgemeiner Teil (§§ 1-240), 1913;
- Band 2, 1. Hälfte, Recht der Schuldverhältnisse, Allgemeiner Teil (§§ 241-432), 1914;
- Band 5, Erbrecht, 1930.

Protokolle der Kommission für die zweite Lesung des Entwurfs des Bürgerlichen Gesetzbuchs, hrsgg. v. Achilles/Gebhard/Spahn, Berlin,

- Band 1, Allgemeiner Theil und Recht der Schuldverhältnisse, Abschnitt I; Abschnitt II, Titel I, 1897;
- Band 5, Erbrecht, 1899.

Pues, Lothar: Praxishandbuch Stiftungen. Stiften auch mit kleinem Vermögen, 5. Auflage, Stuttgart 2007.

Pues, Lothar/Scheerbarth, Walter: Gemeinnützige Stiftungen im Zivil- und Steuerrecht, 3. Auflage, München 2008.

Rawert, Peter: Die Genehmigungsfähigkeit der unternehmensverbundenen Stiftung, Frankfurt a. M. (u.a.) 1990, zugleich Diss. Kiel 1989.

Rawert, Peter: Bürgerstiftungen – Rechts- und Gestaltungsfragen, in: Bundesverband Deutscher Stiftungen (Hrsg.), Stiftungen in der Wissensgesellschaft. Bericht über die 58. Jahrestagung des Bundesverbands Deutscher Stiftungen vom 15. bis 17. Mai in Hamburg, Bonn 2003, S. 293-304.

Rawert, Peter: Die Stiftung als GmbH? Oder: Der willenlose Stifter, in: Hommelhoff/Rawert/K. Schmidt (Hrsg.), Festschrift für Hans-Joachim Priester zum 70. Geburtstag, Köln 2007, S. 647-659.

Rawert, Peter: Kapitalerhöhung zu guten Zwecken – Die Zustiftung in der Gestaltungspraxis, in: DNotZ 2008, S. 5-18.

Reichel, Hans: Höchstpersönliche Rechtsgeschäfte, Berlin-Grunewald 1931.

Reimann, Wolfgang: Testamentsvollstreckung in der Wirtschaftsrechtspraxis, 2. Auflage, Köln 1992.

Reimann, Wolfgang: Die Kontrolle des Testamentsvollstreckers, in: FamRZ 1995, S. 588-593.

Reimann, Wolfgang: Muss der Testamentsvollstrecker die Erträge des Nachlasses an die Erben ausschütten?, in: ZEV 2010, S. 8-12.

Reimann, Wolfgang/Bengel, Manfred/Mayer, Jörg (Hrsg.): Testament und Erbvertrag. Kommentar mit Erläuterungen, Checklisten und Gestaltungsvorschlägen, 5. Auflage, Neuwied 2006.

Reuter, Dieter: Die Haftung des Stiftungsvorstands gegenüber der Stiftung, Dritten und dem Fiskus, in: Kötz/Rawert/K. Schmidt/Walz (Hrsg.): Non Profit Law Yearbook 2002, Köln (u.a.) 2003, S. 157-178.

Reuter, Dieter: Stiftungsrechtliche Vorgaben für die Verwaltung des Stiftungsvermögens, in: NZG 2005, S. 649-654.

Reuter, Dieter: Stiftungsform, Stiftungsstruktur und Stiftungszweck – Zu neueren Thesen über die Gestaltungsfreiheit im Stiftungsrecht, in: AcP 207 (2007), S. 1-27.

RGRK: Reichsgerichtsrätekommentar. Das Bürgerliche Gesetzbuch mit besonderer Berücksichtigung der Rechtsprechung des Reichsgerichts und des Bundesgerichtshofes, hrsgg. v. Mitgliedern des Bundesgerichtshofes, Berlin/New York,

- Band 1 (§§ 1-240), 12. Auflage, 1982;
- Band 1, Allgemeiner Teil (§§ 1-240), 11. Auflage 1959 (zitiert: RGRK^{11}/ Bearbeiter);
- Band 2, Teil 1 (§§ 241-413), 12. Auflage, 1976;
- Band 5, 1. Teil (§ 1922-2146), 12. Auflage, 1974;
- Band 5, 2. Teil (§§ 2147-2385), 12. Auflage, 1975.

Richter, Andreas: Länderbericht Deutschland, in: ders./Wachter (Hrsg.), Handbuch des internationalen Stiftungsrechts, Angelbachtal 2007, S. 763-824.

Riebel, Albrecht: Freiheit und Bindung des Testamentsvollstreckers. Ein Beitrag zum gesetzlichen Verfügungsrecht des Verwaltungstestamentsvollstreckers und den Möglichkeiten beschränkender Gestaltung, Diss. Tübingen 1999.

Riehmer, Klaus: Körperschaften als Stiftungsorganisationen. Eine Untersuchung stiftungsartiger Körperschaften in Deutschland, England und den USA, Baden-Baden 1993, zugleich Diss. Kiel 1992/93.

Riemer, Hans Michael: Berner Kommentar, Kommentar zum schweizerischen Privatrecht, hrsgg. v. Meyer-Hayoz, Schweizerisches Zivilgesetzbuch, Das Personenrecht, Dritter Teilband: Die Stiftungen, Systematischer Teil und Kommentar zu Art. 80-89bis ZGB, 3. Auflage, Bern 1981 (Nachdruck der Ausgabe Bern 1975, zugleich Habilitationsschrift Zürich 1975).

Rittner, Fritz: Die werdende juristische Person. Untersuchungen zum Gesellschafts- und Unternehmensrecht, Tübingen 1973, zugleich Habilitationsschrift Bonn 1959.

Rötelmann, Wilhelm: Anmerkung zu OLG Celle, Beschluss vom 16.12.1957 – 7 Wlw 149/57, in: NJW 1958, S. 953-954.

Roth, Günter H./Altmeppen, Holger: Gesetz betreffend die Gesellschaften mit beschränkter Haftung (GmbHG), Kommentar, 6. Auflage, München 2009.

Röthel, Anne: Vermögenswidmung durch Stiften oder Vererben: Konkurrenz oder Konkordanz?, in: Kohl/Kübler/Ott/K. Schmidt (Hrsg.), Zwischen Markt und Staat. Gedächtnisschrift für W. Rainer Walz, Köln/München 2008, S. 617-634.

Röthel, Anne: Was bringt die Pflichtteilsreform für Stiftungen?, in: ZEV 2008, S. 112-116.

Savigny, Friedrich Carl von: System des heutigen römischen Rechts, Dritter Band, Berlin 1840.

Schärer, Jürg Christian: Der Grundsatz der materiellen Höchstpersönlichkeit der letztwilligen Verfügung, Diss. Bern 1973.

Schauhoff, Stephan (Hrsg.): Handbuch der Gemeinnützigkeit. Verein, Stiftung, GmbH; Recht, Steuern, Personal, 2. Auflage, München 2005.

Schelter, Christian: Rezension zu Seifart (Hrsg.), Handbuch des Stiftungsrechts, in: DNotZ 1989, S. 61-62.

Scherer, Stephan (Hrsg.): Münchener Anwaltshandbuch Erbrecht, 3. Auflage, München 2010.

Scherner, Karl Otto: Formen der Treuhand im alten deutschen Recht, in: Helmholz/R. Zimmermann (Hrsg.), Itinera Fiduciae. Trust and Treuhand in Historical Perspective, Berlin 1998, S. 237-266.

Schewe, Markus: Die Errichtung der rechtsfähigen Stiftung von Todes wegen, Frankfurt a. M. (u.a.) 2004, zugleich Diss. Bochum 2003.

Schewe, Markus: Stiftungserrichtung von Todes wegen, in: ZSt 2004, S. 270-277 (Teil 1), S. 301-305 (Teil 2).

Schick, Stefan/Schmidt, Oliver/Ries, Gerhard/Walbröl, Hans-Robert: Praxis-Handbuch Stiftungen. Chancen, Risiken, Verpflichtungen aus rechtlicher, steuerlicher und bilanzieller Sicht, Praxisbeispiele Stiftungsgestaltungen, Regensburg/Berlin 2001.

Schiffer, K. Jan: Wirtschaftsschiedsgerichtsbarkeit. Die erfolgreiche außergerichtliche Streitlösung; Praxishinweise, Bewertungshilfen Schiedsordnungen, Checklisten und Muster, Köln (u.a.) 1999.

Schiffer, K. Jan: Aktuelles Beratungs-Know-how Gemeinnützigkeits- und Stiftungsrecht, in: DStR 2004, S. 1031-1034.

Schiffer, K. Jan: Zur Entwicklung des Stiftungszivilrechts in den Jahren 2000 bis 2003, in: NJW 2004, S. 2497-2500.

Schiffer, K. Jan: Die Stiftung in der Beraterpraxis, 2. Auflage, Bonn 2009.

Schlegelberger, Franz/Vogels, Werner: Erläuterungswerk zum Bürgerlichen Gesetzbuch und zum neuen Volksrecht, Band 1, Allgemeiner Teil (§§ 1-240) mit dem Verschollenheitsgesetz vom 4. Juli 1939, Berlin 1939.

Schlüter, Andreas/Stolte, Stefan: Stiftungsrecht. Erscheinungsformen und Errichtung der Stiftung, Stiftungsaufsicht, Verwaltung des Stiftungsvermögens, Besteuerung von Stiftung und Stifter, Internationales Stiftungsrecht, München 2007.

Schlüter, Wilfried: Erbrecht. Ein Studienbuch, 16. Auflage, München 2007.

Schmidt, Oliver: Die Errichtung von Unternehmensträgerstiftungen durch Verfügung von Todes wegen, Frankfurt a. M. (u.a.) 1997, zugleich Diss. Tübingen 1997.

Schmidt, Oliver: Das Ausschlagungsrecht von Unternehmensträgerstiftungen bei letztwilligen Zuwendungen – Beseitigung der Geschäftsgrundlage der stiftungsrechtlichen Genehmigung?, in: ZEV 1999, S. 141-143.

Schmidt, Oliver: Die Anfechtung des Stiftungsgeschäfts von Todes wegen bei Errichtung einer Unternehmensträgerstiftung – Mittel zur Sicherung des Unternehmens?, in: ZEV 2000, S. 308-310.

Schmidt, Oliver/Gleichner, Elmar: Der Widerruf des Stiftungsgeschäfts unter Lebenden und von Todes wegen, in: ZSt 2003, S. 227-235.

Schmucker, Axel: Testamentsvollstrecker und Erbe. Begründung, Wirkung und Beendigung der Testamentsvollstreckung, Frankfurt a. M. (u.a.) 2002, zugleich Diss. Mannheim 2001.

Schoch, Friedrich/Schmidt-Aßmann, Eberhard/Pietzner, Rainer (Hrsg.): Verwaltungsgerichtsordnung, Kommentar, Loseblatt, München 2009, Stand: Juli 2009 (18. Lfg.).

Scholz, Franz (Begr.): Kommentar zum GmbHG, mit Anhang Konzernrecht, Band 1, §§ 1-34, 10. Auflage, Köln 2006.

Scholz, Rupert/Langer, Stefan: Stiftung und Verfassung. Strukturprobleme des Stiftungsrechts am Beispiel der „Stiftung Warentest“, Berlin 1990.

Schubert, Werner (Hrsg.): Die Vorlagen der Redaktoren für die erste Kommission zur Ausarbeitung des Entwurfs eines Bürgerlichen Gesetzbuches, Berlin/New York,

- Allgemeiner Teil, Teil 1, Verfasser: Albert Gebhard, 1981;

- Erbrecht, Teil 1: Testament, Erbeinsetzungsvertrag, Gesetzeserben, Pflichtteilsberechtigte, Verfasser: Gottfried von Schmitt, 1984.

Schulte, Hans: Zu den Gesichtspunkten des Bundesgerichtshofes bei der Fortbildung des Gesellschaftsrechts, in: Hefermehl/Gmür/Brox (Hrsg.), Festschrift für Harry Westermann zum 65. Geburtstag, Karlsruhe 1974, S. 525-540.

Schwarz, Günter Christian: Zur Neuregelung des Stiftungsprivatrechts (Teil I), in: DStR 2002, S. 1718-1725.

Schwarz, Günter Christian: Flexibilität und Vermögensbindung bei der Unternehmensstiftung, in: ZSt 2004, S. 64-72.

Schwinge, Erich: Die Stiftung im Errichtungsstadium, in: BB 1978, S. 527-528.

Schwintek, Sebastian: Vorstandskontrolle in rechtsfähigen Stiftungen bürgerlichen Rechts. Eine Untersuchung zu Pflichten und Kontrolle von Leitungsorganen im Stiftungsrecht – insbesondere in Unternehmensträgerstiftungen, Baden-Baden 2001, zugleich Diss. Osnabrück 2001.

Seckel, Emil: Die Gestaltungsrechte des bürgerlichen Rechts. Skizze nach einem unter dem Vorsitze Sr. Exzellenz des Herrn Präsidenten Dr. Koch in der Berliner Juristischen Gesellschaft am 23. Mai 1903 gehaltenen Vortrage, Darmstadt 1954.

Seifart, Werner: Vermögensverwaltung bei Stiftungen, in: BB 1987, S. 1889-1896.

Seifart, Werner (Begr.)/Campenhausen, Axel Freiherr von (Hrsg.): Handbuch des Stiftungsrechts, 2. Auflage, München 1999 (zitiert: Seifart²/Bearbeiter).

Seifart, Werner (Begr.)/Campenhausen, Axel Freiherr von (Hrsg.): Stiftungsrechts-Handbuch, 3. Auflage, München 2009.

Semmler, Nadja: Die Rechtsmacht des Testamentsvollstreckers, Hamburg 2006, zugleich Diss. Trier 2006.

Sens, Karin: Die Erbenbestimmung durch Dritte, Diss. Marburg 1990.

Settergren, Pia: Das „Behindertentestament“ im Spannungsfeld zwischen Privatautonomie und sozialhilferechtlichem Nachrangprinzip, Hamburg 1999, zugleich Diss. Mainz 1999.

Seyfarth, Sabine: Die Geltungsberechtigung der staatlichen Stiftungsaufsicht über privatnützige Stiftungen und Stiftungen mit internen Kontrollmechanismen, in: ZSt 2008, S. 145-150.

Soergel, Hans Theodor (Begr.): Bürgerliches Gesetzbuch, mit Einführungsgesetz und Nebengesetzen, Kohlhammer-Kommentar, Stuttgart,

- Band 1, Allgemeiner Teil 1 (§§ 1-103), 13. Auflage 2000;

- Band 2, Allgemeiner Teil 2 (§§ 104-240), 13. Auflage 1999;
- Band 2, Schuldrecht I (§§ 241- 432), 12. Auflage 1990;
- Band 5/1, Schuldrecht IV/1 (§§ 705-822), 12. Auflage 2007;
- Band 21, Erbrecht 1 (§§ 1922-2063), 13. Auflage 2002;
- Band 22, Erbrecht 2 (§§ 2064-2273, §§ 1-35 BeurkG), 13. Auflage 2003.

Sombrowski, Dirk: Stiften und Stiftungen aus der Sicht der Finanzverwaltung NRW – Typische Problemfelder bei der Errichtung steuerbegünstigter Stiftungen, in: Die Stiftung – Jahreshefte zum Stiftungswesen 2 (2008), S. 151-164.

Sontheimer, Jürgen: Das neue Stiftungsrecht, Freiburg i. Br. (u.a.) 2002.

Sprecher, Thomas/Salis, Ulysses von: Länderbericht Schweiz, in: Richter/Wachter (Hrsg.), Handbuch des internationalen Stiftungsrechts, Angelbachtal 2007, S. 1323-1378.

Stadie, Holger: Rechtsnachfolge im Verwaltungsrecht, in: DVBl 1990, S. 501-506.

Staub, Hermann (Begr.): Handelsgesetzbuch, Großkommentar, Band 2, §§ 105-237, 4. Auflage, Berlin 2004.

Staudinger, Julius von (Begr.): J. von Staudingers Kommentar zum Bürgerlichen Gesetzbuch; mit Einführungsgesetz und Nebengesetzen, Berlin,

- Einleitung, §§ 1-89, Verschollenheitsgesetz, 12. Auflage 1980 (zitiert: Staudinger[12]/Bearbeiter);
- §§ 21-103, 13. Bearbeitung 1995;
- §§ 134-163 (Allgemeiner Teil 4), Neubearbeitung 2003;
- §§ 164-240 (Allgemeiner Teil 5), Neubearbeitung 2009;
- §§ 315-326 (Leistungsstörungsrecht 2), Neubearbeitung 2009;
- Einleitung zum Erbrecht, §§ 1922-1966 (Erbfolge), Neubearbeitung 2008;
- §§ 1967-2063 (Rechtsstellung der Erben), Neubearbeitung 2002;
- §§ 2064-2196 (Testament 1), Neubearbeitung 2003;
- §§ 2197-2264 (Testament 2), Neubearbeitung 2003.

Steffek, Marc-Andreas: Die Anforderungen an das Stiftungsgeschäft von Todes wegen, Baden-Baden 1996, zugleich Diss. Jena 1996.

Stein, Friedrich/Jonas, Martin: Kommentar zur Zivilprozessordnung, Band 9: §§ 916-1068, EG ZPO, 22. Auflage, Tübingen 2002.

Steinbeck, Anja: Die Übertragbarkeit von Gestaltungsrechten, Berlin 1994, zugleich Diss. Mainz 1992.

Steinbeck-Menke, Anja: Die Grenzen der Vereinsautonomie, in: Kötz/Rawert/K. Schmidt/Walz (Hrsg.), Non Profit Law Yearbook 2002, Köln (u.a.) 2003, S. 179-197.

Stelkens, Paul/Bonk, Heinz Joachim/Sachs, Michael (Hrsg.): Verwaltungsverfahrensgesetz, Kommentar, 7. Auflage, München 2008.

Stingl, Michael: Vermögensverfall und Insolvenzverfahren im Stiftungswesen, Diss. Bielefeld 2006.

Stintzing, Wolfgang: Ueber das Stiftungsgeschäft nach dem Bürgerlichen Gesetzbuch, in: AcP 88 (1898), S. 392-465.

Storz, Thomas: Anmerkung zu LG Stuttgart, Urteil vom 17.7.2009 – 1 T 61/2009, in: ZEV 2009, S. 397-398.

Strachwitz, Rupert Graf: Die Stiftung und ihre Idee, in: Strachwitz/Mercker (Hrsg.): Stiftungen in Theorie, Recht und Praxis. Handbuch für ein modernes Stiftungswesen, Berlin 2005, S. 123-134.

Strickrodt, Georg: Stiftungsrecht. Geltende Vorschriften und rechtspolitische Vorschläge, Baden-Baden 1977.

Stumpf, Christoph A.: Schiedsgerichtbarkeit in Stiftungen, in: SchiedsVZ 2009, S. 266-272.

Sturm, Norbert: Der Vollziehungsberechtigte der erbrechtlichen Auflage und seine Befugnisse, Konstanz 1985, zugleich Diss. Konstanz 1985.

Sudhoff, Heinrich (Begr.): Unternehmensnachfolge, 5. Auflage, München 2005.

Suerbaum, Joachim: Satzungsänderungen im unechten Dreieck – Anmerkung zum Beschluss des OVG Berlin vom 1.11.2002 (2 S 29.02), in: ZSt 2004, S. 34-40.

Suerbaum, Joachim: Stiftung und Aufsicht. Verfassungsrechtliche Grundlagen – einfachgesetzliche Ausgestaltung, in: Die Stiftung – Jahreshefte zum Stiftungswesen 2 (2008), S. 89-109.

Teubner, Gunther: Der Beirat zwischen Verbandssouveränität und Mitbestimmung – Zu den Schranken der Beiratsverfassung der GmbH, in: ZGR 1986, S. 565-579.

Thöne, Thomas: Die Verwaltung des Testamentsvollstreckers, Frankfurt a. M. (u.a.) 1999, zugleich Diss. Freiburg i. Br. 1999.

Tipke, Klaus/Kruse, Heinrich Wilhelm: Abgabenordnung – Finanzgerichtsordnung, Kommentar zur AO und FGO (ohne Steuerstrafrecht), Loseblatt, Köln 2008, Stand: Oktober 2009 (121. Lfg.).

Trageser, Werner: Die Verwaltungsvollstreckung bei Vermächtnissen, Diss. Frankfurt a. M. 1978.

Trops, Fritz: Wirtschaftliche Unternehmen innerhalb einer Stiftung. Eine Übersicht über die möglichen Stiftungsstrukturen, in: AG 1970, S. 367-369.

Tuhr, Andreas von: Der Allgemeine Teil des Deutschen Bürgerlichen Rechts, Band 1, Allgemeine Lehren und Personenrecht, Berlin 1957 (Nachdruck der Ausgabe Berlin 1910).

Tuor, Peter: Berner Kommentar, Kommentar zum schweizerischen Zivilrecht, hrsgg. v. Meyer-Hayoz, Schweizerisches Zivilgesetzbuch, Das Erbrecht, 1. Abteilung: Die Erben, Artikel 457-536 ZGB, 2. Auflage, Bern 1964 (Nachdruck der Ausgabe Bern 1952).

Turner, Nikolaus: Die Stiftung – ein selbständig und individuell gestaltbarer Wunscherbe, in: ZEV 1995, S. 206-211.

Ulmer, Peter: Probleme der Vererbung von Personengesellschaftsanteilen – BGH, NJW 1986, 2431, in: JuS 1986, S. 856-862.

Vorwerk, Volkert: Geldzuwendung durch erbrechtliche Auflage, in: ZEV 1998, S. 297-298.

Voss, Christine: Entlastung des Testamentsvollstreckers auf Grundlage der Schlussabrechnung nach § 2218 BGB, in: ZEV 2007, S. 363-365.

Wachter, Thomas: Stiftungen. Zivil- und Steuerrecht in der Praxis, Köln 2001.

Wachter, Thomas: Steuerliche Behandlung von Stiftungen zwischen Errichtung und Anerkennung, in: ZEV 2003, S. 445-449.

Wachter, Thomas: Körperschaftsteuerpflicht einer Stiftung von Todes wegen – BFH, Urteil vom 17. September 2003 – I R 85/02, in: ZErb 2004, S. 98-102.

Wagner, Franz: Der Grundsatz der Selbstentscheidung bei Errichtung letztwilliger Verfügungen – eine gesetzgeberische Unentschlossenheit?, Berlin 1997, zugleich Diss. Passau 1995/96.

Walter, Utz: Schiedsverträge und Schiedsklauseln in der notariellen Praxis, insbesondere bei letztwilligen Verfügungen, in: MittRhNotK 1984, S. 69-79.

Weber, Max: Wirtschaft und Gesellschaft. Grundriss der verstehenden Soziologie, 5. Auflage, Studienausgabe, besorgt von Johannes Winckelmann, Tübingen 2002 (Nachdruck der Ausgabe Tübingen 1972).

Weidmann, Christina: Stiftung und Testamentsvollstreckung, Hamburg 2009, zugleich Diss. Hamburg (Bucerius Law School) 2009.

Weißler, Adolf: Das Nachlaßverfahren, Band 2, Berlin 1920.

Wellenhofer, Marina: Höchstdauer einer Testamentsvollstreckung, Anmerkung zu BGH, Urteil vom 5.12.2007 – IV ZR 275/06, in: JuS 2008, S. 281-283.

Wellkamp, Ludger: Das gesetzliche Verfügungsrecht des Testamentsvollstreckers und dessen Einschränkung durch den Erblasser, in: ZErb 2000, S. 177-184.

Werner, Olaf: Stiftung und Stifterwille, in v. Campenhausen/Kronke/Werner (Hrsg.), Stiftungen in Deutschland und Europa, Düsseldorf 1998, S. 243-259.

Werner, Olaf: Festlegung des Stiftungszweckes in einer letztwilligen Verfügung, in: ZSt 2005, S. 289-294 (1. Teil), ZSt 2006, S. 10-15 (2. Teil).

Werner, Olaf: Die Formulierungsfreiheit des Stifters als Ausfluss der Privatautonomie, in: ZSt 2006, S. 126-133.

Werner, Olaf/Saenger, Ingo (Hrsg.): Die Stiftung. Recht, Steuern, Wirtschaft. Stiftungsrecht, Berlin 2008.

Wernicke, Thomas: Vorstandskontrolle in der Stiftung, in: ZEV 2003, S. 301-306.

Wiedemann, Herbert: Die Übertragung und Vererbung von Mitgliedschaftsrechten bei Handelsgesellschaften, München/Berlin 1965, zugleich Habilitationsschrift München 1963.

Wiedemann, Herbert: Verbandssouveränität und Außeneinfluß – Gedanken zur Errichtung eines Beirats in einer Personengesellschaft, in: Fischer/Hefermehl (Hrsg.), Gesellschaftsrecht und Unternehmungsrecht. Festschrift für Wolfgang Schilling zum 65. Geburtstag am 5.6.1973, Berlin/New York 1973, S. 105-124.

Wiedemann, Herbert: Gesellschaftsrecht. Ein Lehrbuch des Unternehmens- und Verbandsrechts, Band 1: Grundlagen, München 1980.

Wiedemann, Herbert: Erfahrungen mit der Gestaltungsfreiheit im Gesellschaftsrecht, in: Lutter/Wiedemann (Hrsg.), Gestaltungsfreiheit im Gesellschaftsrecht; Europa und USA – 11. ZGR-Symposion „25 Jahre ZGR", Berlin/New York 1998, S. 5-32.

Windel, Peter A.: Über die Modi der Nachfolge in das Vermögen einer natürlichen Person beim Todesfall, Heidelberg 1998, zugleich Habilitationsschrift Heidelberg 1997.

Windscheid, Bernhard/Kipp, Theodor: Lehrbuch des Pandektenrechts unter vergleichender Darstellung des deutschen bürgerlichen Rechts, Band 3, 9. Auflage, Aalen 1963 (Nachdruck der Ausgabe Frankfurt a. M. 1906).

Winkler, Karl: Der Testamentsvollstrecker nach bürgerlichem, Handels- und Steuerrecht, 19. Auflage, Regensburg 2008.

Wittmann, Arno: Struktur und Grundprobleme des Schiedsgutachtenvertrages, Köln (u.a.) 1978, zugleich Diss. Köln 1977/78.

Wochner, Georg: Stiftungen und stiftungsähnliche Körperschaften als Instrumente dauerhafter Vermögensbindung, in: MittRhNotK 1994, S. 89-112.

Wolff, Hans J./Bachof, Otto/Stober, Rolf/Kluth, Winfried: Verwaltungsrecht. Ein Studienbuch, Band 1, 12. Auflage, München 2007.

Zeiter, Alexandra: Die Erbstiftung (Art. 493 ZGB), Freiburg (Schweiz) 2001, zugleich Diss. Freiburg (Schweiz) 2001.

Zimmermann, Reinhard: „Quos Titius voluerit“ – Höchstpersönliche Willensentscheidung des Erblassers oder „power of appointment“?, München 1991.

Zimmermann, Walter: Anmerkung zu LG Berlin, Urteil vom 15.2.2006 – 28 O 487/04, in: ZEV 2006, S. 508-509.

Zimmermann, Walter: Die Testamentsvollstreckung. Handbuch für die gerichtliche, anwaltliche und notarielle Praxis, 3. Auflage, Berlin 2008.

Zöller, Richard (Begr.): Zivilprozessordnung, Kommentar, 28. Auflage, Köln 2010.

Zypries, Brigitte: Rede auf dem 2. Deutschen Erbrechtstag am 16.3.2007 in Berlin, abrufbar unter www.bmj.bund.de/Geschichte/Brigitte_Zypries_zc.html (Stand: 31.3.2010).

Bochumer Studien zum Stiftungswesen

Herausgegeben von Karlheinz Muscheler

Der Verein „Fundare e.V., Gemeinnütziger Verein zur Förderung des Stiftungswesens“ hat sich zum Ziel gesetzt, zu einer aufblühenden Stiftungskultur in Deutschland beizutragen. Auch die von „Fundare“ herausgegebene Schrift „Bochumer Studien zum Stiftungswesen“ dient diesem Ziel. In ihr sollen Arbeiten aus grundsätzlich allen wissenschaftlichen Disziplinen erscheinen, die sich mit dem Stiftungswesen im weitesten Sinne beschäftigen. Einen Schwerpunkt werden Arbeiten zum Zivil-, Verwaltungs- und Steuerrecht der Stiftung bilden.

Bochumer Studien zum Stiftungswesen

Herausgegeben von Karlheinz Muscheler

Band 1 Irena Braxator: Grundlagen der Panama-Stiftung. 2009.

Band 2 Frank Schuck: Die Doppelstiftung. Instrument zur Gestaltung der Unternehmensnachfolge. 2009.

Band 3 Sang-Hyun Ko: Errichtung einer Stiftung nach deutschem und koreanischem Recht. 2009.

Band 4 Jonas Arnhold: Die selbständige Stiftung und der Testamentsvollstrecker. 2010.

www.peterlang.de

Peter Lang · Internationaler Verlag der Wissenschaften

Bernd Andrick / Gerd Hellmig / Axel Janitzki /
Karlheinz Muscheler / Markus Schewe (Hrsg.)

Die Stiftung

Jahreshefte zum Stiftungswesen
3. Jahrgang / 2009

Frankfurt am Main, Berlin, Bern, Bruxelles, New York, Oxford, Wien, 2009.
179 S., zahlr. Tab.
ISBN 978-3-631-59466-7 · br. € 38.–*

Der Verein „Fundare e.V., Gemeinnütziger Verein zur Förderung des Stiftungswesens" hat es sich zum Ziel gesetzt, zu einer aufblühenden Stiftungskultur in Deutschland beizutragen. Dazu sollen insbesondere die wissenschaftlichen und praktischen Grundlagen des Stiftens erforscht werden. Der Erfüllung dieser Aufgabe dient die Zeitschrift „Die Stiftung – Jahreshefte zum Stiftungswesen". Sie beeinhaltet in ihrer dritten Ausgabe vor allem die Vorträge, die auf dem von Fundare e.V. veranstalteten „3. Stiftungsrechtstag an der Ruhr-Universität Bochum" gehalten wurden. Darüber hinaus haben noch weitere Beiträge Aufnahme gefunden. Es werden nicht nur eingehend zivilrechtliche, sondern auch verwaltungs- und steuerrechtliche Problematiken des Stiftungsrechts beleuchtet. Der Schwerpunkt liegt hierbei auf der Unternehmensstiftung und ihrer Betätigung.

Aus dem Inhalt: Stiftungen – eine Geschichte von Zeit und Raum · Die Anerkennungsfähigkeit von Unternehmensstiftungen · Die staatliche Aufsicht über Unternehmensstiftungen · Unternehmerische Betätigung von kirchlichen Stiftungen · Die kirchliche Aufsicht über (Unternehmens-) Stiftungen · Besteuerung von Unternehmensstiftungen · Der zulässige Umfang wirtschaftlicher Betätigung von Stiftungen · Der Rechtsformwechsel eines Krankenhausträgervereins in eine stiftungsgetragene gGmbH u. a.

Frankfurt am Main · Berlin · Bern · Bruxelles · New York · Oxford · Wien
Auslieferung: Verlag Peter Lang AG
Moosstr. 1, CH-2542 Pieterlen
Telefax 0041(0)32/3761727

*inklusive der in Deutschland gültigen Mehrwertsteuer
Preisänderungen vorbehalten

Homepage http://www.peterlang.de

For the avoidance of doubt, input of the whole or any part of this publication into any generative artificial intelligence model, chatbot, program, software or technology is expressly prohibited without the prior written consent of the publisher.